◆ 北京教育学院学科创新研究团队教学研究成果

◆ 北京市社会科学基金北京市教育委员会社科计划重点项目(项目编号: 19JYB022) 研究成果

XINSHIDAI JIAOYU CONGSHU MINGSHI XILIE

新时代教育丛书

名师系列

素养为本的中学化学教学研究与实践

王　春　江合佩　倪胜军 ◎ 编著

北京出版集团

北京教育出版社

图书在版编目（CIP）数据

素养为本的中学化学教学研究与实践/王春，江合佩，倪胜军编著. -- 北京：北京教育出版社，2022.4
（新时代教育丛书. 名师系列）
ISBN 978-7-5704-4235-5

Ⅰ.①素… Ⅱ.①王… ②江… ③倪… Ⅲ.①中学化学课—教学研究 Ⅳ.①G633.82

中国版本图书馆 CIP 数据核字(2022)第 038506 号

新时代教育丛书·名师系列
素养为本的中学化学教学研究与实践
王春 江合佩 倪胜军 编著
*
北京出版集团
北京教育出版社 出版
（北京北三环中路 6 号）
邮政编码：100120
网址：www.bph.com.cn
京版北教文化传媒股份有限公司总发行
全国各地书店经销
三河市兴国印务有限公司印刷
*
787 mm×1 092 mm 16 开本 19 印张 437 千字
2022 年 4 月第 1 版 2022 年 4 月第 1 次印刷
ISBN 978-7-5704-4235-5
定价：68.00 元

质量监督电话：（010） 58572525 58572393

办好新时代教育

随着社会现代发展进程的推进，尤其是改革开放以来，中国教育事业加速发展，中国已建成世界最大规模的教育体系，教育总体发展水平进入世界中上行列，中国教育发展进入新时代，中国基础教育改革进入实质性的根本转型时期，处在一个走自主创新道路的关键转折点。

新时代呼唤新的教育。习近平总书记在全国教育大会上强调："立足基本国情，遵循教育规律，坚持改革创新。"面向未来的教育才有未来，新时代的教育，重在破解传统、旧有范式。基于此，面对新时代教育，与教育工作相关的所有主体都需要从思想和行动上做出努力和改变，并围绕主体价值、文化情境、智慧情怀、系统生态等关键词全面开展教育活动。

首先，新时代教育强调主体价值。

"教育同国家命运紧密相连"，点明了教育在国家建设和民族复兴中的地位和作用，强调了教育改革发展的价值取向，为我们今天准确把握办学的总体方向和人才培养的根本目标提供了思想遵循。

教育现代化的终极价值判断标准是人的发展，是人的解放和主体性的跃升。自古以来，中国的教育传统既强调教育的人文性，也强调教育的社会性，相应地，在人才培养目标上既强调完善自我，也强调服务社会和国家，更强调在服务社会和国家中达到自我的充分实现。新时代更要坚守教育本质，重视教育的价值观建设，坚持以社会主义核心价值观为引领，回答好"培养什么人、怎样培养人、为谁培养人"这些根本问题，从而培养有历史责任感、志存高远的时代新人。

其次，新时代教育强调文化情境。

学校不仅是传播知识、文化、智慧的地方，更是生产知识、文化、智慧的场所。学校无文化，则办学无活力。学校是文化传承的主阵地，学生文化、教师文化、课程文化、网络文化和制度文化等现代学校文化建设，引领了学校的发展，呈现了学校办学气质。

更重要的是，文化创设情境。“为学生一生发展奠基”，统整科学与人文，优化学生生存环境，借由“境中思”“境中做”“境中学”，实现学生主动学习与发展、个性化成长及德育渗透。

增进文化认同，是学校管理者的重要使命。政策制定者、执行者和教育管理者，一定要从为国家和民族培养优秀人才的角度关爱引导师生，让每位教育工作者深刻认识到“教育”二字蕴含的国家使命，真正将为国家和民族培养人才、培养爱国奉献的人才这一价值追求切实贯穿于办学育人全过程，一代一代坚持下去。

再次，新时代教育强调智慧情怀。

国之兴衰，系于教育。教育兴衰，系于教师。教育同国家的前途命运紧密相连。这当中，智慧型教师和教育家尤其为新时代教育所期待。他们目光远，不局限于学校和学生眼前的发展，而是着眼于未来；他们站位高，回归教育的本体，努力把握并尊重敬畏教育的共识、规律；他们姿态低，默默耕耘，淡泊明志，宁静致远；他们步伐实，总能紧紧围绕学生、教学、课程、教师发展等思考自己的职责和使命。

总而言之，教育家顺应时代潮流，立足现实，展望未来。在把握办学方向、把握时代脉搏的基础上，他们勇立潮头，担当时代先锋，他们对历史和未来负责，超越现实、超越时空、超越功利，用教育的力量塑造未来，解放学生的个性、想象力和创造力，共同推动和引领中国基础教育改革和创新，愿意为共同探索中国未来教育之道而做出巨大的努力。

最后，新时代教育强调系统生态。

观古今，知兴替，明得失。关于未来的认识是选择性的，未来“未”来，新时代的教育人需要根据某种线索去把握超出现在的想象并做出价值选择。这种价值选择的关键还在于，教育人真切明晰，未来学校是面向未来的学校，是为未来做准备的。教育中的新与旧、过去与未来，不是对立的，而是连续的，从而能够让教育者基于教育的本质和规律守正创新，坚守立德树人的初心。

各级各类学校之间是相互依赖的，单一的学校不能构建成一个完整教育系统，唯有每个学校都致力于体现自身的教育特性，努力实现自己所承担的教育任务，发挥出自己的教育作用，才能共同构成一个完整的教育系统。加强基础教育改革设计的整体性、系统性和长期性，把“办好每一所学校”作为基础教育改革发展的主要目标，是共同构建良性的教育生态，发挥整个教育系统功能的最优选择。

在这种情境下，“新时代教育丛书”的策划出版具备极强的现实意义。丛书通过考察和认识各地名校教育实践，寻找新时代教育的实践样本，清晰梳理了新时代教育中名校、名校长、名师、名班主任等的发展脉络，记录了新时代教育正在逐渐从被动依附性转向自主引导性，并在与现代技术的融合中彰显出其对于经济和社会生活的主导价值。

丛书提供了不同类型、不同地区的中小学名校、名校长及名师、名班主任在探索、构建新时代教育过程中鲜活的实践案例及创新理念。从中，可以看到有深厚历史积淀的传统名校，也可看到新时代教育发展浪潮中的新兴学校，其中有对外开放探索中国本土化教育的小学，也有站在教育改革潮头的中学；还可以看到开拓创新引领时代风气之先的名校校长、专注各自领域的优秀教师，以及新时代教育变革下的全国各地不同的班主任的德育之思。

更难能可贵的是，丛书不仅包括一般情境下的“案例”，也包括了特殊情境下的思考，不同系列注重了从“现象”到“本质”的过程，进而升华到方法论。丛书的每一本著作既是独立完整、自成体系的，也是相互呼应的，剖析问题深入透彻，对策和建议切实可行，弥补了教育理论和学校实践之间的差距，搭起了一座供全国教育研究者、学校管理者了解新时代教育及未来学校落地实践的桥梁。

未来学校不是对今天学校的推倒重来，而是对今天学校的逐步变革。这不仅仅是对学生提出的挑战，更是对学校发展建设提出的挑战。我们始终强调，理论不能彼此代替、相互移植，中国基础教育的改革与发展，必须靠中国的教育学家和广大教育工作者来研究和解释，从而构建立于世界之林的新时代中国基础教育的改革和发展的当代形态，实现理论创新和方法创新。

期待丛书能给更多的中小学校以启发，给教育工作者以有益的思考，供他们参考借鉴，帮助他们寻找到新时代教育的钥匙，进而在新时代教育的理论指导和教育改革实践带动下，因地制宜、因校制宜地落实到新时代教育工作中，引领学校新样态发展，助力更多学校在新时代背景、新教育形势下落地生花，实现特色、优质与转型发展，快速提升基础教育水平，推动教育改革发展，实现立德树人的根本任务，办好人民满意的教育。

新时代教育丛书编委会
2021 年 1 月

前　言

中共中央、国务院《关于全面深化新时代教师队伍建设改革的意见》（以下简称《意见》）提出我国教师队伍建设的新愿景，即“到 2035 年，教师综合素质、专业化水平和创新能力大幅提升，培养造就数以百万计的骨干教师、数以十万计的卓越教师、数以万计的教育家型教师”。与此同时，教育部于 2018 年启动并开始实施首届“国培计划”中小学名师名校长领航工程，着力培养造就一批具有鲜明教育思想和教学模式、能够引领我国基础教育改革发展的卓越教师。

教育部在 2015 年 3 月提出“核心素养体系”的概念。“核心素养体系”是深化改革、落实立德树人目标的基础，也是未来发展不可缺的因素，更是我国未来基础教育改革的灵魂。研究学生发展核心素养是适应世界教育改革趋势，提升我国教育国际竞争力的迫切需要。培养、发展学生的核心素养是指让学生通过学习具备关键的能力和必备的品格，让学生适应终身发展和社会发展。

基础教育课程集中体现了国家的教育思想和教育观念，基础教育课程改革在教育改革中处于突出地位，是一项复杂而细致的系统工程，需要不断建设、不断完善和不断创新。全国高中新课程方案和课程标准从实施以来已在很多方面取得了新的成就，初步形成了良好的政策环境，营造了积极的社会舆论氛围。随着课程改革的推进，过程中一些深层次问题也不断显露，如教师培训的实效性、课堂教学的有效性、模块化教材的适应性、三维目标的整体性、课程资源的适切性及专业指导的紧迫性等。这些问题需要从理论和实践层面进行理性、冷静和辩证的分析和研究，并做出及时、有效和科学的回应，以使课程改革顺利进行和实施。

课程教学实施是落实改革的关键，而教师是课程改革实验工作的关键。中学教师作为课程改革的实施主体，他们对新课程的认知程度、实施能力和实施水平是课程改革成败的关键因素。《素养为本的中学化学教学研究与实践》是以中学化学核心素养为导向，以认知学习、建构主义等多种学习理论为基础，融多种学习方式于一体，收集并整合国内外先进的化学教学理念，结合编者带领的教学研究团队多年开展的教学实践编写而成，力求突出可读性、实用性和借鉴性。

本书包括两个部分：基本理论篇和教学实践篇。其中基本理论篇由北京教育学院王春老师和厦门市教育科学研究院江合佩老师从化学学科内涵及建构路径导读、化学新课程教学方法导读、化学新课程教学技能导读三个方面进行解读，力求将近几年的化学新课程教学学科理念有效地诠释给广大读者；教学实践篇包含由厦门市教育科学研究院江合佩老师领衔撰写素养为本的真实情境项目式教学设计，由北京教育学院王春老师领衔撰写素养为本的学科大概念统摄的单元整体教学设计，由深圳市龙岗区教师发展中心倪胜军老师领衔撰写素养为本的线上线下混合式教学设计，所遴选出的优秀教学设计涵盖初中化学和高中化学部分内容，共 18 个优秀案例，为广大基础教育化学教师提供了很好的范例，具有较强的借鉴性和可操作性。

编撰此书的过程中，团队参考了国内外许多最新研究成果和学术专著，引用了新课程教科书及网站资源信息，在此向这些作者表示深切感谢。北京教育学院余新教授、华中师范大学化学教学研究所王后雄教授对本书的撰写提出了中肯的意见，北京教育学院、北京教育学院科研处、北京教育学院数学与科学教育学院领导对本书的出版给予了巨大的支持，在此一并深深地感谢。

当然，核心素养导向下的课程改革还处于进行之中，许多问题也在探讨之中。本书也必然存在这样或那样的不足之处，恳请教育界的同仁在使用本书过程中提出意见和建议，以便在修订时予以采纳。

王　春

2022 年 3 月

目　录

基本理论篇

教学实践篇

基本理论篇

第一章
素养为本的学科内涵及建构路径导读

第一节　化学学科核心素养基本内涵

一、化学学科核心素养的内涵及关系

化学学科核心素养，如同2003年版课标中的科学素养一样，是2017年版以及2020年修订版课标的“魂”。如何理解化学学科核心素养的内涵，它与科学素养之间具有怎样的关系，每一条素养之间具有怎样的结构，这些问题非常有必要加以阐明。

（一）化学学科核心素养的内涵

之所以提出发展学生核心素养这一命题，其中的一个重要原因就是要解决“应试教育”导致的“有知识、无素养”的问题。为了应试，学生通过记忆而不是建构来习得知识，学生头脑中的知识多是浅表性的而不是本原性的，多是散点式的而不是结构化的。这样的知识只具有考试答题价值，而不具有迁移应用价值，在真实问题解决中难以发挥作用。因此，本次课程改革着力解决的关键问题是如何将知识转化为素养。所谓素养是指一个人在完成一件工作或解决一个问题时所表现出来的能力和品格。具备素养的人，在社会中可以产生“正能量”，也有可能带来“负能量”，这也就是说，素养是有价值取向的。课标中所提出的化学学科核心素养，反映的是“社会主义核心价值观下化学学科育人的基本要求”。化学学科核心素养是学科育人价值的集中体现，是学生通过学科学习而逐步形成的正确价值观、必备品格和关键能力。“关键能力”属于智力因素，“必备品格”主要属于非智力因素，“正确价值观念”属于价值取向，三者的关系如图1所示。

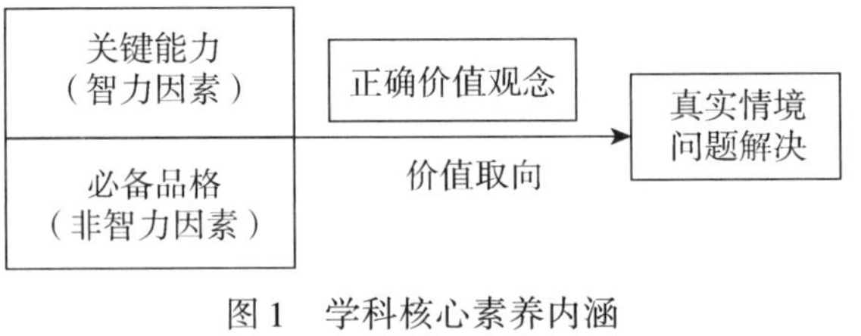

图1　学科核心素养内涵

《普通高中化学课程标准（2017年版2020年修订）》以发展化学学科核心素养为主旨，设置满足学生多元发展需求的高中化学课程，选择体现基础性和时代性的化学课程内容，倡导基于化学学科核心素养的评价（见表1）。

表1　化学学科核心素养及内涵

核心素养	核心素养内涵
宏观辨识与微观探析	能从不同层次认识物质的多样性，并对物质进行分类；能从元素和原子、分子水平认识物质的组成、结构、性质和变化，形成“结构决定性质”的观念。能从宏观和微观相结合的视角分析与解决实际问题
变化观念与平衡思想	能认识物质是运动和变化的，知道化学变化需要一定的条件，并遵循一定规律；认识化学变化的本质特征是有新物质生成，并伴有能量转化；认识化学变化有一定限度、速率，是可以调控的。能多角度、动态地分析化学变化，运用化学反应原理解决简单的实际问题
证据推理与模型认知	具有证据意识，能基于证据对物质组成、结构及其变化提出可能的假设，通过分析推理加以证实或证伪；建立观点、结论和证据之间的逻辑关系。知道可以通过分析、推理等方法认识研究对象的本质特征、构成要素及其相互关系，建立认知模型，并能运用模型解释化学现象，揭示现象的本质和规律
科学探究与创新意识	认识科学探究是进行科学解释和发现、创造和应用的科学实践活动；能发现和提出有探究价值的问题；能从问题和假设出发，依据探究目的，设计探究方案，运用化学实验、调查等方法进行实验探究；勤于实践，善于合作，敢于质疑，勇于创新
科学态度与社会责任	具有安全意识和严谨求实的科学态度，具有探索未知、崇尚真理的意识；深刻认识化学对创造更多物质财富和精神财富、满足人民日益增长的美好生活需要的重大贡献；具有节约资源、保护环境的可持续发展意识，从自身做起，形成简约适度、绿色低碳的生活方式；能对与化学有关的社会热点问题做出正确的价值判断，能参与有关化学问题的社会实践活动

（二）化学学科核心素养与科学素养的关系

有了科学素养，为什么还要提化学学科核心素养？两者之间具有怎样的区别和联系？这是学习新课标，使化学学科核心素养落地必须从理论上首先解决的重要问题。

1. 化学课堂教学的圈层结构

在实际的化学教学中，可以发现，当一个化学知识进入课堂时，我们给这个知识穿了两层“衣服”，一层是“认识层”，一层是“教学层”。例如，“通过这些实验事实，你能得出什么结论？大家讨论一下。”实验事实和结论，是化学知识，属于“知识层”；“你能得出什么结论？”启发学生运用归纳推理的方法得出结论，属于“认识层”；“大家讨论一下”，运用了“讨论法”，属于“教学层”。我们将化学课堂教学中知识层、认识层和教学层普遍存在的这种圈层关系，称之为化学课堂教学的圈层结构，如图2所示。化学认识层回答的是如何认识化学科学知识，即认识方式、方法问题；化学教学层回答的是如何有效地认识化学科学知识，即教学方式、方法问题。在化学课堂教学中，只有认识层和教学层的有机融合，才有可能保证教学的有效性。圈层结构模型给了我们一个重要启示，即要重视化学认识层的深入研究，化学认识层更具有化学学科特质。

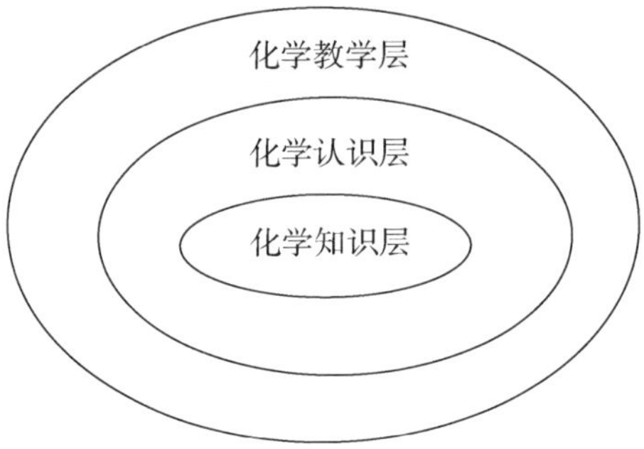

图 2　化学课堂教学圈层结构

2. 认识的层级结构及其与教育、素养之间的对应关系

从认识论来看，认识具有不同的层级。站在化学教育的立场上，按照认识的抽象概括程度，可分为 3 个层级，即哲学认识、科学认识和化学认识。它们与教育、科学教育和化学教育，核心素养、科学素养和化学学科核心素养具有对应关系，如图 3 所示。

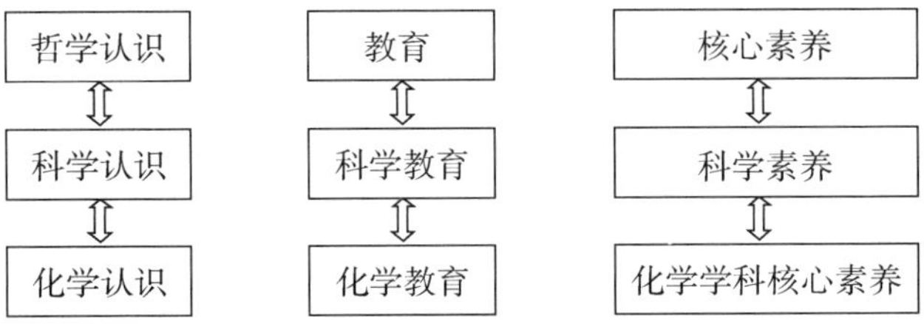

图 3　认识的层级结构及其与教育、素养之间的对应关系

从图 3 可以看出，化学学科核心素养是具有化学学科特质的科学素养，是学生必备的科学素养。化学学科核心素养是在化学学科层面来落实科学素养，因而，它是科学素养的深化和发展；同时，它又要反映和体现化学学科特质，因而，它是科学素养的具体化和化学学科化。从这个意义上来说，化学学科核心素养理论是科学素养理论的重大发展和深化。这也是新课标先进性和创新性的重要标志。宏观辨识与微观探析、变化观念与平衡思想、证据推理与模型认知、科学探究与创新意识、科学态度与社会责任，是化学学科核心素养的具体内容。那么，如何理解这 5 条素养及其相互关系呢？对这 5 条素养，有人提出质疑，证据推理与模型认知、科学探究与创新意识、科学态度与社会责任，不仅仅只适用于化学学科，物理、生物等其他学科也适用。这个问题的实质，实际上就是看待特殊性的哲学方法论问题。看待特殊性的哲学方法论主要有两种，一种是还原论，主要看的是“局部”；另一种是“整体论”，主要看的是“整体”。以往看待特殊性，往往看的是局部，也就是逐一去看；现在看待特殊性，往往看的是整体，也就是系统地看。化学学科核心素养，基于还原论来看，都不是化学学科所独有的，但基于整体论来看，指的就是化学学科。

二、化学学科核心素养的结构

“宏观辨识与微观探析”，阐述的是“宏微结合”；化学是变化之学，“变化观念与平衡思想”，阐述的是化学变化中的“变”与“不变”问题，化学变化中的“不变”是相对不变，存在动态平衡。因此，这 2 条素养反映的是化学学科思维方式和化学学科思想。“证据推理与模型认知”，反映的是化学学科思维方法，化学学科思维方式和方法属于化学科学认识范畴；“科学探究与创新意识”，属于化学科学实践范畴；“科学态度与社会责任”，重点强调化学科学的绿色应用和社会责任担当，属于化学科学价值范畴或化学科学应用范畴。基于此，可对化学学科核心素养进行结构化，如图 4 所示。

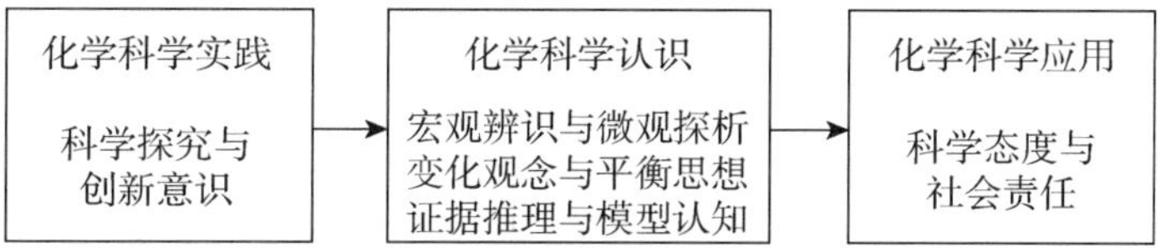

图 4　化学学科核心素养结构

实践—认识—再实践（应用），是哲学认识论的一般过程。因此，这 5 条素养的提出是有哲学依据的，这个依据就是马克思主义哲学认识论。那么，科学素养的 3 个构成要素，与化学学科核心素养的 5 个构成要素有什么不同？在系统科学中，从考察系统方式来划分，可将系统分为静态系统和动态系统。因而，构成系统的要素，也可分为静态要素和动态要素。静态要素只表明系统的成分；动态要素不仅表明系统的成分，而且还表明系统的运行过程（动态）。科学素养的 3 个要素，属于静态要素，只表明科学素养是由知识与技能、过程与方法、情感态度与价值观构成的；化学学科核心素养的 5 个要素，属于动态要素，不仅表明构成成分，而且还表明从化学科学实践到化学科学认识再到化学科学应用的素养形成与发展及其表现的过程。

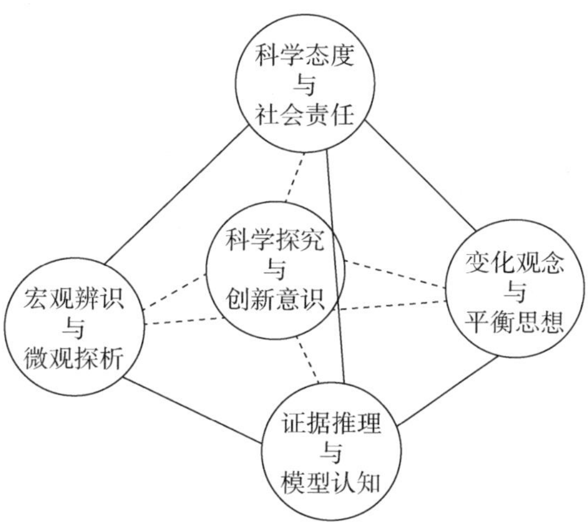

图 5　高中化学学科核心素养的“1 +4”四面体关系

对于高中化学学科核心素养的 5 个要素，扬州大学吴星教授则提出“1 +4”的四面体关系（如图 5 所示）。其中，“科学探究与创新意识”处于化学学科核心素养的中心位置，“宏观辨识与微观探析”“变化观念与平衡思想”既以化学科学探究为载体，又是化学科学探究的研究内容和思维视角，“证据推理与模型认知”是化学科学探究形成结论的思维方法，“科学态度与社会责任”是化学科学探究在情感态度和价值观维度的重要成果。

华中师范大学王后雄教授则立足于高中学生的化学学习过程，提出“3 +1 +1”模型。化学学科核心素养的5个维度素养立足于高中学生的化学学习过程，各有侧重，相辅相成，构成一个统一的整体。“宏观辨识与微观探析”反映了化学学科专属特性，“变化观念与平衡思想”表征了化学学科主要思想方法，“证据推理与模型认知”凸显了化学学科理性思维特征，三者从思维层面集中体现了具有化学学科特质的思想和方法，“科学探究与创新意识”从实践层面激励创新与实践，“科学态度与社会责任”从价值（品格）层面进一步揭示了化学学习更高层次的价值追求。它们的关系如图6所示。

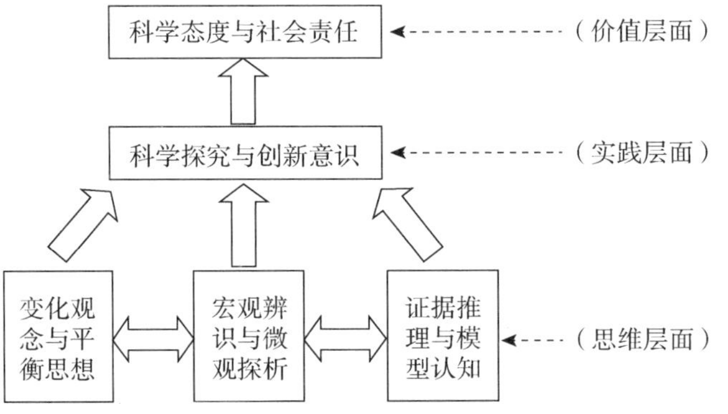

图6　高中化学学科核心素养5个维度之间的关系

在图6中，科学探究与创新意识是化学学科核心素养对化学科学实践的表征和支柱，高阶目标形成离不开化学学科特征的思想和方法，理性思维和科学探究互为倚重，理性思维是科学探究与创新意识的重要内容，科学探究与创新意识是理性思维的证实过程，在形成创新意识、进行理性思维和科学探究的过程中，最终形成一定的科学态度与社会责任。上述各项素养将化学知识与技能的学习、化学思想观念的建构、科学探究与解决问题能力的发展、创新意识和社会责任感的形成等方面的要求融为一体，形成完整的化学学科核心素养体系。

北京师范大学王磊教授团队则从学科思维本质的角度构建“4 +1”圆形（如图7所示）模型。其中，证据推理与模型认知是化学学科核心素养的思维本质；科学探究与创新意识是化学学科核心素养的实践基础；宏观辨识与微观探析、变化观念与平衡思想是证据推理和模型认知的化学特质；科学态度与社会责任是化学学科核心素养的价值追求和价值立场。

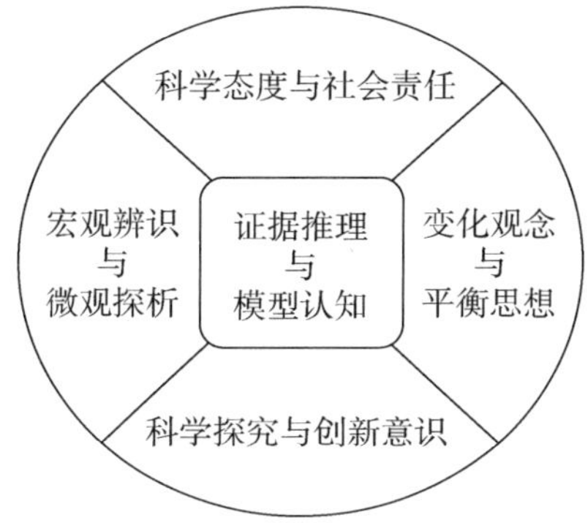

图 7　高中化学学科核心素养的“4+1”模型

其实，不管进行怎样的观察与分析，同一学科的核心素养要素之间总是呈互补关系，反映学科教学在核心素养目标、功能与价值等方面的全貌。正如《普通高中化学课程标准（2017 年版 2020 年修订）》所描述的，“宏观辨识与微观探析”“变化观念与平衡思想”“证据推理与模型认知”要求学生形成化学学科的思想和方法；“科学探究与创新意识”从实践层面激励学生勇于创新；“科学态度与社会责任”进一步揭示了化学学习更高层次的价值追求；化学学科核心素养将化学知识与技能的学习、化学思想观念的建构、科学探究与问题解决能力的发展、创新意识和社会责任感的形成等多方面的要求融为一体，体现了化学课程在帮助学生形成未来发展需要的正确价值观念、必备品格和关键能力中所发挥的重要作用。

三、化学学科 5 个核心素养的具体内涵

（一）“宏观辨识与微观探析”的内涵

“宏观辨识与微观探析”是学习化学的关键要素，要想培养学生的该维度核心素养就必须要明确其概念。接下来将从宏观辨识、微观探析以及宏观辨识与微观探析三个层次去分析、界定该维度核心素养的概念。

1. 宏观辨识的内涵

宏观辨识是该维度核心素养中的重要组成，“辨识”较易理解，意为辨认、识别，那么到底何为宏观?《辞海》中对“宏观”的解释是“指自然学科中不考虑分子、原子、电子等物质内部结构或机制的”。这是对自然学科中“宏观”一词的整体把握，结合化学学科来说，宏观主要是指物质的存在状态以及在化学变化中产生的具体现象，而有些宏观具体表征的呈现需要借助一定的实验手段。因此，笔者从学科与概念上整体把握得出宏观辨识应是指人们通过直观观察、化学实验或借助实验仪器，根据物质的形态表征以及化学反应中的具体现象（包括能量转化）能够辨认和识别物质。具体来说，如对 SO_2 的辨识，从宏观的形态表征可以得出 SO_2 是一种有刺激性气味的气体，再将 SO_2 气体通入石蕊溶液和

品红溶液中，通过正确的实验操作可以观察到紫色石蕊溶液变为红色、品红溶液逐渐褪色等一系列的现象，因此既可以从具体的化学现象推断出该物质为 SO_2，也可以依据该物质为 SO_2 从而推断出该物质在特定的实验中能够产生的具体现象，这便是宏观辨识。

2. 微观探析的内涵

微观探析是该维度核心素养的另一个组成要素，“微观”一词在《辞海》中的解释为“深入到分子、原子、电子等极微小的基本粒子领域的”，“探析”则可理解为探讨、分析，其中探讨是探索和研究，分析是由部分知整体、从局部推及全面，其意义在于找到问题的主要矛盾，从而解决问题。将“微观探析”融入到化学中，给这个具有科学性及严谨性的词语增添了趣味性和层次感，从粒子的微观角度探索、研究物质结构，再从微观的物质结构类推到其与物质性质之间的联系。笔者将微观探析界定为从分子、原子、电子的微观角度探讨、分析物质的结构与性质之间的联系。

在碱金属部分知识的学习中，往往需要从核外电子及原子半径角度去理解并掌握金属元素间的共性及差异性。从电子角度分析，由于碱金属元素的最外层电子数为 1，为达到稳定结构，极易失去 1 个电子，因此碱金属元素都具有强还原性；从原子半径角度分析，同一主族元素自上到下，原子半径逐渐增大导致原子核对最外层电子的束缚能力逐渐减弱，原子的电负性逐渐减小，因此碱金属元素从上到下呈现还原性逐渐增强的趋势。所以在学习此部分知识时应注重由此及彼，不要局限在单一物质的学习中。由此可见，微观探析的理论性很强，要求洞悉微观结构与性质之间的联系。

3. 宏观辨识与微观探析的关系

宏观辨识与微观探析作为一个整体而言，重点在于一个“与”字，“与”不是将宏观辨识与微观探析简单地连接在一起，而是内涵与外延上的交叠，是连接宏观辨识与微观探析意义的铰链，强调注重宏观辨识与微观探析的联系，不可切断二者的联系。作为化学学科核心素养中的要点，对其内涵的研究十分必要，新课标对宏观辨识与微观探析这一维度进行了详细的阐述，总结 3 点要素如下：①能够从不同角度、不同层次认识物质并对物质进行分类；②注重宏观物质与构成宏观物质的微观粒子间的联系，从微观出发，形成见微知著的学习理念；③运用宏微结合的思维分析问题、解决问题。相关学习层次与学习目标水平描述如图 8 所示。

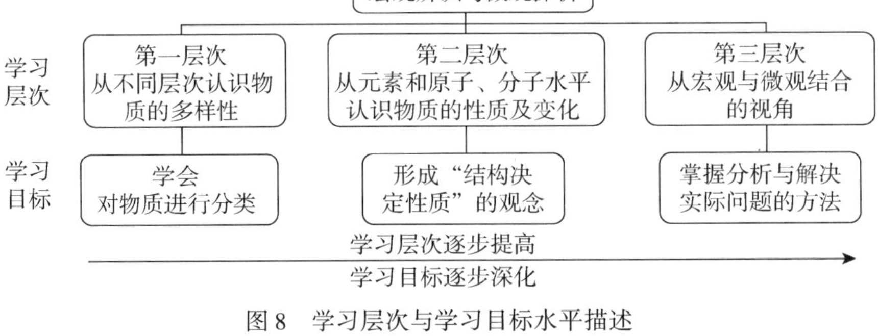

图 8　学习层次与学习目标水平描述

对体现“宏观辨识与微观探析”素养的“学习活动”赋予实践意义的程序图式，形成相对稳定的“学习活动”结构形式，其模型如图9所示。

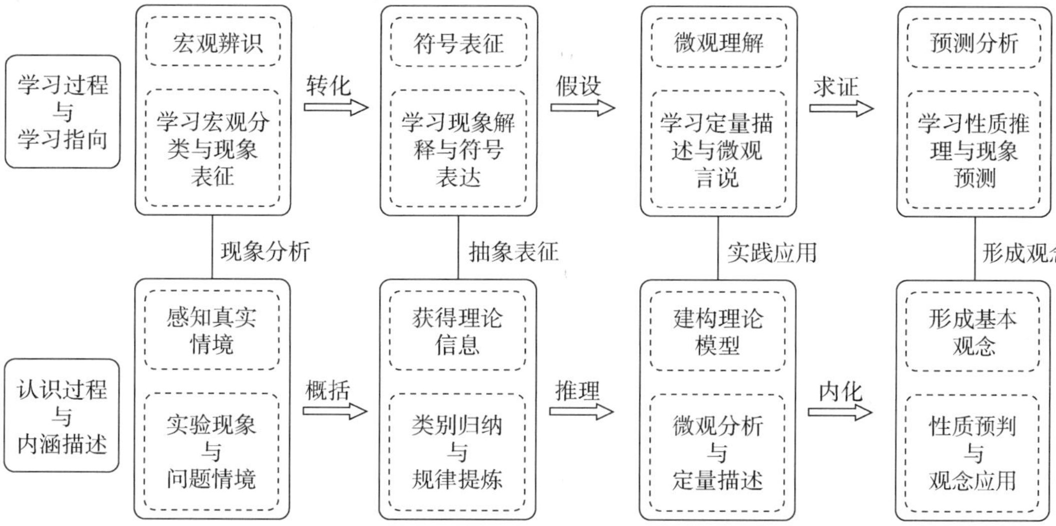

图9 “宏观辨识与微观探析”学习活动过程模型

（二）“变化观念与平衡思想”的内涵

化学学科核心素养的内涵，同样也是对学生学习的要求，明确了化学课程应帮助学生形成怎样的观念、品格和能力。5个素养相辅相成，将多方面的要求融为一体，从而提高学生的综合素质，而每个维度的素养，则是整体要求的细化。

素养2“变化观念与平衡思想”是学生形成化学学科思想方法的重要组成，该素养指向物质转化层面，含物理变化，化学变化，化学变化过程中的平衡问题以及变化的规律和变化的守恒、能量等问题，属于物质的动态层面，是学生对物质变化的基本认识的综合，解决物质是否会变化、物质会怎样变化、物质为什么变化的基本问题。新课标中对其内涵概括如表2所示。

表2 “变化观念与平衡思想”的内涵

素养2	内涵
变化观念与平衡思想	能认识物质是运动和变化的，知道化学变化需要一定的条件，并遵循一定规律
	认识化学变化的本质特征是有新物质生成，并伴有能量转化
	认识化学变化有一定限度、速率，是可以调控的
	能多角度、动态地分析化学变化，运用化学反应原理解决简单的实际问题

由新课标对“变化观念与平衡思想”素养的内涵的界定可以看出，该素养指向的是物质的转化层面，一切核心都围绕着“变化”一词，“变化”与“平衡”并不是两个并列的概念，变化过程中才能体现出平衡的问题，因此，“变化”本身是“平衡”存在的基础，

二者是上下位关系。“变化观念与平衡思想”的本质是认识以“变化”为核心的一系列问题，其中较为关键的环节是有关平衡及其移动的化学反应原理。“变化观念与平衡思想”内涵中的基础是认识到物质的变化，这种物质的变化包含物理变化和化学变化；在此基础上，认识在化学变化过程中产生的一系列问题，包括平衡问题以及变化的规律和变化中的守恒、能量等问题。由此可以看出“变化观念与平衡思想”在本质上属于物质的动态层面，是学生对物质变化的基本认识的综合，主要解决物质是否会变化、物质会怎样变化、物质为什么变化的基本问题。

（三）“证据推理与模型认知”的内涵

1. “证据推理”和“模型认知”的内涵

化学是一门以实验为基础的自然科学，其理论体系是在科学家对无数事实材料概括的基础上，进行严密的逻辑推理而形成的。在化学学科背景中理解“证据推理与模型认知”，其中的“证据推理”不应该是学界专用名词所对应的“不确定推理理论”，而应该是与学科属性相对应的“基于证据的推理”；“模型认知”则与有关文献中基于“模型”的“认知”基本一致。这时再看新课标对“证据推理与模型认知”的释义，“具有证据意识，能基于证据对物质组成、结构及其变化提出可能的假设，通过分析推理加以证实或证伪；建立观点、结论和证据之间的逻辑关系。知道可以通过分析、推理等方法认识研究对象的本质特征、构成要素及其相互关系，建立认知模型，并能运用模型解释化学现象，揭示现象的本质和规律。”就更能体会到“证据推理与模型认知”作为化学学科核心素养组成维度的独特意义。换言之，如果今后《辞海》等收录“证据推理”的词条，应该在“不确定推理理论”基础上增加“基于证据的推理”的义项，其具体含义及水平划分如表3所示。

表3 证据推理与模型认知维度素养的水平划分

素养水平	主要内容
水平1	能从物质及其变化的事实中提取证据，对有关的化学问题提出假设，能依据证据证明或证伪假设；能识别化学中常见的物质模型和化学反应的理论模型，能将化学事实和理论模型之间进行关联和合理匹配
水平2	能从宏观和微观结合上收集证据，能依据证据从不同视角分析问题，推出合理的结论；能理解、描述和表示化学中常见的认知模型，指出模型表示的具体含义，并运用理论模型解释或推测物质的组成、结构、性质及变化
水平3	能从定性与定量结合上收集证据，能通过定性分析和定量计算推出合理的结论；能认识物质及其变化的理论模型和研究对象之间的异同，能对模型和原型的关系进行评价以改进模型；能说明模型使用的条件和适用范围
水平4	能依据各类物质及其反应的不同特征寻找充分的证据，能解释证据与结论之间的关系；能对复杂的化学问题情境中的关键要素进行分析以建构相应的模型，能选择不同模型综合解释或解决复杂的化学问题；能指出所建模型的局限性，探寻模型优化需要的证据

2. “证据推理”与“模型认知”的关系

当把“证据推理与模型认知”中的“证据推理”和“模型认知”分别理解为“基于证据的推理”和“基于模型的认知”时，这样就有了“证据”“推理”“模型”“认知”4个独立的词。按照人们的一般理解，“证据”是能够证明某事物真实性的有关事实或材料，“推理”是思维的一种基本形式，是指由一个或几个已知判断（前提）推出新判断（结论）的过程。与“证据推理”或“基于证据的推理”对应的学科素养，就表现为依据有关事实或材料推出新的判断或结论，从而实现问题解决或获得新的知识。如根据钠与水反应时“浮、熔、游、响、红”等实验现象和已有知识进行有关推理，对钠的密度、熔点等物理性质，钠与水反应时的速率、产物以及能量变化形成相应的判断，获得钠的有关知识。“模型”有多重释义，与“原型”相对，是研究对象的替代物；或者是根据实物、设计图或设想，按比例、生态或其他特征制成的与实物相似的物体；等等。“认知”是指人类认识客观事物、获得知识的活动，包括知觉、记忆、学习、言语、思维和问题解决等过程。与“模型认知”或“基于模型的认知”对应的学科素养，可以表现为通过观察分子或晶胞等结构模型直观形象地认识有关物质的组成和结构，也可以表现为“运用模型解释化学现象，揭示现象的本质和规律”。如用电子云的模型理解原子核外电子的运动规律或解释原子之间的成键方式，根据有效碰撞与活化分子模型理解影响化学反应速率的因素并能选择适宜的条件控制化学反应发生的速率。

在“基于模型的认知”的语境中，“模型”还可以看作是“认知模型”的简称。也就是说，“模型认知”可以理解为按照某种“认知模型”进行认知。“认知模型”这一个术语起源于计算机科学领域，在计算机科学领域是指“人类认知过程的计算机模型”，在认知心理学中则被用来简化描述人的认知过程。自然科学的根本任务是揭示自然界发生的现象以及自然现象发生过程的实质，从而把握这些现象或过程的规律性。显然，在发现自然现象背后规律的过程中，离不开“证据推理”或“基于证据的推理”的认知途径，“证据推理”或“基于证据的推理”属于自然科学的学科属性。从这个角度看，“证据推理”或“基于证据的推理”是一种典型的认知心理学层面的认知模型。所以化学学习中的“证据推理”可以看作是按照“基于证据的推理”认知模型进行的认知过程。用这样的思路考察“证据推理”与“模型认知”的关系可知，“证据推理”从属于“模型认知”，“模型认知”包含了“证据推理”。

作为化学学科研究的思维与本质的“证据推理与模型认知”包括以下五个方面的内涵：

①具有证据意识，能基于证据对物质组成、结构及其变化提出可能的假设；

②通过分析推理加以证实或证伪；

③建立观点、结论和证据之间的逻辑关系；

④知道可以通过分析、推理等方法认识研究对象的本质特征、构成要素及其相互关系，建立模型；

⑤能运用模型解释化学现象，揭示现象的本质和规律。

从上述关于“证据推理与模型认知”内涵的描述中，可以感悟到以下两点：

一是化学学习过程应该是以物质组成、结构及其变化的事实作为构建假说论证的基础，并同时对假设进行证实与证伪的分析，在此基础上研究并建立认知物质的基本模型，最后学会认知物质世界的基本方法。

二是上述内涵还分别表达了五种不同的意识，即证据意识、求证意识、逻辑意识、建模意识和问题解决意识，而这五种不同意识培育的目标分别指向学会假设、学会论证、学会分析、学会预测与建模和学会问题解决。

由此，我们可用图 10 表示“证据推理与模型认知”五个内涵的关联性及其教学目标指向。

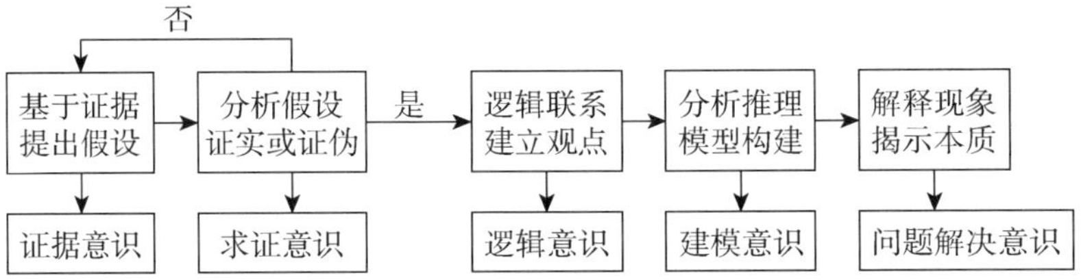

图 10　“证据推理与模型认知”内涵关联性及教学目标指向

在明确“证据推理与模型认知”五个内涵的关联性及教学目标指向之后，必须思考的另一个问题是作为课堂教学实践者的教师，如何将上述五个方面的内涵付诸具体的教学行为，使这种教学行为在不同的教学内容有着极为丰富的结构形式。为此，高中化学课程标准修订组对“证据推理与模型认知”如何落实于具体的学习过程，又提出了以下五个方面的表现行为：

①初步学会收集各种证据，对物质的性质及其变化提出可能的假设；

②基于证据进行分析推理，证实或证伪假设；

③能解释证据与结论之间的关系，确定形成科学结论所需要的证据和寻找证据的途径；

④能认识化学现象与模型之间的联系，能运用多种认知模型来描述和解释物质的结构、性质和变化，预测物质及其变化的可能结果；

⑤能依据物质及其变化的信息建构模型，建立解决复杂化学问题的思维框架。

如果说“证据推理与模型认知”的内涵表达了五种不同意识或培育目标，那么，上述五个方面的表现行为充分体现了培育目标的达成，同时，这五个方面的表现行为也为实际课堂教学提出了可实施的基本思路与操作方向。我们根据内涵的目标指向所延伸的表现形式，对实际教学赋予的各种具体的行为方式进行归纳，形成了如图 11 所示的关系。

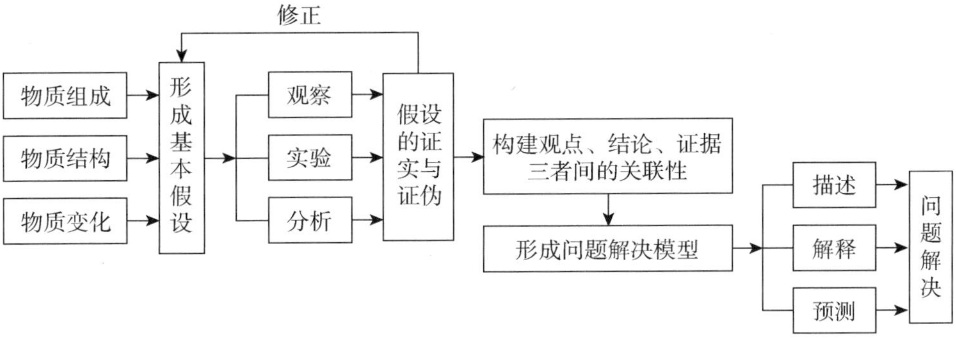

图 11 “证据推理与模型认知”在教学中的具体表现行为与方式

(四)“科学探究与创新意识”的内涵

核心素养中的“科学探究与创新意识”主要指：“认识科学探究是进行科学解释和发现、创造和应用的科学实践活动；能发现和提出有探究价值的问题；能从问题和假设出发，依据探究目的，设计探究方案，运用化学实验、调查等方法进行实验探究；勤于实践，善于合作，敢于质疑，勇于创新。”接下来将从科学探究、创新意识以及科学探究与创新意识三个层次去分析、界定该维度核心素养的概念。

1. 科学探究的内涵

探究式教学指的是在教师的指导和帮助下，学生经历科学探究的过程，学习科学知识和技能，体验探究的乐趣，学习科学探究的方法从而进行探究活动。科学探究能力是进行科学探究活动的基本保障。科学探究能力对探究活动过程起到稳定调节的作用，是学习者在科学探究过程中逐渐形成的。

初期，有学者定义科学探究能力就是过程与技能的综合；从心理学的角度来看，科学探究能力以科学思维能力与科学推理能力来定义。科学探究能力应该划分具体的因素，以评定能力的高低。《美国国家科学教育标准》将科学探究能力划分为明确指导科学探究的问题和理论、设计并进行科学研究、运用技术和数学进行各种调查研究和交流、利用理论和证据构建科学的解释、通过交流认可并分析其他方案、相互交换意见。加拿大的《安大略省科学课程标准》将科学探究划分为相互作用的四个领域，包括质疑与计划、施行与记录、分析与阐述、交流讨论。澳大利亚的《科学课程标准》则认为应包括五个领域：提出问题，分析可检验的假设，计划、处理和评价，收集、分析和解释证据，交流成果。新西兰的《科学课程标准》强调科学探究应分为四个主要要素，包括聚焦和计划、信息收集、处理和解释、交流信息。英国的《国家科学课程标准》指出其内容应分为两个主要方面，即科学的思想及证据、探究能力，探究能力包括制订计划、提出依据、思考和评价依据三个要素。部分国家将科学探究能力高度归纳概括为不同的科学探究过程要素，然后进一步拆分为具体的能力表现。

在我国的化学课程标准中对科学探究能力的一级构成要素下了定义，明确指出一个相对完整的探究活动包含：提出问题和假设，设计方案，实施实验，获取证据，分析解释或建构模型，形成结论及交流评价等。在探究过程中，具体的实践活动可以培养科学探究能力。

2. 创新意识的内涵

创新意识是从事创新活动的积极性源泉。有学者认为创新意识是一种心理动机，是在探索的过程中对问题进行发现和研究的思想动机。有学者提出，创新意识包括主观方面和客观方面，需要根据自身或者社会的需求，创造出新的事物。创新意识是指在创新实践中创造和改进之前的观点和解释。在生活和工作中，要有目的地培养自己的创新意识，善于发现问题、解决问题，通过不断地实践，从而达到创新的目标。

创新意识是指能充分发挥自我内在潜能，积极主动地发现问题、解决问题的一种心理倾向。对中学生而言，创新意识是一种求新、求异、求变的意识。创新意识应包括三个要素：创新精神，是一种心里特征，有质疑和批判精神，有强烈的好奇心和求知欲；创新思维，是思维模式的一种表现，强调独立思考；创新能力，是培养创新意识的出发点，也是最终目标，可以通过教育培养。三个要素是相互关联的，在培养创新意识过程中，结合实践活动逐步培养创新精神，在创新意识和创新精神的指导下逐步形成较为深刻的、稳定的创新思维方式，最终通过活动开展形成创新能力。

创新是一种人格特质，它是指个体在特定的条件下，能发现新领域，产生新思想，新颖、独特地解决别人解决不了的问题，创造出新产品的人格素质组合。这里所谓的产品，可以是一种新观念、一种新设想、一种新理论、一项新技术、一项新工艺和一种新产品等。创新精神是由创新性人格素质——创新素质所整合成的一种创造心理动力特征，霍伊尔指出：“今日不重视创造性思维的国家，则明日将为沦为落后国家而羞愧。”因此，我国的传统教育模式必须进行彻底的改革和创新，培养我国学生的创新精神已成为教育界的当务之急。

3. 科学探究与创新意识的关系

人本主义强调创造性、自我表现、自主性等心理品质和人格特征的培育，对现代教育产生了深刻的影响。人本主义把个体发展看作教育的最高目标，并认为自我发展是教育的价值和实现自我的目标。人本主义心理学流派的主要代表罗杰斯指出：只有学会学习和学会如何适应变化，学会寻找可靠的知识，人格才是健全的，才能达到教育的目标。人本主义心理学家强调：以学生为中心，重视学生的学习，尊重学生的个人经验，尊重学生的学习方法，这一问题正是科学探究所重视的。从教学目标、教学方法、学习方式上都提出了要求，教学重视的是教学的过程而不是教学内容，重视教学的方法而不是教学的结果，强调学生个性与创新的培养，使其在好奇心的驱使下去吸收任何有趣和需要的知识，让学生自我选择、自我创新。从以上这些观点，可以看出人本主义理论对化学教学中学生创新意识的培养起到积极的作用。

人本主义学习理论为科学探究的研究奠定了人文基础，培养学生的科学探究能力的前提是发挥学生的主体性，只有尊重学生的主动性和独特性，给予其自我实现、发挥潜能的机会，学生才能够获得发展。教师将自己定位于学生学习的组织者、参与者、帮助者，要对学生有信心。在教学过程中，可以先为学生制订一个以探究为基础的教学大纲，创造一种有助于科学探究的学习环境，为学生提供丰富的学习资源，使学生感觉轻松、自信，有助于激发其创新意识。

(五)“科学态度与社会责任”的内涵

1. “科学态度”的内涵

什么是科学态度，这里首先涉及到科学这个概念。英文中“科学”一词（science）来源于拉丁文 scientia，意思就是“知识”“学问”，所以，从人们使用“科学”这一范畴时起，就是把它和知识联系在一起的。1989 年版的《辞海》将“科学”规定为“关于自然、社会和思维的知识体系”。在这里，“科学”是指自然科学，科学态度是在人认识并改造自然界的背景下提出来的。在漫长的岁月里，人类在创造一个又一个科学理论的同时也在创造科学态度，总结科学态度。早在 1941 年，我国著名科学家竺可祯就发表了《科学之方法与精神》一文。竺可祯认为科学方法可以随时随地改换，但科学态度是永远不能改变的。他从近代科学的先驱哥白尼、布鲁诺、伽利略、刻卜勒、牛顿、波义耳等人身上，总结出了三个特点：①不盲从，不附和；②虚怀若谷，不武断，不蛮横；③专心一致，实事求是。很显然，所谓科学态度，当然不是指那些具体的科学原理定律，而是指科学所具有的优秀传统，是科学赖以生存和发展的生命线。概括地说，科学态度主要包括两方面的内容：一是尊重事实，尊重客观规律；二是大胆探索，追求并坚持真理。

2. “社会责任” 的内涵

要阐释社会责任感的含义，首先要阐释“责任”“责任感”的含义。责任是人类的永恒主题。一提到责任，人们首先会想到“谁对谁负责”。事实上，责任的含义很广。程东峰认为：“责任”是行为主体对特定社会关系中特定任务的自由确认与自觉服从。《汉语大辞典》中“责任”有三种含义：①使人担当起某种职务、职责；②分内应做的事；③做不好分内应做的事，因而应承担的过失。简而言之，责任的三层含义即任职、份内事和因过失而受查处。而责任感属于道德情感范畴，道德情感是促发人的道德行为的动力。责任感是责任主体在生活中渴望去实现自己所意识到的责任的情感，是责任实现的内在机制，它的产生不能离开对责任的认识。

社会责任感有着丰富的含义。一直以来，学术界从不同的学科领域、不同的观察视角具体地描述了社会责任感的含义。比较明确的说法主要有以下几种：从心理学角度界定社会责任感，社会责任感指的是个体对社会责任的一种心理感知，是社会个体对自身在社会及自我发展中承担相应责任的时候做出的行为选择、行为过程及其后果是否符合其内心需要而产生的情感体验；从社会学角度界定社会责任感，认为社会责任感是个体对社会角色职责的自我意识与崇高的意志、态度，对自身承担相应责任、履行各种义务的自觉认识；

有的学者则认为从思想政治教育角度看，社会责任感是个人对自己所应该履行的各种义务，所应该承担的社会责任的自我意识，是对社会责任的一种觉悟。它是一种自律意识，是个人对自身发展提出的要求，也是对自身行为的约束；有的学者则从德育角度阐述了社会责任感，认为社会责任感是个体对自己在人类社会、自我发展中所承担的责任的一种意识，是对自己在道德活动中完成道德任务的情况是否满足其道德需要而产生的情感体验；而从伦理学角度进行理解，社会责任感实质是一种伦理准则；等等。从以上分析可以看出，学者们的观点主要认为社会责任感是一种对他人、对社会应承担的相应的职责，而且这种职责是一种强烈的自律意识，是发自内心的情感体验。

3. “科学态度”与“社会责任”的关系

科学态度与人文精神作为人类认识活动的两种产物或结晶，在人们认识世界时发挥着重要的作用，可以说它们就是我们观察世界的一双“眼睛”。科学之眼与人文之眼都有自己的内在构造，正是这种内在构造的不同，形成了它们视野中世界图景的差别，以及科学方法、科学观念与人文方法、人文观念的差异。科学态度与人文精神就是贯穿在科学探究和人文研究过程中的精神实质，是展现科学和人文认识活动内在意义的东西。从总体上看，科学态度与人文精神各自具有这样一些特点；前者以物为尺度，追求真实，推崇理性至上，探索无禁区，等等；后者以人为中心，追求美好，推崇的不仅仅是理性，等等。这些特点使得它们主导了人类认识和观察世界的两种基本方法、两个重要维度。世界本身就是多种属性、多种关系、多向互为作用构成的复杂统一体，当人们的视野投入到这种内在的复杂性时，理所当然会有所侧重。基于这样的理解，科学态度与人文精神都是人们认识与观察世界必不可少的，只有同时具备，人们对世界的把握才更全面，人们的实践活动才更自觉。

科学态度求真务实，追求卓越，本身并不具有道德属性，就好比工业合成氨，将其合成尿素使粮食增产，则有利于全人类，如果将其制造炸药用于发动战争则是贻害无穷。因此科学态度需要有社会责任来进行规范，使得科学家研究无国界，但是科学家有国界，科学家都有仁爱之心，心怀整个人类的未来和发展，有着强烈的社会责任感，有为人类谋福祉、为人类创造更美好的未来，这样科学态度与社会责任则达成了完美的科学与人文的统一。

第二节　化学学科核心素养特点变化

一、化学学科核心素养的特点

化学学科核心素养是指学生经过高中阶段化学课程的学习所形成和发展的正确价值观、关键能力和必备品格。因此，化学课程学习的内容、学习活动的设计、真实情境的选择是形成和发展化学学科核心素养不可替代的关键环节。此次高中化学课程标准修订，是如何基于学科核心素养导向来遴选和制订课程内容并设计相应学业水平质量标准的？本文做简要介绍。

（一）课程内容修订的原则和思路

1. 学科核心素养导向，精选课程内容主题

培养学生的核心素养和化学学科核心素养是高中化学课程的重要育人目标，因此应该依据素养发展要求精选高中化学课程内容。只有结构化和功能化的知识才会有素养价值，知识内容主题化，有利于反映学科本质和大概念，设置真实背景和挑战性问题任务，促使知识结构化、功能化、素养化，有利于学生构建认识模型和经验图式，建构理解、提高能力、发展素养，使核心素养具体化、整合化，避免素养泛化，形成特定图式，具有可迁移性，更具有认识功能。良好的学习主题应是稳定的认识领域和研究对象，有真实的客观存在和应用，有明确和独立的本原性问题，需要独特的认识角度、认识路径、推理判据，具有大概念和结构化的知识内容，与其他主题（领域）具有实质性联系。

2. 聚焦学科大概念，彰显知识的素养发展功能

在必修阶段，促进宏观辨识与微观探析素养发展的核心知识内容包括价类二维元素观、基于电离和离子的微粒观、基于化学键的微粒作用观。变化观念与平衡思想素养的核心知识内容包括氧化还原反应、离子反应、化学反应与能量转化、化学反应限度和速率等。无机元素化合物的性质、变化和应用对于证据推理与模型认知素养的要求很高，元素周期律（表）模型及其应用、化学键模型及其应用非常有利于培养学生的证据推理与模型认知素养。

在选择性必修阶段，尽量融入学科思想和研究方法，帮助学生认识学科思想和研究方法的形成与发展过程。“化学反应原理”模块帮助学生建立体系与能量，化学反应的方向、限度、速率和调控等大概念；“物质结构与性质”模块强调认识物质结构的不同尺度、基本角度和基本思路；“有机化学基础”模块从分子结构、官能团、化学键3个层次建立对有机化合物分子的认识，引入合成有机化合物的基本思路等。这些观念性认识的建立，能够帮助学生发展和深化认识物质及化学变化的角度与方法。

3. 以主题为单位，明确学习内容和学业要求

此次课标修订，借鉴国际科学课程标准，基于主题规定学习内容，明确表现性学业要求。其中每个主题中学习内容标准的第一条是本主题的大概念，突出具有统摄性的核心观念；中间若干条是本主题的重要概念及核心知识；然后是该主题的STSE的应用内容；最后则是该主题的学生必做实验。主题的学业要求则是明确该主题的素养能力表现要求。首先是用动词表达学生应该能做什么，即完成哪些学科能力活动任务，例如回忆、辨识、比较、概括、说明、分析、预测、设计、探究等；其次是说明素养的水平要求，例如“能从物质类别、元素价态的角度，依据复分解反应和氧化还原反应原理，预测物质的化学性质和变化，设计实验进行初步验证，并能分析、解释有关实验现象。”“能利用典型代表物的性质和反应，设计常见物质制备、分离、提纯、检验等简单任务的方案。能从物质类别和元素价态变化的视角说明物质的转化路径。”每个主题的学业要求是核心素养和质量标准在课程内容主题层面的具体化，对于考试命题评价和教学设计都具有重要和具体的指导意义。

4. 删减调整部分内容，明确规定学生必做实验

现行必修化学分为“化学1”和“化学2”两个模块，实施中出现“化学1”内容偏多，课时偏紧，“化学2”内容偏少，课时偏少的情况。此次修订中必修化学打通模块边界，以方便合理统筹课时。考虑到必修课程总学时没有增加，而学科核心素养的发展要求比以前提高了，又规定了学生必做实验，加之借鉴国际科学课程标准比较研究的结果，此次课标修订决定适当删减和调整无机元素化合物知识内容，适当增加必修课程的有机化学知识。选择性必修降低对焓变、熵变、金属晶体的堆积模型、原子轨道等学科内容的要求，适当加强利用平衡常数线索分析反应的方向和限度，适当加强从电负性、键的极性、分子的极性等角度认识物质性质，适当加强体现化学对认识生命现象的支持，适当引入传感器实验、燃料电池等新的实验技术或者化学应用技术，适当体现原子光谱、分子光谱、X射线衍射等现代化的研究方法和手段。这些改变一方面弱化了那些技能性强、学习或考试难度高的概念，降低学生学习负担；另一方面注重帮助学生形成认识物质和化学变化的核心观念，提高学生的学习效果，同时有效增强课程内容的时代性。

为了改变目前教学实践中忽视学生动手做实验的突出问题，真正落实“科学探究与创新意识”核心素养的培养，此次课标修订在必修课程和选择性必修课程中分别明确规定了9个学生必做实验，共计18个学生必做实验，突出对学生实验探究能力的培养。

5. 基于主题进行教学指导，提供教学策略、学习活动和情境素材

知识的功能价值只有在基于真实学习情境的、丰富多样的学科能力活动中才可能转化为学生自觉主动的、合理的认识方式（认识角度、认识思路和思维方式），形成核心素养。

为了提高课程标准的可操作性，使课程标准好用、管用，此次课标修订，针对每个主题的特点、学生核心素养发展的需要，特别提供了教学策略建议、学习活动建议和学习情境素材建议。这些教学建议都是基于大量新课程教学实践研究，针对每个内容主题，总结提炼核心教学策略，精心挑选学习活动建议和学习情境素材建议，使教师可以最大程度地利用他们新课程的教学经验。

（二）必修课程内容的修订重点

根据上述课程内容修订的原则和思路，针对不同内容主题的不同特点，确定修订的重点。下面以必修化学课程的重点主题“常见的无机物及其应用”为例进行说明。

1. 核心观念统领，聚焦学科大概念

高中化学必修阶段相比初中化学阶段，学生对于元素化合物的认识方式的发展进阶如下：①基于具体物质的具体性质和反应的类比思维；②基于一类物质的一般性质的概括思维；③基于离子的性质和反应的微观概括思维；④基于化合价升降的氧化还原思维；⑤综合类别通性的酸碱盐离子反应和价态升降的氧化还原反应的多角度思维。

促进学生元素化合物认识方式发展的核心概念包括：物质分类、各类物质的一般性质、电离和离子反应、氧化还原反应。本主题要求学生对这些核心概念形成基本理解：“认识元素可以组成不同种类的物质，根据物质的组成和性质可以对物质进行分类；同类物质具有相似的性质，一定条件下各类物质可以相互转化。”“认识有化合价变化的反应是氧化还原反应，了解氧化还原反应的本质是电子的转移，知道常见的氧化剂和还原剂。”“认识酸、碱、盐等电解质在水溶液中或熔融状态下能发生电离。通过实验事实认识离子反应及其发生的条件，了解常见离子的检验方法。”在上述基本理解的基础之上建立新的认识角度，优化和发展原有的认识方式。

基于这些核心概念的认识，学习下列重要的元素化合物知识：“结合真实情境中的应用实例或通过实验探究，了解钠、铁及其重要化合物的主要性质，了解这些物质在生产、生活中的应用。”“结合真实情境中的应用实例或通过实验探究，了解氯、氮、硫及其重要化合物的主要性质，认识这些物质在生产中的应用和对生态环境的影响。”在学习上述具体的元素化合物知识过程中，要求学生建构科学合理的认识思路，使认识方式稳定化、内化，进而促使学生“结合实例认识金属、非金属及其化合物的多样性，了解通过化学反应可以探索物质性质、实现物质转化，认识物质及其转化在促进社会文明进步、自然资源综合利用和环境保护中的重要价值”。体会物质性质及物质转化的价值，将知识和认识转化成问题解决的能力和科学态度与社会责任，形成基于无机元素化合物知识和经验的学科核心素养。

2. 删减调整具体元素化合物知识内容

从知识的角度来说，具体的元素化合物知识一直以来都是高中化学知识内容的重要组成部分，其与概念原理知识的占比一直以来都是化学课程内容设置的着力点。决定元素化合物知识在整个课程内容占比的主要因素：感性认识与理性认识的平衡、学习兴趣与学习困难的矛盾。遗憾的是，教师在实际教学中花在元素化合物知识上的时间恐怕要占到必修课程的60% ~80%，而且教与学的方式主要是灌输和背记。

从认识发展的角度来说，具体元素化合物是我们的认识对象，我们需要认识物质的存在、物理性质和化学性质、制备和获取、转化和应用。认识的具体结果就是上面所说的具体元素化合物知识。如何获得这些认识，既需要基于科学探究的活动过程，更需要科学认识的角度、思路（路径）以及推理判据等。概念理论性知识具有统摄性认识功能，提供认识的角度、思路（路径）和普适性判据，而元素化合物的具体性质和反应等知识的认识功能是相对较弱的，提供的是类比参照和具体事实性证据。当然，具体元素化合物的知识对认识和学习概念理论知识具有提供感性认识基础和具体变式等认识功能。

综上，我们认为，元素化合物知识在高中化学课程中的认识发展价值应该有3个方面：①作为认识对象，促进学生迁移应用所学的概念原理知识；②作为感性认识素材，帮助学生建立和发展概念理论；③作为认识结果，成为知识（认知）结构的一部分，为后续的认识活动提供参照和依据。根据元素化合物知识的不同认识功能价值，此次课标修订中，选择Na、Fe、N、S、Cl等5种核心元素承载上述3种认识功能，学生在高中化学必修课程中需要系统学习、全面掌握。将Al和Si这2种元素调整为只承担前2种认识功能。将Cu元素调整为仅作为认识素材的定位。这样一来，一方面，需要系统学习的具体元素化合物知识总量减少了；另一方面，5种核心元素化合物知识的认识要求和能力要求提高了，对于相关的概念理论的能力素养迁移应用的要求也提高了。

3. 注重元素化合物知识与STSE知识的融合，体现科学态度与社会责任的内涵实质

新课标关于元素化合物部分的学习要求："结合真实情境中的应用实例或通过实验探究，了解钠、铁及其重要化合物的主要性质，了解这些物质在生产、生活中的应用。结合真实情境中的应用实例或通过实验探究，了解氯、氮、硫及其重要化合物的主要性质，认识这些物质在生产中的应用和对生态环境的影响。结合实例认识金属、非金属及其化合物的多样性，了解通过化学反应可以探索物质性质、实现物质转化，认识物质性质及转化在促进社会文明进步、自然资源综合利用和环境保护中的重要价值。要求学生能根据物质的性质分析实验室、生产、生活以及环境中的某些常见问题，说明妥善保存、合理使用化学品的常见方法。能说明常见元素及其化合物的应用（如金属冶炼、合成氨等）对社会发展的价值、对环境的影响。能有意识地运用所学的知识或寻求相关证据参与社会性科学议题的讨论（如酸雨和雾霾防治、水体保护、食品安全等）。"上述学业要求一方面突出每种元素化合物特有的STSE教育价值，另一方面引导学生认识到科学态度与社会责任之间的关系：讨论社会问题时要尊重科学；在使用科学时必须要有社会责任。只有学好和用好元素化合物知识才能更好地尽到社会责任。

4. 明确核心素养导向的学业要求

无机物的性质和应用主题提出的学业要求可以从几个方面来解读：

第一，学习完该主题后能够做什么事情，能完成什么类型的能力活动任务。既包括“列举、说明、分析、解释、预测、设计、证明”等多种认知性任务，也包括丰富的科学实践类任务。例如预测和证明物质的化学性质和变化；设计方案进行常见物质的制备、分离、提纯、检验；分析、解释有关实验室、自然界和生活、生产中的实际现象和问题；妥善保存、合理使用化学品；参与社会性科学议题的讨论；等等。这些都是体现该主题的核心认识功能价值的典型能力活动任务。

第二，学习完该主题后做事情的时候应该具有怎样的素养水平。例如该主题对宏观辨识与微观探析素养的发展主要在于建立基于价类二维的元素观，具体表现为“能依据物质类别和元素价态列举某种元素的典型代表物。”“能从物质类别、元素价态的角度，依据复分解反应和氧化还原反应原理，预测物质的化学性质和变化，设计实验进行初步验证，并能分析、解释有关实验现象。”“能从物质类别和元素价态变化的视角说明物质的转化路径。”课标修订后明确了发展要求。

第三，越是后面的活动任务对于素养的能力水平要求越高，对于素养的综合要求越高。

总而言之，不同的学生能够顺利完成的事情和任务可能是不一样的，在做同样的事情时可能会表现出不同的素养水平，因此我们可以根据学生能否做什么事情以及如何做事，来判断其该主题学习前后知识的学习和应用水平以及学科核心素养的发展水平。

5. 明确教学实践中的突出问题，提出主题的核心教学策略

无机元素化合物知识主题的教学实践中普遍存在以下突出问题：①以听和记教师讲述的实验现象和结论代替学生自己的观察思考和实验探究；②以反复背记化学方程式代替基于化学反应的原理和规律进行分析理解和证据推理；③以题海训练代替真实的问题解决；④以单一的具体代表物的性质学习代替基于元素观的物质性质和转化的认识；⑤以去情境化和碎片化的教学代替真实学习背景和整体性学习。

修订后的课标提出了如下发展学生化学学科核心教学策略：①发挥核心概念对元素化合物学习的指导作用；②重视开展高水平的实验探究活动，充分运用实验观察和启迪思维的教学策略，切实组织和开展学生分组实验活动，注重引导学生进行性质预测、方案设计、概括解释等高水平的探究活动；③紧密联系生产和生活实际，创设丰富多样的真实问题情境；④鼓励使用多样化的教学方式和学习途径。

（三）选择性必修课程内容的修订重点

以“物质结构与性质”模块为例进行说明：

1. 整合内容主题，精选课程内容，注重形成统摄性认识

不管认识宏观物体的结构还是认识微观物质的结构，都有相似的视角。认识宏观物体，需要认识物体的构成部件、部件之间的连接关系、部件的空间位置；认识微观物质，需要认识物质的构成微粒、微粒之间的相互作用、微粒的空间排布。修订前课标的“物质结构与性质”模块设置了“原子结构与元素的性质”“化学键与物质的性质”“分子间作用力与物质的性质”和“研究物质结构的价值”4 个主题。本次修订对内容进行整合，将“化学键与物质的性质”和“分子间作用力与物质的性质”统整为“微粒间的相互作用与物质的性质”。为此，修订后的该模块设置 3 个主题，分别为原子结构与元素的性质、微粒间的相互作用与物质的性质、研究物质结构的方法与价值，注重帮助学生形成统摄性认识。

为了突出核心概念的认识功能，在每个主题下都提炼出若干核心概念，它们是具有统摄性的概念，反映了认识物质结构及其性质的次级角度。各主题的核心概念见表 1。

表 1　“物质结构与性质”模块各主题的核心概念

主题 1：原子结构与元素的性质	主题 2：微粒间的相互作用与物质的性质	主题 3：研究物质结构的方法与价值
1.1 原子核外电子的运动状态 1.2 核外电子排布规律 1.3 核外电子排布与元素周期律（表）	2.1 微粒间的相互作用 2.2 共价键的本质和特征 2.3 分子的空间结构 2.4 晶体和聚集状态	3.1 物质结构的探究是无止境的 3.2 研究物质结构的方法 3.3 研究物质结构的价值

在具体课程内容层面，对技能要求高、认识功能相对较弱的内容做了精简。例如，删掉等电子原理，也就是说对于结构简单的常见分子用路易斯结构式和价电子对互斥规则就可以判断，结构相对复杂、对于学生来说比较陌生、需要使用等电子原理分析的分子或离子，不要求学生掌握。再如，金属晶体的等径圆球密堆积模型是最简单的球堆积模型，无法代表真实世界中晶体结构的丰富性和复杂性，同时，该内容对学生问题解决技能有较高要求，故修订后降低了对金属晶体堆积模型的要求。在本次修订中，还考虑课程内容的时代性，从现代化学认识的角度对内容的权重进行调整。例如，考虑金属键、离子键、共价键、配位键等只是化学键的典型模型，真实的化学键往往是介于典型模型之间的过渡状态，真实晶体多数是居于 4 种晶体类型之间的过渡型晶体，或者含有多种键型的混合键型晶体。本次修订将“认识 4 种晶体类型”调整为“通过 4 种晶体类型（简单的模型）来认识晶体具有周期性等结构特点”，弱化了 4 种晶体类型的分类。本次课标修订整体上都强调教给学生“有用的”知识，从强化更具认识功能内容的角度，一些内容得到加强。例如，电负性表达的是原子在分子中吸引电子的能力，与电离能、电子亲和能等这些反映自由原子性质的参数相比，能够更好地反映和预测物质的性质，因此具有更为普遍的应用。修订后的课标要求说出电负性的含义、描述电负性的周期性变化，还要能利用电负性判断元素的金属性与非金属性的强弱，推测化学键的极性。与电负性的重视程度加强相呼应，对键的极性和分子的极性的要求也更为明确：“知道共价键可分为极性和非极性共价键”和“知道分子可以分为极性分子和非极性分子，知道分子极性与分子中键的极性、分子的空间结构密切相关”。这样，依据电负性分析分子中电荷分布的结构特点，为进一步分析分子性质打下基础。

2. 发展学生对研究物质的不同尺度的认识

"人类认识物质的不同尺度"对于物质结构学习而言是一个观念性的认识，可以帮助学生体会人类物质结构研究的层次与面貌，丰富看待物质及其性质的视角和思路。对中学课程而言，需要把当前化学研究的新思路、新视角融入进来，将这种观念性的认识外显出来。化学是研究从原子、分子片、分子、超分子、生物大分子到分子的各种不同尺度和不同复杂程度的聚集态的合成和反应，分离和分析，结构和形态，物理性能和生物活性及其规律和应用的科学。由此，中学教育应认识的微粒种类也随之丰富，修订后的课标对此有一定的体现，例如"了解从原子、分子、超分子等不同尺度认识物质结构的意义""能举例说明物质在原子、分子、超分子、聚集态等不同尺度上的结构特点对物质性质的影响"，可见超分子、聚集状态等这些在之前的课标中未体现的结构尺度已经被吸纳进来。

物质结构尺度的丰富，必然会带动相应基础概念的重要性、内涵理解和应用范围的变化。例如，分子间作用力不再是一个单纯的概念，而是成为连接分子与超分子的桥梁。超分子是2个或2个以上分子通过非共价键的分子间作用力结合起来的物质微粒。这些分子间作用力包括范德华力、各种不同类型的氢键、疏水－疏水基团相互作用、疏水－亲水基团相互作用、亲水－亲水基团相互作用等。相对于共价键而言，分子间作用力研究得还很不够，是今后化学研究的一个重要方向。再如，随着生命科学的发展，作为中心学科的化学对生命科学的支持作用日益突显，由此导致与生命科学有关的基础化学概念（如配位键、氢键）在化学课程中的权重也会增强。对于配合物，新课标还增设了学生必做实验——"简单配合物的制备"。

3. 注重结构模型的发展过程和研究方法

学生不但要掌握关于物质微观结构的具体知识（如构成物质的微粒、微粒间的作用、微粒的空间排布特点等），还要认识到这些具体知识是怎么来的，基于哪些证据、经过怎样的推理过程、如何建立结构模型，形成对物质结构及性质的理论解释等。"证据推理与模型认知"作为化学学科核心素养被提炼出来，这就要求我们在课程与教学的设计中不断反思如何将这一学科核心素养外显，"物质结构与性质"模块对于承载这一素养的培养功能的作用非常突出。本模块保留2003年版课标中"研究物质结构的价值"主题，并在此基础上修订为"研究物质结构的方法与价值"，让研究过程、思路与方法外显出来，尤其是现代化学基于仪器技术手段对物质结构研究所做的重要推动。研究物质结构的基本方法和实验手段，尽管在2003年版课标中已经予以体现，但是在现行教学中重视度还不够高，关于结构的模型、理论、结论的探讨居多，而对得出这些理论的途径、方法和工具却讨论甚少，因此在修订版中进行了加强，并明确列出"原子光谱、分子光谱、X射线衍射等"实验手段。在原子结构层面，可借助焰色试验、简易的自制分光镜或者光纤光谱仪等帮助学生感受原子光谱为认识原子结构、建立相关模型的重要支持作用。在分子层面，红外光谱、紫外－可见光谱等分子光谱提供了判断分子中官能团的证据，光电子能谱提供表征分子内能量量子化的证据。在晶体层面，X射线衍射技术对帮助认识分子或晶体中微粒的空间排布提供了重要支持，使人们可以依据被测晶体中原子的坐标勾勒出分子的空间结构，推测成键类型，成为物质结构研究不可或缺的工具。学生并不需要认识这些仪器及其工作原理，而要体会借助工具探测物质，基于反馈的信息推测微观结构或结构特点，从证据推理、模型建构的角度认识研究物质结构的过程，建立观念性的认识。

综上所述，此次高中化学新课标的修订，突出了化学学科核心素养导向，突出“三维目标”向“核心素养”的统摄性转变，突出了利用学科大概念或者学科大观念统摄具体知识内容的学习，凸显了学科必备知识对学科核心素养形成和发展的功能和价值。新课标从学科整体逻辑科学设计教学内容，首次提出情境素材遴选建议，首次提出教、学、评一体化，具体课堂观察角度和课后教学评价维度，有利于实现知识向素养的转化，有利于教学的具体实施，有利于解决核心素养落地过程中课标与教材脱节、教材与教学脱节、教学与评价脱节的突出问题。

二、普通高中化学课程标准的变化

新课标总结了2003年版课标实施以来源于学科专家及广大一线教师的大量实践经验，借鉴和学习国际先进的科学教育理论，立足于创新，彰显中国特色，从主要基于经验的研究向基于实证的研究，从教学向教、学、评一体化迈进。

同2003年版课标相比，新课标发生了非常显著的变化，主要有以下10个方面：

（1）对化学学科的本体特征进行了提炼；

（2）从化学课程目标、结构、内容、教学和评价等5个方面，概括了基于化学学科核心素养的课程理念；

（3）构建了化学学科核心素养的内容体系及其发展水平体系；

（4）构建了由必修课程、选择性必修课程和选修课程组成的“三层次”课程结构；

（5）构建了基于主题的课程内容体系，并对课程内容进行了增减；

（6）明确了必修课程和选择性必修课程的必做实验；

（7）构建了学业质量水平体系；

（8）注重“教、学、评”一体化，提供了化学学科核心素养在课堂教学中“落地”的基本途径和策略；

（9）注重“教、学、考”一致性，提供了基于化学学科核心素养发展的学业水平考试命题的原则和策略；

（10）提供了体现“教、学、评”一体化的素养为本的化学课堂教学设计案例。

此外，新课标在呈现形式上也有了较大的变化。

（一）课程框架及理念的变化

1. 质的优化

质的优化，体现在这版高举中国特色的“核心素养”大旗，强调高中化学课程“是落实立德树人根本任务、发展素质教育、弘扬科学精神、提升学生核心素养的重要载体”。首次提出了化学学科核心素养，强调“以发展化学学科核心素养为主旨”的基本理念和“基于化学学科特点及核心素养内涵”的内容建构，突显了化学学科核心素养在课程中的主旨作用，力求达到“着力发展学生的核心素养”的目的。在课标中对课程要素进行了重新设计和整合，将原先在第一部分“前言”中呈现的“课程性质”“基本理念”与“课程结构”，单独列为一级标题，与“课程内容”“实施建议”并列；新设一级标题“学业质量”，建构了以化学学科核心素养及其表现水平为主要维度的学业质量标准体系。

2. 量的优化

量的优化，体现在对原有化学课程要素的优化和拓展上。如“标准（修订版）”的“学科核心素养与课程目标”是对“标准（实验版）”中“课程目标”的扩展；对课程模块中内容主题的解析，除“内容要求”外，增加了“教学提示”“学业要求”等栏目，对内容要求及其实施的阐述更为细致；对必修课程、选择性必修课程中的必做实验做了具体规定等。“标准（修订版）”在“实施建议”中将“评价建议”分为两部分，将日常学习评价纳入“教学与评价建议”中，考试评价单列为“学业水平考试命题建议”，有助于“评价学生化学学科核心素养的发展状况和学业质量标准的达成程度”。显然，从高中化学课程标准的构成看，两个版本形式上有共同之处，但也存在明显差异（见表2）。

表2　“标准（修订版）”与“标准（实验版）”框架结构的对比

“标准（实验版）”	“标准（修订版）”
（1）前言（特指化学）：含课程性质、课程的基本理念、课程设计思路（设计思路、课程结构、各课程模块的目标和内容简介、课程模块选择建议）、关于目标要求的说明。 （2）课程目标：依据科学素养内涵，从知识与技能、过程与方法、情感态度与价值观三个方面确定化学课程的目标。 （3）内容标准：按必修课程、选修课程介绍模块目标，分主题阐述内容标准、活动与探究建议。 （4）实施建议：含教学建议、评价建议、教科书编写建议、课程资源的开发与利用建议	（1）前言（不分学科）：高中课程标准修订背景概述。 （2）课程性质与基本理念（单列）：强调“以发展化学学科核心素养为主旨”。 （3）学科核心素养与课程目标（新设）：将化学学科核心素养和课程目标两部分整合，从5个方面阐述化学学科核心素养，提出5个化学课程目标。 （4）课程结构（单列）：设计依据、结构、学分与选课，突出“基于化学学科特点的核心素养内涵”。 （5）课程内容：含必修、选择性必修、选修三类课程。在课程的主题下列出“内容要求”“教学提示”“学业要求”。 （6）学业质量（新设）：以化学学科核心素养及其表现水平为主要维度的学业质量水平划分。 （7）实施建议：教学与评价建议、学业水平考试命题建议（新设）、教材编写建议、地方和学校实施本课程的建议。 （8）附录（新设）：化学学科核心素养的水平划分、教学与评价案例、学生必做实验索引

对两版“标准”的框架结构进行比较，可以得出如下结论：

（1）“标准（实验版）”与“标准（修订版）”均包含课程性质、课程理念、设计思路、课程结构、课程内容等核心要素，在课程理念的表述上均吸取了当代国际科学教育发展的成果，课程目标均有各自的理论体系支撑（科学素养/学科核心素养），课程结构均反映了不同层次的课程（必修、选修）及相互关系，课程内容、实施建议都围绕“学什么”“怎么教”“怎么评”等问题展开讨论。

（2）“标准（实验版）”将高中化学课程性质、课程理念、课程结构等重大问题集中在“前言”中表述，阐述的力度较弱；而“标准（修订版）”将这些要素单列，反复强调与“化学学科核心素养”的关系，阐述的力度较大，有较为扎实的理论基础。

（3）“标准（修订版）”首次提出化学学科核心素养，从5个方面建构学科核心素养体系，并与课程目标整合，相应制定5条化学课程目标。新增“学业质量”和“学业水平考试命题建议”，为化学学科核心素养的评价提供框架和指向。“标准（修订版）”的化学学科特点更加突出，分析思路更加清晰，实践的指向性也更强。

（二）课程目标的变化

课程理念的继承和发展使两版“标准”所定的目标体系既有共性，也有差异。从宏观上考察，化学课程目标均与知识、能力、方法、态度、价值观有关，但在维度分类和体系建构上，两版“标准”有明显的不同（见表3）。

表3　两版“标准”的化学课程目标比较

项目	标准（实验版）	标准（修订版）
依据	科学素养	化学学科核心素养
维度分类	知识与技能、过程与方法、情感态度与价值观	宏观辨识与微观探析、变化观念与平衡思想、证据推理与模型认知、科学探究与创新意识、科学态度与社会责任
目标内容	（1）知识与技能 理解基本的化学概念和原理，认识化学现象的本质，理解化学变化的基本规律；学习实验研究的方法；重视化学与其他学科之间的联系，能综合运用有关的知识、技能与方法分析和解决一些化学问题。 （2）过程与方法 经历对化学物质及其变化进行探究的过程，提高科学探究能力；能够发现和提出有探究价值的化学问题，敢于质疑，勤于思索，逐步形成独立思考的能力；学会用观察、实验、查阅资料等多种手段获取信息，并运用比较、分类、归纳、概括等方法对信息进行加工。	目标按学科核心素养从5个方面展开： （1）能从元素和原子、分子水平认识物质的组成、结构、性质和变化，形成“结构决定性质”的观念；能从宏观和微观相结合的视角分析与解决实际问题。 （2）能认识物质是运动和变化的，知道化学变化需要一定的条件，并遵循一定规律；认识化学变化的本质特征是有新物质生成，并伴有能量转化；认识化学变化有一定限度、速率，是可以调控的。 （3）能基于证据对物质组成、结构及其变化提出可能的假设，通过分析推理加以证实或证伪；建立观点、结论和证据之间的逻辑关系；建立认知模型，并能运用模型解释化学现象，揭示现象的本质和规律。 （4）能发现和提出有探究价值的问题；能从问题和假设出发，依据探究目的，设计探究方案，运用化学实验、调查等方法进行实验探究；勤于实践，善于合作，敢于质疑，勇于创新。

续表

项目	标准（实验版）	标准（修订版）
目标内容	(3) 情感态度与价值观 发展学习化学的兴趣，有参与化学科技活动的热情，能够对与化学有关的社会和生活问题做出合理的判断；树立辩证唯物主义的世界观，养成务实求真、勇于创新、积极实践的科学态度，崇尚科学，反对迷信	(5) 具有安全意识和严谨求实的科学态度，具有探索未知、崇尚真理的意识；具有节约资源、保护环境的可持续发展意识，从自身做起，形成简约适度、绿色低碳的生活方式，能对与化学有关的社会热点问题做出正确的价值判断
目标水平	(1) 认知性目标划分为四级水平 (2) 技能性目标划分为三级水平 (3) 体验性目标划分为三级水平	内容的化学学科指向性更强，各素养均被划分为四级水平

（三）课程结构的变化

“标准（实验版）”的课程结构仅含有必修与选修两类课程，其中必修包括 2 个模块（化学 1、化学 2），选修包括 6 个模块（化学与生活、化学与技术、物质结构与性质、化学反应原理、有机化学基础、实验化学）（见图 1）。必修与选修每个课程模块均为 2 学分，36 学时。学生在高中阶段修满 6 学分，即在学完化学 1、化学 2 之后，再从 6 个选修课程中任选一个模块，共获得 6 学分，即可达到高中化学课程学习的毕业要求。有理工类专业发展倾向的学生，可修至 8 个学分；有志于向化学及其相关专业方向发展的学生，可修至 12 个学分。

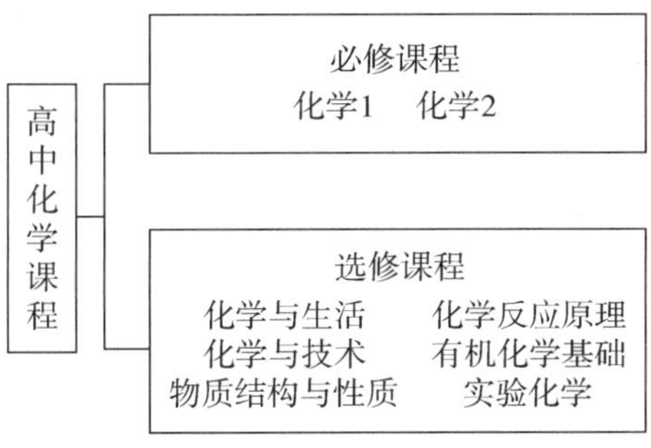

图 1　“标准（实验版）”课程结构示意图

“标准（修订版）”将化学课程从原来的必修课程和选修课程调整为必修课程、选择性必修课程和选修课程（见图 2）。必修课程是培育全体学生化学学科核心素养的基本载体，是全体学生必须修习的课程，是普通高中学生发展的共同基础，体现了化学基本观念与发展趋势，促进全体学生化学学科核心素养的发展，以适应未来社会发展需求。选择性必修课程是学生根据学生个人需求与升学考试要求选择修习的课程，培养学生深入学习与探索化学的志向，引导学生更深入地认识化学科学，了解化学研究的内容与方法，提升学生化学学科核心素养的水平。选修课程是学生自主选择修习的课程，面向对化学学科有不同兴趣和不同需要的学生，帮助其拓展化学视野，深化对化学科学及其价值的认识。三类课程不仅适应学生不同层次和不同取向的多元发展需求，而且赋予学生和学校更大的选择权和自主权。

必修课程（主题）	选择性必修课程（模块）	选修课程（系列）
化学科学与实验探究 常见的无机物及其应用 物质结构基础与化学反应规律 简单的有机化合物及其应用 化学与社会发展	化学反应原理 物质结构与性质 有机化学基础	实验化学 化学与社会 发展中的化学科学

图2　“标准（修订版）”课程结构示意图

“标准（修订版）”中基于不同课程功能定位不同的理念和反映课程实施现实需要的角度优化设计课程组织形式，不再以单一的模块设置，而是综合采用了主题、模块和系列三种课程组织形式。基于全体学生共同学习的特点，必修课程依据主题组织课程内容，突出化学大概念的统领作用，选取“化学科学与实验探究”“常见的无机物及其应用”“物质结构基础与化学反应规律”“简单的有机化合物及其应用”“化学与社会发展”5个主题，提高课程实施的整体性。基于课程的定位和学生的升学需求，选择性必修课程采用模块结构，以体现化学学习领域的特点以及与大学化学课程的关联性，且为保持课程的连续性和一贯性，设置“化学反应原理”“物质结构与性质”“有机化学基础”3个模块。选修课程采用系列结构，以提高课程的兼容性和灵活性，更利于学生的自主选修和学校的自主开发，共设置“实验化学”“化学与社会”“发展中的化学科学”3个系列。

“标准（修订版）”继续沿用学分管理方式，突出的变化在于将必修学分由6分减少为4分，目的是减轻学生学习负担，为多样性发展提供保障。选修化学的学生必须修满选择性必修3个模块共6个学分，而选修课程的学分设置更为灵活，每修习完成9学时即可获得0.5学分，最高可获得4学分。此外不选修化学的学生也可选择修习选择性必修课程的部分模块获得相应学分。

（四）课程内容的变化

1. 内容主题的变化

从内容主题上看，“标准（实验版）”包括25个一级主题，其中必修模块包括6个一级主题，选修模块包括19个一级主题。每一个模块的一级主题下又分为“内容标准”和“活动与探究建议”，共计“内容标准”135条，“活动与探究建议”162条（见表4）。

表 4　“标准（实验版）”的课程内容

项目	一级主题	内容标准	活动与探究建议
必修课程	6	34	40
选修课程	19	101	122
合计	25	135	162

两版“标准”必修部分的内容主题如表 5 所示。其中，“标准（修订版）”对必修内容主题进行了一定程度的整合。如“标准（实验版）”中“认识化学科学”“化学实验基础”2 个主题在“标准（修订版）”中合并为主题“化学科学与实验探究”，“化学反应与能量”与“物质结构基础”2 个主题合并为主题“物质结构基础及化学反应规律”。

表 5　两版“标准”必修课程主题比较

标准（实验版）	标准（修订版）
主题 1：认识化学科学 主题 2：化学实验基础 主题 3：常见无机物及其应用 主题 4：物质结构基础 主题 5：化学反应与能量 主题 6：化学与可持续发展	主题 1：化学科学与实验探究 主题 2：常见的无机物及其应用 主题 3：物质结构基础与化学反应规律 主题 4：简单的有机化合物及其应用 主题 5：化学与社会发展

对“标准（实验版）”中三个选修模块与“标准（修订版）”的选择性必修课程的同名模块进行比较，内容主题基本一致（见表 6）。

表 6　两版“标准”三个模块的主题比较

标准	标准（实验版）	标准（修订版）
化学反应原理	主题 1：化学反应与能量 主题 2：化学反应速率和化学平衡 主题 3：溶液中的离子平衡	主题 1：化学反应与能量 主题 2：化学反应的方向、限度和速率 主题 3：水溶液中的离子反应与平衡
物质结构与性质	主题 1：原子结构与元素的性质 主题 2：化学键与物质的性质 主题 3：分子间作用力与物质的性质 主题 4：研究物质结构的价值	主题 1：原子结构与元素的性质 主题 2：微粒间的相互作用与物质的性质 主题 3：研究物质结构的方法与价值
有机化学基础	主题 1：有机化合物的组成与结构 主题 2：烃及其衍生物的性质与应用 主题 3：糖类、氨基酸和蛋白质 主题 4：合成高分子化合物	主题 1：有机化合物的组成与结构 主题 2：烃及其衍生物的性质与应用 主题 3：生物大分子及合成高分子

具体内容要求的增减或调整，表 7 列出了“标准（修订版）”的必修课程和选择性必修课程的具体变化。

表 7 必修课程和选择性必修课程的内容变化

必修课程		
内容	增加	调整
课程结构		打通化学 1 和化学 2 的边界隔阂，不设模块，只设主题，主题名称有所调整
元素化合物		减少对铝、铜、硅及其化合物的系统认识
有机化合物	有机化合物的空间结构；根据有机化合的官能团分类	认识有机化合物的性质限定了 3 种物质：乙烯、乙醇、乙酸；弱化了对苯、糖类、油脂、蛋白质的组成和主要性质的认识
学生实验	9 个必做实验	
选择性必修课程		
模块	删去	增加
化学反应原理		内能、浓度商、化学反应历程、基元反应、活化能；5 个学生必做实验
物质结构与性质	晶格能、等电子原理、金属晶体的基本堆积模型	过渡晶体、混合型晶体、聚集状态、超分子、原子光谱、分子光谱、晶体 X 射线衍射；1 个学生必做实验
有机化学基础		醚、酮、胺和酰胺的结构特点及其应用；3 个学生必做实验

必修课程结构及内容主要有以下变化：

（1）对化学 1 和化学 2 中的主题进行整合，实验探究出现在主题中；确定了“简单的有机化合物及其应用”主题；把“化学与可持续发展”主题改为“化学与社会发展”。

（2）降低了金属元素铝、铜及其化合物，以及非金属元素硅及其化合物的内容要求。

（3）强调从有机化合物的结构特点和官能团的视角来认识有机化合物，减少了典型代表物主要性质的介绍。

（4）增加了 9 个学生必做实验。在选择性必修课程中，除“物质结构与性质”模块删去了部分内容外，3 个模块都新增加了部分内容和学生必做实验。

2. 内容要求的组织方式变化

与之前的标准不同，新课标采取“主题—核心概念—内容要求”的方式组织课程内容，在主题与内容要求之间增加了核心概念。这种组织方式使课程内容层层细化，有利于知识结构化、网络化。也就是说，基于化学学科核心素养确定课程内容，先确定若干个主题，在每个主题的统摄下提炼若干个核心概念，然后对核心概念进行认识性描述，而具体的知识点就蕴含在认识性描述中。例如，表 8 是对必修课程中的“主题 3：物质结构基础与化学反应规律”的内容要求分析。

表 8　主题 3 中的核心概念和内容要求

主题 3	核心概念	内容要求（知识点蕴含在认识性描述中）
物质结构基础与化学反应规律	1. 原子结构与元素周期律	原子结构、元素周期表、核素、元素周期律
	2. 化学键	化学键、离子键、共价键、分子的空间构型
	3. 化学反应的限度和快慢	可逆反应、化学反应速率、化学平衡
	4. 化学反应与能量转化	吸热反应与放热反应、原电池

3. 学习目标描述的变化

（1）具体描述素养表现。不是与内容要求相对应的知识点的描述，而是对内容要求的整合和提升，是素养表现的具体化描述。

（2）以任务类型体现学生真实学习结果。以完成任务的方式来描述学生能干什么，是一种真实的学习结果表现。例如，“能画出 1 ~ 20 号元素的原子结构示意图，能用原子结构解释元素性质及其递变规律”，要求学生能画出原子结构示意图和解释元素性质递变规律，其描述的学习结果很具体，也便于命题测试和评价。

（3）通过学生完成不同类型任务的难易程度来体现学习目标水平的高低。学业要求的陈述中通过化学科学思维活动的行为动词及条件指向来描述任务类型的难易。行为动词包括列举、举例说明、辨识、表示、画出、写出、描述、认识、比较、分类、说明、分析、解释、推理、预测、假设、设计、评价、选择等。上述行为动词大致可分为三个水平，列举、举例、画出等是属于较易完成的任务；说明、分析、解释等属于中等难度的任务；推理、预测、设计等属于难度较大的任务。

（4）由简到难排序。“学业要求”的若干条目，按排列顺序，其描述的学习目标水平是由简到难的，最后一条是品格表现要求的描述。

4. 内容表述形式的变化

“标准（实验版）”在课程模块的一级主题下通过“内容标准”对内容进行规定，即利用不同水平的行为动词链接具体知识来限定所要达到的最基本的、“刚性”的学习要求（如“认识摩尔是物质的量的基本单位，能用于进行简单的化学计算，体会定量研究的方法对研究和学习化学的重要作用”），以“活动与探究建议”说明实现相关内容标准时可参考的学习活动（如“实验探究：配制一定浓度的溶液，比较不同浓度溶液的某些性质差异”）。“标准（修订版）”在必修、选择性必修课程的一级主题下描述课程内容的视角更为丰富。在“内容要求”下划分出若干个二级主题；在二级主题下阐述具体内容“刚性”的学习要求，其表述方式与原内容标准一致。此外，在每一个内容主题下，还设置了“教学提示”和“学业要求”（见图 3）。

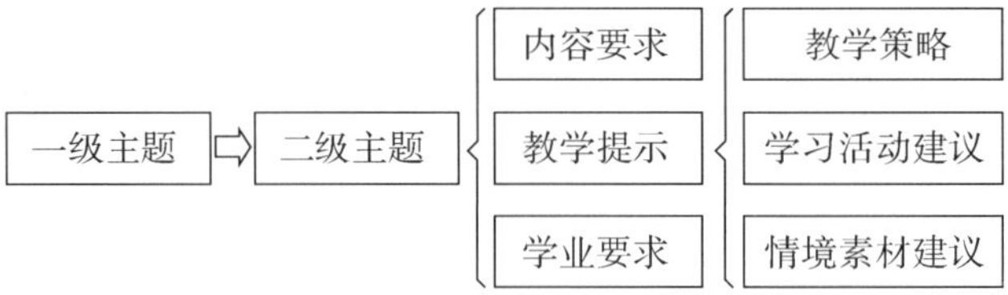

图 3　“标准（修订版）”课程内容的表述

“教学提示”可以视为“标准（实验版）”中“活动与探究建议”的升级版，不仅包含“学习活动建议”（强化多样化的学习方式），还涉及“教学策略”（建议怎么教）和“情境素材建议”（提供与主题相关的化学学科发展、社会生活应用的素材信息），从而使具体内容的教学功能定位更为准确。

5. 具体内容的变化

对“标准（修订版）”的三类课程内容的构成要素进行了初步的统计，结果如表 9 所示。从数量上看，“标准（修订版）”的课程内容部分包含 24 个一级主题；其中必修课程包含 5 个，选择性必修课程包含 9 个，选修课程包含 10 个，与“标准（实验版）”的 25 个一级主题相当。在一级主题下划分出 63 个二级主题，可视为高中化学课程的核心概念。

表 9　“标准（修订版）”的课程内容要素统计

内容要素	一级主题	二级主题	内容要求	教学提示			学业要求
				教学策略	学习活动建议	情境素材建议	
必修	5	26	40	17	10	19	28
选择性必修	9	37	44	27	18	29	42
选修	10	0	24	10*			12
合计	24	63	108	……			82

注：“*”表示未做细分。

与“标准（实验版）”的“内容标准”相比，“标准（修订版）”中“内容要求”总数出现较大幅度的下降。考察三类课程不难发现：必修课程修订后“内容要求”有小幅度增加，这与 9 个“学生必做实验”纳入必修内容有关。选择性必修 3 个模块的“内容要求”有 44 条，少于“标准（实验版）”同名模块的“内容标准”58 条，究其原因是“标准（修订版）”对内容进行了整合，相同的二级主题下涵盖的内容更多（如模块 1　化学反应原理的主题 1 下“化学反应与电能”只有 1 条“内容要求”，却包含了“标准（实验版）”的 3 条“内容标准”）。“标准（修订版）”中选修课程系列以描述内容线索为主，未对知识给出具体要求，因此选修课程“内容要求”的数量最少。

“标准（修订版）”的内容变化不仅表现在数目增减上，对“内容要求”的描述也发生了一系列的变化，主要体现在对“内容标准”的删减、增补、修改和强化等方面。这些变动，不应简单地归结为文字修改，而应从不同的角度进行综合考察，揭示其原因。

（1）降低化学学业要求。如删去“铝、铜、硅单质及其重要化合物的性质”（化学1）、“能用焓变和熵变说明化学反应的方向”（化学反应原理）等；将“认识摩尔是物质的量的基本单位，能用于进行简单的化学计算，体会定量研究的方法对研究和学习化学的重要作用”（化学1）改为“了解物质的量及其相关物理量的含义和应用，体会定量研究对化学科学的重要作用”（必修），降低了有关内容的学习要求。

（2）注重概念过渡和衔接。如增加“知道化学反应是有历程的，认识基元反应活化能对化学反应速率的影响”（化学反应原理）、“知道有机化合物分子是有空间结构的，以甲烷、乙烯、乙炔、苯为例认识碳原子的成键特点，以乙烯、乙醇、乙酸、乙酸乙酯为例认识有机化合物中的官能团。知道有机化合物存在同分异构现象”（必修）。“标准（修订版）”提出“基元反应”“空间结构”“官能团”“同分异构现象”等概念，有助于学生更准确地理解知识。

（3）强化基于实验的探究。如增加“学习研究物质性质，探究反应规律，进行物质分离、检验和制备等不同类型化学实验及探究活动的核心思路与基本方法。体会实验条件控制对完成科学实验及探究活动的作用”（必修）、“学生必做实验：简单的电镀实验、制作简单的燃料电池”（化学反应原理）等条目。

（4）重视安全与规则意识。如增加“树立安全意识和环保意识。熟悉化学品安全使用标识，知道常见废弃物的处理方法，知道实验室突发事件的应对措施，形成良好的实验工作习惯”（必修）、“认识经济发展与环境保护等的关系。树立自觉遵守国家关于化学品应用、化工生产、环境保护、食品与药品安全等方面法律法规的意识”（必修）等条目。

（5）弘扬化学学科价值。如增加“发展对化学实验探究活动的好奇和兴趣，养成注重实证、严谨求实的科学态度，增强合作探究意识，养成独立思考、敢于质疑和勇于创新的精神”（必修）、“认识到化学科学与技术对我国走生产发展、生活富裕、生态良好的文明发展道路将发挥重要作用，树立建设美好中国、为全球生态安全做出贡献的信念”（必修）、“结合实例认识化学原理、化工技术对于节能环保、清洁生产、清洁能源等产业发展的重要性”（必修）等条目。对某些重要的学习内容，“标准（修订版）”依据逻辑关系和认知特点，对其做进一步的规定，有利于学生的学习和知识结构化。如在“标准（实验版）”中，有关“元素周期律”“元素周期表”的要求仅有2条：“能结合有关数据和实验事实认识元素周期律，了解原子结构与元素性质的关系”和“能描述元素周期表的结构，知道金属、非金属在元素周期表中的位置及其性质的递变规律”（化学2）。而在“标准（修订版）”中将2条“拆分”为4条：“认识原子结构、元素性质以及元素在元素周期表中位置的关系”“结合有关数据和实验事实认识原子结构、元素性质呈周期性变化的规律，建构元素周期律”“知道元素周期表的结构，以第三周期的钠、镁、铝、硅、硫、氯，以及碱金属和卤族元素为例，了解同周期和主族元素性质的递变规律”以及“体会元素周期律（表）在学习元素化合物知识与科学研究中的重要作用”。显然，有关元素周期律、元素周期表修改后的内容要求，阐述的层次更清晰，目标指向更明确，例证更丰富。

（五）新增学业质量

1. 学业质量水平的作用和等级含义

第一，以“化学学科核心素养及其表现水平”作为刻画化学学业质量水平的主要维度，这是为了体现“以发展化学学科核心素养为主旨”的基本理念，这个维度中包含正确的价值观念、必备品格和关键能力。新课标中明确提出以“化学学科核心素养及其表现水平”作为主要维度来划分化学学业质量水平，是一种创新，为高中化学学科教学指明了方向。

第二，“化学课程内容”是学业质量标准的另一个维度，我们认为这个维度可从“问题情境复杂程度”“知识和经验的结构化程度”“活动类型（包括认识活动和问题解决活动）”三个方面来刻画化学学业质量水平（见图4）。

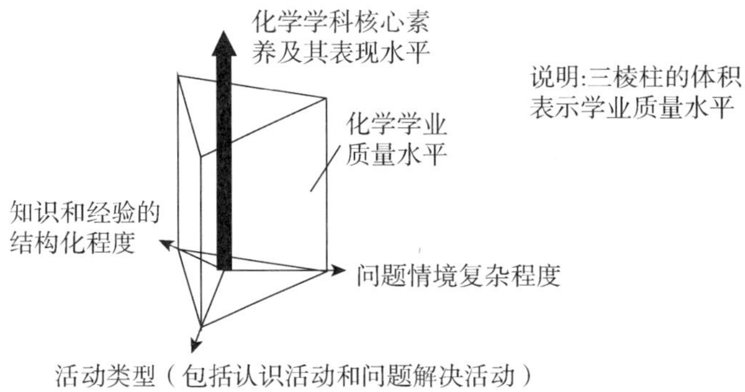

图4　化学学业质量标准及其水平划分示意图

其中的“问题情境复杂程度”可分为简单的结构良好的情境、复杂的结构良好的情境或者简单的结构不良的情境、复杂的结构不良的情境。

关于“知识和经验的结构化程度”主要可以从课程知识内容层面提出要求，若是相关的知识、技能和方法只限于必修课程范围，对知识的结构化要求相对会比较低；若是相关的知识、技能和方法包含必修课程和选择性必修课程，对知识的结构化要求会比较高。一般说来，知识内容越多，对其进行结构化的难度会越高。

化学学科的活动类型（认识活动和问题解决活动）可以概括为：①知识和经验的输入——学习理解活动，关键心理操作要素有观察、记忆、提取信息；概括、关联、整合；说明、论证、推导等。②知识和经验的输出——应用实践活动，关键心理操作要素有分析、解释；推论、预测；设计、证明等。③知识和经验的高级输出——创新迁移活动，关键心理操作要素有复杂推理、系统探究、建立模型；创造性思维等。据此“活动类型”，可以分为学习理解、应用实践和迁移创新三大类。

“内容要求”“教学提示”和“学业要求”之间的关系可用图5表示。要注意，每个主题中的“内容要求”“学业要求”与整个高中化学课程的“学业质量标准”相比较，相关的学习内容的结构化程度和化学学科核心素养的综合化程度是不同的。

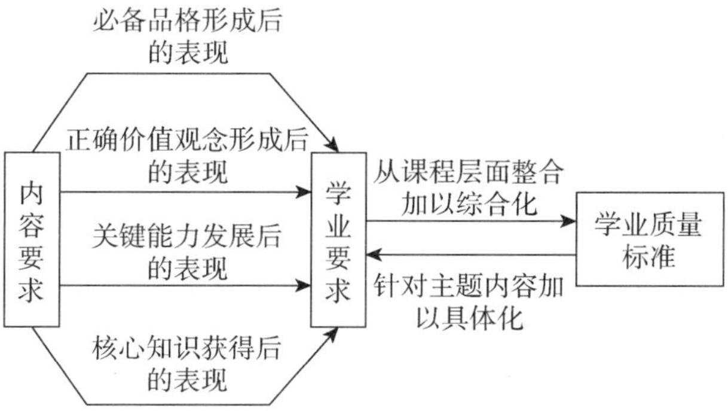

图 5　内容要求、学业要求与学业质量标准之间的关系

“学业质量水平是考试与评价的重要依据。学业质量水平 2 是高中毕业生在本学科应该达到的合格要求，是化学学业水平合格性考试的命题依据；学业质量水平 4 则是化学学业水平等级性考试的命题依据。”学业质量水平 2 的标准，可以理解为全体学生参加必修课程的学业水平合格性考试时，绝大多数学生都能通过的水平；而学业质量水平 4 的标准，可以理解为全体学生参加选择性必修课程（含必修课程）的学业水平等级性考试时，处于正态分布高点处的水平。如图 6 所示，示意了学业质量水平 2 和水平 4 的含义（注：图中竖放了正态分布图，左边的正态分布表示绝大多数学生的学业质量水平都超过了水平 2，也有学生未达到水平 2 的要求）。

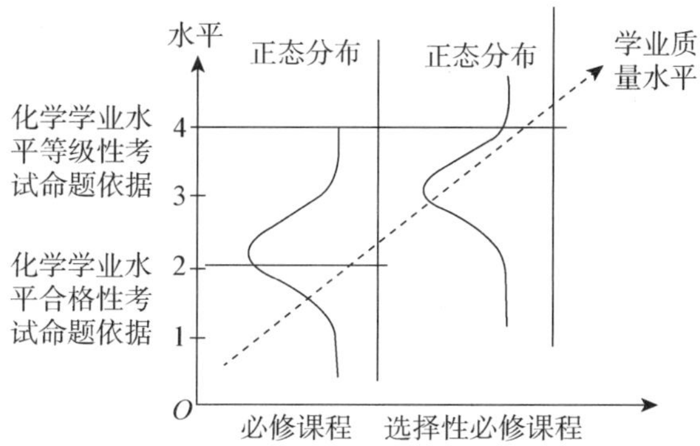

图 6　学业质量水平等级含义示意

2. 学业质量水平的研制思路

学业质量水平是以化学学科核心素养及其表现水平为主要维度，结合课程内容，对学生学业成就表现的总体刻画。根据上述表述，可知学业质量水平的研制思路如图 7 所示。

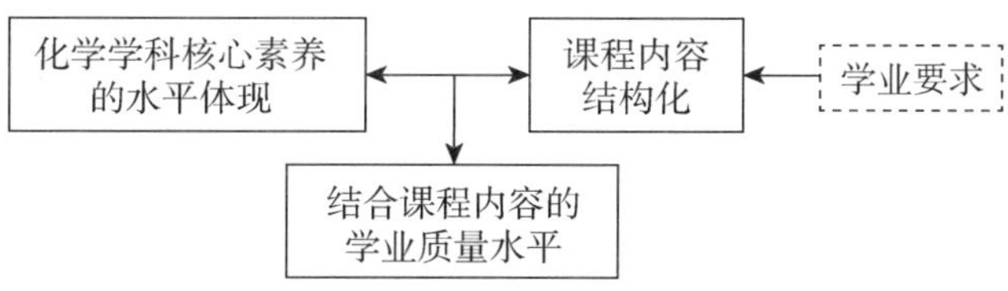

图 7　学业质量水平的研制思路

从图 7 可以看出，学业质量水平与化学学科核心素养的水平、结构化的课程内容紧密

相关，下面就其研制思路做进一步解释。

（1）学业质量水平与化学学科核心素养的水平

学业质量水平的划分是依据课程标准附录 1 中的“化学学科核心素养的水平划分”，其水平等级的对应关系如表 10 所示。根据化学学科核心素养的 4 级水平，将化学学业质量水平也分为 4 级。学业质量水平 1 的“质量描述”中均包含化学学科核心素养的 5 个方面，且都是 5 个方面的水平 1 的重新整合。以此类推，学业质量的其他等级水平的描述，也均由化学学科核心素养的 5 个方面按上述思路整合而成。

表 10　素养水平与学业质量水平的对应关系

<table>
<tr><th colspan="2">化学学科核心素养的水平</th><th colspan="2">学业质量水平</th></tr>
<tr><td>化学学科核心素养</td><td>素养水平</td><td>水平</td><td>“质量描述”对应的素养水平</td></tr>
<tr><td>素养 1　宏观辨识与微观探析</td><td>1，2，3，4</td><td rowspan="2">1</td><td rowspan="2">集各个素养的水平 1，并形成“1－1”“1－2”“1－3”“1－4”描述</td></tr>
<tr><td>素养 3　证据推理与模型认知</td><td>1，2，3，4</td></tr>
<tr><td>素养 2　变化观念与平衡思想</td><td>1，2，3，4</td><td>2</td><td>集各个素养的水平 2，并形成“2－1”“2－2”“2－3”“2－4”描述</td></tr>
<tr><td>素养 4　科学探究与创新意识</td><td>1，2，3，4</td><td>3</td><td>集各个素养的水平 3，并形成“3－1”“3－2”“3－3”“3－4”描述</td></tr>
<tr><td>素养 5　科学态度与社会责任</td><td>1，2，3，4</td><td>4</td><td>集各个素养的水平 4，并形成“4－1”“4－2”“4－3”“4－4”描述</td></tr>
</table>

（2）课程内容的结构化

按照图 7 所示的思路，需以课程内容中每个主题下的“学业要求”为基础，将其中的知识和技能、思想方法和探究模式等进行结构化和提升，使课程内容结构化，形成比较综合性的课程内容结构化的描述，以便于提炼学业质量水平的质量描述。

（3）提炼学业质量水平的质量描述

依据化学学科核心素养及其表现水平，结合结构化的课程内容，将两者融合进而提炼学业质量水平中的质量描述。与化学学科核心素养水平的描述不同，学业质量水平的描述更侧重学科知识的结构化描述，从质量描述中可以找到具体的化学知识，而素养水平的描述则侧重观念性的描述。

（六）实施建议的变化

1. 教学建议的变化

之前的标准提倡在教学中引导学生进行自主学习、探究学习和合作学习。新课标在继承和发扬学生自主学习、探究学习和合作学习的基础上，倡导“素养为本”的化学教学，要求教师主动探索“素养为本”的有效课堂教学模式和策略。“素养为本”的化学教学，要明确知识、技能教学与核心素养培养的关系，强调从“知识”到“素养。在“素养为本”的教学实践中，要积极开展“真实情境——问题”教学；开展借助信息技术的教学；开展具有学科特质的实践活动等多样化的教学实践。无论哪种教学思路和教学方式，都要鼓励学生独立思考和相互探讨，发现并提出问题，引导学生学会认知与思考，强调学生学习方式的转变。

2. 评价建议的变化

之前的课程标准提倡纸笔测验、学习档案评价和活动表现评价等多样化的评价方式。新课标在继承和发扬多样化评价方式的基础上，又提出了“教、学、评”一体化，提倡有效开展化学日常学习评价，教师应充分认识化学日常学习评价对于促进学生化学学科核心素养发展的重要性。提问与点评、练习与作业、复习与考试等是有效开展化学日常学习评价的基本途径和方法。

另外，新课标新增了“学业水平考试命题建议”，探索以化学学科核心素养为导向的命题框架，即以核心素养为测试宗旨，以真实情境为测试载体，以实际问题为测试任务，以化学知识为解决问题的工具，以化学学科核心素养为导向的命题框架，重视真实情境在考试命题改革中的重要作用。

（1）在真实情境中考核学生的化学学科核心素养。以化学学科核心素养为导向的命题评价，强调真实情境的创设，通过学生在应对复杂真实情境时的外在表现能较好地推断和评价学生的核心素养。情境越真实越能反映学生的核心素养水平，在真实情境中考核学生的化学学科核心素养，应该成为学业水平考试命题的重要方向。因此，真实情境的选择与设计是试题考查和评价学生化学学科核心素养的重要构成要素。

（2）题干中真实情境的要求。情境中的事件应该是真实发生或者能够发生的，基于该情境的设问也能够在现实生活中找到，题干中提供的信息或数据应该能够实现。真实情境可以是以下各种情境：联系日常生活的情境，化学与生产联系的情境，科学、技术、社会和环境发展的成果，科技论文成果的化学学术情境，科学思维素材，化工流程，事件故事，尚未发表的实验室研究数据等。

（3）基于真实情境的命题策略。真实情境是试题的素材载体，试题的测试任务要融入真实、有意义的情境中。试题的难度可以通过设计情境的不同陌生度、材料和数据的不同类型、素材承载信息的复杂性、情境的不确定程度和开放程度等来体现。试题让学生所运用的化学知识与方法也要有一定区别。因此，学生在解答试题时，只有灵活运用结构化的知识，才能较好地解答融于真实情境中的实际问题，表现出其化学学科核心素养的水平，从而达到测试不同素养水平的评价目标。

新课标在课程框架及理念变化、课程目标、课程结构、课程内容、学业质量标准、实施建议等方面都有很大的跨越及改进。因此，我们的教学行为也必须进行相应的调整，以适应化学学科核心素养的落地。

第三节　化学学科核心素养建构路径

一、宏观辨识与微观探析素养建构路径

在教学过程中，教师应采用相应的合理的教学策略帮助学生形成思维，培养学生的核心素养。特别值得关注的是，可以通过强化对“结构决定性质”的理解来培养学生的“宏观辨识与微观探析”的化学学科核心素养。主要通过以下三个途径：

一是通过观察模型，建立表征联系。在微观上，化学是一门从元素和原子、分子的水平认识物质的学科；在宏观上，化学是一门研究物质的性质和表现的学科。因此，教师在教学过程中可以借助模型的方法来建立二者之间的联系，使学生深刻理解物质的“结构决定性质”这一特性，促进学生对物质的微观原子和分子结构与宏观的性质表现联系起来的能力的提升。

二是通过绘制图示，把握分类本质。在化学这门学科中，学生会接触到很多化学概念，这些概念性知识相比其他化学知识来说可能更加抽象、不易理解和应用，这时候教师可以借助图示，从微观层面上对其进行深入分析，辨别这些概念性问题的本质区别，使学生能够准确将知识归类，全面提升学生对相应知识的认知水平，不断优化学生的知识网络结构。

三是在化学学习中，学生不可避免地要接触到诸多的化学反应，所以教师应当引导学生从本质上正确认识反应的整个过程，展示反应过程，使学生在微观层面深刻感受到各种变化发生前后的区别，以此全面提升学生从微观探析的角度来深化宏观辨识的能力，建立更加完整和优秀的化学观，为之后的深入学习奠定坚实的基础。

通过具体案例的阐释分析得出结论，教师在引导学生培养和提升“宏观辨识与微观探析”的学科核心素养时，应从学生当前认知水平入手，再结合实际教学内容，真正从根源上挖掘学生的知识短板，全面加强学生对物质的微观结构和宏观性质的认识，这样学生的化学基础才会更加扎实，使学生在之后接触深层次的知识时能够灵活应用这些认识，为其下一阶段更高水平的学习奠定坚实的基础。

（一）元素化合物知识建构路径

在元素化合物复习课当中发展宏观辨识与微观探析的具体培养策略如下。

首先从物质的分类观建构知识框架，形成知识系统。物质的分类观是认识物质的前

提。物质的分类观是指依据不同的分类标准，从不同的角度满足学习和研究的需要，得到不同体系的分类结果。对物质进行分类是化学学科培养学生宏观辨识与微观探析核心素养的基础通道和重要途径。

其次从物质的结构观认识物质的性质，从物质的转化过程观辨析物质的变化，形成物质反应合理而系统的表征。微观结构决定物质的宏观性质，反之，宏观性质反映微观结构。

在教学过程中，要有计划、有目的地采取措施，提高宏观辨识与微观探析的核心素养。根据具体的教学实践，教学中应注意以下几点问题：

首先，要结合学情特点，调动学生的学习积极性。设计具有实际应用的分类和转化的活动任务，促使学生掌握“单质及其化合物”之间的转化关系等，这种活动任务在促进学生自主建构时具有非常重要的作用。教师要依据学科素养的基本内容，恰当运用教学策略，有的放矢地进行系统设计，既要符合本校学生的实际情况，如知识水平、智力水平等，又要尽可能涵盖该元素的单质及其重要化合物的主要性质，还要考虑活动任务在今后的生产、生活中具有一定的实用价值；教学手段上做到启发与引导相结合、思考与交流讨论相结合等，帮助学生顺利构建“二维物质关系图”。

其次，“二维物质关系图”有一定的适用性。元素化合物之间的转化从化合价角度通常分为两类：一类是非氧化还原反应，即同一价态不同物质间的相互转化，比如酸性氧化物、酸、盐之间的相互转化；另一类是氧化还原反应，即同一元素不同价态之间的相互转化，如氮元素的 -3、0、+1、+2、+3、+5 等不同价态物质之间的转化。对于这两种转化都比较多的元素及其化合物，如氯、硫、氮、铁及其化合物，通常可以采用构建“二维物质关系图”的方法。

再次，元素化合物的复习通常不是一步到位的，可通过课堂实践、实际应用等多方位、多角度提升学生的学科素养。结合化学基本理论、基本原理、探究实验等，促进学生自主构建“二维物质关系图”，培养宏观辨识与微观探析这一重要学科核心素养。宏观辨识利于得出结论，掌握知识；微观探析利于究其根本，便于理解记忆。

教学中注意引导学生在学习化学基础知识的进程中注重宏观辨识与微观探析的结合，发展学生多视角、多层次分析和解决实际问题的能力，加深学生对知识的运用和掌握，使学生既要知其然，还要知其所以然；在实验探究的过程中，能用“宏观辨识与微观探析”的观念认识事物，帮助学生提高独立解决问题的能力，培养宏观辨识与微观探析这一学科重要核心素养，建构高效的化学课堂。

（二）化学反应原理知识建构路径

在选择性必修“化学反应原理”模块发展宏观辨识与微观探析核心素养时，可通过真实情境提出问题，整合教材，呈现实验的宏观认知价值，从微观的角度寻找本质原因，完成概念的建构等，帮助学生从具体知识的学习到实现“宏观—微观—符号—本质”的化学核心观念的建构。其中，在“基于真实情境提出问题，凸显化学的社会价值”环节谈到学生的核心素养的形成程度会影响问题解决的能力，问题的解决过程也是学生形成化学核心素养的重要途径。要重视教学实践过程中问题的设计以及问题的解决在学生化学核心素养形成的过程中发挥的作用。

化学是一门与社会生产、生活有着广泛而密切联系的学科，在教学实践中，倡导创设真实的问题情境，选取学生生活中常见的生产、生活的例子作为创设问题情境的素材，有利于激发学生的学习兴趣和认知冲突，调动学生学习的积极性和主动性。在“整合教材，呈现化学实验的宏观认知价值”环节谈到化学的科学认知即“宏观辨识”，是从研究物质及其变化规律开始的，根据对宏观现象的观察、宏观性质的推测与验证，推理出物质的组成、内在联系和规律。化学实验不仅可以给学生提供宏观感受和体验，也是开启学生微观推理的“源泉”。

教师在教学实践中要利用好课本的实验素材，与核心知识整合，创设有利于学生思维发展和核心知识建构的实验探究活动，让学生从宏观的现象和性质的学习转入对物质组成、概念本质的探讨，让课堂教学充满魅力，促进学生核心素养的形成和发展。

在“从微观的角度寻找本质原因，完成概念的建构”环节谈到在这部分的教学实践中，不仅是让学生体验作为一个知识探索者去探索知识的建构过程，还要让学生学到“根据物质的分类→预测性质→设计实验探究→解决问题→寻找内因→归纳推理得出定义或概念”的探究物质本质的科学模型。在这个环节的教学实践中，教师可以借助电离方程式和离子方程式等“符号表征”，引导学生寻找盐溶液酸碱性的本质原因，归纳盐类水解的定义，理解化学微粒观和本质观的内涵，提升化学学科核心素养，增强学生解决问题的能力和技巧。

（三）基本概念知识建构路径

在基本概念、基本化学用语课当中发展宏观辨识与微观探析可通过对设计理念和学习目标的分析、教学流程和思路的阐释、呈现课堂主要教学过程，得出如下几点结论：

一是联系生活实际，激发微观思考。作为初学化学的学生，为了突破化学变化这个难点概念，教学时要联系学生日常生活中能接触到的宏观现象，比如固态碳与气态氧气完全反应生成气态二氧化碳，让学生画其微观反应过程示意图，引导学生从宏观现象中思考其背后的微观原因，这样的教学策略既符合学生已有的认知规律，又有利于学生微粒观的形成。

二是设计实验活动，探究微粒性质。化学是一门以实验为基础的学科，各种形式的实验对激发学生学习化学的兴趣起到了积极的作用，实验、兴趣、自主学习，三者是层层递进的关系，可发挥实验教学的优势来培养和提高学生的自主学习能力。教师可通过设计真实的实验活动帮助学生建构微粒观。教师在课堂上可通过演示、分组实验活动，引导学生得出微粒的性质，激发学生对物质的微观世界的探究欲，培养学生的实验观、变化观、微粒观。这样基于实验活动的教学更有利于学生对微粒性质的理解。

三是借助三维动画，形成模型认知。微粒很小，在课堂教学中不够直观，需要学生在抽象中形成认识。但是对学生来说，还不能很快形成对微粒的认知。教师需要通过建立模型，进一步深化学生对物理变化的微观实质的理解，可通过三维模拟动画演示物质固、液、气三态变化时微粒的变化，促使学生深度理解物质在发生物理变化时，微粒本身不变，变的是微粒间的间隙。

四是进行宏微结合，正确认识物质。例如在进行“构成物质的基本微粒”一节授课时，教师要有机渗透“宏观辨识与微观探析”的观点。“宏观辨识与微观探析”是指以“物质结构与性质相联系、宏观与微观相结合、变化与平衡相统一”的视角认识和分析解决相关的化学问题。本节内容的难点就是使学生构建微粒观，培养学会用微粒的观点分析宏观的现象，增进学生对物质及其变化的理解，进而能用宏微结合观点正确看待物质。因此教师要引导学生从化学反应呈现出来的宏观现象比如颜色的变化、状态的变化等分析其微观实质，并用合理的化学用语进行表征，理解化学反应的本质。

(四) 有机化学基础知识建构路径

在选择性必修“有机化学基础”模块发展学生宏观辨识与微观探析核心素养时，以金银花中的药用有效成分绿原酸为研究对象，发展学生对有机物“结构决定性质”的有机化学学科核心思想的认识。从促进学生对有机物性质认识能力角度设计并实施了凸显“结构分析—性质预测”的探究活动。在探究活动中体现了宏观辨识与微观探析以及证据推理与模型认知的化学学科核心素养。在教学策略反思环节主要观点如下：

一是复习课也需要创设情境。高三复习不能仅仅停留在知识层面上，更要通过具有一定思维难度的情境素材唤醒学生对知识的探究欲望。

二是在高三有机复习教学中，既要注重有机知识的重现，还要注重发展学生对有机物结构和性质的认识。精心设计探究情境，让学生动起来，形成以学生为主导，教师为指导的师生合作的高三复习常态。

三是建立从有机物的饱和性、官能团的极性、基团间的相互影响三个维度研究有机物结构的思维模型。通过教学活动的设计使学生初步形成从官能团角度研究有机物性质的一般思路，实现了从复习知识向培养学生化学核心素养教学的转变，在复习巩固有机反应知识的同时，提升学生宏观辨识与微观探析以及证据推理与模型认知核心素养的水平。

综上所述，发展学生宏观辨识与微观探析核心素养的教学策略如下：一是强化对“结构决定性质”的认识，发展基于学科本质的教学；二是利用多种途径培养学生的微观想象力，通过对学生微观抽象思维的培养反过来促进学生对宏观性质的理解；三是积极创设真实问题情境，重整教材，凸显实验的宏观认知价值，从微观角度寻找本质原因，完成对抽象概念的建构；四是积极联系生活，激发学生微观思考；五是积极设计实验活动，从宏观可以感知的颜色、气味、状态等的变化来推理、论证微观反应实质；六是积极进行模型教学策略，帮助学生先学会观察模型，然后学会从具象事物中抽离出关键要素，建立模型，再发展到应用模型，让模型成为发展学生微观想象力的重要抓手；七是让学生将微观行为用图示的方法表示出来，使抽象的事物具象化，让学生的分析有了可以衡量的标准；八是信息技术与学科融合策略，积极发挥动画、专业软件的可视化与形象化优势，使学生对粒子的微观行为的理解真正可以感知、感悟，形成对宏观辨识与微观探析的一般认知思路。

二、变化观念与平衡思想素养建构路径

在教学过程中，教师应采用相应的适宜的教学策略帮助学生突破认知障碍，培养学生变化观念与平衡思想的学科核心素养。

在元素化合物教学中发展学生变化观念与平衡思想可通过物质的变化体现，基于变化观念与平衡思想开展教学。教学设计是基于高中化学核心素养目标，在授课过程中采用连续性学习，以问题式引导的教学方式让学生的思维不断深入，学生对金属化学性质的理解及应用会更加深刻。教学过程充分发挥学生的主观意识，让学生自己解释，主动分析，得出结论，以学生为主。在教学中要以问题式教学、启发式引导的方式，让学生的思维逐步深入。在教学过程中建立“发现问题、分析问题、提出猜想、实验验证、得出结论”的研究思路，让学生在化学变化中找到研究的思路。

（一）化学反应原理知识建构路径

在选择性必修“化学反应原理”模块中“化学平衡”教学实践中，应从理解平衡概念、强化平衡概念、养成变化观念与平衡思想三个方面分析如何让学生逐步有效建构变化观念与平衡思想，提出化学平衡教学中如何实现核心素养的有效培养及如何适应高考改革，重视概念渗透，解决教学难点，落实此核心素养的教育功能。

在勒夏特列原理讲解环节，陈花老师设计动画演示三种情况：某人在跑步机跑步，第一种情况是人加速，机器不加速；第二种情况是人不加速，机器加速；第三种情况是机器与人的速度相同，人再次定点跑步。学生通过动画马上能领悟到，不管改变哪一种因素，归根结底，都是不同程度地改变速度，一旦速度改变，平衡就被破坏，当速度重新相等时，则达到新平衡。学生在哈哈大笑的同时，就会理解减弱改变这个核心术语，容易理解并判断平衡移动方向。为什么加入正催化剂，速率变，但平衡不移动呢？这是学生在理解概念时的思维瓶颈。同理，用动画演示，人与跑步机同时加速，加快的倍数相等，人在原地跑步，平衡不移动，仍处于平衡状态。但与原平衡比，反应速率加快，反应时间缩短。

在专练平衡题环节，陈花老师设计分步骤进行训练。第一步，利用难度较小的习题，直观分析平衡概念题，巩固概念。第二步，利用较难的习题对所学内容进行迁移，通过典型实例分析，引导学生概括学习内容，总结相关的规律，让学生学会绘制课内要求的传统的化学平衡图像，并对图像题进行分类突破，同时迁移到陌生图像题并力求突破。在学习

过程中及时反馈学生学习存在的问题，鼓励学生多问、多思、多讨论，教师解惑并配合一定量的小测，提高学习效率。第三步，掌握平衡内容复杂的化学平衡曲线问题、恒温恒压、恒温恒容充无关气体或者充相关气体的变化量问题，较为复杂的平衡问题，可以统筹安排，分散难点于新课、高三一轮和二轮复习过程中。

陈花老师在分析高考化学平衡题时，让学生经历分析条件变化、演绎推理计算再综合作答过程，运用抽象、分析、比较和系统思考等高级思维，在提取信息和计算论证、获得结论过程中，学生逐步培养抽象思维和逻辑推理能力，从而建构变化观念与平衡思想这种高级思维。

（二）实验化学部分建构路径

实验教学部分可通过问题和实验引导学生进行化学知识的发现与生成，可以增强学生的分析能力、思维能力，培养学生的创新能力。结合高中化学教学内容，通过实验探究，帮助学生形成化学变化中的能量转化守恒和元素守恒观念，从变化与平衡相协调的角度进行化学反应的分析与实际问题的解决。一是通过情境教学，激发学生的学习兴趣。结合教学内容，给学生创设相应情境，激发学生兴趣，让学生在情境中进行思考和探讨，更有利于学生将化学变化的本质和表征统一起来，加深学生对化学本质的理解。二是提出问题，探究化学平衡原理。通过提出问题引导学生思考和进行实验探究，可以让学生直观、形象地观察到化学变化和平衡的动态过程，通过改变浓度、温度、压强等条件来分析其对化学变化和平衡的影响，构建平衡模型，促进学生的实验和创新意识，培养学生变化观念与平衡思想。

综上所述，发展学生的变化观念与平衡思想学科核心素养关键要抓住该素养的特点、特质，精选教学素材，设计驱动性问题，形成具有结构化认识的思路，具体的教学策略梳理如下：

一是创设适宜的教学情境，让知识与素养在情境中得以外显，可选择与学生生活经验比较接近的情境，也可选择与知识关联度较大的情境，也可选择社会热点问题作为情境，让学生在真实情境中体会变化观念与平衡思想的实质。

二是设计适宜的实验探究活动。学贵有疑，让学生在问题中形成对问题的一般理解，进而通过实验探究的一般流程形成对问题解决的科学化设计，使理性与感性结合，让理论推演与实验实证相互印证，形成对变化观念与平衡思想的科学化论证。

三是利用主题化教学聚焦核心问题，学习核心知识，发展核心素养。让教学从聚焦具体的知识转向聚焦主题，从大主题蕴含的大问题、大视角设计活动任务的驱动器，让大主题的层次结构自动生成解决问题的一般程序与思路，发展学生的变化观念与平衡思想。

四是利用任务驱动式教学策略。让学生真正成为学习的主体，让学生在具体可感知、可体会、可操作、可思考、可分析的学习过程中主动积极建构其解决问题的思路与方法，发展变化观念与平衡思想的化学学科核心素养。

五是信息技术与学科本体知识融合策略。在学生不容易想象、不容易感知的微观世界，可以积极运用现代信息技术，让学生将微观模型具象化，让学生通过宏观辨识与微观探析，感知物质及其转化过程中的变化观念与平衡思想。

三、证据推理与模型认知素养建构路径

在教学过程中，教师应采用相应的合理的教学策略帮助学生形成思维，培养学生的证据推理与模型认知的化学学科核心素养。发展学生的证据推理与模型认知素养的关键是要帮助学生树立模型意识；指导学生用适合的方式表达模型；通过“对话”促进化学模型的建构；创设情境促进化学模型的建构；从思维的起点出发逐步构建化学模型。

（一）帮助学生树立模型意识

在帮助学生树立模型意识环节，教师通过对模型分类及其建构途径的分析可以发现，化学学习始终离不开模型，能否熟练地建立或运用模型直接影响着学生的学习效率，只是有些时候学习者并没有意识到自己在学习中运用了模型而已。所以化学教学中要引导学生进行模型认知，要帮助学生树立模型意识。

模型认知从属于科学思维。关于思维教学，可采用“学科知识—学科方法—思维方法”的研究路径，建构了由分析、综合、抽象、概括、比较、判断、假设、推理、直觉、想象 10 个内容，深刻性、独创性、批判性、灵活性、敏捷性 5 个品质，以及学科知识、学科方法、思维方法 3 个产品所组成的“思维教学三维模型”，提出了“方法理解”的思维教学实践取向，并设计了“思维方法—学科方法—学科知识”的教学路径。

“思维教学三维模型”对各科教学都具有直接的指导作用，化学教学要借鉴“方法理解”的实践取向，把学科知识、学科方法和思维方法融合在一起，让学生在方法的引导下解决问题并获取知识，在习得知识的同时掌握相应的学科方法和思维方法。

（二）教师主动树立模型意识

教师在进行教学设计时要胸中有“模”，要为有关的学科方法和思维方法选择适当的模型，引导学生通过建模来解决问题和获取知识，而且要为建模环节预留充足的时间，并用一定的方法显化相应的模型。这样经过一段时间的训练，学生就能体会到模型在学习活动中的应用价值，从而逐渐树立模型意识，并将模型认知固化为自己学习的一种重要方式。但是在具体的教学实践中，还会遇到同一事物的多种模型都在中学生认知水平范围内的情况，考虑到不同个体之间认识水平的可能差异，教师应该指导学生用适合自己的方式进行模型表达，这样才能让学生乐于接受模型，并真正认识到模型的学习价值，从而增强学生建模和用模的意识与能力。

（三）通过“对话”深化模型意识

在通过“对话”促进化学模型的建构环节，教学“对话”就是通过老师的发问、鼓励与引导，学生自由思考、自由表达而获得知识与技能、发展能力的教学方法。“对话”的重点是教师能有效地设定化学模型的问题认识与解决序列，不断探询学生对物质性质及其变化微观本质的理解程度，引导学生迅速地寻找解决问题的策略。递进式的“对话”重视的不是知识而是思考过程或思考体验，它既促进了学生建构具有逻辑内聚力的化学模型结构，也促进了学生对模型的认识向深处发展。创设情境促进化学模型的建构环节，在对化学模型的认识、建构和应用过程中，教师既要将注意力放在仔细观察学生获得观念的发展上，也要关注学生的已有知识经验，考察已有的心智模型类型及特点，同时还要关注其化学模型的发展历程。从思维的起点出发逐步建构化学模型环节，化学模型的大部分内容都是思维的产物，这就要求我们在化学模型的建构中要从最简单的问题开始，即从思维的起点开始，经历学习具体知识、掌握化学思想和方法、探寻答案等过程，循序渐进建构化学模型。

（四）寻找证据优化模型意识

在出现非证据情况时，科学探究和问题解决就必须做出修正，要重视证据推理中逆向推理的学习，证据推理与模型认知在内涵和实践层面上都不可割裂理解，它们常常融合于探究和问题解决的过程之中。因此，设计凸显证据推理逆向推理发散思维产生多重证据的探究过程中，发展证据推理与模型认知学科核心素养的教学流程如图 1 所示。

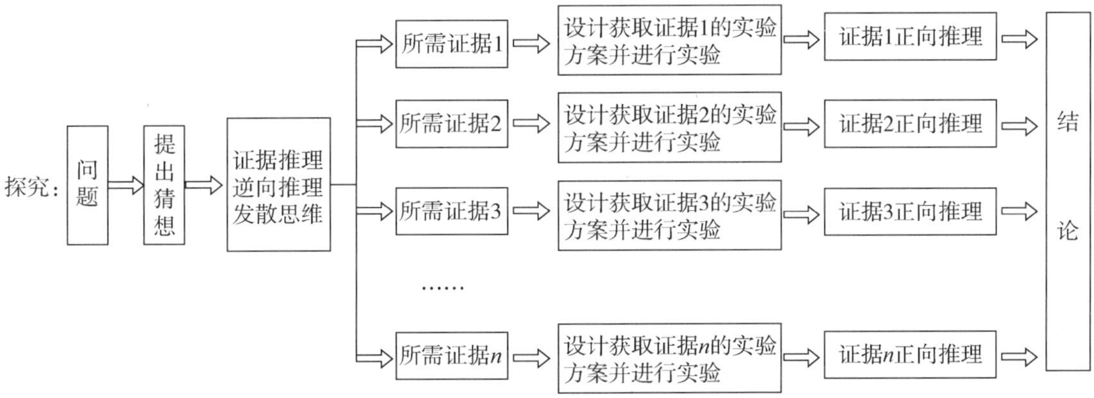

图 1　凸显证据推理逆向推理发散思维产生多重证据的探究过程

（五）通过教学落实模型意识

在具体教学实践中，证据推理与模型认知在内涵和实践层面上都不可机械割裂，它们常常融入探究和问题解决的思维过程之中。第一，基于新证据的推理对模型进行修正，促进模型认知对原型认识的精准。第二，基于新证据的推理对模型进行修正，拓展模型认知的范围，同时加深对原型本质的认识。第三，以证据推理为基础建构模型认知，其教学设计流程如图 2 所示。第四，以证据推理为基础建构模型认知的探究过程，其教学设计流程如图 3 所示。

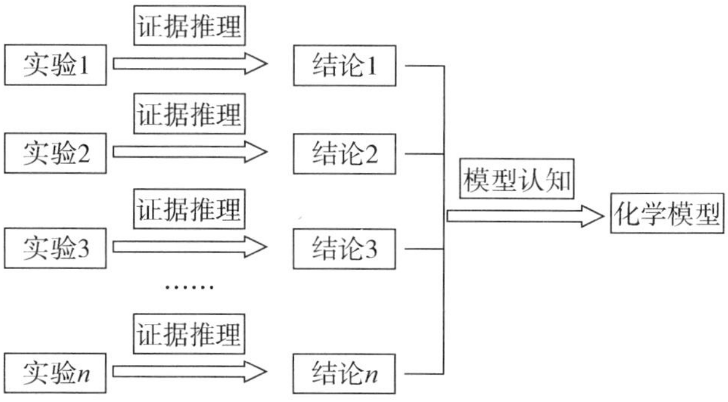

图 2　以证据推理为基础构建模型认知的过程

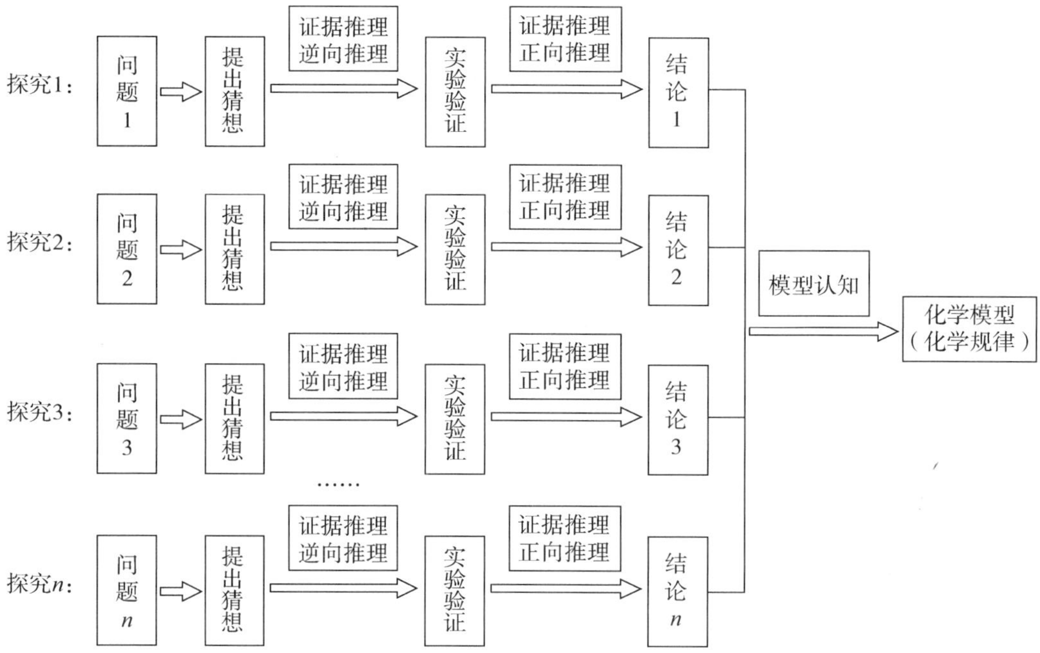

图 3　以证据推理为基础建构模型认知的探究过程

高三复习课在发展学生证据推理与模型认知素养中可将情境、知识、能力和证据推理与模型认知素养有效地统整。教学以教材为本，以建立“洗涤剂的选择”思路为线索，着眼完善学生的认知结构，着力提高学生的能力意识，立足发展学生的高阶思维。素材的选择以教材中的实验为原型，通过“源于教材”“行于教材”“高于教材”“迁于教材”等四个教学环节，把洗涤操作时洗涤的目的、洗涤剂选择的依据、判断合适的洗涤剂等串联起来，逐步形成解题的基本模型。在解决问题的过程中，学生的能力逐渐提升，证据推理与模型认知的水平等级逐步提高，在巩固模型的同时也牢固确立知识的学习要服务于学生思维的发展。本节课的教学设计知识点通透，主线明了。教学流程如图 4 所示。

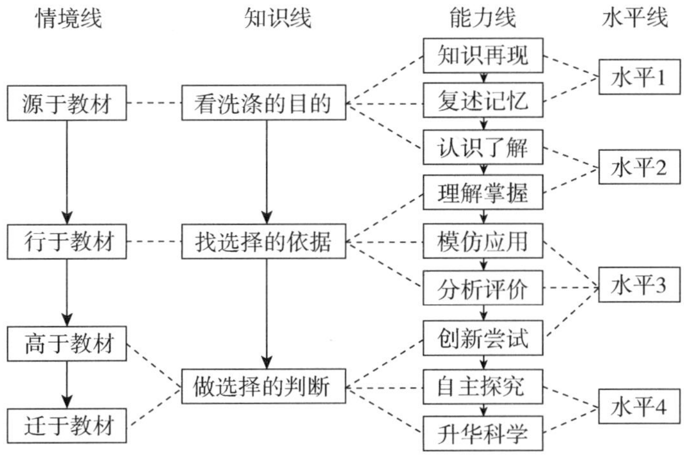

图 4　“洗涤剂的选择”教学流程

根据人们使用事物的一般规律：发现事物→认识事物→了解性能→生活使用，建构起和证据推理与模型认知素养之间的有效关联，如图 5 所示。建议复习时教师一定要引导学生跳出教材，站在更高的角度看待问题，追求化学学习更高层次的价值。

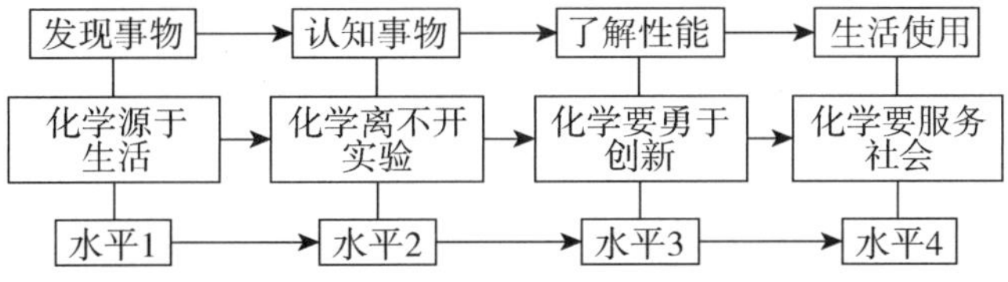

图 5　事物认识、学科功能和证据推理与模型认知素养的关系

综上所述，发展学生证据推理与模型认知学科核心素养教学策略有如下几点：

一是创设真实情境策略。让学生在真实情境中发现化学问题，从真实模型到化学模型，然后再根据问题的关键要素分析并解决问题，建构完善模型，再反过来解决真实复杂情境问题。

二是生活化策略。从生活中的化学问题出发，让学生利用学科核心知识分析问题，梳理核心要素，寻找关键证据，建构思维模型，解决生活问题。

三是关注情境、知识、能力统整策略，让学生在整体观念的指导下系统地思考问题，系统地寻找证据、分析证据，有效建模。

四是重视发展逆向推理，提升学科核心素养。教学中要重视从结论出发，逆向推理，找出关键核心要素，再根据核心知识来寻找关键证据，形成模型建构到证据寻找之间的逆向推理逻辑闭环。

五是探究性教学融合策略。证据推理与模型认知是探究性教学过程与结果的关系，探究的过程重视证据的收集、分析，探究的结果是建构解决一般问题的思路与方法，形成思维模型。

六是“对话”教学策略。让教学在教师与学生、学生与学生、学生与实验现象进行有效“对话”，从“对话”中发现并提取证据，进行逻辑推理，建构模型。

七是利用化学史策略。精选化学史上著名假说模型的发展建构过程，基于事实的证据推理建构模型与认知水平、历史条件限制之间的关系，形成对证据推理与模型认知素养客观的认识。

八是问题解决策略。设置核心问题，寻找关键证据，利用问题链串联教学，利用证据链有效推理，形成证据与模型之间的有效关联，培养学生证据推理与模型认知的化学学科核心素养。

四、科学探究与创新意识素养建构路径

（一）开展化学实验建构

在教学过程中，教师应采用相应的、适宜的教学策略帮助学生突破认知障碍，培养学生科学探究与创新意识的核心素养。可通过化学实验来发展学生科学探究与创新意识素养，化学实验是化学教学的重要组成部分，不仅具有教育教学功能，而且具有发展学生化学学科核心素养的功能。

从认识层面、实践层面和价值追求层面来看，化学实验在发展学生科学本质观、科学实践观和科学价值观方面均发挥着不可替代的功能。教师可以利用化学实验史实呈现真实的科学发现过程，发展学生的科学本质观；可以通过引导学生对化学实验现象的观察和基于实验事实证据的推理，发展学生“宏观辨识与微观探析”“证据推理与模型认知”的化学学科核心素养；可以通过开展化学实验探究，引导学生拓宽认识视角和认识思路，发展学生“科学探究与创新意识”的化学学科核心素养；可以通过化学实验评价，发展学生“科学态度和社会责任”的化学学科核心素养。

化学实验对培养学生的科学态度与社会责任素养有着巨大的价值。首先，化学实验有利于学生形成科学本质观。化学实验可反映科学的暂定性、经验性、创造性、建构性和社会性。其次，化学实验有利于帮助学生形成科学实践观。化学实验是科学实践的一种类型，是科学认识的基础，是检验化学作为一门科学的重要尺度。再次，化学实验有利于学生形成科学价值观。化学实验推动科学发展，同时也推动了人类社会的发展，化学科学的应用所产生的环境污染问题，同时也要依赖化学实验的解决。

化学实验教学有助于培养学生的创新意识；有助于开发学生的创新精神；有助于改善化学教学方式，促进教学改革；有助于提高学生的独立思考能力。如何在化学实验教学中培养学生的创新能力？下面进行简要阐述。

一是将实验内容问题化。实验内容问题化就是指将普通的实验过程转变为若干个小的问题，让学生在解决问题的过程中积累实验技能，增长知识，实验内容问题化的目的在于激发学生的发散性思维。在新课程标准实施后，教师要有能够灵活驾驭教材的能力，对课本中的一些化学实验进行充分挖掘，根据实验具体要求和教学实际情况来重新定位教学重

心，将实验内容设计为培养学生发散性思维的化学问题的形式。

二是将生活问题实验化。生活问题实验化就是要我们每时每刻都关注身边的问题，这样就可以在问题中产生质疑，在质疑中诱发思维，进而用实验的方式来验证问题、解决问题。在实验教学过程中，我们要结合化学实验的特点，鼓励学生对身边发生的事情大胆质疑，在质疑的过程中找出问题的答案，从而有效地培养学生的发散思维和创新能力。

三是实验方式多样化。实验方式多样化是指打破固定的实验探究模式，设计多个过程不同而结果相同的实验，这样就可以消除学生的思维定势，培养学生的求异思维。思维定势是创新的枷锁，它会阻碍新思维、新方法的构建，进而阻碍新知识的学习与吸收，因此，必须引导学生突破思维定势，为其创设更多的思维空间和想象空间，实现思维的多样化和独创性，这对于提高学生的创新能力具有十分重要的作用。

四是实验设计创新化。培养学生的创新精神与创新能力是现代教学课堂改革的主旋律，在化学实验课堂中，教师要鼓励学生大胆创新实验设计，使学生在实验的过程中产生乐趣，进而激发学生思维中的创新点。

在当前发展学生核心素养的课程目标的背景下，在关于“科学探究”内容的复习课教学中，设计可培养学生“证据推理意识”的问题，驱动学生去探究和思考，培养学生的科学探究能力和创新意识，从而提升学生的化学学科核心素养，可采取以下三个策略：提出问题留白化，驱动思考引思路；设计问题方案化，驱动解决展能力；检测问题应用化，驱动评价展素养。

当然，也可以利用“反常”现象来培养学生的探究能力和创新意识。目前在化学实验教学中，很多教师往往只重视实验对课本知识的验证，而忽视学生科学素养的培养，课堂上以教师演示或纯粹让学生玩一玩的心态处之，对于演示实验只许成功不许失败，对于学生实验中出现的“反常”现象则尴尬地加以掩饰或干脆无动于衷，弃之不管，忽略了对学生科学探究与创新意识培养的环节。以讲授代替实验，以视频播放代替实验演示，以教师的分析代替学生的探究，易让学生养成被动接受化学知识的习惯，扼杀了学生的想象力和好奇心，使学生的兴趣爱好得不到良好的发展，不利于学生科学探究与创新意识的培养。以“试剂的用量对实验有影响吗?”“试剂的纯度对实验有影响吗?”“试剂的加入顺序对实验有影响吗?”这三个具体案例进行分析，得出以下三点启示：

一是紧抓化学实验教学，让事实“点燃”探究。在探究式学习活动中，由“反常”引发的问题是探究式学习的核心之一，是思维运演的“催化剂”，一旦“点燃”，学生就会形成强烈的探究意识。

二是把握课堂教学实践，让“反常”激活探究。变“反常”为“探究”，转变学生的学习方式；让“反常”成为一种课程资源，更新教师的教育理念；从“反常”中捕捉探究点，夯实学生的实验基础，提升学生的科学素养。

三是注重课后教学反思，让“余味”萦绕探究。教师要为学生的学习创设一个宽松的学习氛围；教师要善于利用教材栏目培养学生的科学探究能力；教师要有耐心“待花开”；

教师要提供适合探究的课题；教师要扮演好“引导者”的角色。

化学实验教学在培养学生的科学探究能力和创新意识方面所蕴含的功效是值得努力发掘和深入探索的，对完善学生科学素养的培养也是至关重要的，它关系到未来科学领域创新人才的培养。因此，每个化学教师都必须站在发展的战略高度，因势利导，培养学生科学探究与创新意识的化学学科核心素养。

（二）渗透化学史建构

化学史教学也有助于培养学生科学探究与创新意识。教师可通过融入化学史的教学设计打破学生固有的学习思路，在实验探究中培养学生的化学学科核心素养。教学过程中采用情境创设、引发疑惑，再现史实、知识构建，知行合一、学以致用三个教学环节。通过历史实例来展现人类探索的艰辛，构建化学知识的前因后果；通过问题，引出物质的作用以及发展历程；通过史实引起学生的学习兴趣，引导学生通过史实来提出质疑，由“史”为引，由“史”引思；通过实验，进行分析问题、解决问题的训练，学生利用科学家的探索思路进行化学实验探究，从而培养学生的科学探究与创新意识。

（三）借助虚拟实验建构

此外，也可借助虚拟实验培养学生的科学探究与创新意识。与传统实验相比，虚拟实验优点突出，主要体现在以下三点：

第一，趣味性强。多数学生对信息技术充满兴趣，而虚拟实验基于信息技术。实验中，学生通过虚拟实验平台便可进行实验，犹如“玩游戏”能很好地激发学生的实验积极性。

第二，操作方便。虚拟实验只需根据实验目的，用鼠标拖动实验器材、实验药剂，便可完成实验装置的连接，实验操作方便。另外，可有效避免实验不当引发危险，安全性高。

第三，实验现象明显。虚拟实验平台由专业技术人员根据高中化学实验内容开发，实验现象明显，易于观察，可大大提高实验效率。针对高中实验特点，开发者提出虚拟实验应用的三原则：适可而止原则、合理规划原则、注重总结原则。在具体应用过程中，教师应注意恰当使用四个策略：认真学习虚拟实验知识、做好虚拟实验应用演练、注重鼓励学生科学探究、积极提高学生的创新意识。

（四）基于智慧教室环境进行建构

基于智慧教室环境发展学生的科学探究与创新意识也是未来教育发展的趋势。在落实相关知识与技能的教学目标过程中，将智慧课堂与培养学生科学探究能力有机融合。利用智慧教室教学环境下的电子白板、实物展台、IRS 即时反馈系统等功能，激发学生的学习兴趣，挖掘学生学习的内动力，促进学生学习方式的转变，培养学生的创新意识和科学探究能力。

在具体教学设计中，通过创设活动情境，将智慧课堂与学生科学探究精神的培养有机融合，充分调动学生的学习积极性。课前，给学生布置学习任务，驱动学生自主复习；课上，先利用智慧教室平台的抢答和即时反馈系统检测学生对旧知识的复习效果，再通过层层设置问题，引导学生积极思考，以问题驱动学生不断创新，促使学生以实验探究为手段，通过小组合作交流，积极改进和完善实验方案，不断提高探究能力。教师将学生的学习过程通过智慧课堂教学助手、实物展台等实时反馈到互动电子白板上，师生共同分析、评价，切实让学生体验主动思考、交流讨论、合作探究的学习过程。让学生用所学知识解决实际问题，培养学生的学科核心素养和学以致用的能力。在课堂教学环节中，注重信息技术与学科教学的深度融合，充分发挥智慧教室辅助教学功能，利用“挑人”“抢答”平台，实时调动学生学习的积极性和趣味性，活跃课堂气氛；利用“拍摄”“计时”“录像”“实物展台”等功能，及时将学生的练习过程和实验探究过程呈现在电子白板上，师生共同分析、讨论，调动学生的全员参与意识，提高学生专注力，增强听课效果；同时，利用IRS即时反馈系统及时了解学生的学习情况，灵活处理教学内容和进度，以学定教，实现新型的互动教学模式，构建高效的化学智慧课堂。

综上所述，培育学生科学探究与创新意识的化学学科核心素养教学策略主要有如下几点：

一是充分发挥和挖掘实验的探究功能与价值，丰富学生认识视角和认识思路，发展学生的科学探究与创新意识。

二是转变传统实验呈现形式，将验证性实验、演示性实验开发转变为探究性实验、自主性实验，发展的学生科学探究与创新意识。

三是将传统的辨识记忆型的任务调整为设计评价型的任务，突出高阶思维的发展，发展学生的科学探究与创新意识。

四是积极创设真实复杂的问题情境，要求学生能从生活问题、学术问题中提炼出化学问题，进行化学问题建模，发展学生的科学探究与创新意识。

五是利用实验过程中的“异常现象”“反常现象”进行深度剖析，从热力学、动力学、单一控制变量等多视角来解剖，变“反常”为“正常”，发展学生的科学探究与创新意识。

六是课堂组织形式的创新，提问环节多留空白，设问环节多让学生自主设计方案，检测环节多设计些应用类的挑战问题，让学生在主动探究中提升自己的学科关键能力，发展学生的科学探究与创新意识。

七是积极探索学科教学与信息技术融合。将很难呈现、很难观察、存在安全隐患的实验利用虚拟实验、智慧课堂等现代信息技术手段来进行有效替代，将高度抽象的问题利用信息技术具化，形成解决问题的一般思路，培育和发展学生的科学探究与创新意识。

八是积极挖掘化学史中蕴含的创新智慧，将化学史融入教学设计全过程，让科学家探索的过程与教学设计中学生的探索过程形成认知共振效应，发展学生的科学探究与创新意识。

五、科学态度与社会责任素养建构路径

在教学过程中，教师应采用相应的合理的教学策略帮助学生形成思维，培养学生科学态度与社会责任核心素养。结合当下高中化学核心素养培育教学现状，可从如下六个方面进行建构和培育。

一是应深入挖掘教材，培养学生科学态度与社会责任。依据高中化学教材中的科学视野、资料卡片内容，可以促使学生科学态度与社会责任核心素养的提升。教材中的“科学史话”资料，为化学课堂上培养学生科学态度与社会责任的提供了便利条件，所以高中化学教师需要深入挖掘教材，巧妙地向学生渗透科学态度与社会责任，促使学生以积极探索的心态面对学习与生活，提高学生的学习动力。此外，教师应该以学生为中心，充分体现学生的主体地位，选取学生感兴趣的事物吸引其注意力，加强学生对事物的认知，激发学生对化学课堂的求知欲和探索欲，让学生深入走进化学世界中，感受化学知识带来的魅力。

二是应关注课堂习题，培养学生科学态度与社会责任。高中化学教师要想培养学生科学态度与社会责任，可以在课堂上的习题环节中加以渗透，因为化学现象来源于生活且和生活息息相关，而学生对生活中的事物具有较强的好奇心，同时高中阶段的学生自身具有可塑造性，所以教师可以从学生实际生活出发，结合学生现有的化学知识水平将习题和科学态度与社会责任进行融合，强化学生的责任感与使命感，使学生能为祖国的繁荣富强作出贡献。

三是延伸课外知识，培养学生科学态度与社会责任。因为学生在化学课堂中学习的化学知识有限，且高中学生处在价值观念形成的阶段，所以教师不仅要向学生介绍教材上的知识内容，还需要向学生适当地对教材知识进行延伸和扩展，引进课外化学知识，增加学生化学知识储备量，促使学生科学态度与社会责任的提升，强化化学教学效果。

四是通过问题教学法进行建构。问题教学法是一种比较好用的教学方法，不仅可以培养学生的科学探究意识，还可以体现学生在教学中的主体地位，是满足素质教育需求的一种高效教学方法。化学教师在自己的课堂教学中可以适当运用问题教学法，在课堂上向学生提出问题，让学生针对教学问题讨论探究，最后得出结论。

五是通过联系现实生活进行建构。我国著名化学家戴安邦指出：“只传授化学知识和技术的化学教育是片面的，全面的化学教育要求既传授化学知识与技能，又训练科学思维和方法，还培养科学精神和品德。”在“科学态度与社会责任”素养中，“科学态度”要求学生不仅要崇尚真知，尊重事实，具备实证意识和严谨的科学态度，也要学会运用科学的思维解决化学学习中遇到的问题，同时还要学会独立思考，多角度、辩证地思考化学问

题，并敢于大胆尝试、探究。一些传统的教学方式，如借助化学实验等，虽然在培养学生的科学精神方面发挥着较大的作用，但随着学生个性的发展和改变，客观上要求教师要创新教学形式。在教学实践中，采取让学生参与校本课题研究、借助流行文化和互联网通讯软件、化学实践教学等形式，培养和提高学生的科学态度。

化学学科有一个天然的优势，那就是与实际生活联系紧密。正是基于这种紧密联系，"科学态度与社会责任"素养作为中国学生发展核心素养的一部分，要求教师在化学教学中不仅要培养学生的科学态度，还要培养学生的社会责任感，培养学生学会欣赏化学对社会发展的巨大贡献，科学分析化学对社会发展带来的各种影响，认识到环境保护、节约资源等的重要性。培养学生的社会责任感，要紧密联系实际生活，借助学生常见和熟悉的载体，拉近学生与实际生活的距离。生活用品、新闻报道等，都是学生最常见和熟悉的载体。

六是通过链接学史进行建构。教师还可通过"链接学史，了解来龙去脉""补充资料，拓宽学科视野""课外实践，深入调查研究"等多种教学手段，培养学生的科学思维，帮助学生树立社会责任意识，提升学生的化学学科核心素养。"培养学生科学态度与社会责任，首先要启发学生对化学产生热爱和敬畏之情。在人教版的教材的每一章，都有"科学史话""资料卡片"等化学史料，帮助学生了解化学发展的来龙去脉，让学生在化学历史中树立科学的态度，明确化学科学家的社会责任。化学知识体系庞大而复杂，高中阶段所接触的化学知识虽多，但也只是冰山一角。学生对于化学方面的知识本就知之甚少，教师在讲解教材知识点的基础上，还应该适当地补充与课程相关的课外资料，帮助学生拓宽学科视野，培养科学态度和社会责任感。高中阶段，化学的学习不能仅仅局限在课堂里，还需要通过课堂外的活动，了解化学对生活的影响，提升学生的核心素养。教师可以突破课时的限制，开展课外实践活动，指导学生深入调查研究，深化学生的科学态度和社会责任。教师通过把学习的场所由课堂转移至小区、街道、城市，布置课外实践活动引导学生深入调查，既锻炼了学生的化学实验能力，又促进学生自我反思、自我学习。同时，化学调查研究的过程是一个提升自我知识储备的过程，学生经过调查、研究、探讨，对化学知识的理解会更加的深刻。

综上所述，培养"科学态度与社会责任"核心素养有如下教学策略：一是聚焦学科本体，通过学科知识、方法的挖掘外显"科学态度与社会责任"；二是聚焦学科教学内容，挖掘教材本体、关注课堂习题、延伸课外知识，通过知识本体的延伸达到培养"科学态度与社会责任"素养的目的；三是加强化学实践活动的开展，通过"做中学、做中悟"，让学生在解决实际问题过程中树立"科学态度与社会责任"；四是强化信息技术对素养培育的正面导向功能，通过深入流行文化、社会热点，借助互联网软件、通讯软件、新闻报道等媒介来适应时代变化，正面培育"科学态度与社会责任"核心素养；五是链接化学史，重走科学家的研究历程，在感悟科学方法的过程中感悟科学精神，在体味科学与社会关系过程中建立社会责任意识。

总的来说，化学学科核心素养建构的有效路径需注重真实问题情境的创设、注重基于“学习任务”开展“素养为本”的教学、注重认识思路的结构化和显性化、注重“教、学、评”一体化。在具体的教学设计过程中，可通过线上、线下结合，突破学习场域；进行单元整体规划设计，实现深度学习；设计活动层层递进，发展化学学科核心素养；强化思路方法外显，促进学生自主迁移。因此，在核心素养导向下的化学教学倡导真实情境的项目式教学、学科大概念统摄下的单元教学、线上与线下混合式教学。在后续的章节当中，会做具体的介绍并配以详实的案例。

第二章
素养为本的化学新课程教学方法导读

第一节　素养为本的化学新课程教学方法简介

教学方法历来受到人们的重视，在化学教学设计中需要精心地设计。教学方法是跟教学活动联系在一起的，教学方法又是不断发展的，教育思想、教学内容和教学活动的革新需要相应的教学方法配合。为了革新化学教学方法，破除旧的教学方法观至关重要。为此，教师需要了解和研究化学教学方法的发展变化。

一、化学教学方法及其发展

化学教学方法是化学教学系统中的主体，为了实现化学教学目的、完成化学教学任务而作用于客体，以及跟系统内其他要素相互作用的方式和手段的规定。在化学教学系统中存在着教导主体和学习主体。因此，化学教学方法是由相互联系着的化学教导方法和化学学习方法两部分组成的。

化学教学方法历经了由单一的教授方法到复合的教导—学习方法，由简单的基本方法到复杂的综合方法乃至综合方法体系，由知识传承的方法到覆盖各教学环节的多种方法组合的发展过程。

资料卡片

化学教学基本方法

化学教学基本方法是教学主体为了完成局部的“任务元”而采用的活动方式。目前，常用的化学教学基本方法主要有讲授—听记、谈话、讨论、指导—阅读、演示（展示）—观察、指导—实验、指导—练习、指导—实习、组织—参观等。

教学基本方法一般不含教学思想和教学策略，是构成化学综合方法的基本构件。掌握及运用各种教学基本方法，是掌握教学综合方法的基础，是教师应该具备的基本功之一。

资料卡片

化学教学综合方法

化学教学综合方法由若干种教学方法按照一定方式结合而成。它不是教学基本方法的简单组合，而是在某种教学思想指导下，根据教学的目的、任务、内容和学生情况等因素，设计教学策略，选择适宜的基本方法构建而成的。目前常见的综合讲授法、讲练结合法、实验—讨论法、学案导学法、互动—探究法、喻导式教学法、引导自学法、问题解决教学法等都属于教学综合方法。

教学综合方法蕴含着教学思想和教学策略，可以带有主体的个人风格和特点，其结构和种类比基本方法复杂得多。通常所说的教学方法一般就是指教学综合方法。例如，综合讲授法以讲授为主，配合运用演示—观察、谈话、讨论、指导—练习或者指导—阅读等基本方法而形成，有多种类型。

二、化学教学方法的分类

系统论是一种科学方法论，用系统论方法对现代教学法进行系统分析，不难发现，学科思想方法作用于教学方法不仅具有理论意义，更具有教学实践意义。

运用系统论的基本原理和现代教学论层级分类的思路，可以对化学教学方法进行新的分类。化学教学方法是一个动态的整体，构成为实现化学教学目标服务的一个系统，其次，根据化学教学方法发展的规律以及各种方法的内在特点、功能、构成要素和适用范围，将化学教学方法划分为三个相互联系的子系统，这些子系统分别对应不同层次的三段教学方法。

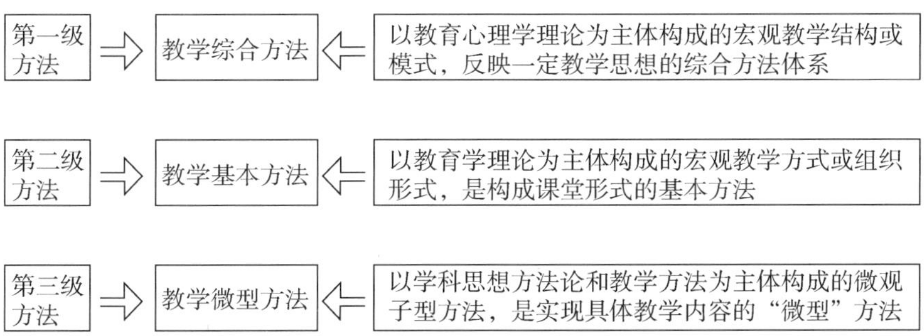

图1　三段教学方法

从系统构成来看，三类方法既有各自的独立性，又相互联系，在外延上逐级包容。正确理解这一关系，对化学教学方法的改革有着直接的指导意义。化学教学方法改革的必由之路：从研究基本方法入手探讨新的教学方法体系，从分析“微型”方法入手优化具体的教学思路。

将依据系统论原理而构成的现代教学法的总体结构及其学科思想方法与教学方法融合的微观教学方式方法概括如图所示。

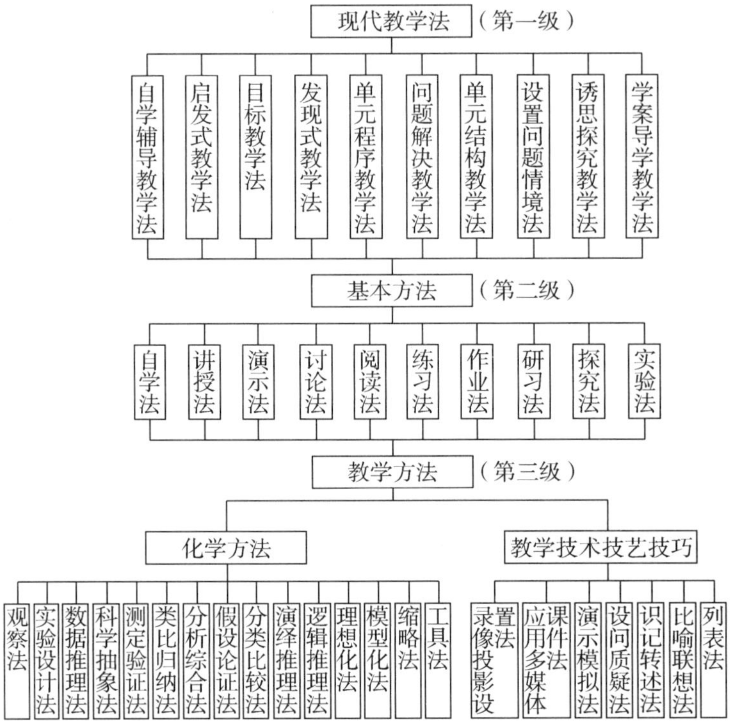

图 2　不同层次的三级教学方法

第一级教学方法，只是反映了现代教学法的教育思想和理念，仅能提供一些“中性”的形态粗放的宏观教学模式、教学程序以及教学操作的组织形式，而在落实培养学生的科学思维素质和解决复杂化学问题的能力的具体目标时，并不起主导作用。

第二级教学方法，反映了宏观教学系统及其教学方式，决定着教师课堂教学的基本模式，具有独立性和表层性，其作用效果取决于师生双方活动的心向意识及其协同功效，但在实际教学中，无论师生对解决化学问题的心向意识多么强烈，如果离开化学思想方法的指导与支持，是难以达到预期目标的。

第三级教学方法，起主导作用的是具有“微观”形态的子型方式和方法。微观子型方式和方法的教学机制能为每一种独立的教法提供特定教学内容下有序的、具体的、科学合理的、可操作的微观教学思路，决定着课时教学内容和教学目标的实现，显而易见，学科思想方法的作用正是在此教学思路中体现出学科特色的教学内涵。

现代课堂教学发展学生的主体性，企图寻求教法表面形式上的改变与创新，即单纯追求教法的表层性和独立性意义并不大，而所反映的课堂教学的深层次观念变革意义却是重大的。所以现代化学教法的改革与创新，要在课堂教学深层次观念的变革与创新中着力探究适合学科思想方法与教学方法相融合的微观教学机制，既重视其教法表层性的直接意义，又重视其深层次的微观指导意义，才能给现代课堂教学注入活力，从而带来实质性的变化和飞跃。

三、化学教学方法的选择

由于化学教学方法的多样性和多层次性，如何选择合适的教学方法，考验的是教师的教学决策能力。毫无疑问，优秀教师之所以能驾轻就熟，教学效果好，是因为他们善于选择对某节课、某段内容最为有效的教学方法。教学方法的选择与优化是决定教师教学质量的最重要的因素之一。

（一）化学教学方法的选择依据

化学教学方法优化问题的实质是化学教学方法选择问题。关于教学方法选择的依据（或标准）已讨论多年，知名的国内外教法专家的观点已趋于一致，主要包括以下几方面：

●是不是有利于完成既定的教学任务，达到预定的教学目的。

●是不是适合教学的内容，符合学科的研究方法等特点。

●是不是满足学生个体以及学生集体的发展水平和心理等方面的需要，学生是否具有必要的学习准备。

●是不是具有相应的教学条件，如必要的实验设备、直观手段、教学时间、教学媒体、教学环境等。

●是不是符合化学教学规律和化学教学原则。

●是不是有利于落实教学指导思想、教学策略和教学思路。

●教学方法本身的教育价值。

●教师对教学方法的了解、使用教学方法的经验和能力以及教学风格等个人品质和个性特征。

等等。

在选择教学方法之前，教师需要先明确教学的目的和具体任务，认真了解和分析学生情况，考察教学条件，发现教学资源，熟悉和深入了解教学内容，根据教学思想和教学策略对教学内容进行合理的调整和组织，然后才能按照上述依据选择适宜各阶段的教学方法并加以合成和整体优化。

（二）化学教学课题内容的“微型”方法选择

在选择具体课题内容的教学方法时，应有意识地运用可以反映化学学科特征的方法，如实验方法、观察方法、比较方法、分类方法、演绎方法、归纳方法、类比方法、模型方法等。事实上，不少教师自觉或不自觉地都将这些方法用于组织教学内容，因其属于“微型”方法范畴，尚未引起足够的重视。在论证某种教学方法的可选择性时，课题的内容越具体越好。有时一节课的内容交织着理论性知识、事实性知识和技能性知识，体现的能力是多方面的，因而必须在“微型”层次仔细论证，最好得出肯定或否定的结论，否则，原先被框定的几种方法未必最优。

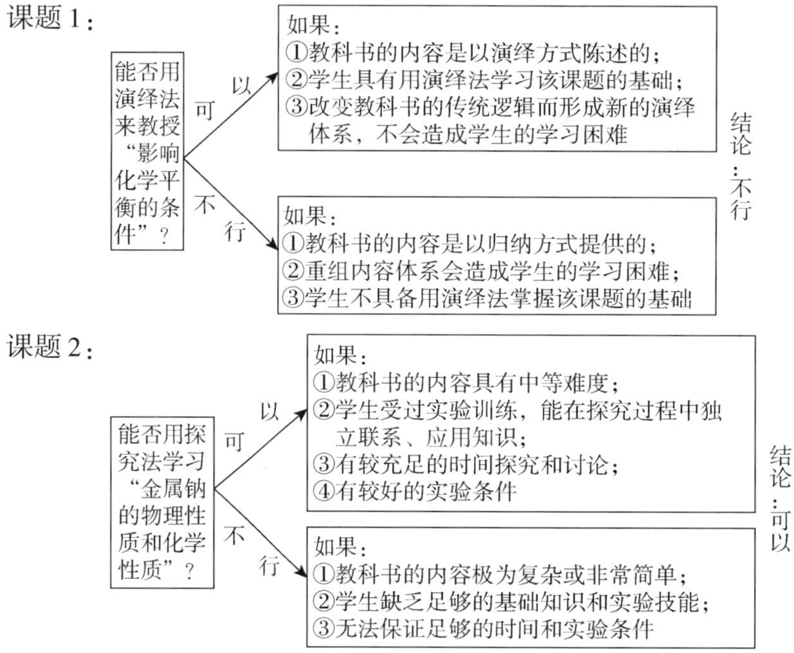

图3　教学方法选择论证

上述两例经过正、反两个方面的论证，最后得出结论：属于化学理论范畴的课题1不宜用演绎法，改用归纳法和演示法的结合更为有效，课题1教学时通常先从现象入手，分别讨论浓度、压强、温度对化学平衡的影响，再归纳出一般性原理。属于化学事实范畴的课题2非常适合用探究教学，学生通过对钠表面的观察、切开后的观察、加热、设计钠和水的反应等一系列积极的、自主的实践活动，结合理性思考不难对金属钠的性质获得较为全面的了解。学生通过主动体验探究过程，在知识的形成、联系、应用过程中养成科学的态度，获得科学的方法。

四、化学教学方法的组合和优化

一个完整的教学过程往往由多维“因素”构成：复杂的教学内容、不同的知识目标、多维的能力结构，因此采用一种方法一统到底是行不通的。教学方法的选择也是动态的，应伴随教学进行不断调整。在选出的多种教学方法中，有主导性的，也有辅助性的，这些方法必须按一定的顺序连接起来，才能有效地完成教学任务，这就是教学方法的组合。即便将教学任务分解到具体的一节课甚至更少，其中不同的教学“片断”也均可找到对应的“微观”方法。

教学调查表明，学生对由基本方法融合形成的教学方法的兴趣和适应性远远胜于单一的教学方法。其中运用的场合最多、最受学生欢迎的是指导探究法、实验发现法和综合启发式教学法。

化学教学方法优选调查（对象：人大附中学生 31 人）

教材类型	教学方法选择								
	指导探究法	实验发现法	阶段式程序法	讨论式	综合启发式	归纳法	讲练法	注入式	演绎法
概念术语类	4	9	7	2	21	8	0	1	1
物质性质制取类	18	31	7	5	3	10	0	0	1
元素化合物类	21	26	4	4	9	13	1	0	0
同类（族）物质类	20	20	11	6	5	11	3	3	2
基本理论类	18	14	9	3	19	8	2	1	2
化学计算类	13	0	0	0	25	10	20	0	0
补充知识类	13	23	4	7	20	7	10	5	2
复习总结类	10	9	9	6	9	17	5	5	0
总人次	117	132	51	33	111	84	41	15	8

众多的教学方法，各有优势和不足，新课程的教学，应将各种教学方法加以弥补融合，把具有共性的线索，进行重新排列组合，形成整体优势。根据教学目标、教学内容、教学手段和教学对象等实际情况，从教学方法优化要素中选择若干进行优化组合，即构成灵活多变适合于高中化学教学的各种教学方法。在实施新课程的教学过程中，认真分析教学内容的构成，提示各部分相应的方法要素，以“微型”方法为主，按一定的顺序将各种方法组合，收到了明显的效果。

案例分析

“自然界中的硫”教学方法组合

教科书：山东科技版《化学 1》（必修）第 3 章第 3 节“硫的转化”（第一课时）

内容构成：（1）物理性质；（2）化学性质；（3）硫的用途。

方法要素：

（1）①实物展示，②实验演示，③引导观察，④归纳性质。

（2）②实验演示，③引导观察，⑤对比分析，⑥类比讲解，⑦概括结论，⑧扩展练习。

（3）⑨指导阅读，③引导观察。

组合序列：①—②—③—④—②—③—⑤—⑥—⑦—⑧—⑨—③

硫的物理性质直接通过观察、研磨操作、【实验 1】和补充实验（硫粉与水、酒精、

CS_2混合振荡，取少量硫加热）进行归纳。化学性质依赖【实验 2】和【实验 3】并结合 Cu 与 Cl_2、O_2的反应进行比较，分析产物和硫的非金属性强弱，从硫与氧的化合直接类比，引出硫与氢的反应。

必须指出，化学教学方法的优化是在不断调整组合的过程中得以实现的，具体表现在三个方面：

其一，组合的方式不是唯一的。在不影响课题内容、不违背教学原则和学生发展水平的前提下，教师可灵活地选用多种组合。用一种或几种固定的教学方法和模式去解决复杂的教学问题的做法是不符合新课标教学要求的。

其二，对相同的方法要素而言，组合的顺序也不是固定不变的。

其三，在组合序列中方法有主次之分，当考虑多种组合时，必须体现出主导的方法。

一套好的教科书必须有好的教学方法，才能收到很好的效果。化学教师要善于总结出一套适应新课标要求的相对完整而系统的化学教学新方法，实现化学教学方法的最优化，创造出一个动态、高效的课堂教学。

第二节　素养为本的化学新课程教学常用方法

新课标倡导的化学课堂教学是让学生在多元、动态、开放、探究、创新中主动地领悟知识，获取解决问题的方法。由于教学对象的复杂性、教学内容的多样性、教师个体的特殊性，决定了教学方法的多样性、灵活性、复杂性。教学方法的创新性体现了化学教师思想观念的更新和不断探索的敬业精神。在教学实践中，灵活性是创新性的前提，创新性是灵活性发展的结果。笔者总结了实施高中化学新课程以来，探索教学方法改革的一批新的成果。

一、探究式教学法

探究式教学是一个综合性的学与教的过程。施瓦布认为，探究教学的目的是培养学生的探究能力。从施瓦布提出的“探究式教学”过程可以看到要构成一个探究的教学过程，不可缺少以下五个重要的因素：第一，把学习问题转化为可“探究的课题”；第二，创设探讨的情境或环境；第三，激励学习者运用可能的途径去收集有关信息，并制订探究的计划和探究性的假设；第四，通过实证或推理的方式解决“探究的课题”；第五，得出探究结论。

该教学模式充分体现以教师为主导，学生为主体的双边“共振“活动。教师教学中诱导程序如图左侧，顺序为①→②→③；学生相应的主体反映程序如图右侧，顺序为①→②→③，双方在每个程序中的目的见图1。

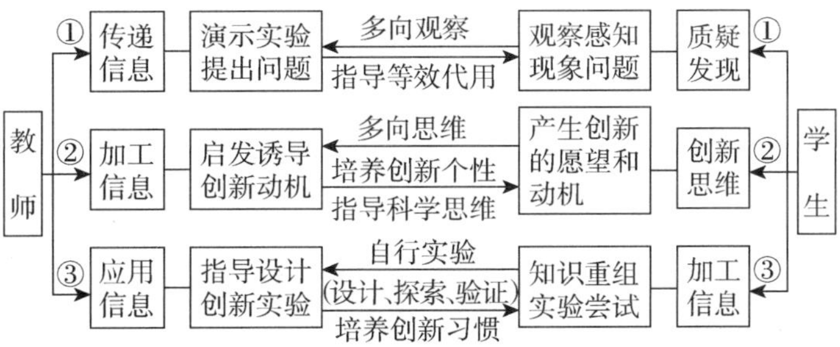

图1　化学探究教学过程中师生活动目的

探究式教学法适用于化学基本理论、化学基本概念、元素化合物、有机化合物、实验化学等内容的教学。实验区的教师先后实施了实验探究法、启发探究法、引导探究法、互动探究法等多种不同的教学方法，完善和细化了探究式教学法。

案例分析

实验探究教学法——“葡萄糖”教学设计

1. 教学目标

知识与技能：掌握葡萄糖的分子结构和重要化学性质。

过程与方法：通过葡萄糖分子组成与结构的推断，培养学生逻辑推理、分析探讨和知识迁移的能力。

情感态度与价值观：通过葡萄糖化学性质的教学，使学生认识物质结构和性质的辩证关系，培养学生实验研究的严谨学风。

重点与难点：通过未知有机物性质实验，推断其分子结构，进而掌握葡萄糖的分子结构和重要化学性质。

2. 教学方法

实验探究式教学法。

3. 教学设计流程

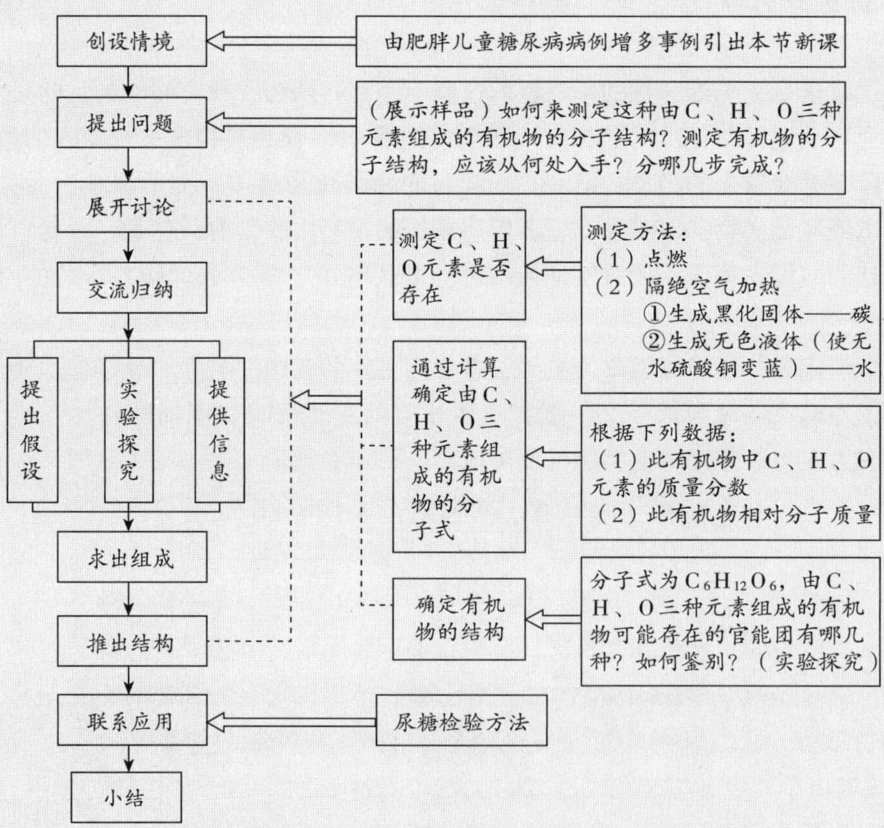

案例分析

引导探究教学法——化学原理的探究

探究目标	溶液的酸碱性与 c（H^+）、c（OH^-）的关系
教师引导	1. 0.1 $mol \cdot L^{-1}$的 NaOH 溶液中，c（OH^-）=？c（H^+）=？由水电离出的 c（OH^-）水 =？c（H^+）=？ 2. 0.1 $mol \cdot L^{-1}$的 H_2SO_4 溶液中，c（H^+）=？c（H^-）=？由水电离出的 c（OH^-）水 =？c（H^+）=？ 3. 0.1 $mol \cdot L^{-1}$的 NaCl 溶液中，c（H^+）=？c（OH^-）=？
学生探究	通过计算，理解溶液的酸碱性与溶液中的 H^+、OH^- 浓度的关系；在酸、碱或盐溶液中，水电离出的 H^+、OH^- 的浓度的关系
师生整理	溶液的酸碱性与 c（H^+）、c（OH^-）的关系
发展	在水中加入酸或碱对水的电离平衡有何影响？（为下一节盐类的水解对水的电离平衡的影响的内容做好准备，同时也给基础好的同学自主探究下一节课进行了点拨）

引导探究教学法的一般活动程序为“引导—探究—整理—发展”。高中化学新教材中有很多教学内容如有关化学概念、化学原理的教学等都可以采用引导探究教学法。

案例分析

互动探究教学法——布朗运动的探究

教师提出问题→能否观察到胶体中分散质粒子的存在？

学生肉眼观察：看不到。

学生讨论→使用低倍显微镜，还是看不到。

使用高倍电子显微镜，看到了。

教师多媒体演示→布朗运动的原因：胶粒粒子小，受水分子撞击，瞬间改变运动方向。

教师归纳小结→布朗运动是一种不停的、无规则的运动。

互动探究教学法是以启动、联动、能动和创新为主线，以学生的探索活动为主体，以教师点拨为主导，以培养学生能力、发展学生智力为中心，以动脑为核心，进而辐射到动口、动手、动笔等诸多互动因素，留给学生足够的思考时间和思维空间，强调交流提问、变式探讨等教学环节，从而引导学生发现新知。其基本程序如下：

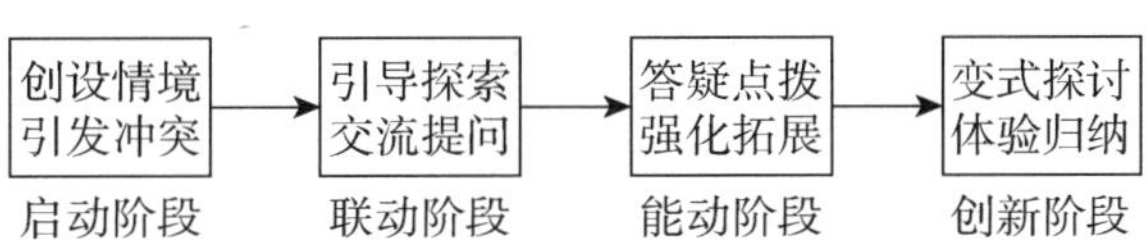

图 2　互动探究教学法基本程序

二、引导自学教学法

引导自学法是指在教师的引导下，学生自觉进行学习，自主获取知识，自我提高学习能力的一种教学方法。这种教学方法要求教师的教学行为由“带着知识走向学生”转变为“带着学生走向知识”，学生的学习行为由“带着教材走进教室”转变为“带着问题走向教师”。

实施引导自学教学法，教师要成为学生的学习伙伴，是学生自主学习的引导者。教师引导主要是指情境引导、知识引导、方法引导、过程引导等。

引导自学教学法是一种培养学生良好学习品质的教学方法，从操作层面上看，其实施步骤一般表现：引学导探—自学解疑—尝试探究—自我建构。

案例分析

引导自学教学法——铜与浓硝酸反应

教师引导学生探究下列小课题（问题链）：

①浓硝酸分解时生成什么物质？

②硝酸分解的哪一种产物能与铜反应？

③氧化铜能否在硝酸中稳定存在？

④推断硝酸与铜反应的产物是什么？

⑤在铜与硝酸的反应中，硝酸起了哪些作用？

⑥写出铜与浓硝酸反应的化学方程式。

上述的课题引导，实际上是教师对学生解决问题的方法步骤的引导。教师在引导中，注意把问题按难易、深浅、先后、主次、大小等分解成若干个小课题，并将这些小课题按照一定的逻辑顺序排列。教师引导学生逐一解决小课题的过程，即学生的自学解疑过程。在新课程教科书中，石油和煤、合成材料、食品添加剂、海水淡化等化学事实性知识内容均可选用引导自学教学法。

三、问题解决教学法

问题解决教学法在课堂教学中的实施强调以问题解决为主线，倡导学生积极、自主地参与问题解决的全过程，关注学生在问题解决中的情感体验，注重通过问题解决使学生获取知识、了解科学方法、提高解决问题的能力。这种教学模式通常伴随着一定的教学过程、教学环节和教学目的的展开，其基本框架如图 3 所示。

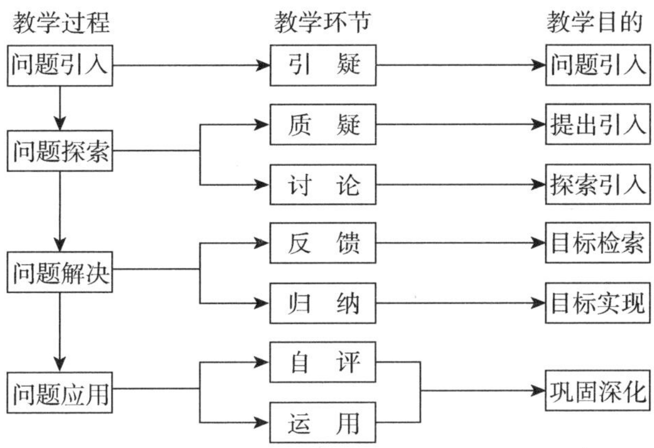

图 3 问题解决教学法在课堂教学中的基本框架

案例分析

问题解决教学法——“金属的电化学腐蚀与防护”教学设计

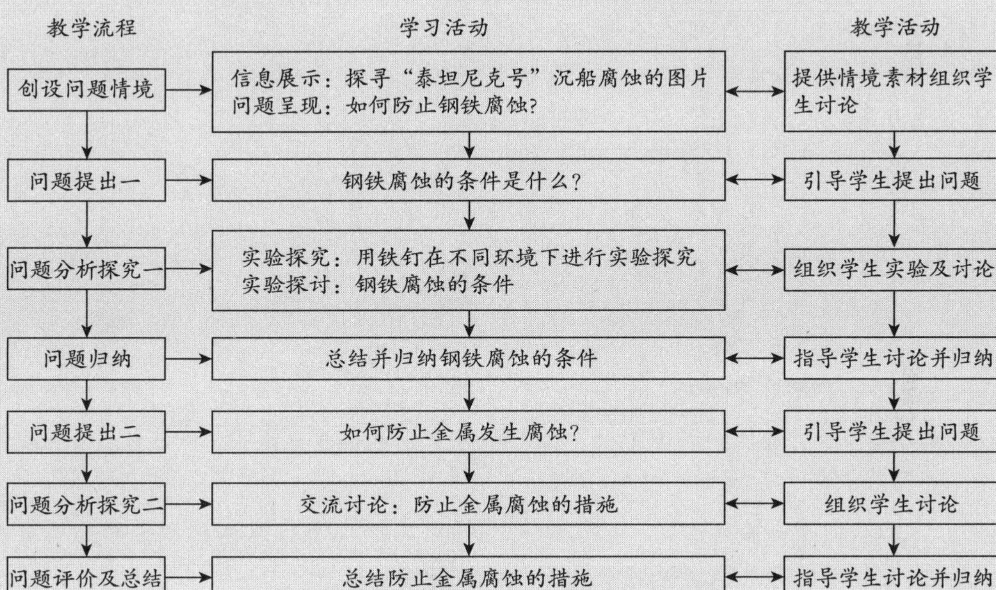

新课程理念下的问题解决过程实际上是实现师生互动及教学进程的重要手段，也是培养学生独立探索和独立思考能力的一条重要途径。对于化学问题解决的各个阶段而言，运用合理的科学研究方法对实施这种教学模式起着十分重要的作用。

案例分析

问题解决教学法——“水的电离”教学设计

师：科学探究的基本过程是什么？

生1：提出问题⟶建立猜测与假设⟶制订计划⟶获取事实与证据⟶检验与评价⟶合作与交流。

师：根据书本对“水的电离”的叙述，请你提出问题。

生2：设计怎样的精确实验才能证明水是微弱电解质？

生3：水（H—O—H）电离为何是生成H^+和OH^-，而不是生成O^{2-}和H^+？

师：根据上述两个问题，请你做出假设。

生4：假设水是电解质，那么水能导电。

生5：假设水电离生成H^+和O^{2-}，那么水呈酸性。

师：用什么实验可证明水导电？用什么实验可证明水的酸碱性？

生6：用导电实验中灯泡发亮证明水导电。

生7：用石蕊溶液遇酸显红色，证明酸性。

生8：用灵敏电流计指针会偏转证明水导电。

生9：用pH试纸测出$pH<7$，证明酸性。

师：根据上述4位同学的方案进行实验，并汇报结果。

生10：灯泡不亮，但灵敏电流计指针发生偏转。

生11：石蕊溶液不变色，测出pH为7。

师：上述实验结果可得出什么结论？

生12：纯水是极弱电解质。

生13：纯水不呈酸性，而呈中性，因而推导出水电离不生成H^+和O^{2-}，而生成H^+和OH^-。

师：下面我们走进微观世界，认识水是怎样电离的（用多媒体演示水的电离过程，引导学生通过纯水的导电性实验得出水是一种极弱的电解质）。

师：上述探索过程中，同学们有何感想？

生14：读书要多质疑，不能照教材死记硬背。

生15：解决问题要遵循科学探究的基本过程。

生16：思考过程中要相互交流，实验过程中要相互合作，这样考虑问题才能更周到，实验操作更顺利，大家也提高得更快。

生17：……

问题解决教学法非常适于化学理论性知识的教学。课堂上如何激发学生“主动探究”，并非事先教师程序化设计的结果，往往是在学生对问题的质疑中使探究逐渐深入。

四、学案导学教学法

学案导学教学法是学生在教师的启发引导下渐进自学，缩短获取知识的时间，提高学习效率，培养探索问题能力的一种教学模式。其特点是（1）充分体现学生的主体作用；（2）以学生自学的知识为前提；（3）变注入式为引导式。学生的学案为导学式教学提供了前提保证。

学案导学教学法是以学案为操作材料，以学生自学、教师导学为手段，培养学生的学习能力和情感，提高课堂教学效率为目的的教学策略体系。根据学生的认识规律和化学教材的特点，“学案”的编写与设计的基本框架与内容主要为5个方面：学习目标、自学检测、问题讨论、思维训练和学习小结等。

案例分析

学案导学教学法——“钠与硫酸铜溶液反应”学案设计

预习报告：Na与$CuSO_4$溶液反应产物的实验探究

姓名：________

请同学们猜想金属钠与硫酸铜溶液反应的产物并设计实验验证。根据下列要求写出你的猜想与假设、具体的实验方案、预测的实验现象以及结论与解释。

一、实验目的

二、实验准备

三、实验用品

四、实验设计

对该课题的猜想与假设	具体的实验方案	预测的实验现象	结论与解释

五、其他相关问题

实验报告：Na与$CuSO_4$溶液反应产物的实验探究

姓名：________ 同组成员：________

一、实验过程和方法

课题	实验步骤	实验现象	结论与解释	同组成员讨论记录

二、实验结果证实了你的猜想吗？如果没有，是什么原因呢？谈谈自己的看法。

中学化学教学中绝大多数教学内容都可以实施学案导学教学法，但要根据学生的知识基础、认知能力和探究水平把握学案导学的开放度，根据学生的能力，设计适合学生探究的问题是探究性实验教学设计的关键，开放度窄的问题没有探究价值，开放度宽泛的问题又易放难收。

五、讲做并进教学法

讲做并进教学法突出了新课标强调学生动手“做实验”的重要意义，学生在“做科学”中逐步形成终身学习的意识和能力。化学教学中，既要注重教师的讲解，更要注重学生的动手实验，并且将两者有机结合起来，使“讲”和“做”相互渗透，相辅相成，协同促进学生的发展。讲做并进教学法将教师讲解和学生实验有效结合起来，突显了化学的“以实验为基础”的学科特点，顺应了化学教学由教室向实验室转移的改革趋势。它符合学生的心理特征和认知规律，有助于激发学生的学习兴趣和主体性，便于学生的近距离观察，培养学生的实验能力和科学探究能力。

资料卡片

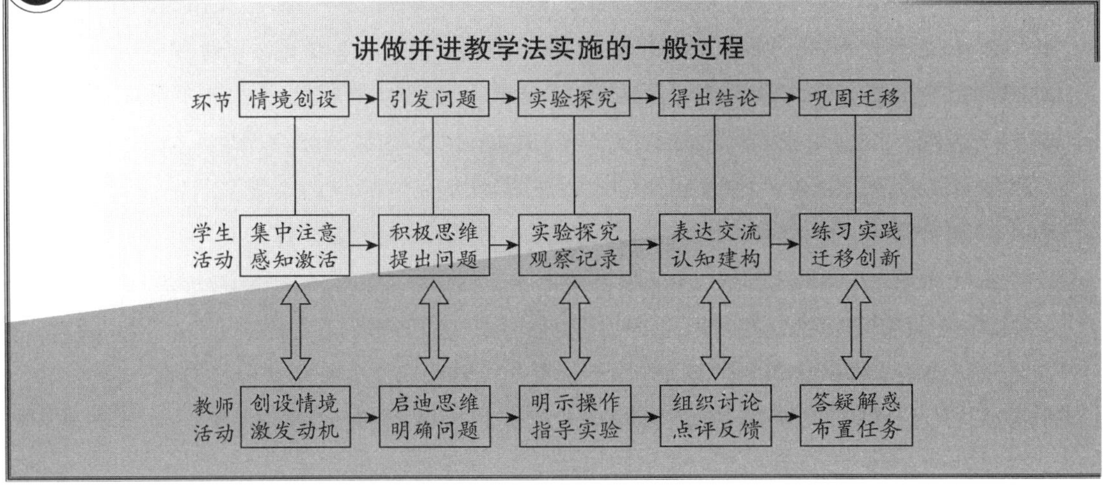

“讲做并进”又称“边讲边实验”，含有多成分基础性实验的教学内容一般可采用讲做并进教学法，如化学实验、元素化合物性质、化学反应速率、影响化学平衡的条件等。

讲做并进教学法的实验需要一定的实验资源的支持与保障。若缺乏必要的仪器设备和药品，学生根本无法“做”，那就无所谓讲做并进教学了。微型实验可以作为讲做并进教学法的重要的物质载体和手段。

案例分析

讲做并进教学法——“硫酸钠和碳酸氢钠性质”教学设计

教科书：人教版《化学1》（必修）

第三章　第二节“几种重要的金属化合物”

教学环节	教师活动	学生活动	设计意图
检查预习情况	提问：①碳酸钠和碳酸氢钠在生活、生产中有哪些用途？②碳酸钠和碳酸氢钠都属于盐类为什么被作为食用碱呢？	学生相互交流、讨论、作答。通过已学知识和查阅有关资料能回答①的问题。②的题基本不清楚	以问题引课，激发学生求知的欲望，学生必然会高度集中地、积极地投入课堂中
实验探究	1. 板式教学目标：①探究碳酸钠和碳酸氢钠的物理性质（对比两者的状态、颜色、水溶性）；②探究两者的热稳定性；③探究两者的鉴别与转化。 2. 交代实验注意事项。 3. 查看学生探究情况	1. 明确教学目标，做好实验前准备（如查看实验药品、清洗实验仪器）。 2. 设计实验，动手探究	让学生了解本节课的实验目的，增强实验的针对性，注重培养学生的自主构建、协作精神。教师整体把握，要体现一个“放”字
实验操作与现象的汇报（发现问题）	1. 分成几个竞赛小组。 2. 倾听、引导、点拨，重在用好一个“励”字。 3. 强调注意：设计对比实验中两种固体物质的用量和水的用量	1. 各小组派代表汇报具体的实验操作和相应的实验现象。其他学生倾听、讨论、补充、纠错。 2. 最后由学生自己归纳总结可行的实验操作方法和相应的现象	1. 通过学生的描述，检查学生实验操作的可行性、规范性、严密性，同时培养学生的观察能力、语言组织表达能力和严谨的科学态度。 2. 在对比性实验操作的过程中，培养学生类比推理的思维学习方法
学而疑则思（提出问题）	“提出问题比解决问题更重要”、针对实验中出现的现象鼓励学生积极提问，重在用好一个“励”字	问题如：①两种固体滴入几滴水后，为什么一支试管会变热？②两种溶液中滴入酚酞后会变红，为什么颜色不一样？	培养学生问题意识，提高提问技能，调动学习的积极性，养成良好的学习习惯
解释实验现象（解决问题）	适当地设置问题阶梯，把学生的思维逐步引向理论的高度。问题：①解释上述现象出现的原因？②根据提供的试剂，能用哪些方法鉴别它们？③它们之间怎样转化？有什么规律？	学生交流、讨论、进一步实验验证、作答，能由浅入深，由表及里地剖析问题，把化学事实、化学现象上升到理论知识的高度	让学生在实验现象中发现问题，提出自己的观点，有利于培养学生独立思考的习惯和能力。教师多角度、多方位引导，落实一个“活”字

续表

教学环节	教师活动	学生活动	设计意图
整理与小结本节内容	打出表格	讨论、填表	本节内容以表格的形式出现，既能帮助学生把零散的知识系统化、规律化，又能以具体例子帮助学生掌握学习方法

讲做并进教学法以学生为中心，将教师的“讲”和学生的“做”统一于师生共同参与、积极互动的教学活动中，使学生在不断地质疑、思考、操作、观察、合作、对话中实现沟通与理解、发展与创新。

六、自主建构教学法

自主建构教学法的核心：学生成为学习的主人。教师在教学中所起的作用就是善于促进、启发、引导、组织和激励学生形成主动参与、积极协作、自主建构的学习方式，调动学生学习兴趣、成就动机、竞争意识，为学生创造自主、探究和合作学习的条件，让学生有活动时间和空间，使学生愿意思考、动口、动手、交流和表现，让学生体验到创造和成功的喜悦，使学生真正成为学习的主人、知识的主人。

资料卡片

自主建构教学法的框架结构

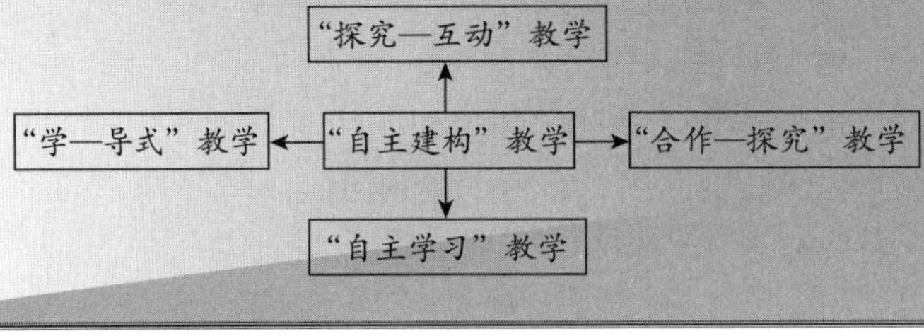

（一）“学—导式”教学法

“学自主，导助学；学导整合，意义建构”是“学—导式”教学法的基本内涵，其中，“学自主，导助学”是其本质属性，“意义建构”则是其核心目标指向。

“学—导式”教学程序：“激情导入⟶情境感知⟶自主建构⟶效果评价”。

（二）“自主学习”教学法

所谓“自主学习”即学习过程中学生在老师的“相机诱导，随机点拨”（叶圣陶）下，充分发挥自身的主动性、积极性、创造性，围绕一定的学习目标主动学习、主动探索、主动思考、主动实践，“自去理会，自去体察，自去涵养”（朱熹），“自奋其力，自致其知”（叶圣陶），获得知识，丰富感情，发展能力，完善人格，成为学习的主体、认识的主体和发展的主体。简单地说就是“自己学习”。其教学程序如下：

创设情境确定问题 → 自主学习尝试解决 → 小组交流协同学习 → 师生交流评价矫正 → 强化练习巩固提高

图4 “自主学习”教学程序

案例分析

“自主学习”教学法——“盐类的水解”教学设计

【创设情境 确定问题】

①分组实验 a. 测定 NH_4Cl 溶液、NaCl 溶液、CH_3COONa 等溶液的 pH。

②分组实验 b. 往 3 mL 0.5 mol·L^{-1} CH_3COONa 溶液中滴入 2～3 滴酚酞，观察溶液颜色；加热，再观察溶液颜色。

③展示资料 25 ℃时，0.1 mol·L^{-1} 下列溶液的 pH 如下：

溶液	NaCN	CH_3COONa	NaF	Na_2CO_3	$NaHCO_3$
pH	11.2	8.9	8.2	11.6	8.3

④提供事实 a. 实验室配制 $FeCl_3$ 溶液时要加一定量 HCl。

b. 泡沫灭火剂成分为 $Al_2(SO_4)_3$ 溶液和 $NaHCO_3$ 溶液。

c. 铵态氮肥与草木灰不能混合使用。

教师提出问题：

①为什么 NH_4Cl 溶液呈酸性，NaCl 溶液呈中性，CH_3COONa 溶液呈碱性？

②为什么 CH_3COONa 溶液加热后，溶液颜色变深？

③为什么同温、同浓度下，NaF 溶液、CH_3COONa 溶液、NaCN 溶液的 pH 依次增大？为什么 Na_2CO_3 溶液的 pH 大于 $NaHCO_3$ 的？

④如何解释以上事实？

【自主学习 尝试解决】

学生：尝试解决问题① ⇄(否) 自学教材及相关资料

↓是

学生：尝试解决问题② ⇄(否) 自学教材及相关资料

↓是

……

教师：组织指导学生自主学习。

【小组交流　协同学习】

学生交互，观点交锋，自我评价、修正。教师组织，必要时可师生交互参与讨论。

【师生交互　评价矫正】

教师针对学生存在的共同问题以及讨论过程中提出的质疑进行释疑，对各小组及学生个体的学习进行评价激励。学生矫正偏差，找出差距，树立学习的自信心。

【强化练习　巩固提高】（略）

“探究—互动”教学法、“合作—探究”教学法在前面的探究教学法中已经运用，此处不进行讨论。

上述四种教学方法各有其适用的教学内容：在新课教学中运用的“学—导式”教学法；在开放性内容及复习课类型教学中运用的“自主学习”教学法；在实验类教学中运用的“探究—互动”教学法；在探究性学习中运用的“合作—探究”教学法。

第三节 素养为本的化学新课程教学常用策略

教学策略是指教师在教学过程中为使学生通过学习努力达到教学目标，而采用的系统教学行为，它包括合理选择和组织各种教学方法，确定教学材料、教与学的行为程序等。教学策略是为了解决教学问题、完成教学任务、实现教学目标而确定师生活动成分及其相互联系与组织方式的谋划和方略；是根据化学教学目标和教学条件选择、组织各种基本活动的方法，调节、控制主体的内部注意、感知、思维和操作活动，对教学活动进行内部定向指导、监控和调节的准绳。优化化学教学策略研究的目的是探索一条促进学生主动和可持续发展的有效教学策略。

一、化学教学模式

人们从不同的角度对教学模式的界定各不相同，随着教学模式的实践和研究不断深入和发展，越来越多的人认为，教学模式应该是包括教学思想、教学观念、教学目标、教学方法等基本要素的相对独立的体系。由此可以定义：教学模式是在某种教育思想、教学理论指导下，为完成特定教学任务、实现特定教学目标所建立的关于教学实践的一种规范化的运作方式及体系。

教学模式应该是教学规律的反映，是教学实践的概括和结晶。一个好的教学模式通常都有其可靠的实践基础，同时对教学实践具有很强的指导性。

资料卡片

化学教学中常用的教学模式

1. 系统陈述知识模式

这种模式是把教学内容按照系统整理后的顺序逐一展开。例如，把元素化合物知识按照结构、存在、制法、物理性质、化学性质、用途等顺序展开。这种模式的信息密度高，利于学生形成知识系统的认识。但内容的内在逻辑未明确说明，与学生的认识逻辑不一致，效果受实际教学方法影响很大，常常需要教师对教学内容重新设计和处理。

2. 解答问题模式

这种模式在提出问题后，直接提供问题的解答，不利于激发学生的思维活动。

3. 验证知识模式

这种模式在介绍某一知识后，即提供有关的例证或验证。它有助于学生理解知识，但不利于激发学生积极地思维。

4. 研究（解决）问题模式

这种模式在引导学生发现问题，或者直接提出问题之后，按照研究问题、解决问题的过程展开教学内容。它有利于激发学生的学习积极性，蕴含的隐性教学内容多，需要的时间往往也比较多。

5. 历史发展模式

在提出主要问题，或者介绍问题是怎样产生的之后，按照化学科学发展历史进程，介绍人们是怎样逐步解决问题、认识是怎样逐步发展的。这种模式比较接近学生的认识逻辑，容易被学生接受。

结合教科书的知识结构、呈现方式和学生的认知结构，课堂教学结构的基本模式可设计如下：

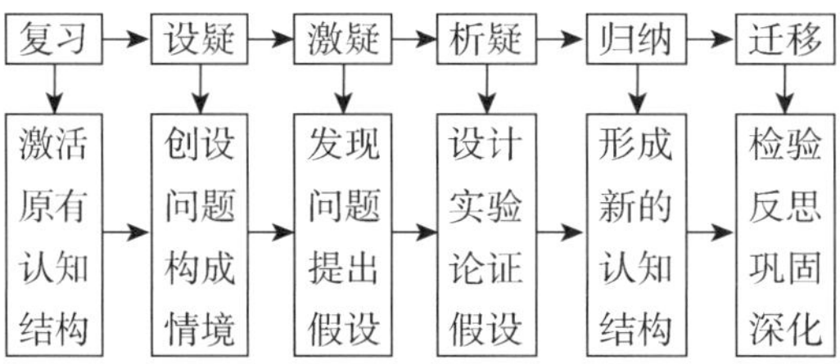

图 1　课堂教学结构的基本模式

在教学活动中，教师应十分重视问题情境的创设，提供与问题密切相关的事实，使得学生能根据所收集的材料，结合已有的认知结构，进行分析推理、提出假设、设计实验、验证假设，获得相应结论。

二、化学教学策略

化学教学策略是化学教学活动的指导思想、行动规则和组织依据，是化学教学方法的精髓、灵魂和本质特征。因此，制订适宜的教学策略是化学教学设计中一件十分重要的工作。化学教学策略的制订常常以某种或某些教学理论或假说为基础。高水平的化学教学策略不但具有科学性，而且具有很高的艺术性。

化学教学策略由相互联系的教导策略和学习策略两部分组成。在传统的化学教学中，教导策略常常决定着教学活动的内容和步骤，规定、控制、影响着学习策略；学习策略具有一定的被动性，其程度跟学生的主体意识和自主能力有关，也跟教导策略有关。学习策略的被动性会严重影响教学效果，因此，教导策略应该以引导学生主动学习、促进学生自主学习为基调，以学生主动和有效的学习策略为基础，注意培养学生的主体意识和主体能力，注意引导、促进学生学习主体形成和掌握合理的学习策略。

资料卡片

教学策略的层次性及特点

（1）低层次教学策略是具体的教学策略，又可以称为教学思路。它具有特异性，通用性差，但操作性最强，并且有很强的技巧性、艺术性。在实际的教学设计中，具体的教学策略是在教学思想指导下，根据具体的教学目标、教学任务、学习起点和其他教学条件，运用教学模式进行创造性工作的成果。

（2）中层次教学策略是从教学实践中提炼、升华形成的，它经过逐步完善，形成规范化和概括化的工作程序和工作方式，是一系列具体活动规则的联合，符合教学模式的特点。因此，有人就把教学模式解释为教学策略，教学模式是对具体教学策略的概括。

（3）高层次教学策略有时表现为实际的教学思想，它体现着教师对教育教学方针、教学目标以及教学理论和方法体系的认识，有时则表现为概括的原则或活动规则。因此，可以把教学思想及其原则体系看作是最高层次的教学策略。

化学教学综合方法是由若干种教与学的基本方法按照某种教学策略组成的。在化学教学综合方法设计中，同样一些教学基本方法按照不同的教学策略组织起来，可以形成效果和风格迥然不同的教学方法。

教学主体习惯和倾向采用的教学策略反映和形成主体的教学风格，也形成主体的教学特点，形成教学活动的个别差异。

从上述认识出发，不同层次教学策略以及教学风格的相互联系可以表示如下：

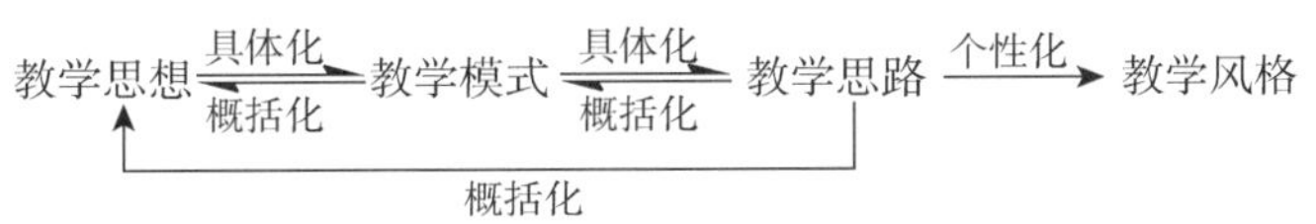

图2　教学策略和教学风格的相互联系

三、化学教学策略的优化

从信息论角度看，化学教学系统运行过程就是化学信息获取、加工和使用的过程。化学教学系统的功能主要表现在信息接收、信息转化、定向控制、动力支配、诊断反馈几个方面。

（一）优化信息接收策略

化学信息是化学教学系统进行的基础。信息接收是化学教学系统运行的启动环节。化学信息获取的优劣主要取决于信息接受的水平和效果。而化学教学信息不仅包括知识信息，还包括教学状态信息和教学环境信息。因此，在教学中，教师不仅要引导学生接收化学知识信息，还要重视在知识传递过程中师生、生生的交互作用，特别是情感、意向及活动能力状态等教学状态信息的传播，以及实验条件、教学媒体等对教学环境信息的接收。

资料卡片

提高学生接收信息的持久性和有效性的方法

一要注意语言的生动形象，突出艺术性；二要注重化学信息紧密联系生活、社会、科技，突出联系性；三要广泛采用现代教育手段，突出现代性。要激发学生学习的兴趣，吸引学生的注意力，促使学生积极主动发展，使现代教育技术不仅是提供、传输信息的媒体，而且是促进学生认知建构的思维工具，是一个促进合作性知识建构的动态的、开放的学习环境和学习平台。

（二）优化信息转化策略

现代学习理论强调意义的生成，重视引导学生通过与外部信息的相互作用而生成理解、发展潜能，建构自己的“经验现实”，使学习者的经验体系在一定环境中由内而外地“生长”。在教学中，要突出学生的主体地位，从关注学习结果到同时关注学习过程；从关注外部信息序列的组织设计到关注学习过程中的交互活动设计；从关注初级的知识获得（表层性的知识理解和记忆、简单化的问题解决）到关注高级的知识获得（深层理解、高级思维、实际问题解决）；从关注知识技能的记忆保持到关注学习在不同情境中广泛灵活地迁移；从关注外部管理到关注学习者的自我引导式学习、自我调节性学习。现代多媒体特性有利于实现培养合作精神并促进高级认知能力发展的协作式学习，从而达到教学的整体优化。

资料卡片

化学理论性知识的课堂教学程序

学习过程	教学过程
注意与预期 ↓ 激活原有知识 ↓ 选择性知觉 ↓ 新信息被接纳并进入命题网络 ↓ 知识转化为产生式表征 ↓ 知识在新情境中应用	1.引起注意与告知教学目标 2.提示学生回顾相关旧知识 3.呈现有组织的信息 4.阐明新知识间、新旧知识间的关系，促进理解 5.呈现范例，进行有指导的变式练习，并及时反馈 6.提供知识应用的情境，促进迁移

（三）优化定向控制策略

化学教学系统作为一种有计划、有目的的复杂信息运动过程，要使系统朝向预定目标（有序的方向）发展，使学生接收信息由无序的方向向有序的方向发展，这就需要依赖定向控制。使学生在学习过程中（对化学接收信息）于无疑处生疑、于迷惘中质疑，解疑，是教学的艺术，也是化学教师引导学生实现定向控制，以保证从量和质两个方面对信息进行感知、检测、识别、传输、存贮等的教学要求。

例如根据化学理论性知识的类型和特点，借鉴加涅等学者的学习模式，可以将化学理论性知识的学习过程概括为如下三个阶段。

资料卡片

化学理论性知识学习过程

1.知识陈述性形式的习得 → 注意与预期
↓
激活原有知识
↓
选择性知觉
↓
新信息被接纳并进入命题网络
↓
2.知识的编辑（表征方式转变） → 知识转化为产生式表征
↓
3.知识的应用 → 知识在新情境中应用

定向控制是调节化学教学信息的运动过程及其力度的重要杠杆，教师应积极创造条件，力求让学生掌握定向控制的主动权。

（四）优化动力支配策略

学习过程从本质上讲，是学习者获得经验的过程，是学习者认知结构发生变化的过程。也可以说，学习过程是学习者对意义的获得和运用改造的能动过程。而教学过程则是师生双方的动力增益、互补的一种动态过程。在这个过程中，教师的工作动机对于诱发、引导、强化和发展学生的学习动机起着启迪和反馈的主导作用。教师通过教学组织活动，将自己的动机转化为学生持续学习的动机，这是教学系统中动力支配的要义所在。支配应是师生相互信任、理解基础上的耦合、协同、自主、自动的调控。

（五）优化诊断反馈策略

诊断反馈是促进学习、排除教与学的障碍、改进和强化教学活动的一种策略或操作。它对于教学系统起着调节和保证作用，对学生的学习行为具有动员和强化功能，对教师的教授活动具有提供诊断信息及正确把握施教方向的功能。

化学教学诊断要从分析教材的重点、难点和疑点，分析学生学习上的薄弱点，研究学生思维的最佳轨迹来考察，主要包括教学重点诊断，集中缺陷诊断，动态提高诊断等。

第三章
素养为本的化学新课程教学技能导读

第一节　素养为本的化学新课程教学情境创设技能

自从“教学情境”这个概念被提出以来，情境教学越来越受到人们的重视。新课程从以人为本、回归生活、注重发展的教育理念出发，大大丰富了情境的内涵，并对情境创设提出了新的要求，使得教学情境的创设在教学过程中的重要性更加突出。

一、教学情境的内涵及功能

教学情境是一种特殊的环境，是教学的具体情境的认知逻辑、情感、行为、社会和发展历程等方面背景的综合体，具有文化属性。教学情境这种环境不同于教学系统外在的、宏观的“环境”（社会环境、学校环境等），它作为课程教学系统的内在组成部分，不仅是物理的、现实的，又是心理的、人工的，是一种通过选择、创造构建的微环境。教学情境是知识获得、理解及应用的文化背景的缩影，其中含有社会性的人际交往和协商，也包括相应的活动背景，学生所要学习的知识不但存在于其中，而且得以在其中应用。教学情境的特点和功能不仅在于可以激发和促进学生的情感活动，还在于可以激发和促进学生的认知活动和实践活动，能够提供丰富的学习素材，有效地改善教与学。为明确认识、防止误解，可以考虑把教学情境改称为“教学场境”。教学情境的功能主要有如下几点：

（1）学习的过程不只是被动地接受信息，更是理解信息、加工信息、主动建构知识的过程。这种建构过程需要新、旧经验，需要通过新、旧经验的相互作用来实现，适宜的情境可以帮助学生重温旧经验、获得新经验，可以提供丰富的学习素材和信息，有利于学生体验知识的发生和发展过程，有利于学生主动探究、发散思维，从而有利于学生认知能力、思维能力的发展，使学习达到比较高的水平。

（2）适宜的教学情境不但可以提供生动、丰富的学习材料，还可以提供在实践中应用知识的机会，促进知识、技能与体验的连接，促进知识和技能由课内向课外的迁移，让学生在生动的应用活动中理解所学的知识，了解问题的前因后果和来龙去脉，进一步认识知识的本质，灵活运用所学的知识去解决实际问题，发展应用能力，增长才干。

（3）认知需要情感，情感促进认知。知识总是在一定的情境中产生和发展的，具有情境性。适宜的情境不但可以激发学习的兴趣和愿望，促进学生情感的发展，而且可以不断地促使学生主动学习，更好地认知，对教学过程起引导、定向、支持、调节和控制作用。

（4）教学情境是情感环境、认知环境和行为环境等因素的综合体，好的教学情境总是有着丰富和生动的内容，不但有利于学生的全面发展，也有利于学生个性的发展。

二、创设教学情境的方法

创设教学情境要以培养学生的学习兴趣为前提，诱发学生学习的主动性；以观察、感受为基础，强化学生学习的探究性；以发展学生的思维为中心，着眼于培养学生的创造性；以陶冶学生的情感为动因，渗透教育性；以解决问题为手段，贯穿实践性。新的化学课程标准要求教学要紧密联系学生的生活实际，从学生的生活经验和已有知识出发，创设生动有趣的情境，引导学生开展观察、操作、猜想、推理、交流等活动，使学生通过化学活动，掌握基本的化学知识和技能，学会从化学的角度去观察事物、思考问题，激发对化学的学习兴趣以及学好化学的愿望。可见，教学情境的创设是何其重要。下面结合实例，讨论在化学教学中创设教学情境的一些途径。

（一）从学科与生活的结合点入手

化学与生活联系紧密，生活中处处涉及化学，从化学在实际生活中的应用入手来创设情境，既可以让学生体会到学习化学的重要性，又有助于学生利用所学的化学知识解决实际问题。

案例分析

“松花蛋中的化学”教学情境设计

【放映】加工松花蛋的录像。

【投影】教师在实验室中观察加工原料以及取样、溶解、过滤、装瓶的一组照片。

【教师出示松花蛋加工原料及其浸出液，学生观察】

【教师讲述】松花蛋加工原料浸出液中的成分是什么？开始我也不知道。

（有学生小声地讲：“自己化验。”）

化验也得有方向，估计里面可能有什么呀！不然就无从下手。我想：我可以到网上找找资料。我在网上搜寻了有关松花蛋的资料，找到了13 744条信息，下载了一些有用的资料。现在介绍给同学们……

（摘自吴俊明等主编．新课程理念下的创新教学设计．长春：东北师范大学出版社，2003）

这是一位初三化学教师为新课“盐”所设置的教学情境的片断。教师寥寥数语的描述、生动有趣的录像，以及精心选择的几幅照片，不但一下子就引起了学生的高度关注和兴趣，帮助学生复习了有关物质分离的知识，渗透了科学方法教育和实验意识的培养，而且提供了教学活动的逻辑脉络，随后的教学活动就沿着有关问题的解决生动地展开，学生始终怀着极大的兴趣主动探究、讨论、合作。最后，作为课堂学习的延伸，教师又让学生自己动手做松花蛋……整节课产生了很好的效果。

（二）从学科与社会的结合点入手

实践证明，只有当学习内容跟其形成或运用的社会和自然情境结合时，有意义的学习才可能发生，所学的知识才易于迁移到其他情境中再应用。只有在真实情境中获得的知识和技能，学生才能真正理解和掌握，才可能到真实生活或其他学习环境中解决实际问题。

现代社会离不开化学，化学与社会紧密相连。它跟社会生产以及生命、环境等现代科学前沿问题有着广泛而密切的联系。联系与化学紧密相关的社会问题（例如能源问题、环境问题等），设计相应的教学情境，是一种常用的方法。

案例分析

“西部盐湖‘探宝’——食盐和纯碱”教学情境设计

【教师讲述、发问】……西部开发是国家的一项战略决策，从刚才一组图片上同学们不难看出，在西部这片神奇而辽阔的土地上，分布着许多美丽而奇特的盐湖，其中蕴藏着极其丰富的盐类资源，在这些晶莹剔透的晶体中，有同学们熟悉的物质——食盐和纯碱。

今天我们将根据课本及有关知识探究它们的性质和用途，并用这些知识解决一些具体问题。下面请同学们说一说，在日常生活中，食盐和纯碱有哪些用途？

（学生讨论、回答食盐和纯碱的用途）

【教师说明】食盐和纯碱在日常生活中有着广泛的用途，它们在工业生产中还是重要的原材料。沿海地区的食盐是从海水中提取的；在西部，食盐可以从盐湖中捞取。今天，我们要对盐湖开发中的一些问题进行初步的探究……

（摘自吴俊明等主编．新课程理念下的创新教学设计．长春：东北师范大学出版社，2003）

同样是关于“盐”的一节新课，这位教师采用了另一类素材。教师围绕“盐湖探宝”，引导学生通过实验探究和讨论解决有关的化学问题，随后又结合盐湖开发问题组织学生讨论，渗透人文教育，同样取得了很好的教学效果。这个例子有力地说明了教学情境设计的多样性和创造性。

（三）从真实的问题探究入手

适宜的情境一般总是跟实际问题的解决联系在一起。利用问题探究来设置教学情境，便于展开探究、讨论或问题解决等活动，是化学学科适用的设置情境的有效方法。在化学发展史、化学学习中都可以找到生动的问题素材。模拟化学家进行科学发现的探索过程，可以为学生提供一个真实而有效的问题情境，有着巨大的智力价值和非智力价值。

实验作为解决科学问题的重要手段，富有真实性、认知性、应用性，便于学生观察、学习和研究。不过，传统的化学实验只重视化学的认知内容，常常舍弃了原始真实中的人文蕴涵。精心设计的化学教学实验不但应该包含丰富的认知素材，还应该注意保留其蕴涵的人文教育素材，以构建富有真实性、情感性和实践性的教学情境。

案例分析

“原电池”教学情境设计

【教师讲述】1792—1796 年，意大利科学家伏特通过实验发现，只要在两种金属片中间隔有用盐水浸过的多孔材料（例如硬纸、皮革等），并用金属线把它们连接起来，就会有电发生。后来，他把铜片和锌片放入盐水中，制成了能提供恒稳电流的“伏特电池”，为电学的进一步发展和电化学的创建开辟了道路。

【提出任务】为了弄清楚原电池的原理，请你完成下列实验并进行思考。

实验：把铜丝和锌片同时放入稀硫酸中，观察铜丝表面有没有气泡产生。如果没有，试试把铜丝跟锌片接触。

思考、实验 1：推测铜丝表面生成的是什么气体？设计实验验证。

思考、实验 2：什么情况下铜丝表面才会有氢气生成？设计实验验证。

铜不能跟稀硫酸发生化学反应，这是学生所熟知的。可是，现在学生却发现铜丝表面有氢气产生！这里不但利用认知冲突激发了学生的认知兴趣，又利用有关的化学史资料来创设人文和情感环境，通过一系列问题和实验，引导学生一步一步地深入思考和实验探究，在历经跟科学家类似的科学研究过程之后，最终认识、理解原电池的原理。

（摘自刘知新主编．化学教学论（第三版）．北京：高等教育出版社，2004）

（四）利用认知矛盾创设情境

新、旧知识的矛盾，日常概念与科学概念的矛盾，直觉、常识与客观事实的矛盾等，都可以引起学生的探究兴趣和学习愿望，形成积极的认知氛围和情感氛围，因而都是用于设置教学情境的好素材。通过引导学生分析错误原因，积极地进行思维、探究、讨论，不但可以使他们达到新的认知水平，而且可以促进他们在情感、行为等方面的发展。

案例分析

“钠的氧化物”教学情境设计

【教师】根据日常生活经验，大家知道水与火的关系是怎样的呢？

【学生】水能灭火。

【教师】对，当发生火灾时，我们首先想到的就是水。那么如果现在我说水也能引起火的燃烧，你相信吗？

【教师】下面我们来做一个实验，请大家仔细观察。

【教师实验】用棉花包住少量黄色的Na_2O_2粉末，放在石棉网上，然后向Na_2O_2粉末上滴加几滴水，让学生观察现象。

学生惊奇地发现，水在此实验中使棉花燃烧起来，这到底是为什么呢？究竟发生了什么样的反应呢？

该案例中，利用学生的经验常识和实验现象之间的矛盾，创设教学情境，激发起学生的学习兴趣和探究的学习欲望。

（摘自王克勤主编．化学教学论．北京：科学出版社，2006）

（五）从化学直观手段入手

实物、模型、标本、图片等，是化学教学的重要直观手段，也是设置教学情境的好素材。化学直观手段具有直观、简约、简明、朴实等功效。

案例分析

“碳酸钙高温分解反应”教学情境设计

“……1860年8月，英法联军攻入北京，他们在圆明园内大肆惊夺、破坏，到处放火。熊熊大火烧毁了所有的亭台楼阁。一些用汉白玉修建的宏伟建筑经焚烧，酥裂开来，变成了碎块。（展示圆明园被烧后的图片）为什么那些坚硬的汉白玉石材经大火一烧就‘粉身碎骨’了呢？”

【案例分析】在这个教学情境中，一方面使学生感到震撼，另一方面也为学生探究汉白玉建筑为什么一烧就“粉身碎骨”创设了探究氛围。

（摘自郑长龙编著．化学课程与教学论．长春：东北师范大学出版社，2005）

（六）从化学史实及科技成果入手

化学的历史是一部化学方法和化学智慧的历史，在化学科学发展进程中，有许多感人至深的故事。在化学教学中，应用化学史料、化学事实、化学重大科技成就创设教学情境，能引发学生的兴趣，引导学生去追踪化学发展的轨迹，学生会获得一种对文化知识的亲近感，增强他们的主动探究精神。同时，将知识的学习放在一定的人文历史背景下，有良好的精神支配和积极的价值判断，其学习效果是不言而喻的。

（七）从网络媒体资源入手

现代教学媒体，特别是以计算机为中心的现代化教学媒体，能把生动的图像、清晰的文字和优美的声音有机地集成并显示在屏幕上，能抛开某些表面的、次要的、非本质的因素，将内在的、重要的、本质的东西凸现出来，能在屏幕上实现微观放大、宏观缩小、动静结合、跨越时空限制等目的，从而高效率地激发学生学习的兴趣，调动学生学习的积极性，优化教学情境，增强其效果。现代信息技术给教学情境设置提供了新型的表现手段，在设置教学情境时，应该注意发挥多媒体技术的特殊功能。

情境教学方式还有很多，如语言描述情境、联想情境、类比情境、记忆情境等。作为教师，在化学教学实践中，可根据教学需要不断创造，不断探索，努力营造良好的课堂教学气氛。

三、创设教学情境中应该注意的几个问题

第一，在情境教学过程中，教师只是一个指引者，学习动机的引发者，在必要的时候可以引导一下学生的思维指向，但不能经常打断他们的情绪体验和思维习惯，否则会妨碍他们思维延展。

第二，情境创设中的情绪体验方向要正确，否则会使学生走入“歧途”。教师可以先自己体验一下，感染不了自己的情境，也不会感染学生。

第三，在情境教学中，要求师生的关系一定要融洽、和谐。师生情感共鸣时最利于诱发学生学习的积极性，让学生在轻松愉快的环境中获得知识。

第四，创设情境一定要自然，绝不能牵强附会，要善于发现、紧扣学生的认知冲突。因为在问题情境中，学生新的需要与原有的化学知识水平之间产生了认知冲突，使学生的求知心理和教材内容之间形成了一种“不协调”，把学生引入与问题有关的情境中去，正面诱发和促进学生积极思维。

总之，创设合适的情境，既能改变化学知识教学的呈现方式，也能使学生积极地进行自主探究、动手实践、合作交流等活动，从而有效地改变学生的学习方式。学习方式的改变具有及其重要的意义，这是因为学习方式的改变将会牵引出思维方式、生活方式、生存方式的改变。学生的自主性、独立性、能动性和创造性将因此得到张扬，学生将成为学习和教育的主人。学生面对问题情境，要亲历一个解决问题的“过程”，这是非常重要的。学生的学习过程不仅是一个接受知识的过程，而且也是一个发现问题、分析问题、解决问题的过程。能展示学生发展的聪明才智和创新成果，还可能面临挫折和失败，但这却是一个人的学习、生存、成长、成熟所必须经历的过程，是一个人能力智慧发展的内在要求。

第二节　素养为本的化学新课程教学活动指导技能

化学教学过程是师生双边的活动过程，化学教师的教是为了学生的学。教学过程中学生的学习活动分为课内学习和课外学习。课内学习主要包括听课、记笔记、实验、观察、思考、讨论、探究、练习、自学等；课外学习主要是学生的复习、作业、预习、实践活动等。教师作为学生学习活动的组织者、引导者、参与者，在学生的学习活动中起着重要作用。通过教师的组织指导，营造和谐的课堂氛围，激发学习动机，培养学习兴趣，树立学习信心，调动学习积极性，提高学习效果。因此，教师的组织指导技能将直接影响学生的学习信心和学习效果。

依据学生学习活动的类型，可以将教师的组织指导分为听课、笔记的组织指导；练习的组织指导；观察的组织指导；讨论、合作、探究的组织指导；自学的组织指导等。

一、指导学生听课

听课和记笔记是目前最常见的学生在课内的学习活动。要组织好学生学习的这一环节，首先教师在教学中要情绪高昂，以自己的语言、行动影响学生，感染学生。同时，善于用积极的情感调整学生的学习情绪，调动学生的内在因素，使学生不断地产生强烈的求知欲望和高涨的情绪，把“要我学”变成“我要学”。坚决摒弃“照本宣科”、单调平淡等容易使学生疲劳、分散注意力的做法。

资料卡片

指导学生听课的方法

根据化学课的特点，指导学生听好化学课的方法：用眼仔细观察老师所做的演示实验，看清楚实验现象，观察老师的实验技巧；用鼻分辨气味；用耳听清楚老师的讲解；用脑去思考、分析和判断；用手记笔记，把老师讲课的板书条文、中心实质、重点和难点、思路分析等简要记下；用嘴向老师请教自己不懂的问题。

（摘自冯克诚主编. 中学化学课堂教学方法实用全书. 呼和浩特：内蒙古大学出版社，1999）

学生在听课时，听课和记笔记常常发生矛盾，听、记、思考往往不能兼顾。针对这种情况，教师应该注意：

（一）指导学生明确学习目标

在一节课的开始，教师就要做好学生的学习定向工作，使学生大概地了解学习的目标、步骤和方法，并采取适宜的教学策略，帮助学生达成学习目标。

（二）组织维持学生的注意力

教学时，教师应该指导学生合理分配注意力，不但善于用耳，而且善于用眼、用脑、用手，善于协调自己的这些器官，使它们相互配合。特别是对于不善于分配注意力的学生，教师要适时地提醒他们进行听、看、想、记等活动，要注意给予完成这些活动必要的时间。从而帮助学生养成良好的分配注意力的习惯。

（三）指导学生学会听课、记笔记

一节完整的课应该是由一个知识点的几个方面或几个知识点构成的。在教学中，教师应该指导学生注意听教师讲解的主要问题是什么、问题是怎样提出来的、用什么方法解决问题、结论是什么。不仅要听教师讲课，而且要听同学发言。在听同学发言时，主要是倾听和接受他人对问题的看法和见解，以利于弥补自己的不足。在一般情况下，要先注意听教师讲，主要记讲课思路、内容纲要（利于知识结构化）、重点和难点、教师的重要补充（教科书中没有的）、疑难问题（便于课后继续思考）和学习指导（要求和注意点等）。还要学会用简明扼要的文字、符号、图表等做好笔记。碰到暂时想不通、理解不了的问题时，可以直接向教师提问，也可以先记下来，留待课后思考。

二、指导学生练习

练习是以巩固知识、形成技能和发展能力为目的的实践训练活动，是教学过程的必要环节。练习过程也是学习过程。通过练习不但能促进学生把学到的知识跟实际联系，使学习进一步深化、提高，而且也是教师获取教学反馈信息的重要途径之一。

练习教学要防止机械重复，防止陷入“题海”，力求取得较高的效率。为此，要注意：

（1）针对学生发展需要精心地选择、编制练习题。要有明确的训练目的，练习内容既既要全面，又要有重点，要整体规划，循序提高。练习题要具有典型性、思考性、联系实际，层次齐全，难度适当，数量适宜；要努力减少重复练习，注意保护、发展学生的学习兴趣。

（2）一般来说，在学生开始练习之前，教师要引导学生复习有关知识，进行审题和解题指导，讲清要求和格式。必要时，要通过例题进行示范。在讲解例题时，要着重讲清解题思路，注意一题多解、一题多变，以求举一反三之效。

（3）在学生练习时，教师可以通过巡视检查及时收集教学反馈信息。在时间允许时，可以抽选少数学生来演示练习过程，组织全体学生观摩、评论。

（4）对于复杂的练习活动，可以按照“分步练习——→完整连贯——→熟练操作”的顺序分阶段组织练习。

（5）在学生完成练习后，教师要及时地对学生的方法、过程和结果进行讲评，也可以组织学生互评、自评。最后，教师要做好练习总结，在学生有了实践体会的基础上，总结好审题、解题或操作的规律，加深、发展学生对有关知识的理解。为巩固练习效果，还可以适当布置一些课后作业让学生进一步练习。

案例分析

山东科技版《化学1》（必修）第3章　第3节“硫的转化”习题分析

通过本节内容的学习，你对硫元素家族有了哪些认识？硫单质、二氧化硫、三氧化硫、硫酸都是硫元素家庭中的核心成员，它们之间可以相互转化。

（1）表示它们之间的转化关系，写出主要反应的化学方程式。

S　SO_2　SO_3　H_2SO_4

（2）请用简洁的语言描述它们的主要性质和用途。

（3）除它们之外，对于硫元素家族的成员，你还知道哪些？列举3例。

（4）你对硫元素家族的哪种物质感兴趣？请查找资抖，写1个关于该物质的小短文，谈谈你对它的认识。

【案例分析】该道习题既有基础知识的巩固，也有知识拓展和能力的训练，同时与实践活动紧密联系，是一道综合性、实践性很强的题目。学生在解决本题所提出的问题时，必须综合运用已学的知识，从不同层次进行思考，要查找资料，对有关资料进行整理和陈述。因此，问题解决过程既是知识巩固提高的过程，也是学习新知的过程，在问题解决的过程中，提高了学生的能力和科学素养，使每一个同学都能在原有的基础上得到发展；同时，这种多样化的解题方式，也有利于学生个性的发展，给对化学学习有兴趣的同学以更大的探索空间。

三、指导学生观察

观察是人们认识事物、获取信息的一种重要方法，是获取知识、发展智力和能力的首要步骤。就学生的化学学习而言，观察内容十分丰富，更需要学生有敏锐的观察能力。因此，教师应该有意识地组织、指导学生进行观察，以培养和提高学生的观察能力。

（一）明确观察目的

学生对实验现象的观察，往往只注意那些神奇的或强烈刺激的现象，而忽视或放过实验目的要求的主要内容。这就需要教师首先指导学生明确观察目的，然后进行观察。

(二) 制订周密的观察计划

明确了观察目的，还需要制订周密的观察计划，无论观察过程长短与否，都应该组织和指导学生有目的、有计划、有步骤、有重点地进行观察，尤其是对于那些稍纵即逝的实验现象更应该有计划地抓住观察时机。指导学生学会观察的方法，由局部到整体、由个别现象到整个反应历程。同时，指导、训练学生感知和思维的敏捷性，发展学生的观察能力。

(三) 指导学生全面观察

任何事物不仅其本身具有一定的内在联系，而且各事物之间也存在着一定的关系和联系。在对事物或现象的观察中，不仅要注意到其明显的变化和特征，还要指导学生善于抓住不显著但又非常重要的属性和变化，指导学生从以下几个方面进行全面观察：(1) 按照事物本身的结构，观察时可以从上（下）到下（上），从左至右，从内（外）到外（内），也可以从局部到整体或从整体到局部；(2) 按事物的外部特征，观察时可以由小到大，由隐到显；(3) 按事物所处的空间，观察时可以由近及远，也可以由远及近；(4) 按事物的发展顺序和时间，观察时可以由先到后。通过这样的指导观察，可以保证学生获取的信息有条理、有系统，提高学生观察活动的准确性和有效性。

(四) 观察与思维相结合

心理学研究表明，人的大脑有感知、储存、判断、想象四个区域，在学习活动中，大脑的各个区域的活动是互相促进的。实验证明，边观察边思维可以增进对事物的理解记忆和掌握，并促进对事物更深刻的认识。

四、指导学生讨论

讨论是在教师的组织和指导下，以教材的重点、难点、疑点为话题，通过教师与学生、学生与学生之间的意见交换、经验共享、言语交流而求得共同理解和问题解决的活动。这种学习方式要求学生具有一定的知识基础、思考能力和表达能力，要求教师有较强的组织能力和控制能力。随着新课程改革的深入，“讨论”这种方式越来越受到教师的青睐。

教师在组织学生讨论时应该注意既要控制讨论的时间和方向，使讨论具有较高的效率，又不影响学生学习的积极性，使学生有更多的收获。为此，教师要注意：

（一）围绕教学目标，精心设计讨论问题

教师要选取教材中的重点、难点或热点问题，了解学生对这些问题的学习准备和可能反应，确定讨论的目的，形成讨论的题目和具体要求，并指导学生查阅相关的信息资料，进行必要的调查研究与思考，尽可能写出讨论发言纲要。讨论的题目既要有针对性，又要有启发性，应让学生有兴趣参与讨论，注意给学生留下一定的探索空间，让学生根据自身的经验与体验从不同角度发表意见。在确定讨论题目时要预先评估可能出现的分歧和可以达成的共识，做到心中有数。

（二）精心设计讨论过程

讨论怎么进行，教师要有一个通盘考虑，一般采用“话题推进”的办法引导讨论步步深入。讨论过程要给学生留足发表各自意见的时间，教师要通过身体力行使学生尊重不同的意见，形成民主、善于悦纳的课堂氛围。在讨论过程中，教师要“内在于课题情境”，参与到讨论中来，循循善诱地做一些必要的提示、点评、转换和指引。

（三）及时做好讨论总结

讨论后，教师要及时进行总结，对讨论中的不同意见进行辩证地分析，做出科学的结论。同时，要进一步提出问题，让学生自己去探讨和研究。

案例分析

白色污染是谁之过

A 班同学在学习合成材料的知识后，以“白色污染是谁之过”为题进行辩论。

同学们分成甲、乙两方。甲方认为白色污染是由于科学的发展，制造了耐用而不腐烂的塑料才形成的。他们还列举 DDT、氟利昂等例子，说明人类追求自己的享受与方便，发明了化学农药、冷冻剂等，带来了环境污染。他们主张要回归自然，减少对合成物质的依赖，提倡多用天然物质，食用绿色食品。乙方则认为白色污染的形成正说明人类的科学还不够发达，合成材料耐用，但无法降解，造成环境污染。如果科学更发达，发明更多的可降解塑料，问题就解决了。他们也举出 DDT 淘汰了，科学家又发明了高效、低毒的农药；氟利昂禁用了，又有了无氟冰箱，所以白色污染不是科学之过，而是科学还不够发达的问题。

几轮争论之后，一些学生又提出新的看法，认为要从两个方面来评价科学的发展，科学可以给人类带来文明和高质量的生活，也可以给人类带来灾难和生态环境的破坏，像核能，可以发电带来光明，也可以制造原子弹，毁灭人类；像炸药的发明，可以开山爆破，也可以造炸弹、枪炮杀害人民，关键是用好科学发明。

……

随着争论的继续，提出的问题更多，但分歧却趋于减少，意见变得一致：塑料的发明和应用是化学发展、合成材料发明的成就，是好事；白色污染的确是不好的，不能不重视；白色污染不是塑料之过，也不是科学之过，如果大家不乱扔废弃塑料，做好回收，就不会有白色污染，科学家已经发明了可降解塑料，说明人们素质的提高、科学的发展，正是解决白色污染的关键。

（摘自王云生编著．新课程化学教与学．福州：福建教育出版社，2003）

五、指导学生合作学习

资料卡片

合作学习

美国著名教育评论家埃里斯和福茨指出：“如果让我们举出一项真正符合‘改革’这个术语的教育改革的话，那就是合作学习。”美国教育学者沃迈特则认为：“合作学习是近十几年来最重要和最成功的教学改革。”

合作学习是针对教学条件下学习的组织形式而言的，相对的是“个体学习”。合作学习是指学生在小组或团队中为了完成共同的任务，有明确的责任分工的互助性学习。它的内涵涉及以下几个方面：合作学习以学习小组为基本形式；合作学习以教学动态因素的互动合作为动力源；合作学习是一种目标导向的活动；合作学习以团队成绩为奖励依据。组织并指导学生进行合作学习，应该做好以下几项工作。

（一）精心选择适宜的内容

教师在进行教学设计时要选择适合学生合作学习的内容，这些内容必须是通过采用小组合作的形式才能够实现的课堂教学目标，并有助于学生全体参与，能够关注到学生之间的差异，实现因材施教，使每个学生在原有的基础上都能得到发展。

一般说来，以下五种学习任务适合合作学习：

（1）为得到某些结论，必须靠“有分工、承担各自责任”才能完成的探究性任务。

（2）需要学生“在特定的情境中进行生生互动，通过相互协作、配合来完成认知、过程与方法、情感态度与价值观”教育目标的任务。

（3）为了达到“小组内每一个同学都能完成学习任务”的团体目标。

（4）在学生独立学习的基础上，对每个人得到的信息进行汇总的学习任务。

（5）能使学生从“各自不同的实践经历、不同的结论”的展示过程中来发现学习方法存在的问题的学习任务。

实际上，这五个方面的任务是“整合”的，五种类型也经常是相互交织在一起的，不可截然分割。

（二）合理组建学习小组

合作学习的组织是教师操作的一个难点，要解决的问题一是怎样分组；二是组内怎么合作；三是组间如何交流。几乎所有的合作学习专家都同意小组的规模应当尽量的小。他们大都建议小组规模以2~6人为宜。一个比较一致的观点：合作学习小组在成员构成上应当体现异质性和互补性。即为了使不同发展水平的学生都能在原有基础上得到充分的发展，在编组时，要重视成员的异质性，尽量由不同性别、基础、能力和背景的学生组成小组，力求小组成员在多方面具有互补性。一般把优、中、差学生按适当比例搭配（有时也把学习困难比较大的几名学生编为一组，以便教师多加关心，及时予以辅导），经过必要调整，达到最佳组合后，应注意建立相对稳定、长期的关系。

（三）明确合作学习任务

明确合作学习的任务，才能使学生的合作学习活动具有明确的方向性和责任感。要鼓励每个成员发挥最大潜力，在独立思考的基础上，在平等、民主的氛围中人人参与，各抒己见；重视小组成员相互扶持、鼓励和帮助，避免出现小组中个别成员承担大部分甚至所有的任务，而某些小组成员无所事事的情况，帮助每个成员达到预期目标。要使学生明白：只有将团体目标与个人责任融合于合作过程之中，合作学习才会成为增进学习成就的有效方法。

（四）把握合作学习时机

为了充分发挥合作学习的功能，促进学生有效地合作学习，在开展合作学习时应该把握这样几个时机：

（1）当学习任务较大，需要分工协作的时候。

（2）当学生在自主学习的基础上产生了合作学习的愿望的时候。

（3）当需要把学生的自主学习引向深入的时候。

（4）当学生的思路不够开阔，需要相互启发的时候。

（5）当一定数量的学生在学习上遇到疑难问题，而通过个人努力无法解决的时候。

（6）当学生的意见出现较大分歧，需要共同探讨的时候。

（五）注重合作学习评价

合作学习的评价有两个明显的特点：一是重视小组自评；二是以团体成绩为标准。教师适时合理的评价有利于调动学生学习的积极性、主动性。对学生的合作学习进行评价，其方式可以是口头评价，也可以是书面评价。评价以激励为主，以达到强化学生有效进行合作学习的目的；评价以小组评价为主，评价合作学习小组的合作过程和效果，同时将每一个小组成员的表现同合作学习小组的成绩紧密地联系在一起，使学生形成“组荣我荣”的观念，从而认识到相互合作、共同进步的意义。

六、指导学生自学

资料卡片

指导自学与学会学习

古人云：“授人以鱼，只供一饭之需；教人以渔，则终生受益无穷。”

埃德加·富尔指出：“未来的文盲，不再是不识字的人，而是没有学会怎样学习的人。”

（摘自联合国教科文组织国际教育发展委员会编著．学会生存——教育世界的今天和明天．华东师范大学国际与比较教育研究所译．北京：教育科学出版社，1996）

自学能力是学生自觉地运用科学学习方法，参考教科书及有关资料，独立钻研，自主掌握知识和运用知识的能力。教学中培养学生独立获得新知识的能力是社会发展的必然要求，也是新课程教学中素质教育的重要内容。在教学中，教师应充分认识到学生是认知活动的主体，有目的、有计划地对学生进行化学自学方法的指导和自学能力的培养，使学生通过“学会”达到“会学”。基于此，教师在指导学生自学时要注意：

（1）引导学生认识到“学会学习”是自学的首要任务，充分认识这对于适应学习型社会、增加自身发展潜能的重要意义。

（2）通过教师示范，让学生逐步学会自己收集、选择学习材料，并学会自己确定学习任务、学习重点、学习要求、学习程序和学习方法等。

（3）让学生知道，自学阅读时不仅要“动眼”看，而且要注意“动笔”，勾画重要内容，摘录要点，及时记下心得、体会以及疑问，整理、编写知识小结，做好阅读笔记；要重视“动手”，通过练习来深化理解，学会运用，掌握知识；要善于“动脑”，注意新旧知识的对比、联系，发现问题并通过独立思考或者与同学讨论解决，注意进行概括，抓住重点和精髓；不盲从，不轻信现成的结论，注意考察这些结论是怎样得到的。

（4）让学生逐步掌握学习各类内容的规律。例如，对理论性内容要注意产生有关概念、原理、定律的事实依据；要学会通过抽象、概括和推理自己得出结论；要掌握要点，能用自己的语言进行解释、阐述；要了解有关知识的应用及其范围，能举出具体的例子。对元素化合物知识，要联系实验现象，弄清物质的结构、性质、用途与制法之间的联系和规律性。对公式推倒、计算过程、化学方程式等，要动手尝试自己独立地推导、计算和书写。对图表、注解等也要认真揣摩，注意弄懂。对需要记忆的内容则要提示学生及时复习，采用适当的记忆方法记忆。

（5）注意组织好自学成果的交流、讨论和示范活动。

七、指导学生探究

探究式教学，是指教师为促进探究性学习活动顺利而有效地开展所采取的一种教学方式。具体来说，它是指教学过程在教师的启发和引导下，以一定的素材、知识、经验为背景，以问题为线索，以现行教材为基本探究内容，让学生通过自主学习和合作讨论，发现问题进而积极质疑、猜想、探究、总结、反思，最后构建出知识系统的教学方式。探究式教学有利于开发学生智力，发展学生创造性思维，培养自学能力，有利于引导学生学会学习和掌握科学方法，为学生的终身学习和工作奠定基础。

作为指导学生探究活动的教师，任务是调动学生的积极性，引导他们发现问题、提出问题、分析问题、解决问题，促使他们去获取知识、发展能力。教师要为学生的学习设置探究的情境，创造探究的氛围，促进探究的开展，引导他们把握探究的深度，评价探究的成败。为此，要注意：

（1）选取合适的内容。

（2）选择合适的教学组织形式。

（3）选择合适的教学场所。

（4）创设探究的必要条件。

（5）精心设计探究过程。

（6）确保安全。

第三节　素养为本的化学新课程教学教学演示技能

演示，是指教师展示实物、标本、模型、图表等直观教具，运用板书板画或数字化媒体，进行实验操作演示和动作示范等一类行为方式。化学是一门以实验为基础的自然科学，课堂上教师做的演示实验是学生获得化学知识的重要途径。为帮助学生认识一些难以直接观察到的事物和理解抽象的知识，还需要运用多种其他直观教学手段才能取得较好的教学效果。学生在学习化学实验的基本操作技能时，更要先观察教师的示范操作。因此，演示是中学化学课堂教学必需的的活动方式。随着教学手段的现代化，演示内容的极大扩充，它的作用也日益重要，教师的演示已成为影响教学效果的重要因素。所以，演示技能是中学化学教师必须掌握的重要教学技能。

一、演示技能的功能

（一）提供直观的感性材料，帮助学生理解和掌握知识

学习是从感性认识开始的，学生对物质的组成、性质、变化、制取等化学知识的学习都必须建立在感知的基础上。演示所提供的模象直观材料能帮助学生理解和掌握一些比较抽象的知识（如概念、原理、物质的微观结构等）以及一些难以直接看到的现象和事实（如化工生产设备、工艺流程、物质微粒的运动和变化等）。有些单靠讲解不易突破的难点，选择恰当的演示就可以解决。

（二）有利于培养学生的观察能力、思维能力、想象能力以及科学态度和科学方法

通过演示，教师引导学生观察化学现象和事实，从实际出发，实事求是地分析具体问题，使学生学会由表及里、由现象到本质全面辩证地认识问题；同时运用归纳、演绎、逻辑推理等方法研究问题，并启发学生积极思维、理解化学现象的本质和规律。所以说，在化学课堂教学中，教师运用演示技能可以培养学生的观察能力、思维能力、想象能力以及科学态度和科学方法。

（三）提供正确的示范操作，有利于训练学生的实验操作技能

实验技能是化学新课程标准要求学生掌握的基本技能之一。在学生学习实验操作技能的过程中，教师的示范操作以及在课堂教学中进行演示实验时的规范操作都是学生进行动

作模仿的原型。在学生的实验操作技能形成的各个阶段，尤其是初始阶段，需要教师提供正确的示范。通过教师的演示，学生可以学到正确的实验操作技术和方法。

（四）激发学生的学习兴趣，提高学习的积极性

演示所展现的新颖、生动的形象，演示的成功（主要是实验的成功）和教师操作的熟练、优美，都能唤起学生的注意，激发他们的兴趣和热情。这样，就为取得较好的教学效果奠定了基础。

二、演示技能的构成

任何类型的演示都有一个过程，一般都是开始于使学生做好观察的心理准备，结束于对学生的核查理解，其间经过出示媒体、指导观察、提示重点等几个步骤。于是就构成了演示的程序：心理准备—出示媒体—介绍媒体—指导观察—提示要点—核查理解。

三、演示技能的类型

（一）操作示范

在进行化学实验操作技能的教学时，学生通过观察教师的示范，把动作要领形成动作映象保存在头脑中。教师的示范为学生的模仿提供了正确的模式，并能帮助学生养成认真严谨的习惯。

（二）实验演示

实验演示是化学课堂教学中主要的演示，是学生获得化学知识的重要途径。在化学课堂教学中，实验演示主要有物质性质的演示、物质制取的演示、说明概念和原理的演示，还有物质的提纯、分离、鉴别等应用实验的演示。

（三）直观演示

应用图片、图表、实物、标本和模型等教具的直观作用属于模象直观。其特点是可以人为地突出事物的特点、揭示事物的本质或内部结构，有利于学生对知识的理解。

（四）电化教学演示

多媒体技术集文字、图形、图像、声音、视频、动画等多种表现形式于一体，除了能创设生动、直观的教学情境外，还可以利用其丰富的表现力，对不同的化学教学内容进行模拟仿真，这既增强了中学化学课堂教学的表现力，同时也提高了学生的学习兴趣。

第四节　素养为本的化学新课程教学调控管理技能

一、教学调控

教学调控是指在教学过程中，为了保持课堂教学系统的动态平衡，实现课堂教学的预期目标，教师根据教学反馈信息对自己的信息输出、学习者的心理及行为表现、教学环境等调节控制的行为方式。

教学调控的根本任务就是改变学生的学习行为，缩小教学效果与教学目标的偏差，从而达到提高教学效率、实现教学目标的目的。教学调控不仅影响课堂教学效果，而且影响学生的智力、非智力、行为的发展。一个调控得当、井然有序的课堂环境，会使学生身心愉快，注意力集中，必然会收到好的教学效果。

教学调控主要有以下几种类型：

（一）兴趣调控

法国启蒙思想家卢梭曾经说过："教育的艺术是要使学生喜欢你所教的东西。"如果没有对这门知识的兴趣，就无法获取知识。也就是说，兴趣是一种激素，是获取知识的动力。因此，在课堂教学中，教师要善于运用多种教学手段，如生动形象的语言、直观教具、联系生产和生活实际等，创设学习意境，将学生的直接学习兴趣逐步转化为理解兴趣和创造兴趣，不断提高学生的学习兴趣水平。

（二）注意调控

注意是心理活动对一定对象的指向和集中，它使心理活动处于一种积极状态，是学生学习的前提条件。任何教学过程和学生的认知活动都是从注意开始并始终在注意的伴随下而进行的。课堂教学中调控学生的注意，使其始终集中在教学活动上，教师可以通过创设良好的学习环境、生动的教学语言、富有启发性的问题等，以吸引、维持、控制学生的注意，使其始终集中于学习活动。

（三）语言调控

人类的语言是传递信息、表达思想情感的重要工具。在教学中，知识的传播、思维的引导、认识的提高、能力的培养，都需要通过语言来实施。教学中无论采用什么形式和方法，都离不开教师的语言。因此，课堂教学的有效调控，在一定程度上取决于教师的语言组织和表达能力。为了使课本知识变得浅显通俗，发问要慢，叙述概念要准确，讲授难点要注意停顿；语言要抑扬顿挫，以高声强调重点，平缓引起回忆，疑问或反问启发思考，突然高声引起注意，低声讲述引起肃静；要用手势助语言，提高学生的学习兴趣；要控制语言中的自问自答，让学生有充分思考的时间；更要控制直来直去的语言，多应用点拨性的语言，使语言发挥其开拓丰富学生思维能力的深层次作用。

（四）教法调控

教法调控艺术水平高低是一节课成败的关键。心理学研究表明：教法生动、新颖，不仅可吸引学生，而且能激发学生兴趣。教法不断变化与更新，可引起学生的探求活动，产生求知欲望。因此，教师要灵活地选用教学法，犹如牵着一根无形的线，得心应手地调控教学。

运用教学方法对课堂教学实施调控，首先，要求教师要树立先进的教学理念，彻底改变“教师讲，学生听”的“注入式”陈旧教学方式，建立以学生主动参与为主的新的教学模式，引导学生主动参与，积极活动，在活动中培养学生的学习能力。其次，教师应该不断吸纳现代教育教学理论的精华，追求教学方法的灵活性和多样性，用不断变化的教学信息刺激学生的感官和接受欲望，使之形成持久的注意力。如对于比较简单的学习内容，而且能从教材中找到答案的，可以采用自学法进行调控；对于比较难理解的问题，就需要用启发、讨论的方法进行调控；对于实验操作中出现的错误，可以用示范演示法教学调控；对于出现的一些技能技巧上的错误，可以采用练习法进行调控等。从而达到提高教学效率的目的。

（五）情绪调控

情绪是情感的外部表现，情感是情绪的本质内容。教师的情绪是影响学生注意力最敏感的因素之一。学生学习情绪的高低，课堂气氛活跃与否，往往与教师的情绪同步变化。因此，在课堂教学中，教师要将自己的情绪调整到最佳状态，用“情”为学生创设一种学习的氛围，使学生受到感染，全身心地投入到学习活动之中。

（六）反馈调控

控制的基础是信息，控制过程与信息反馈密不可分。反馈是控制论的基本概念之一，它是把系统输出的信息作用于控制对象后，产生的结果再输送回输出端，并对信息的再输出发生影响的过程。信息反馈是课堂教学的关键环节，要对课堂教学实施有效的调控，必须加强课堂教学信息的反馈。教师要善于创设信息反馈的教学情境，通过多种方式，如提问、讨论、练习、观察学生的听课状态等，从学生那里获取直接和间接的反馈信息，教师针对获取的反馈信息，因势利导，及时调整教学进程，以保证预期教学目标的实现。

（七）节奏调控

节奏调控是指某些教学参数在连续的教学过程时间分布上断续、交替和重复出现的规律性表现。这些参数主要包括教学密度、速度、难度、强度、重点分布以及情绪强烈程度等。它能使教学过程张驰有度、亢抑合理、防止疲劳、提高效率。为了建立良好的教学节奏，教师要努力探索、把握好课堂的最佳教学时段，充分利用学生的最佳脑力状态和情绪状态，适时地形成教学高潮。同时要注意教师、学生活动的及时和适度变化。

（八）教学机智调控

教学中有时会出现一些突发事件，如何应对教学中的突发事件，这就需要教师的教学机智。教学机智是指教师在教学过程中顺乎教学情境迅速、敏捷、准确灵活地作出判断，及时反应，使教学保持平衡的能力。教学机智具有准确性、敏捷性和巧妙性的特点，是教师智慧和经验的结晶。面对突发事件，教师应及时采取相应措施，利用自己的经验、智慧，以恰当、巧妙、幽默的处理方式，将不利因素转化为有利因素，以保证教学的顺利进行。

二、课堂管理

课堂管理是指教师为实现教学目标而对课堂中的人、事、时、空等因素进行协调的过程。新课程所提倡的课堂管理，不再是教师单方面的秩序纪律管理，也不仅仅是对教学活动的安排和控制，而是通过教师与学生的共同行为，营造一个充满温暖、彼此熟悉、轻松快乐、促进学生自主、合作探索的教学氛围。

（一）空间与时间利用策略

空间与时间对于教学过程有着不可忽视的影响，是教学的制约因素和重要资源。在化学教学的常规管理中，必须重视对教学空间和时间的结构设计和管理。

1. 重视教室形象塑造

不断优化的教室形象能促进教学的高效进行，应精心安排教室的格局，净化教室的墙壁、桌椅、讲台等。现代教学设备的安放也应纳入形象设计的视野。教室温度适宜、色彩明亮、空气清新，有利于形成安定的课堂秩序和较好的教学氛围。

2. 重视教室座位效应

座位编排方式是课堂管理环境中的一个重要的物理因素，研究表明，坐在前排的学生大多在学习上过分依赖教师，坐在后排的学生，通常有捣乱和不听讲等行为。应打破传统的学生排排坐的教室布置，代之以根据教学任务灵活多变的排列组合，充分利用教室的空间。桌椅摆放创新，便是改变课堂教学环境最有效、最简便的方法。教室中桌椅的新摆法实际上传递着这样一种信息：学生是重要的，教学的重点是以学生和学习为中心。为了适应化学教学的特点以及学生座位的变化，在有条件的学校应逐步推行小班化教学以及专用化学教室制度，以便于组织随堂化学实验。

3. 重视课堂时间管理

时间是学习过程的一个决定性因素，虽然课程计划、课程标准统一规定了各年级化学课程的总学时，实际上，由于不同的教学和管理方法等方面因素的制约，实际教学时间和有效教学时间都会不同。研究发现，成绩优秀的学校由于学生或教师的缺勤、教学中断和学生注意力涣散而浪费掉25%的可利用教学时间；成绩差的学校则由于同样因素而浪费掉49%的可利用教学时间，其浪费之大令人瞠目。随意安排教学活动、满堂灌、重复练习、教学定向不清、教学环节衔接不良、教学速度不当、被动式学习等都会降低化学教学对时间的有效利用率。

（二）课堂管理策略

1. 坚持课堂管理目标原则

新课程坚持以学生发展为本的基本原则，强调要根据学生的认知能力和心理特点来确定教学目标。新课程的这种变革对传统课堂管理形成了较大的冲击，要求课堂管理以学生的发展为核心，根据学生的身心特点，来确定课堂管理目标，从而促进课堂的活跃。正确的目标本身具有管理功能，直接影响和制约师生的课堂活动，并起积极的导向作用。作为课堂管理者之一的教师，课堂上所实施的一切管理措施，包括组织、协调、激励、评价等，都应当努力服务于设定的教学目标。课堂管理的成败与得失，也应当以课程标准是否实现、教学目标是否达成和学生是否成长作为衡量依据。

2. 努力构建平等、民主的管理机制

旧式课堂管理侧重于要求学生对规章、规则的服从，只把眼光集中在控制学生问题行为、处理学生消极行为上，更多地关注程式化问题的解决和课堂秩序的规定。学生在条条框框的束缚下只能“戴着枷锁跳舞”，并不能成为课堂学习真正的主人。新课改要求构建的是平等、民主的管理机制。

3. 注重过程管理

新课程实施以来，课堂发生了明显的变化，课堂上不再是老师唱主角，“新”的课堂中，师生“动”起来了，学生“活”起来了，这势必增加了管理的难度。部分教师面对课堂变化，一时束手无策，不知该怎样去管理，出现了教师袖手旁观，学生放任自流的现象。为了改变这种状况，正确可行的做法是教师必须准确把握新课程理念，深刻理解新教法和学法的内涵，在课堂上帮助学生树立新课程理念，循序渐进地指导学生掌握和实践新的学习方式，只有这样学生才能真正成为新课程下学习的主人，也只有这样有效的课堂管理才能水到渠成。

无数事实证明，教师能否有效驾驭课堂，能否有效管理好课堂对课堂教学的成败至关重要。如果失去了有效的课堂管理，新课程改革的实施只能成为“空中楼阁”。目前，在新课程改革中我们要纠正忽视课堂管理的片面做法，不断探索新课程下课堂管理的新方法、新思路，对课堂进行有效的管理。只有这样，新课程的目标才能得到真正落实；也只有这样，才能构建出和谐、民主、平等、灵活、互动的课堂。

教学实践篇

第四章
素养为本的真实情境项目式教学设计

第一节　素养为本的九年级化学真实情境项目式教学设计

案例 1　“自然界的水”项目式教学设计

一、项目式教学主题分析

项目式学习通过真实的和具有挑战性的任务，使学生逐步习得知识、技能和关键品格。通过创设真实情境，对知识加以迁移应用，进而解决问题，体现化学知识的应用价值，使学生的能力和化学思维均得到不同程度的提升。

本文以项目式学习的方式设计了人教版九年级《化学》上册第四单元“自然界的水”单元复习教学案例，从而提升学生的能力水平，建构完整的、具有逻辑性的知识体系，形成爱护水资源的环保意识，契合素养为本的教学观，对其他单元复习教学具有一定的借鉴作用。

二、项目式教学目标

本项目通过设计从简到繁、由易及难的任务，驱动学生对已学的“自然界的水”中的相关化学知识进行迁移应用，在螺旋式上升的任务中，形成知识体系的建构与深加工。本项目的目标：

（1）通过设计便携式净水器，复习水的净化过程，能将所学知识应用于生活实际，解决实际问题，体会化学与生活的紧密联系，激发对化学的学习兴趣。

（2）通过进一步思考海水淡化的方法，能理想化设计、完善和提升便携式净水器的功能，了解水资源的分布情况，树立爱护水资源、节约用水的社会责任意识。

（3）通过联想水的电解以及复习电解水的相关内容后，知道电解水制氢的意义，了解太阳能制氢对海水资源的综合利用，培养科学探究与创新意识，体会用化学方法解决实际问题的价值。通过本节课，能从新课中的前成就水平达到复习后的后成就水平，如表 1 所示。

表 1　复习前后的成就水平

核心概念	前成就水平	后成就水平	
水的净化	1. 自来水净化的简单过程：明矾絮凝—沉降—过滤—活性炭吸附—消毒； 2. 硬水、软水的鉴别及软化硬水的方法	水平Ⅰ	1. 理解净化步骤中相应达到的净化作用和效果，能根据问题解决需要灵活组合运用； 2. 通过对实验现象的分析，判断、区分硬水与软水，根据实际选择软化硬水的合适方法
		水平Ⅱ	1. 能从习题中提取有用的信息，解决有关水的净化的综合问题； 2. 将学习的知识迁移至生产、生活中，认识水资源的利用，如水的净化对污染水系的应用
水的组成	1. 由氢气燃烧实验和电解水实验得到水由氢元素和氧元素组成； 2. 电解水实验中氢气与氧气体积比约为 2∶1； 3. 由元素组成的种类判断物质的类别	水平Ⅰ	1. 掌握并能够正确地从元素组成判断物质类别，加深对分子、原子之间联系的理解； 2. 能够正确解答关于水的组成的简单问题
		水平Ⅱ	1. 宏微结合描述水的电解过程，理解分子拆分和原子重组的过程，了解“宏观—微观—符号”三重表征的有机统一； 2. 能够解答有关水的组成的综合问题，能将理论与实际联系，了解由水生成其他新物质以及对水的利用等

三、项目任务及教学流程

本项目的具体实施流程如图 1 所示。

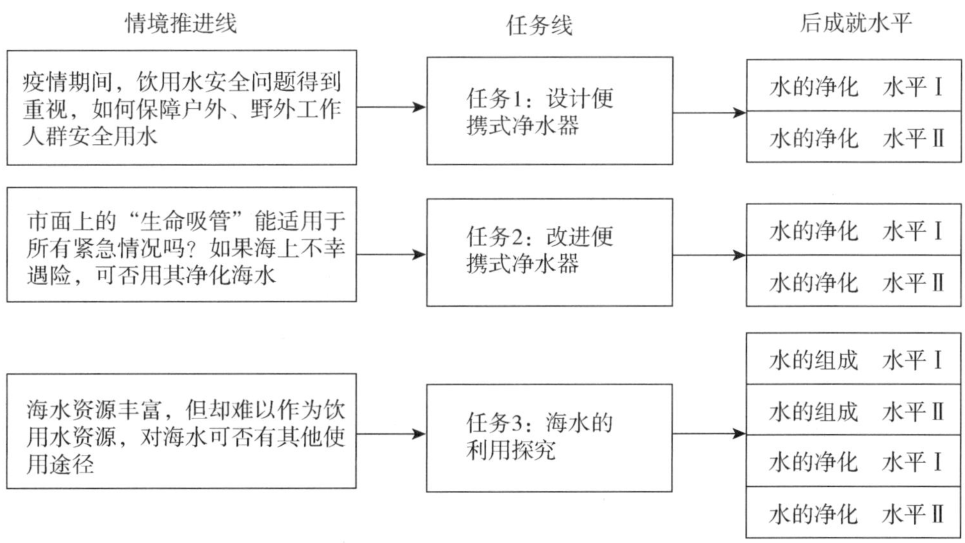

图 1　项目流程设计

四、项目实施及学生学习结果

（一）任务1：设计便携式净水器

【情境】网传某微信聊天记录：接水厂通知，在新冠肺炎疫情期间，水厂加大了氯气注入量，居民在用水时，特别是煮饭、烧开水前，要把水用容器装起来，至少静置2 h以上再使用，这样会更健康。

【资料】国家发布的《生活饮用水卫生标准》（GB 5749－2006）中对生活饮用水消毒剂常规指标及要求有明确规定，其中一种常用的消毒剂为氯气及游离氯制剂，其出厂水中游离氯含量限值为4 mg/L，且要求出厂水中余量≥0.3 mg/L，管网末梢水中余量≥0.05 mg/L。

【分析】消毒剂的使用在指标及要求的范围内是安全的，上述聊天记录实为谣言。

【过渡】随着生活水平的提高，人们越来越重视健康问题，如用水安全，家庭中通常安装有净水器。展示家用净水器的构造，了解净水器所用材料及对应的净化功能，如图2所示。

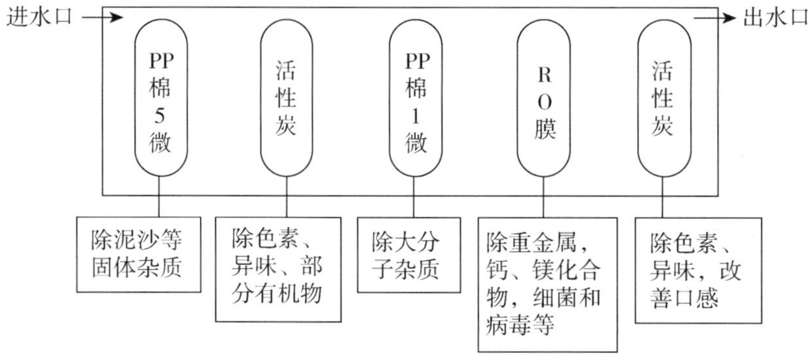

图2　家用净水器的结构及功能

【问题】对于长期在野外且需要时常更换地点的工作人群，如何保障饮用水安全？是否能设计便携的简易净水器？

【学生活动1】类比思考，基本的净水过程应除去不溶性的杂质，还需杀菌、消毒。设计简易的便携式净水器。根据提供的材料（可选材料：鹅卵石、石英砂、活性炭、高聚碘杀菌树脂、棉花），选择并画出设计的净水器简要构造图、使用方法及每一个环节对应的功能。

【展示】学生设计的图稿，如图3所示。

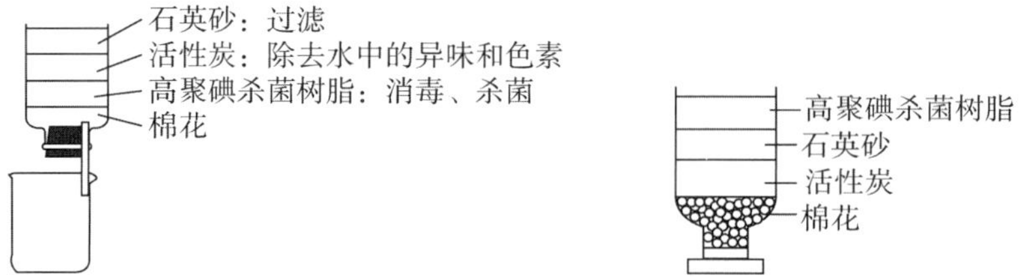

图3　学生设计的简易便携式净水器图稿

【教师】投影评价学生设计的图稿。

【学生活动 2】巩固复习水的净化相关化学知识（沉淀、过滤、吸附、消毒、蒸馏），完成学案知识填空，如表 2 所示。

表 2　水的净化知识填空

净化方法	作用	说明
沉淀	除去不溶性的颗粒物	静置沉淀：利用难溶物质的重力作用沉降于水底（净化程度较低）
		吸附沉淀：加明矾吸附水中的悬浮物，使之沉降
________	____________	把不溶于水的固体物质与水进行分离
________	____________	利用活性炭的________性除去异味和色素，是________变化
消毒	除去水中的细菌、病毒	一般利用物质的强氧化性（氯气、二氧化氯等）进行杀菌、消毒，是________变化
________	除去可溶性杂质	利用混合物的沸点不同进行分离（净化程度最高），得到纯净水

【教师】介绍市面上的“生命吸管”便携式净水器，其构造、净化原理如图 4 所示。演示使用方法，对比净化后的水与原水的浑浊度。

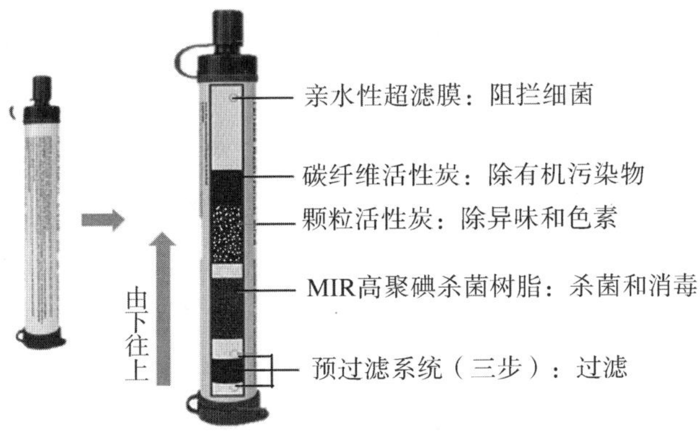

图 4　“生命吸管”便携式净水器

【学生活动 3】浑浊的泥水在“生命吸管”的净化下变成澄清的水。

【追问】该产品与同学们设计的不同之处是水进入的方向是从下往上，为什么？有何好处？

【学生活动 4】由于重力，由下往上吸水时速度变慢，能使水与净化材料接触时间变长，充分接触后能够达到更好的净化效果。完成巩固习题。

【例题】某兴趣小组在实验室模拟水厂将浑浊的江水净化成自来水，并最终制成蒸馏水的过程，其实验流程如图 5①所示：

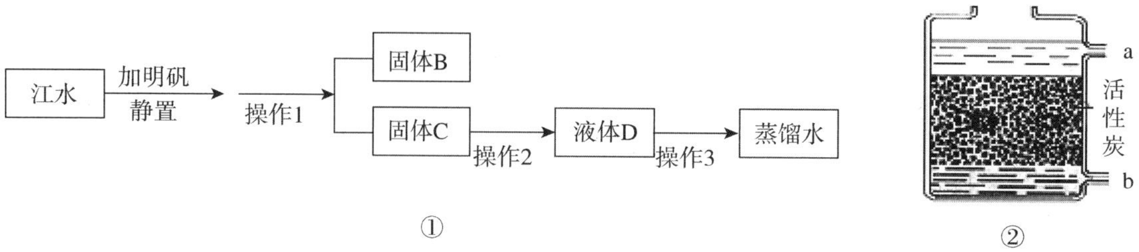

图5 水的净化过程

请回答下列问题：

（1）加入明矾的作用是________；操作1的名称是________。

（2）利用如图5②所示的装置进行操作2，此操作的作用是________，待处理的水应该从________（填“a”或“b”）端通入，理由是____________________。

（3）通过操作3可以得到净化程度较高的蒸馏水，操作3的名称是________。

【评价】以流程图的形式呈现水的净化过程是典型的考题形式，从下往上进行吸附操作也是常见考点之一，二者结合，一题多练。不明白从a端或b端进水，是学生在新授课后的习题中暴露出来的主要问题，学生普遍对此存在理解上的障碍。通过将真实产品“生命吸管”与自主设计的便携式净水器进行对比，能有效突破疑点，使课堂练习中该题的正确率显著提升。

【追问】该净水器能否将水软化？

【学生活动5】回忆软水、硬水的概念，分析净化过程，猜测净水器不能将水软化。再通过学生实验，利用肥皂水对比原水和净化后的水的软硬度，验证猜想。

设计意图：取材贴近生活，培养学生类比思维，使其达到能够自主设计便携式净水器的程度。进一步提高能力要求，对比实际产品与自行设计的便携式净水器的异同，体会化学知识是能够用于解决实际问题的，但并非简单套用。通过实验检测净水效果，分析现象得出结论，再次关联所学知识，呈现了对知识运用的进阶过程，达到水的净化后成就水平中的水平Ⅰ和水平Ⅱ。

（二）任务2:改进便携式净水器

【问题】此种“生命吸管”已被广泛应用，也常作为应急装备。但它能适用于所有情况吗？如在海上遇险能否用它净化海水呢？

【视频】“生命吸管”的测评视频，无法用于净化海水，净化后得到的液体仍是苦咸的。

【追问】造成得到的液体苦咸的原因是什么？

【学生活动1】是由于大量氯化钠的存在所导致的，净化过程无法将氯化钠除去。

【追问】可否对“生命吸管”进行改造，达到淡化海水的目的？

【资料】几种淡化海水的方法，如表3所示。

表 3　几种淡化海水的方法

方法名称	淡化原理
冷冻法	冷冻海水使之结冰，在液态海水变成固态的同时，盐分被分离出去，但耗能大
电渗析法	在外加电流驱动下，将具有选择透过性的离子交换膜（阳膜、阴膜）交替排列，使淡水与浓缩水得以分离
反渗透法	利用只允许溶剂透过、不允许溶质透过的半透膜，将盐分与水分离。最大优点是节能，但操作所需压力较大
蒸馏法	利用太阳能蒸馏或是多级闪蒸海水淡化，依次在多个压力逐渐降低的闪蒸室中进行蒸发，将蒸汽冷凝得到淡水

【学生活动 2】结合所给的资料信息，从便捷及符合野外实际使用的角度出发，选择反渗透法，增加半透膜以除去氯化钠，并对自己的设计图稿进行优化。

【展示】投影学生优化后的新图稿，如图 6 所示。

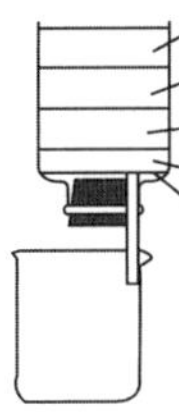

图 6　学生优化后的简易便携式净水器设计图样

设计意图：通过对产品性能的进一步探究，引导学生发现问题，思考解决方法，拓展视野，对自己的设计进行优化与修正，培养学生的科学探究与创新意识。

（三）任务 3：海水的利用探究

【问题】目前，海水难以作为饮用水来源，但海水资源丰富，是否有其他用途？

【资料】海水的直接利用：代替工业用水，做冷却水；也可以作为冲厕等生活用水；用于农业灌溉，适用于耐盐性高的农作物等。

【追问】海水资源丰富，海水能转化为其他物质进行利用吗？

【学生活动 1】回顾水的电解，完成相关学案内容，如表 4 所示。根据水电解生成氢气和氧气，巩固水为化合物且由氢元素、氧元素组成的知识，并结合分子、原子观，复习水的化学式 H_2O 的微观解释。

表 4　水的组成知识填空

<table>
<tr><td>化学方程式</td><td>______________________</td></tr>
<tr><td>实验装置</td><td>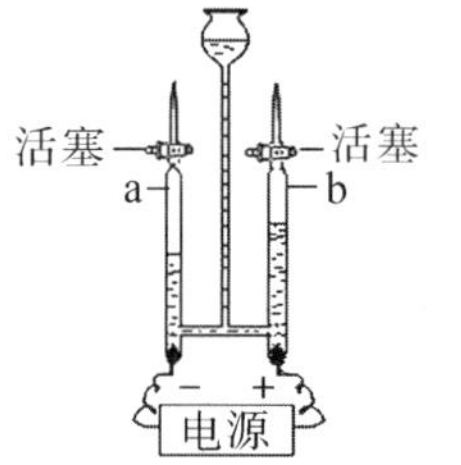

备注：通直流电；往水中加入少量的硫酸钠（Na_2SO_4）或氢氧化钠（NaOH），增强水的导电性。
（正氧负氢：正极产生________，负极产生________）</td></tr>
<tr><td>现象</td><td>①两极玻璃管内均________；②正负极玻璃管内产生的________比约为________</td></tr>
<tr><td>检验</td><td>正极：____________________，为氧气。
负极：燃着的木条放在玻璃管尖嘴处，气体燃烧发出淡蓝色火焰，为氢气。</td></tr>
<tr><td>结论</td><td>______________________</td></tr>
<tr><td colspan="2">从微观角度讨论下列问题：
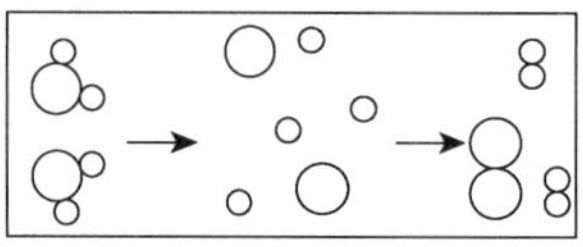
○ 代表氢原子
○ 代表氧原子
（1）表示一个________，是由________、________构成。
（2）水通电后，水分子分裂成________和________，这些原子重新组合成________和________；新分子不再保持水的化学性质。水电解前后分子的种类________，原子的种类________，属于________（填“物理变化”或“化学变化”）。</td></tr>
</table>

【评价】学生对基础知识的再现情况较好。通过宏微结合，巩固水的组成相关知识，达到了该核心概念的后成就水平 Ⅰ。

【拓展视野】电解水产生的氢气是清洁能源之一，但电解耗能过大。科学家们通过研究新型催化剂改变条件，利用太阳能实现光催化制氢是势头较旺的方向。Lee Cheng-Ting 等采用水热法合成了一种独特的混合价态的亚磷酸钛盐，如亚磷酸钛镁盐（MgTiP），并将其应用于海水光催化析氢。

【学生活动 2】根据表 4 实验装置图 a、b 玻璃管中产生气体的量判断出是氢气或氧气，进而推断出电源的正、负极。然后完成学案相应习题。

【例题】水是生命之源。珍惜水、节约水、爱护水是每个公民应尽的义务和责任。以水为原料生产氢气开发清洁氢能源的方法有多种。

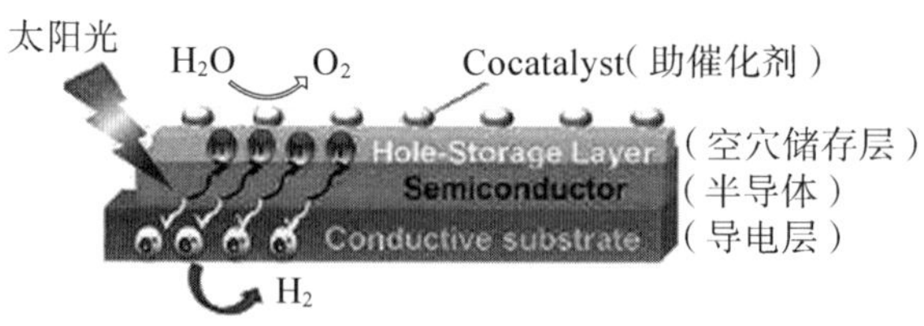

图 7　太阳能制氢

图7为光催化法制氢示意图，在助催化剂作用下，太阳光照射到半导体，能量被吸收，产生空穴和电子，产生的氢离子被还原为氢气。该反应的化学方程式为________________；助催化剂在反应前后________和________不变。

【评价】例题背景较为新颖，图示内容多，书写化学方程式时反应条件是学生的易错点。

设计意图：转换并发散思维，丰富的海水资源可以不同的方式加以应用。结合科技发展前沿，通过综合题的形式，强化知识，拓展视野，培养学生科学探究与创新意识以及提取、分析有效信息的能力，从而达到“水的组成”后成就水平Ⅱ。

五、教学效果及反思

以项目式学习的方式对九年级化学“自然界的水”单元复习进行设计，阶梯式上升的学习任务推进并促使学生思维得到进一步发展。从贴近生活实际的情境出发，设计3个学习任务，调动学生的积极性，在各个学习任务中复习涉及的化学知识，并加以运用，理论与实际相结合提升到一个新的高度，体会化学与生产、生活的紧密联系，激发学生对化学的学习兴趣与认同感。

在教学实践中，学生参与度较高，分别达成了预设的后成就水平目标。从课堂知识巩固填空题和课外习题中可以看出，学生对于基础知识的重现（即知识填空题）较熟练，能快速、正确地作答。当知识迁移到课外习题中时，学生也出现了一些知识运用的障碍点，如套用了陌生背景的电解水的题目类型（光催化法制氢习题），学生对反应条件的判断存在困难，实际上是由对有效信息提取能力的不足造成的。因此，在课后作业中又设计了类似的题目，增加了信息阅读量，旨在让学生进一步熟悉和养成习惯，减少畏难心理。在其他单元复习的习题中也应多增加信息应用题，循序渐进地培养学生对有效信息的提取和分析能力，这也是近年来中考的命题趋势。

案例2 “溶液的形成”项目式教学设计

一、项目式教学主题分析

随着《普通高中化学课程标准（2017年版2020年修订）》的颁布，“以素养为本的教学”成为当前化学教学改革的主旋律。核心素养本质上是解决复杂问题的能力，需要在真实的问题情境以及具有挑战性的任务中借助问题解决的实践逐渐培育起来。以灌输和训练的方式教授知识，知识的积累反而会导致素养的衰减甚至泯灭。核心素养的属性决定了其习得必然依赖于深度学习的过程。深度学习将学生置于真实的情境中，建立情境、问题（任务）与学生活动三位一体的教学关系，基于真实情境产生需要解决的问题，通过探究问题解决的学习活动，建立新知与旧知的逻辑关系，培养学生的高阶思维能力。

“溶液的形成”位于人教版九年级《化学》下册第九单元课题1，是初中化学学习混合物体系的代表性内容。“溶液”不仅在生产、生活及科学实验中具有广泛的应用，其“形成过程”尤其是本质特征更是深入理解酸、碱、盐之间化学反应的重要基础，同时也是发展学生“宏观辨识与微观探析”“证据推理与模型认知”等学科核心素养的重要载体。但在“溶液的形成”常态教学中，往往存在浅层学习的隐忧。如按照教材实验“照方抓药”式的活动只能让学生获得对溶液概念的表面理解，不能将学生置于真实的问题解决情境中形成对溶液本质特征及学习价值的深刻理解，亦不能与已有知识之间形成逻辑关联等。因此，在学科核心素养视域下，充分挖掘课题背后的学科观念、方法、价值等对发展学生素养更富“营养”价值的隐性内容，创设符合学情的真实情境，将知识镶嵌于高度情境化的真实场景中，以结构化问题引导探究过程，促进学生对学习内容的持久理解和高阶思维能力的发展，成为当前教师教学设计面临的挑战。

《义务教育化学课程标准（2011年版）》对该课题的要求是“认识溶解现象，知道溶液是由溶质和溶剂组成的；知道水是最重要的溶剂，酒精、汽油等也是常见的溶剂；能说出一些常见的乳化现象；了解溶液在生产、生活中的重要意义。”教材以与学生的生活经验相关的蔗糖与食盐的溶解作为溶液概念形成的事实依据，但定义中的“几种物质”“均一、稳定”等却未能建立在实验及模型认知的基础上，教师一般以强调的方式讲解；教材中碘、高锰酸钾分别在水和汽油中溶解的实验虽很经典，但远离学生的生活经验，亦不能解决实际问题；教材中通过几幅图片介绍溶液在生活、生产中的应用，显然不能让学生深切感受到溶液的学习价值。这些都有可能造成浅层学习，需要对教材进行二次开发。

本课例巧妙设计了“自制盐汽水”“利用盐汽水配制鸡尾酒”“提取鸡尾酒中的色素”等连续的情境任务，逐步揭示隐含于学习任务中的知识及学科观念和方法，变传统的讲解灌输为学生的主动发现，使有关溶液的知识结构化和功能化，从而弘扬学科价值，达到深度学习的目的。

二、项目式教学目标

（1）能够在动手做和观察实验现象的基础上，归纳溶液的定义、特征等，初步运用模型示意图表示溶液的宏观特征与微观本质的关联。

（2）能够判断溶液中的溶质、溶剂，列举常见的溶剂，会依据对比实验分析并归纳影响溶解性的内因。

（3）能够列举溶液在生产、生活及科学实验中的应用；通过屠呦呦利用乙醚提取青蒿素的事例体悟学科价值，增强民族自豪感和自信心。

三、项目任务及教学流程

本节课的情境线、问题线和任务线设置如图 1 所示。

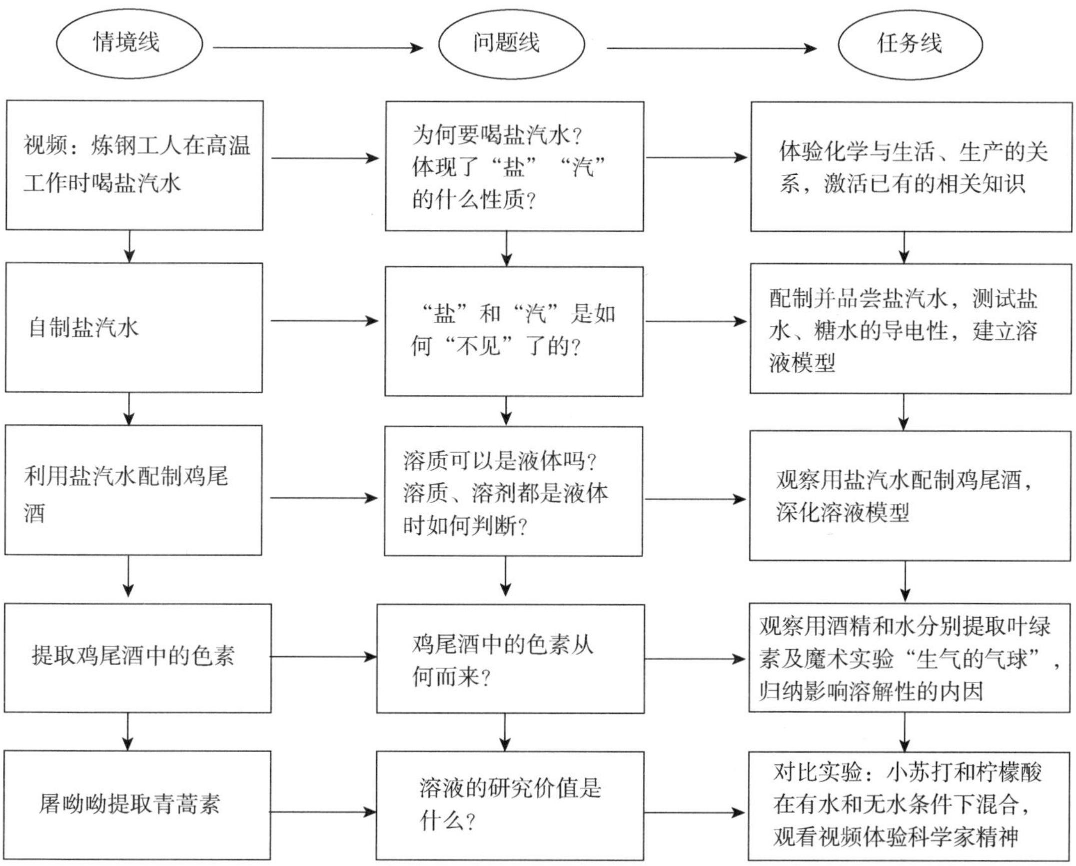

图 1　“溶液的形成”情境、问题和任务的一体化设计

四、项目实施及学生学习结果

（一）情境引入：生产、生活中的碳酸饮料

【展示】碳酸饮料大家并不陌生，今天老师带来了一些（展示雪碧、芬达等），还有一种中国人自己发明的碳酸饮料，虽然在日常生活中不常喝，但在特殊情境下却能大显身手。

【播放】采访视频：炼钢工人在高温工作时饮用盐汽水。

【提出问题】为什么炼钢工人在高温下要喝盐汽水？你认为盐汽水的主要成分是什么？

【学生】为了降温，补充盐分。主要成分有盐、二氧化碳等。

【展示、追问】盐汽水标签（见图2）。的确，盐汽水的主要成分与同学们分析的一样，这说明食盐、糖、二氧化碳等物质具有怎样的性质呢？

【学生】食盐、糖、二氧化碳能够溶解于水。

能量	43 千焦	1%
蛋白质	0 克	0%
脂肪	0 克	0%
碳水化合物	2.5 克	1%
钠	118 毫克	6%

· 配料：水、果葡糖浆、食用盐

· 食品添加剂：二氧化碳、柠檬酸、甜蜜素、食用香精、苯甲酸钠

图2　盐汽水标签

【教师】这节课我们就用身边的物质一起自制盐汽水，并且从化学的视角去认识它。

设计意图：利用生活、生产创设情境，提出问题，引出本节课的第一个任务“自制盐汽水”。贴近生活，激发学生学习兴趣，并激活学生已有的相关知识：某些物质具有溶解性。

（二）学习任务1：自制盐汽水

【问题】利用提供的原料（见表1），比较配料表，说说如何将“盐”和“汽”等溶解于水？

表 1　配料用量表

原料	用量
食盐（g）	0.3
蔗糖（g）	10
无水柠檬酸（g）	1.5
小苏打（g）	1.5
纯净水（mL）	200

【学生发现问题】碳酸饮料中需要二氧化碳，二氧化碳从哪里来？

【师生共同分析】提供的原料中有小苏打，主要成分为碳酸氢钠，与柠檬酸混合可产生二氧化碳。

【学生设计方案】①将四种粉末分别溶解于水中，然后再混合到一起；②把蔗糖、食盐、柠檬酸、小苏打一起放入纯净水中混合。

【教师】同学们刚才都提到一个关键词“混合”，即配制的是一种混合物。下面我们动手混一混，观察所得到的混合物具有什么特征？（提示：方案①得到的 4 种混合物先不混合）

【学生分组实验】按照方案分组进行实验。观察：方案①中所得到的 4 种混合物及方案②中所得到的 1 种混合物。

【提问】这 5 种混合物在外观上有什么共同的特征？为什么原来的固体都不见了？

【学生】都是无色透明的。应该是固体分散到水中变成了我们看不见的微粒。

【追问】“看不见”，那如何证明微粒确实存在于水中？能否以糖水、盐水为例说说方法？

【学生设计方案、分组实验】①品尝糖水、盐水及盐汽水；②用 26011 微型溶液测电器测试糖水、水、盐水的导电性。观察实验现象（见图 3）。

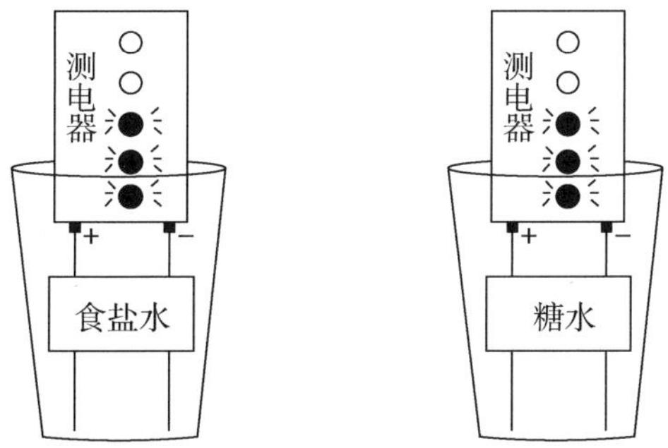

图 3　氯化钠溶液、蔗糖溶液的导电性实验

【提问】刚才品尝盐水、糖水、盐汽水的同学，感觉如何？（提醒学生注意：实验室情境下不可随便尝物质的味道）说明了什么？再尝一口，是否一样甜、一样咸？如果把这个塑料杯密封，明天再尝是否还一样？这又说明了什么？

【学生】①构成盐、糖或二氧化碳的微粒虽然看不见，但的确存在；②盐水、糖水、盐汽水等混合物具有均一性和稳定性。

【师生共同归纳】溶液、溶质、溶剂的定义。

【提问】为何盐水能导电，而糖水不导电？

【学生】盐水能导电，是因为 NaCl 由钠离子和氯离子构成，它以离子的形式分散在水中。而糖水不导电，是因为蔗糖以分子的形式分散在水中。

【追问】溶液具有均一性、稳定性的本质原因是什么呢？同学们能否用模型示意图表达你的观点？

【学生展示】溶液的微观构成示意图（见图 4）。

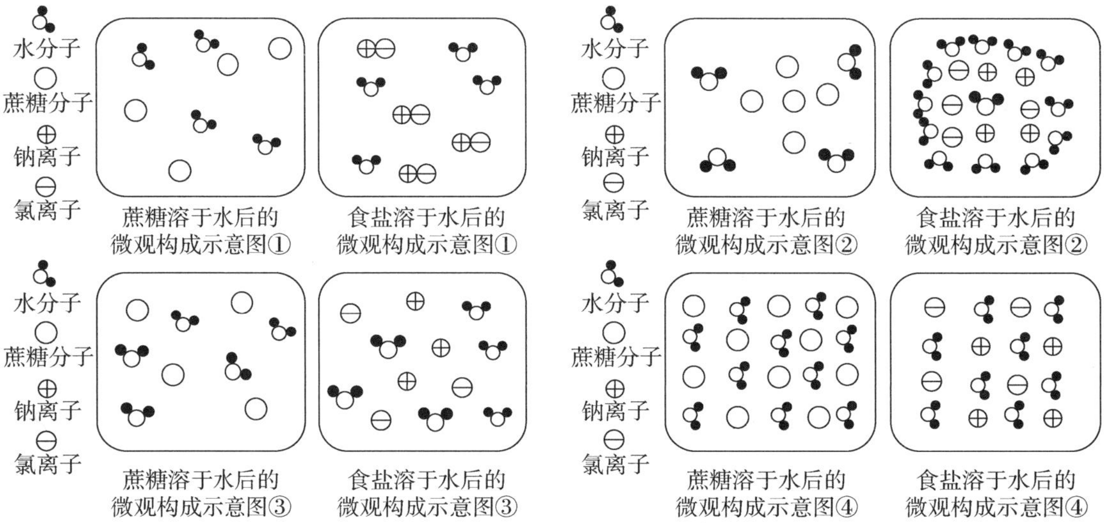

图 4　4 位学生所画的糖水和盐水的微观构成示意图

【评价、播放动画】依据溶液均一、稳定的特征分析并评价图 4 中不同示意图的合理性。播放蔗糖、氯化钠在水中溶解的模拟动画，学生比较并修正自己的微观构成示意图（见图 5）。

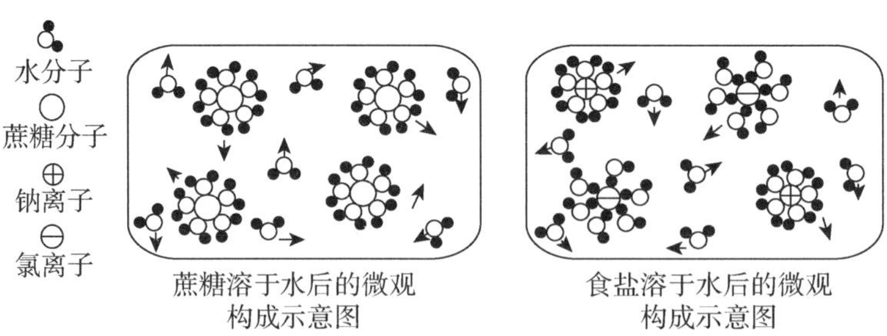

图 5　修正后的糖水和盐水的微观示意图

【师生归纳】溶液具有均一性和稳定性。

【学生活动】填写表 2，思考：溶质和溶剂的状态？

表2 溶液中溶质、溶剂的判断及溶液的命名

溶液	溶质	溶剂	溶液名称
①氯化钠+水	氯化钠	水	氯化钠溶液
②蔗糖+水	蔗糖	水	蔗糖溶液
③小苏打+水	小苏打	水	小苏打溶液
④柠檬酸+水	柠檬酸	水	柠檬酸溶液
⑤四种粉末+水	蔗糖、氯化钠、柠檬酸钠、CO_2等	水	盐汽水（俗名）

【提问】①②③④混在一起，是否与⑤的味道一样？为什么？

【学生】一样，因为成分一样，组成决定性质。

设计意图：利用“自制盐汽水”这一任务，让学生在“做科学”的过程中，通过自主观察、分析，在丰富的实验事实中发现溶液的宏观特征、溶质的状态特征等，自主建构核心概念。并基于宏观事实推理其微观本质，让学生设计实验验证推理，建构模型表达溶液的微观本质。在分析、评价、创造等高阶思维中发展学生的“宏观辨识与微观探析”“证据推理与模型认知”等学科核心素养。

（三）学习任务2：利用盐汽水配制鸡尾酒

【过渡】表2溶液中，溶质是气体或固体，溶剂都是水，且都无色。那么溶液都是无色的吗？溶质除了可以是气体和固体外，还可以是液体吗？

【实验】在盐汽水中加入蓝色调味糖浆，混匀，再用注射器沿杯壁慢慢注入适量酒精，调制成鸡尾酒（见图6）。学生观察，思考。

图6 酒精与水互溶实验

【学生归纳】①溶液不一定都是无色的；②酒精与水可以互溶。

【展示并提问】①75%消毒酒精；②车用乙醇汽油。如何判断溶质、溶剂？

【师生归纳】溶质、溶剂的判断方法（见图7）。注意：如果一种是水，则一般水为溶剂。

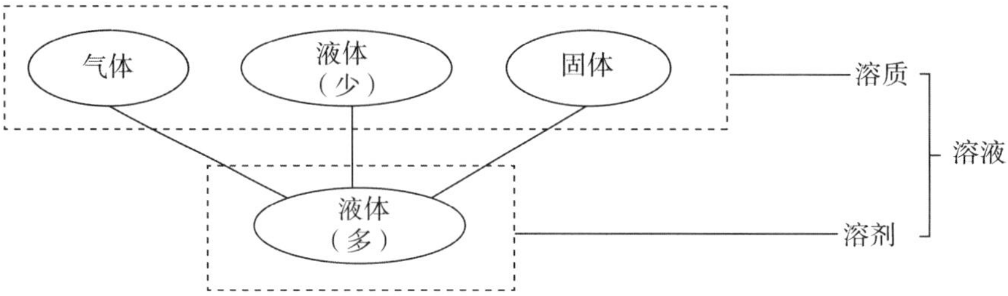

图7 溶质、溶剂判断的思维模型

设计意图：延续“自制盐汽水”这一情境，利用盐汽水配制鸡尾酒，不仅自然转变了学生头脑中可能的错误概念——溶液是无色的，而且学生通过实验事实自主发现溶质的状态还可以是液体。用常见的消毒酒精、乙醇汽油为载体补充了当溶剂、溶质是两种液体时如何判断溶质、溶剂的知识，完善了学生对溶液的整体认知。

（四）学习任务3：提取鸡尾酒中的色素

【过渡】彩虹鸡尾酒中不同颜色的色素可从天然植物中提取。七年级时，同学们学过验证绿叶中含有淀粉的实验，还记得如何使绿叶脱色的吗？水作为最常用的溶剂，可以从绿叶中提取叶绿素吗？

【对比实验】将一片天竺葵叶子放在酒精中水浴加热，另一片放在水中加热，提示学生观察并分析实验现象。

【学生分析】同一种溶质（叶绿素）在不同种溶剂中的溶解能力不一样。

【趣味实验】“生气的气球”（分别将水和汽油滴在气球上）。

【追问】为何水不能使气球爆炸，而汽油可以？说明了什么？

【学生】汽油可以溶解乳胶，使气球爆炸，而水不可以。说明溶剂性质影响物质溶解性。

【追问】盐汽水中的二氧化碳可以溶解于水，而氧气却不易溶于水，这又说明影响物质溶解的内因还有什么？你还能举出其他例子吗？

【学生】不同种溶质在同一种溶剂中的溶解能力不一样。再如氯化钠易溶于水，而碳酸钙难溶于水……

【师生归纳】溶质和溶剂本身的性质是影响物质溶解的内因。

设计意图：将教材中的碘、高锰酸钾分别溶解于水、汽油的实验，改成利用酒精提取色素的实验和“生气的气球”实验，将影响溶解性的内因探讨置于实际应用和趣味实验中，不仅激发学生的认知兴趣，还为后续体悟屠呦呦利用乙醚提取青蒿素的学科价值埋下伏笔。利用对比实验，渗透了科学方法、探究意识，同时将新知与学生已有认知中常见物质的溶解性联系起来，不断丰富学生的认知结构。

（五）学习任务4：探究溶液的利用价值

【过渡】利用溶质、溶剂的性质不仅可以帮助我们从天然植物中提取色素，在日常生活、工农业生产和科学研究中都具有广泛的用途，可否列出一些事实来说明？

【提出问题】盐汽水的作用是补充盐分、降温，同学们有没有想过为什么要配成溶液喝？小苏打和柠檬酸在水中混合产生了 CO_2，如果把两种固体混合，情况又是怎样的？

【分组实验】分别将适量柠檬酸晶体和小苏打的混合粉末置于两支试管中，其中一支直接套上气球，另一支注入约四分之一试管的蒸馏水后，再迅速套上气球，观察现象。

【事实归纳】①生活中很多营养品、药剂都是配成溶液的，可以帮助人们补充营养、战胜疾病；②植物所需的营养物质通常溶解在水中，利于植物的吸收；③物质以分子或离子的形式分散在水中时，往往能够加快反应速率，所以许多化学反应都是在溶液中进行的。

【资料卡】东晋时，葛洪的《肘后备急方》有关“青蒿一握，以水二升渍，绞取汁，尽服之”的记载，给了屠呦呦灵感和启发。

【播放视频】屠呦呦的采访视频：提取青蒿素，造福人类，荣获诺贝尔奖。

【小结】许多药物的提取都利用了物质的溶解性。溶液在生产及科学研究中具有重要价值。学好化学，以屠呦呦为榜样，为中华民族的伟大复兴多做创新性贡献。

设计意图：对物质用途的学习不是泛泛而谈，而是让学生通过实验对比、事实列举以及榜样人物的事例，获得深刻体验，真切感受到化学学科的巨大价值。

（六）归纳整合:知识结构化

【师生归纳】从溶液的特征、组成、构成及影响物质溶解性的内因等 4 个角度归纳本节知识，如图 8 所示。

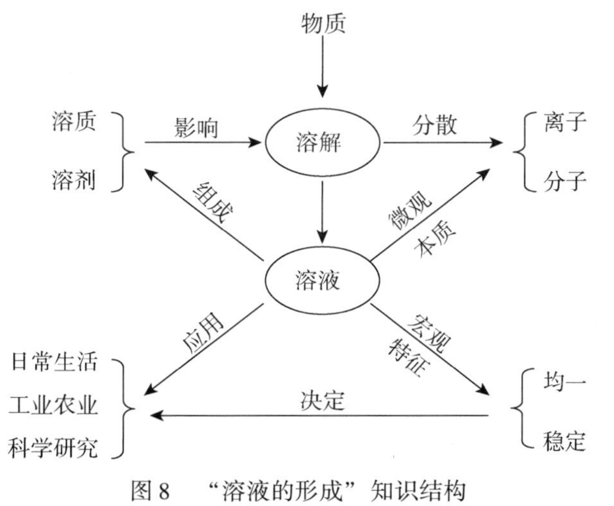

图 8　“溶液的形成”知识结构

【课后探究】教材实验 9 – 2。

设计意图：深度学习强调信息整合。引导学生从 4 个方面（角度）归纳整合，将所学知识进一步结构化，形成宏观辨识与微观探析、物质组成与性质、物质性质与用途之间的关联，有利于知识的迁移。将教材中的经典实验移到课后探究中，加深学生对影响物质溶解性内因的理解。

五、教学效果及反思

本节课教学设计通过4个连续的学习任务，让学生围绕特定目标，从已有经验出发，以解决真实问题为主线，在问题解决的过程中，付出持续的努力，通过分析判断、创造性思维以及反省认知等复杂的思维活动，形成对知识的深度理解。

通过课堂观察发现，学生学习相当投入，同学间合作高效，发言踊跃，正确率较高。课后访谈中同学们说："有趣的任务和实验让每一个人都沉浸在快乐的课堂中，完成课后作业时，思路比平时更加清晰，上课时合作探究的结论都能派上用场""屠呦呦用乙醚做溶剂，从黄花蒿中提取青蒿素，这与老师做的用乙醇提取叶绿素的实验十分相似，看起来高深的实验，其实原理很简单，关键在于要有发现的眼光""化学不仅有趣，更有用，要学好化学，为祖国多做贡献"等。学生的课后作业批阅结果也显示，学生的知识迁移能力得到了有效提升，体现了深度学习的高效性。该课例在江苏省名师课堂展播中也获得了专家及一线教师的好评。

当然，基于真实情境的深度学习设计并非易事。本教学设计初始，"自制盐汽水"这一任务情境只在引入新课和溶液、溶质、溶剂概念的建构中起到作用，在探究影响物质溶解性的内因这一环节中仍然用的是教材实验。在对本课的研讨中，大家认为，"碘、高锰酸钾分别加入水和汽油中的四个实验"远离学生的生活经验，且脱离了"盐汽水"这条主线，也不能为呈现屠呦呦用乙醚提取青蒿素这一素材做出铺垫。如何将情境延续就成了教学设计的难点。笔者从人教版七年级《生物学》上册教材"酒精脱色"这一实验中找到了灵感，将该实验改为利用"酒精和水分别提取叶绿素"的对比实验，不仅能承上——解决"盐汽水"配制的鸡尾酒中天然色素如何提取的问题，让学生的高阶思维得到发展，又能启下——使得屠呦呦提取青蒿素这一素材的呈现显得自然且可理解，学生能够将新学知识迁移到新情境中。这样的改进和创新，保证了教学叙事的完整性与结构性，也与学生已有经验相关，促进了学生的理解性学习。

案例3 “制作一枚 ‘蓝宝石’” 项目式教学设计①

一、项目式教学主题分析

初中化学复习教学中将化学知识结构化和功能化是提高复习效率的重要策略，但当前很多复习课教学为应对中考，花费大量时间进行知识重复性教学，学生学习兴趣和复习效率低下。项目式教学在实现学生学科知识、认识思路、学科观念结构化方面具有独特价值，故选择以项目式教学形式开展人教版九年级《化学》下册第九单元“溶液”主题复习。《义务教育化学课程标准（2011年版）》与“溶液”主题相关的内容主要涉及“过滤、溶液配制”等实验操作以及“溶解、溶解度”“结晶”“溶质、溶剂”等必备知识。以课标提供的“明矾晶体的形成”这一情境素材开展“制作一枚‘蓝宝石’”项目式教学，并将这一项目在知识层面进行解构，基本可以覆盖“溶液”主题相关知识，具体如图1所示。此外这一项目不仅聚焦化学核心知识，也能发展学生的知识关联度和拓展学生的知识深度，例如基于“硫酸铜热饱和溶液配制”的问题建构“饱和溶液与不饱和溶液间的转化模型”、基于物质溶解度性质形成对“分离提纯”与“结晶方法选择”问题的结构化认识、在“普通过滤装置”局限性的基础上拓展认识实验室快速过滤的“抽滤装置”等，最后“制备硫酸铜晶体”的具体过程还可迁移至其他晶体的制备，甚至在家庭厨房里都可以制备出漂亮的氯化钠晶体，大大激发学生学习化学的兴趣。

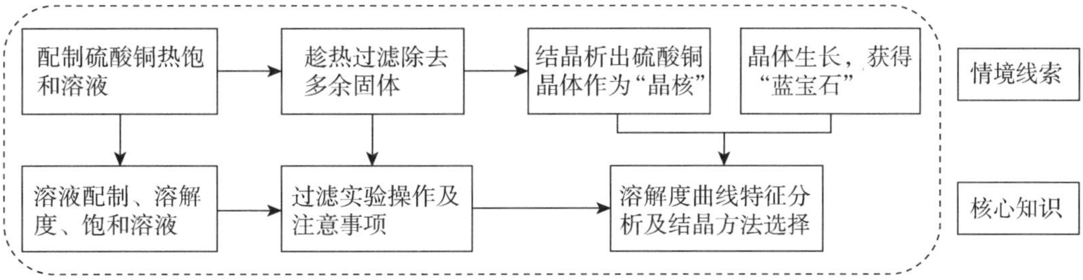

图1 “制作一枚‘蓝宝石’”项目涉及的核心知识

二、项目式教学目标

通过“蓝宝石”晶体的制备流程，对初中“溶液”主题相关知识进行复习，形成知识网络，建立学科知识与问题解决之间的关联，发展学生“科学探究与创新意识”“证据

① 该课例提供者为厦门市翔安区实验学校宫琦、福建省厦门第一中学武衍杰。

推理与模型认知”的学科核心素养，具体目标如下：

（1）通过“蓝宝石”晶体的制备过程，感受化学之美，从而增进学习化学的兴趣。

（2）通过“硫酸铜热饱和溶液”的配制过程，加深对饱和溶液和不饱和溶液的认识，建构饱和溶液与不饱和溶液间的相互转化模型。

（3）通过“混合体系中固液分离”问题，巩固过滤操作等实验技能，认识“趁热过滤”与“物质溶解度性质”间的联系，了解抽滤装置的原理。

（4）通过“晶体的析出”过程，提升分析溶解度曲线的能力，能根据物质溶解度曲线特征选择合适的结晶方法并建立基于溶解度曲线特征差异的物质分离提纯认识思路。

三、项目任务及教学流程

教学流程设计如图 2 所示。项目推进围绕“如何制备晶体”这一核心任务，遵循问题解决的逻辑——“如何配制硫酸铜热饱和溶液”“如何除去多余固体”“如何析出晶体”“晶体如何长大”等。学生在解决上述问题的过程中，调用“溶液配制、溶解度计算”“过滤操作”“溶解度曲线分析、结晶方法选择”等必备知识和技能，经历“实验探究”“模型建构与优化”等学科活动，在复习课中构建知识网络，切实实现知识的结构化和功能化，最终发展“科学探究与创新意识”“证据推理与模型认知”的学科核心素养。

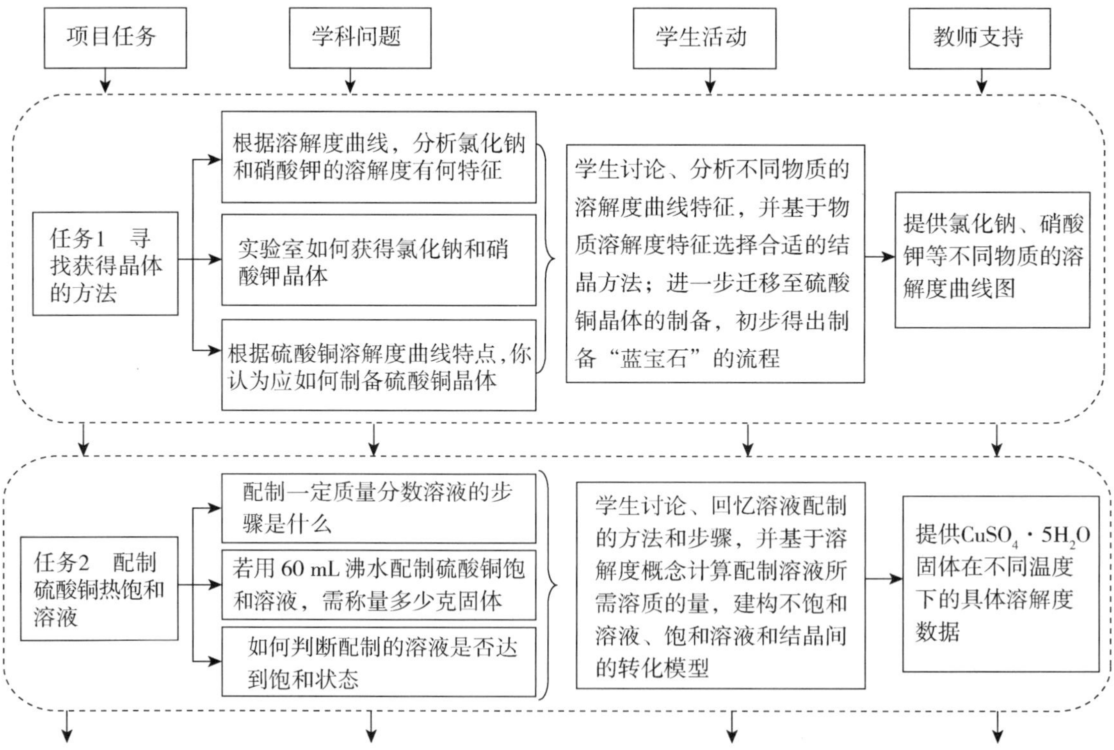

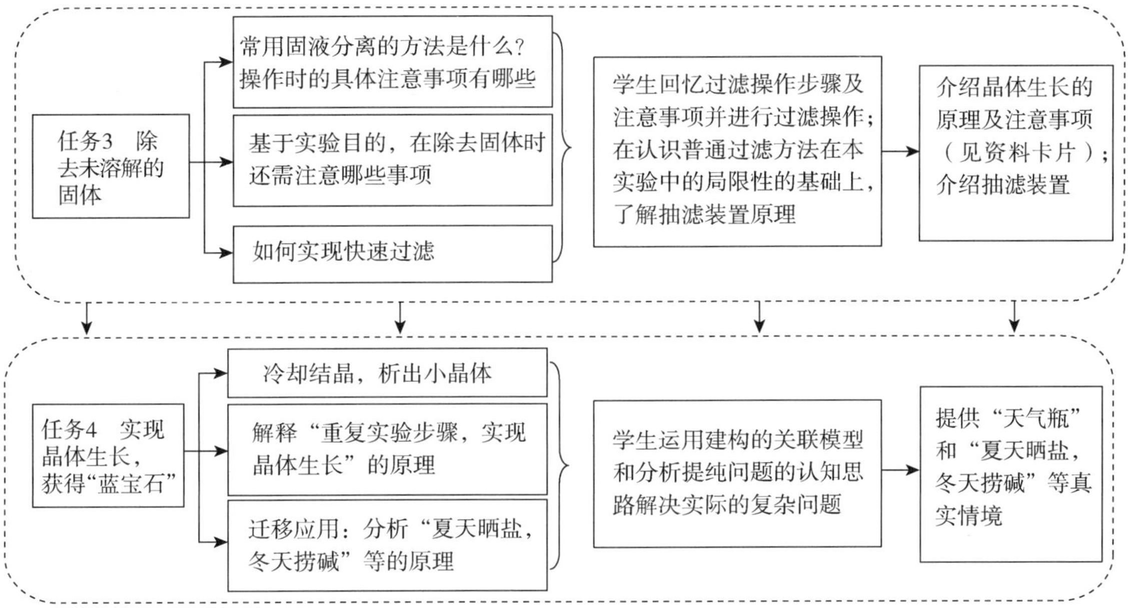

图2　教学流程

四、项目实施及学生学习结果

晶体的制备可以展现化学之美。为激发学生制备晶体的兴趣，以“美丽化学”的结晶视频作为开篇，展示“硫酸铜晶体”（图3上）、“三草酸合铁酸钾晶体”（图3左下）、“醋酸钠晶体”（图3右下）等的形成过程。视频中的硫酸铜晶体像一枚“蓝宝石”，在观看视频后，学生有强烈动手制备硫酸铜晶体的欲望，而硫酸铜固体又属于实验室常用药品，以此进入项目主题——制作一枚“蓝宝石”。教师首先从学生已有的知识——“实验室获得氯化钠晶体和硝酸钾晶体的方法”出发，引导学生寻找从溶液体系中获得晶体的思路和流程。此外，实验前要注意引导学生认识“$CuSO_4$”和“$CuSO_4 \cdot 5H_2O$”的区别，防止学生认识及后续计算过程出现科学性错误。

图3　多样的晶体

（一）寻找获得晶体的方法

【学习任务 4.1.1】（1）根据图 4，总结氯化钠和硝酸钾的溶解度的特点，并思考实验室是如何从溶液中获得氯化钠和硝酸钾晶体的？（2）你认为实验室利用硫酸铜固体制备“蓝宝石”晶体应包括哪些步骤？

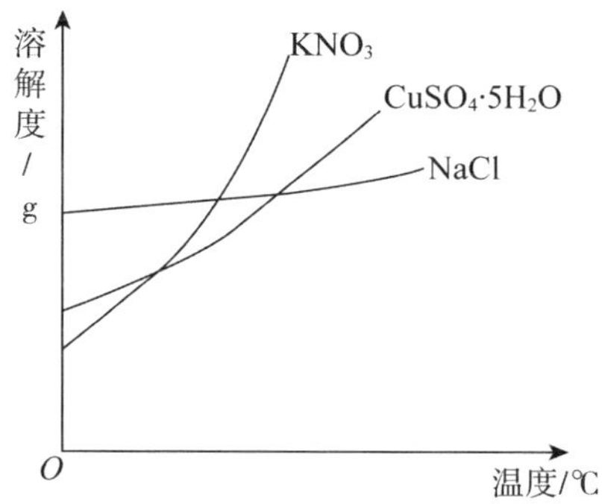

图 4　溶解度曲线

【学生讨论并汇报】（1）观察溶解度曲线可以看出，KNO_3的溶解度受温度影响较大，可采取将 KNO_3热饱和溶液降温结晶再过滤的方法获得晶体；NaCl 的溶解度受温度影响较小，因此要采用蒸发结晶的方法获得晶体。

（2）由于 $CuSO_4 \cdot 5H_2O$ 的溶解度随温度升高而增大，且受温度影响较大，所以可以通过将热饱和溶液降温结晶的方式获得“蓝宝石”晶体（类比硝酸钾）。因此实验室制备“蓝宝石”晶体应包括配制硫酸铜热饱和溶液以及冷却结晶获得晶体等步骤。

【教师总结】由于不同物质的溶解度受温度影响不同，可以采用不同的结晶方法从溶液体系中获得晶体，具体思路如图 5 虚线框区域。那么真实制备“蓝宝石”晶体的流程是否就像大家说的那样直接冷却热饱和溶液就可以了呢？下面开始我们的项目之旅。

（二）配制硫酸铜热饱和溶液

【学习任务 4.2.1】欲用 60 mL 沸水配制硫酸铜饱和溶液。（1）思考配制溶液的具体步骤有哪些？（2）为防止配制溶液时加入药品过多，造成浪费，结合表 1 中的数据思考，至少需称量多少克固体？（3）根据配制溶液的具体步骤，实施实验，如何判断配制的溶液是否饱和？

$CuSO_4 \cdot 5H_2O$ 晶体在不同温度下的溶解度

温度/℃	0	10	20	30	40	50	60	100
溶解度/g	23.1	27.5	32.0	37.8	44.6	61.8	83.8	114

【学生汇报】（1）结合氯化钠溶液的配制可知，配制溶液包括“计算—称量—量取—溶解”等步骤；（2）由于要利用 60 mL 沸水配制溶液，结合溶解度概念可知所需称量的固体质

量 $m_{溶质}=\frac{m_{溶剂}\times S}{100\ g}=\frac{60\ g\times 114\ g}{100\ g}=68.4\ g$；（3）由于在一定温度和一定量的溶剂中，能继续溶解该溶质的溶液是这种溶质的不饱和溶液，不能继续溶解该溶质的溶液就是这种溶质的饱和溶液，因此在配制溶液过程中，若沸水不能再继续溶解溶质，则说明溶液已达饱和。

【教师追问】不饱和溶液除了可以通过增加溶质的方法转化为饱和溶液外，还有没有其他转化方法？

【学生补充】还可以通过减少溶剂的量或降低温度将不饱和溶液转化为饱和溶液。同样，饱和溶液也可以通过增加溶质的量或升高温度的方法转化为不饱和溶液。

【教师引导，建构思维模型】如图 5 所示，建构不饱和溶液、饱和溶液和结晶间的转化模型，实现知识关联结构化。[注意：Ca（OH）$_2$ 例外]

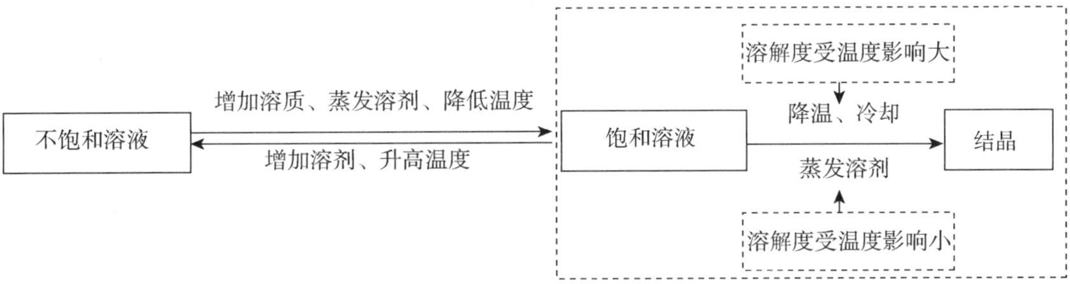

图 5　不饱和溶液、饱和溶液、结晶间的转化关系

【学生实验】根据配制溶液的步骤及饱和溶液的判断方法配制硫酸铜热饱和溶液。（注意学生实验操作技能的训练和指导）

（三）除去未溶解的固体

【提供信息】晶体的形成和生长并不像大家想象的那样简单，它们对生长条件的要求是很“苛刻”的，具体如资料卡片。

资料卡片

（1）晶体的生长需要晶核，晶核是晶体的生长中心；

（2）溶液中多余的固体以及杂质灰尘等都可作为晶核；

（3）晶核不能“泛滥”，否则无法生成大晶体；

（4）晶核“泛滥”时，晶体发生粘连，如右图所示。

【学习任务 4.3.1】（1）根据资料卡片可知，要得到大晶体，必须除去溶液中未溶解的固体，应该选用什么方法？（2）为避免溶剂中的硫酸铜析出，操作时还要注意些什么？

【学生讨论并汇报】（1）固液分离可采用过滤操作，具体操作过程中要注意“一贴、二低、三靠”；（2）过滤的目的是要除去未溶解的固体及杂质，同时也要防止过滤过程中液体冷却，晶体过早析出，因此在实验过程中要注意加快过滤速度，趁热过滤。

【学习任务4.3.2】认识抽滤装置：演示普通过滤操作（由于要趁热过滤，为防止学生烫伤，实验由教师演示），注意引导学生回忆操作注意事项。学生发现即使趁热过滤，由于普通过滤耗时较长，在这个过程中，滤纸上仍然会析出大量蓝色晶体，造成损失，因此必须找到一种实现快速过滤的方法。

【介绍抽滤装置】如何实现快速过滤呢？这里给大家介绍一种新的装置（图6），整个装置包括抽滤瓶、布氏漏斗、抽气泵等部分，操作时注意将润湿的滤纸铺在布氏漏斗上。根据图6所示，思考该装置是如何实现快速过滤的。

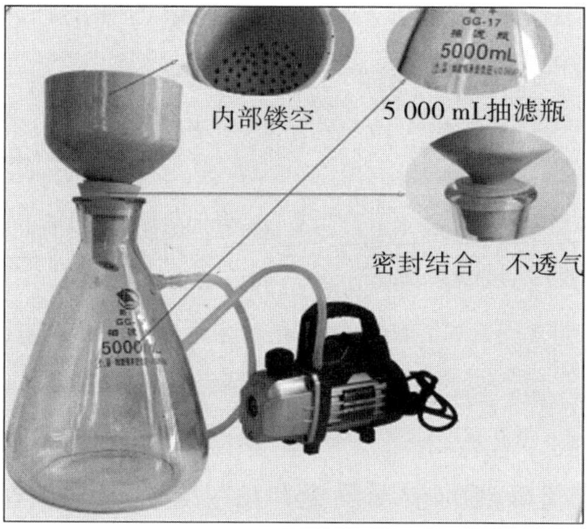

图6　抽滤装置

【学生讨论并汇报】过滤时，将润湿的滤纸铺在布氏漏斗上，通过抽气泵的抽气作用，抽滤瓶中的压力迅速降低，此时将待过滤的溶液倒入布氏漏斗中，在外界大气压的作用下，漏斗中的液体被迅速过滤至抽滤瓶中，实现快速过滤。（注：如果是家庭实验，为实现快速过滤，经实践，也可用眼镜布等充当滤纸）

（四）析出小晶体作为“晶核”，实现晶体生长，获得“蓝宝石”

【学习任务4.4.1】析出小晶体：将学习任务4.3.2中的滤液倒入干净的培养皿中，结合硫酸铜晶体的溶解度曲线特征，选择冷却结晶的方法获得小晶体作为“晶核”。（注：在30～50分钟，可看到有菱形的小晶体析出，挑选出晶型合适的小晶体作为培养大晶体的“晶核”，如图7所示。教学中为节省时间，可事先制备好小晶体，待下课后析出晶体，再让学生观察）

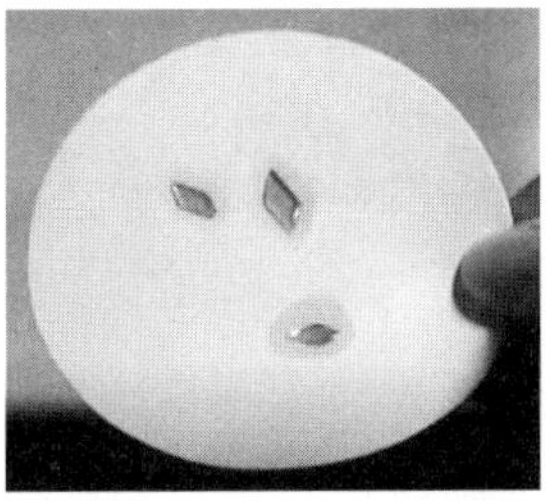

图 7　作为“晶核”的晶体

【学习任务 4.4.2】根据溶解度曲线特征，我们除了可以从单一溶液中获得晶体外，还可在混合体系中对物质进行分离提纯。请同学们思考：（1）如果是 KNO_3固体中混有少量 NaCl 或者 NaCl 固体中混有少量 KNO_3，应采用什么方法进行分离提纯呢？（2）如何基于物质的溶解度曲线特征，实现物质的分离提纯？

【学生讨论并汇报】KNO_3固体中混有少量 NaCl：首先将混合物溶解，获得混合物的热饱和溶液（可采用溶解后蒸发浓缩的方法），由于 KNO_3的溶解度受温度影响较大，采取降温结晶的方式，当有大量晶体析出时，进行过滤，由于 NaCl 的溶解度受温度影响较小，NaCl 仍然留在滤液中，从而实现物质的分离；NaCl 固体中混有少量 KNO_3：首先将混合物溶解，由于 NaCl 的溶解度受温度影响较小，所以采取蒸发结晶的方法，当有大量晶体析出时，过滤，KNO_3仍然留在滤液中，从而实现物质分离。

【教师追问】除去 NaCl 固体中混有的少量 KNO_3时，降温结晶后，需要过滤，过滤时应注意什么？

【学生补充】由于 KNO_3的溶解度受温度影响较大，为防止液体冷却后 KNO_3晶体析出，应趁热过滤。

【建构认识思路】基于物质溶解度特征，可形成如图 8 所示的物质分离提纯的认识思路。

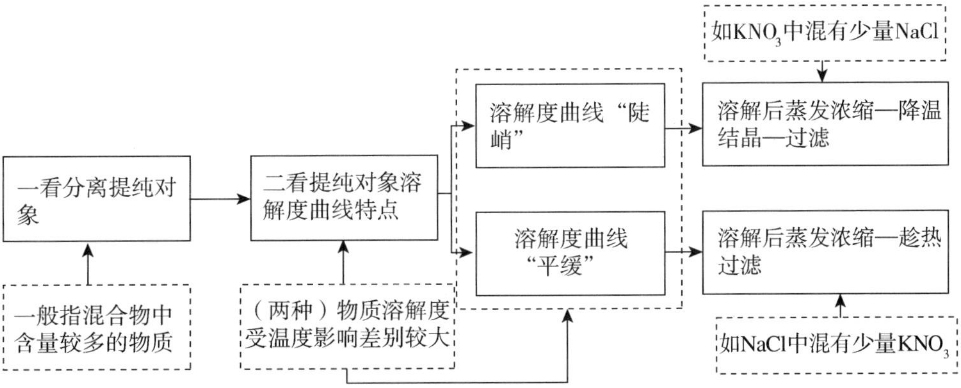

图 8　基于溶解度特征的物质分离提纯思路

【学习任务 4.4.3】晶体生长：为了让晶体“长大”，将获得的小晶体作为“晶核”放入重新配制的硫酸铜饱和溶液（常温下配制即可）中，然后经过 2～3 天，就可以观察到美丽的“蓝宝石”晶体，将晶体简单打磨，如图 9 所示。（注：由于晶体生长过程较慢，教师可事先录制晶体生长的倍速视频，便于学生观察，将课上制备的小晶体放入培养皿

后，可放在教室供学生课下观察，但要注意防止灰尘落入）

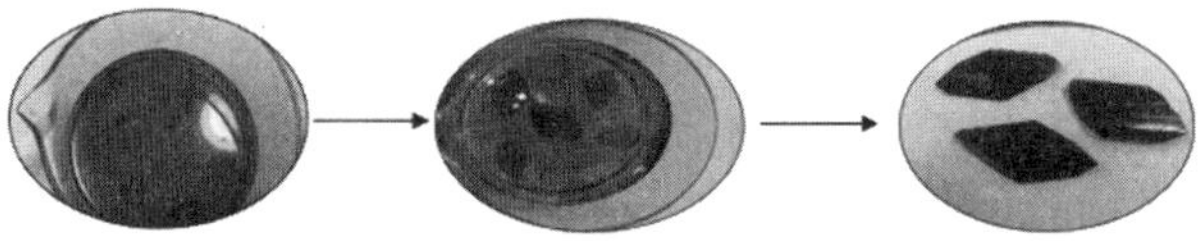

图9　晶体生长过程

【思考：模型应用Ⅰ】（1）为什么将“晶核”置于常温下配制的硫酸铜饱和溶液中，也能在“晶核”表面析出固体，使晶体长大？（2）把“晶核”置于常温下不饱和的硫酸铜溶液中，可行吗？

【学生汇报】（1）常温下，硫酸铜的饱和溶液在2～3天里会蒸发大量水，在这个过程中，饱和溶液变为过饱和溶液，析出固体，使晶体长大。（2）如果将“晶核”置于不饱和的硫酸铜溶液中，“晶核”将充当溶质的角色发生溶解。

【思考：模型应用Ⅱ】真实问题解决。（1）我国北方有许多盐湖，湖中含有大量的碳酸钠和氯化钠，那里的人们有一句俗语“夏天晒盐，冬天捞碱”，请解释这是为什么。（碳酸钠和氯化钠的溶解度曲线如图10所示）（2）市场上卖的天气瓶（图11），内部封存蒸馏水、樟脑、乙醇、硝酸钾和氯化铵混合成的饱和溶液，有人认为它可以用来预测天气，“如果溶液澄清，代表天气将会晴好；如果溶液浑浊，代表天气多云阴郁；如果溶液中出现大片固体，代表将降温甚至下雪”，你认为这种预测有科学依据吗？

【学生汇报】（1）由于北方冬天温度低，碳酸钠的溶解度受温度影响较大，因此会析出较多晶体（冷却结晶）；而夏天温度较高，氯化钠的溶解度受温度影响较小，通过水分蒸发，析出大量晶体（蒸发结晶）。（2）天气瓶内的浑浊和澄清是由于溶质结晶或溶解造成的，在封闭体系中溶质的溶解和析出只受到外界温度的影响，随着温度的变化溶质发生溶解和析出，因此天气瓶无法感知到除了温度以外的天气变化，因此将天气瓶看作工艺品更合适。

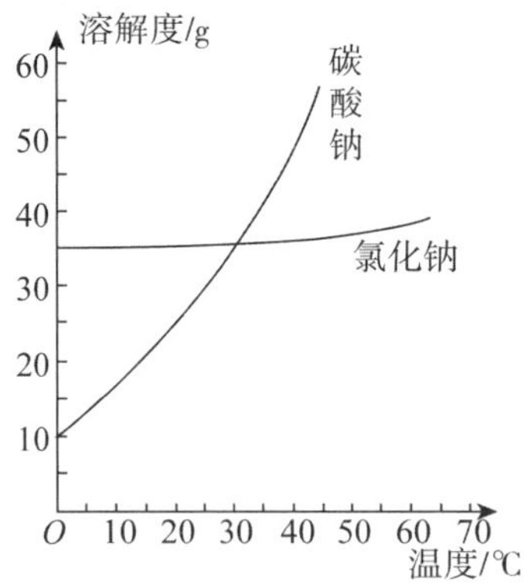

图10　溶解度曲线

图11　天气瓶

【教师总结】通过今天的学习，我们可以发现，化学学科不仅是丰富的化学符号的变化，还有动手实践创造的绚丽多彩的晶体世界，更有未来等待我们继续探索的物质奥秘。大家回家后，可以尝试利用“冷却结晶”的方法制备氯化钠晶体，给大家一周的时间，制备成功的同学将成品带来学校展示。

五、教学效果及反思

（一）项目式教学大大提高复习课效益和学生兴趣

项目式教学倡导学生综合运用所学知识和技能解决实际复杂问题，体现知识的功能性，使复习课教学从学会解题转向学会解决问题。在项目推进过程中，本节课较好地将化学知识和基本实验技能融入项目任务中，让学生在“做中学”，既实现了知识的结构化和功能化，又大大提高了学生学习化学的兴趣。例如，通过基于物质的溶解度曲线特征结晶析出“蓝宝石”晶体的方法，使学生在真实任务中区分冷却结晶和蒸发结晶，并形成物质分离提纯的一般思路，并且学生能运用这一认识思路解决新问题（“夏天晒盐，冬天捞碱”），说明学生在真实体验中建构的认识思路更具可迁移价值；此外，“做中学”的方式大大提高了学生学习化学的兴趣，课后，学生对制备氯化钠晶体展现出极强的积极性，很多同学在家制备出了正方体形的氯化钠晶体在班级学习群展示，还分享了很多制备晶体的小技巧，例如水少一些，溶剂自然蒸发后能获得很多漂亮的正方体形小晶体。

（二）项目式教学设计要注意项目任务与学科知识、技能的匹配

开发出的项目式教学要想在当前的课堂教学中具备生命力，要想让教师乐用、善用，就必须在项目推进过程中覆盖课标要求的核心知识和技能。特别是在初三化学复习课中，时间紧、任务重，学生面临升学压力，不建议用大量时间做科普性的项目式教学。“制作一枚‘蓝宝石’”项目中涉及的“溶解度在物质结晶中的作用”“饱和溶液与不饱和溶液的转化”“溶液配制和过滤”等知识和技能紧扣课标要求，在项目推进过程中既解决了真实问题，又通过结构化板书呈现了上述知识间的逻辑关联，进一步深化了学生对概念原理、核心知识和技能的理解。

（三）项目式教学设计要注意学生对补充性教学内容的可接受性

由于项目式教学要解决实际复杂问题，而初中生知识水平有限，有时需要引入一些课外知识作为资料补充使项目正常推进，这时要特别注意学生对补充性内容的可接受性。不能单纯为了推进项目任务而将学生难以理解的知识内容引入教学中，增加学生的学习负担，影响课堂进度。补充性内容要符合学生的认知发展规律，尽量使补充性内容与学生已有的知识建立关联，降低新知识难度。例如本项目式教学中引入“抽滤装置”，虽不在教学要求范围内，但这部分内容与“普通过滤”具有紧密联系，学生能通过物理中的气压差知识分析得出“抽滤”原理，补充性内容既推进了项目的正常进行，又发展了学生的高阶思维，难度也在学生可接受范围内，因此是值得引入的。

第二节　素养为本的高中化学真实情境项目式教学设计

案例1　“湿法脱硫工艺设计”项目式教学设计①

一、问题的提出

学科核心素养是指学生通过某学科的学习而逐步形成的关键能力、必备品格与价值观念。学科知识是学科核心素养形成的主要载体，学科活动是学科核心素养形成的主要路径。学科知识和学科活动对于学科核心素养的形成和发展有不可替代的作用。《普通高中化学课程标准（2017年版2020年修订)》是以学科核心素养的形成与发展为导向，选取和制订课程内容。新课程倡导选取真实情境，提出挑战性问题任务，在问题解决过程中促使知识结构化、功能化、素养化。项目式学习，是以建构主义理论为指导，以小组合作方式进行项目规划和解决项目任务的学习方式。在学习过程中，学生致力于真实问题的解决，进行高阶思维，通过具体的学科活动获得学科知识、发展学科核心素养。

在常规课堂教学中实施项目式学习，需基于课程标准、教学内容和学生经验选取项目，做好项目规划。项目式学习选取的课题主要来源于社会性议题、热点问题、生产和生活实际问题。基于学科核心概念将项目拆解成具体的、可操作的任务，根据任务目标设计学科活动，明确需要教师指导及学生自主学习、合作学习完成的活动内容。高质量完成学科活动的关键，是形成解决问题的一般思路和模型，即形成学科关键能力。基于核心素养落实的项目式学习流程如图1所示。

---

①　本案例作者为双十中学佘晓敏，在福建省新课程标准省级培训会上做全省公开课展示。

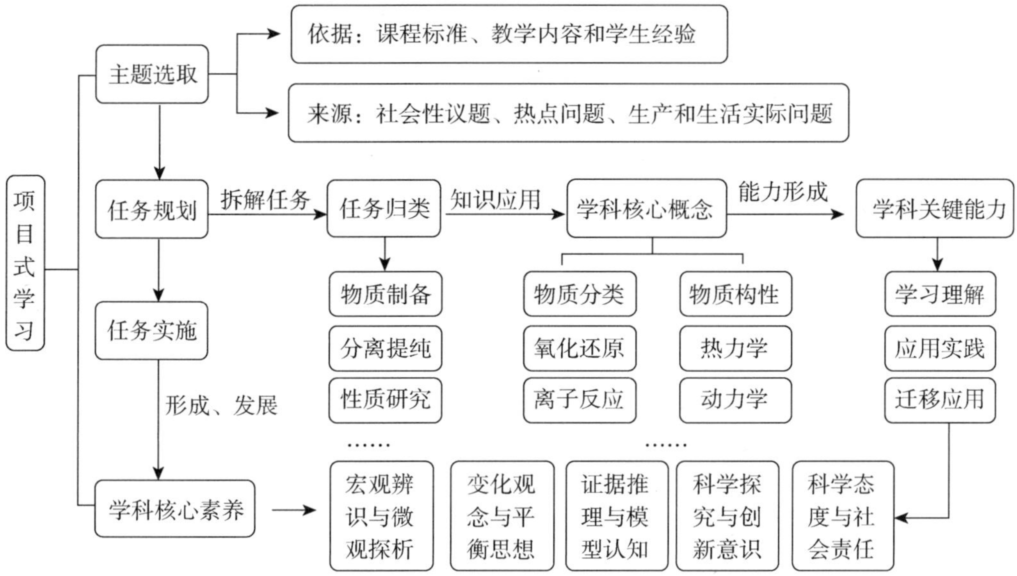

图1　基于核心素养落实的项目式学习流程

二、项目式学习的选题及规划

“湿法脱硫工艺设计”项目式学习来源于环境保护相关的社会热点问题。“湿法脱硫”是指在水溶液体系中脱除 SO_2 烟气。由于是气液反应，脱硫反应速率快、脱硫效率高，是目前重要的一种脱硫形式。项目涉及主要内容匹配“化学反应原理”模块“水溶液中的离子反应与平衡”主题中，“能综合运用离子反应、化学平衡原理，分析和解决生产、生活中有关电解质溶液的实际问题”的学业要求。

基于学科核心概念学习及核心素养发展，将该项目拆解成三个任务，任务规划如图2所示。

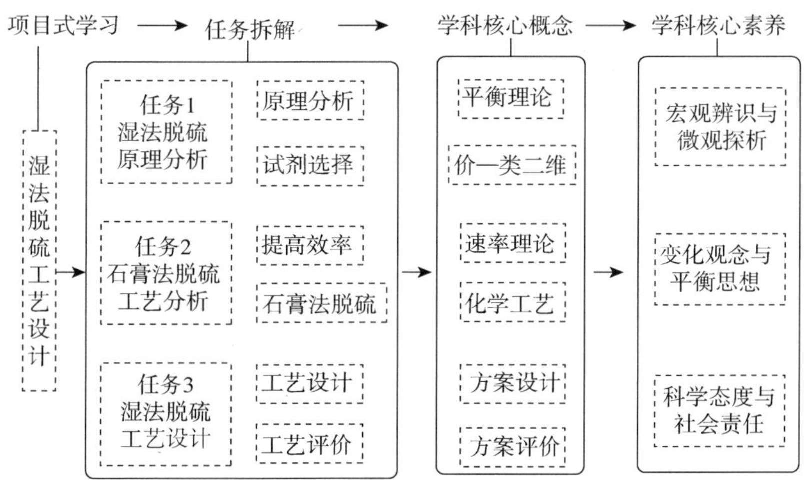

图2　“湿法脱硫工艺设计”项目式学习任务规划

“任务 1　湿法脱硫原理分析”是从微观的角度认识 SO_2 在水溶液体系中发生的离子反应，并用电离平衡、溶解平衡理论分析相应的变化。要求学生能从宏观与微观结合的视角对物质及其变化进行表征，发展微粒观、平衡观和守恒观，培养“宏观辨识与微观探析”和“变化观念与平衡思想”等核心素养。“任务 2　石膏法脱硫工艺分析”组织学生通过实际生产案例，综合应用平衡和速率的理论，将理论应用于生产实际，解决生产中的化学问题，并在实践中逐步形成节约成本、循环利用、保护环境等观念。“任务 3　湿法脱硫工艺设计”要求学生能针对石膏法脱硫工艺中存在的各种问题，提出处理或解决问题的具体方案，在这些问题的解决过程中落实“变化观念与平衡思想”和“科学态度与社会责任”等核心素养。

三、教学实施

（一）教学设计(如图 3)

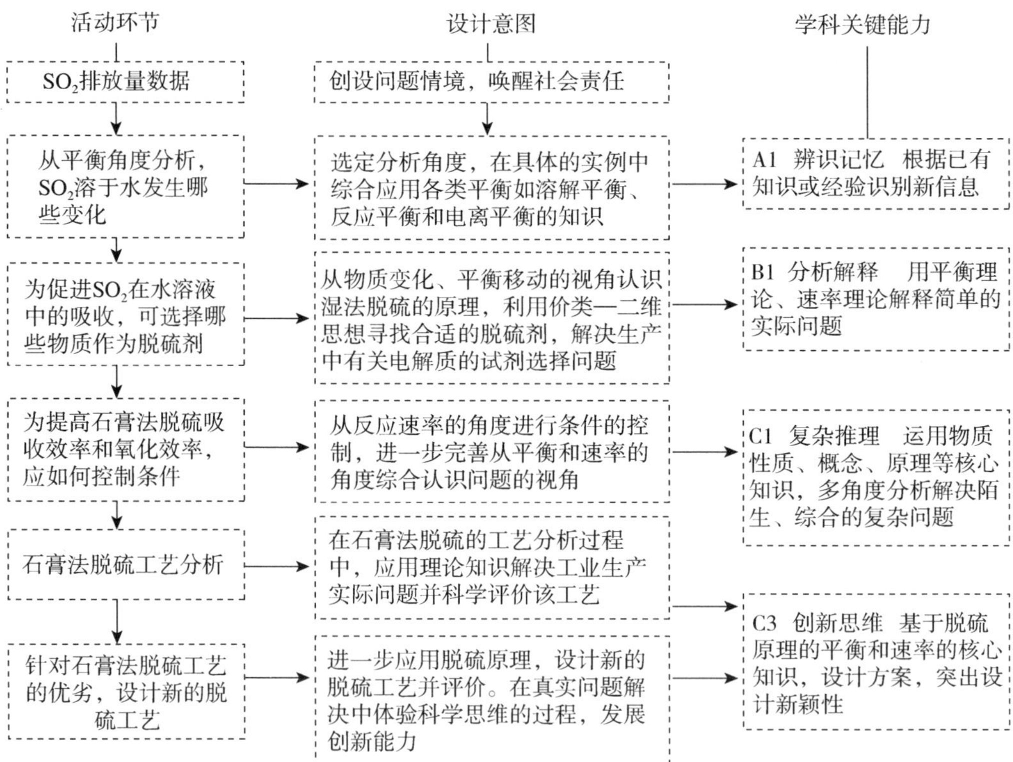

图 3　“湿法脱硫工艺设计”项目式学习教学设计

（二）教学过程

1. 引入

【资料】2011—2017 年我国二氧化硫排放量数据如图 4 所示。

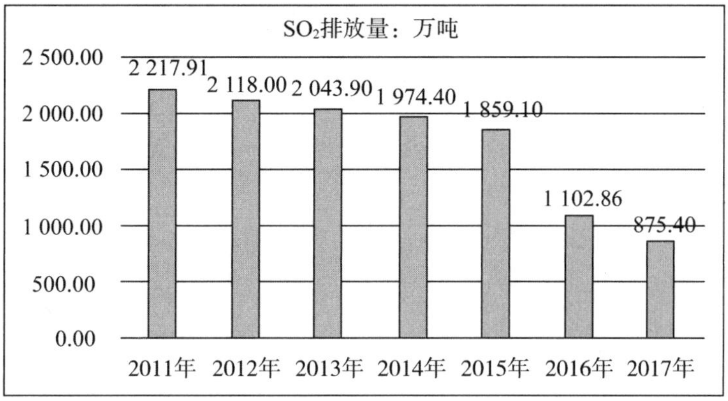

图 4　2011—2017 年我国二氧化硫排放量

【教师】火电厂燃煤产生 SO_2 的量逐年增加的同时，SO_2 的实际排放量却逐年降低，这与化学工作者在脱硫方面的努力是密不可分的。

2. 湿法脱硫的原理分析

【教师】从平衡角度分析，SO_2 溶于水发生哪些变化？

【学生】在已有的 SO_2 溶于水形成二元弱酸 H_2SO_3 的知识基础上，结合水溶液中各类平衡知识，更清晰地从微观角度看待物质的变化。

溶解平衡：$SO_2(g) \rightleftharpoons SO_2(aq)$

反应平衡：$SO_2(aq) + H_2O \rightleftharpoons H_2SO_3$

电离平衡：$H_2SO_3 \rightleftharpoons H^+ + HSO_3^-$　$HSO_3^- \rightleftharpoons H^+ + SO_3^{2-}$

【得出结论】从微观角度、多重平衡的角度重新认识 SO_2 在水溶液中的溶解行为。

【教师】为促进 SO_2 在水溶液中的吸收，可选择哪些物质作为脱硫剂？

【学生 1】NaOH、氨水、CaO、MgO、Na_2CO_3、$CaCO_3$ 等。

【学生 2】O_2、Cl_2、O_3 等。

【得出结论】应用平衡移动原理及价—类二维思想，为促进脱硫平衡正向移动，可选择的方法：①消耗 H^+；②氧化 S(Ⅳ)。

3. 石灰石/石灰—石膏法脱硫工艺分析

【教师】石灰石/石灰—石膏法脱硫流程如图 5 所示，为提高吸收效率，应如何控制条件？

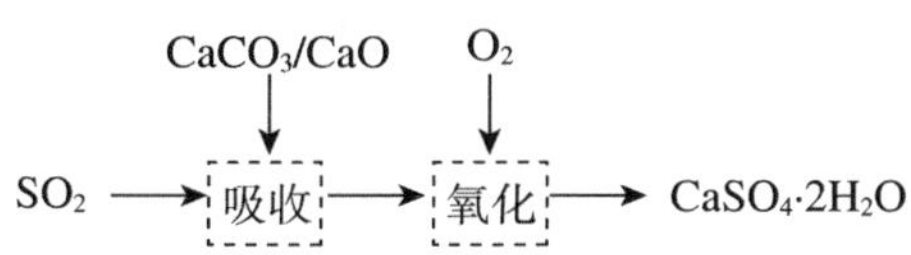

图 5　石膏法脱硫

【学生】粉碎矿石、提高反应温度、增大气体浓度……

【教师追问】如何提高反应温度？如何增大气体浓度？气体与固体如何充分接触？

【学生 1】提高反应温度：气体预热。

【学生 2】增大气体浓度：压缩气体。

【学生 3】气固充分接触：固体制成悬浊液、减缓气体流速、气液对流……

【教师补充】烟气本身具有一定的温度，温度过高，气体溶解度降低，反应速率减慢，故烟气需降低温度后吸收。

【教师】为提高氧化效率，应如何控制条件？

【学生】压缩空气，增大气体浓度……

【教师补充】溶液 pH 对脱硫效率会造成影响。

【得出结论】工业实际中控制反应速率的一般思维模型如图 6 所示。

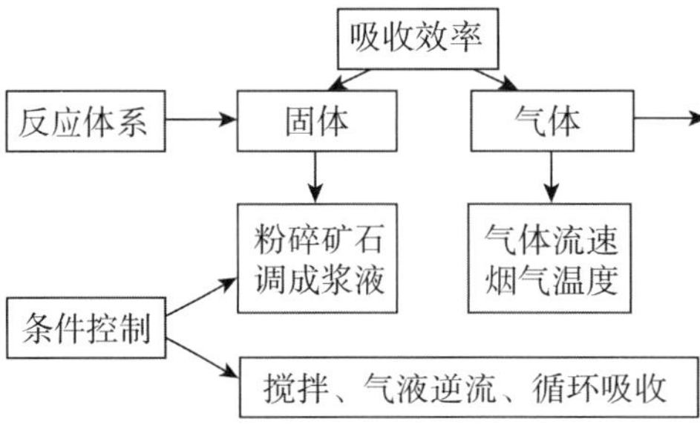

图 6　工业实际中控制反应速率的一般思维模型

【教师】脱硫浆液 pH 对脱硫率的影响如图 7 所示，分析可能的原因。

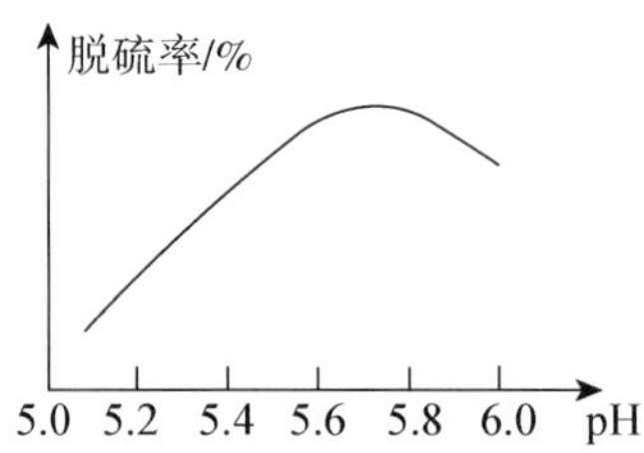

图 7　脱硫浆液 pH 对脱硫率的影响

【学生 1】pH 增大脱硫率增大的原因：SO_2 吸收速率增大。

【学生 2】pH 增大脱硫率减小的原因：S(Ⅳ) 氧化速率减小。

【教师追问】pH 不同对产物的存在形态有何影响？是否造成脱硫装置（即脱硫塔）结垢？

【学生 1】pH 过大，SO_2 转化为 SO_3^{2-}，与 Ca^{2+} 结合生成难溶的 $CaSO_3$，造成脱硫塔结垢。

【学生 2】pH 过小，SO_2 转化为 HSO_3^-，HSO_3^- 被氧化成 SO_4^{2-} 速率加快，与 Ca^{2+} 结合生成微溶的 $CaSO_4$，结垢影响较小。

【得出结论】pH 对脱硫率的影响需综合考虑“吸收”和“氧化”两个阶段，同时氧化产物的存在对脱硫塔造成不同的影响。由此可见，工业生产实际需考虑多方面的影响因素，也说明实验研究是工业扩大规模生产的前提。

【资料】石灰石/石灰—石膏法脱硫工艺如图 8 所示。

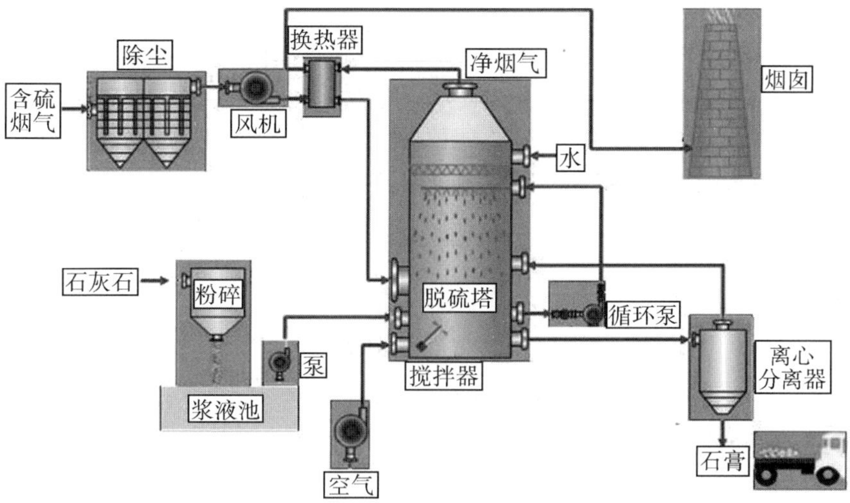

图 8　石灰石/石灰—石膏法脱硫工艺

【师生】教师展示石灰石/石灰—石膏法脱硫工艺，学生结合提高脱硫效率的理论，对照工艺设计图进行分析。

①除尘：防止粉尘堵塞风机。②风机：输送气体。③换热器：降低含硫烟气温度，增大脱硫效率；降低净烟气的温度，实现能量循环。④粉碎机：粉碎石灰石，增大固体表面积。⑤浆液池：将固体制成悬浊液，有利于增大反应接触面积。⑥泵：输送悬浊液；压缩空气，增大 O_2浓度。⑦脱硫塔：气液对流。⑧搅拌器：充分混合。⑨循环泵：多次循环，充分吸收。⑩离心分离器：固液分离，获得产品石膏。

【得出结论】理论分析对于工业生产的指导意义。

4. 湿法脱硫工艺设计

【教师】评价石灰石/石灰—石膏法脱硫工艺的优劣。

【学生】优势是原料来源广泛，价格低廉；劣势是脱硫效率不够高、脱硫塔易结垢等。

【教师追问】从产品价值及对环境影响的角度分析，产物选择 $CaSO_4$而非 $CaSO_3$的原因。

【学生】$CaSO_4$稳定、价值高……

【教师补充】石膏可作为建筑材料，品质不佳的可以填埋处理，而 $CaSO_3$填埋过程中遇到酸性物质有再次释放 SO_2的风险。

【教师】针对石膏法脱硫存在脱硫效率不够高、脱硫塔易结垢等问题，设计新的脱硫工艺。

【知识支持】教师提供或学生查阅资料。

表 1　部分化工原料价格

试剂	石灰石	生石灰	烧碱	纯碱	20% 氨水
价格（元/吨）	200	450	3 000	1 800	1 000
吸收 SO_2的成本（元/mol）	0. 02	0. 025	0. 24	0. 19	0. 17

表 2　部分化工产品的价格

试剂	Na_2SO_4	Na_2SO_3	$(NH_4)_2SO_4$
价格（元/吨）	900	3 000	700

【师生】学生进行工艺设计，并向其他成员介绍工艺优化的理论依据，其他成员可以提出建议或意见。教师观察学生的呈现过程，对学生的设计的逻辑性及表达能力进行评价。

【学生 1】烧碱/纯碱法脱硫流程如图 9 所示。

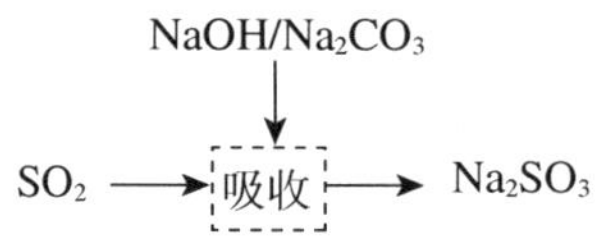

图 9　烧碱/纯碱法脱硫

评价角度：优势是脱硫效率高、脱硫塔不结垢等；劣势是原料成本高。从产品价值的角度分析，选择价值更高的 Na_2SO_3。

【学生 2】氨法脱硫流程如图 10 所示。

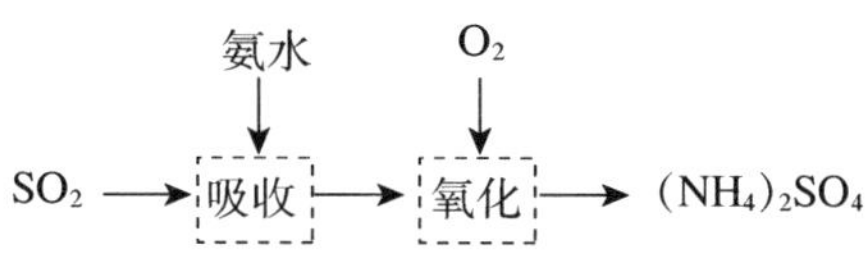

图 10　氨法脱硫

评价角度：从脱硫效率、原料成本、产品价值等方面综合进行评价。氨水的价格随浓度的增大而升高，存在运送成本高昂的问题。从减少运输成本、氨废气对周围环境的影响的角度考虑，需规划好工厂的选址。

【学生 3】为了减少原料成本，从软锰矿出发，应用氧化还原反应理论，提出改进方案如图 11 所示。

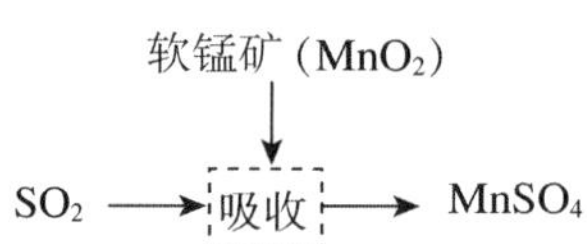

图 11　软锰矿法脱硫

【学生 4】在有成本意识和效率意识之后，能综合烧碱法脱硫效率高、石膏法脱硫成本低二者的优点，设计出双碱法脱硫，如图 12 所示。

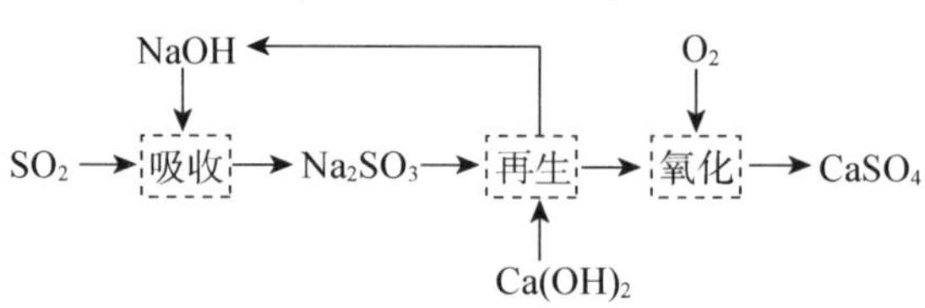

图 12　双碱法脱硫

【教师】厦门嵩屿电厂海水脱硫如图 13 所示。

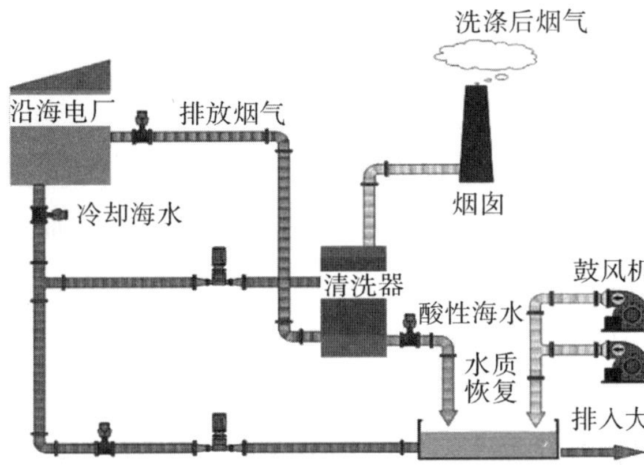

图 13　厦门嵩屿电厂海水脱硫

评价角度：联系厦门的实际情况，因地制宜，利用海水的天然碱性进行脱硫，大大节约原料成本，同时产生的硫酸盐属于海水的天然成分。

【教师补充】在介绍海水脱硫法之后，能提出硫酸盐含量提高是否对海洋生物的生存造成不良影响的疑问，能关注化学品在生产使用过程的安全问题，关注环境问题。

【得出结论】脱硫工艺设计不仅要考虑物质的转化，还要考虑原料的成本、产品的价值、厂址的选择等问题。

四、教学反思

本项目聚焦社会热点“脱硫”问题，通过三个任务完成湿法脱硫的工艺设计。从物质转化的核心认知视角重新认识 SO_2 在水溶液中的行为，用平衡和速率理论指导脱硫效率的条件选择及石膏法脱硫工艺的设计，从原料价格、产品价值、脱硫效率等多角度设计及评价脱硫新工艺。教师作为项目式学习的组织者，通过任务式活动，让学生重新整合学科核心概念，将元素化合物的知识、反应原理的理论知识、化工技术等学科知识，在真实复杂情境下得以综合应用。学生在真实问题解决中体验科学研究的过程，在开放性活动中提升团队合作能力，在学科活动中发展“宏观辨识与微观探析”“变化观念与平衡思想”“科学态度与社会责任”等核心素养。

（一）项目选题应注重真实性、复杂性

项目式学习是为了提升学生解决真实问题的能力，因此项目选择应注重真实性和复杂性。本项目选择湿法脱硫工艺的原因：已经工业化使用的脱硫装置及相关的原理研究素材丰富；涉及如价—类二维、热力学、动力学、工程思维等多种学科核心知识；涉及环境保护、化工技术、经济效益等多种学科知识。

（二）项目设计应注重层次性、冲突性

本项目通过湿法脱硫工艺的原理分析（理论分析）、石膏法脱硫工艺分析（理论联系实际）、湿法脱硫工艺设计（多种工艺设计及评价）三个任务，让学生经历根据已有经验识别信息（A1 辨识记忆）、用理论解释问题（B1 分析解释）、用核心知识解决问题（C1 复杂推理）、针对原工艺优劣提出改进（C3 创新思维）的思维进阶过程，分层次推进以解决复杂问题。

在烟气温度、溶液 pH 对脱硫效率的影响处，制造与已有认知的冲突，进一步体现真实问题的复杂性。在问题解决的过程中，形成解决一类问题的一般思维模型，如工业实际中控制反应速率的一般思维模型、工艺设计需要考虑的角度等。

（三）项目展示应注重开放性、进阶性

脱硫工艺开放性设计问题有利于学生创新思维、工程思维的培养，让化学知识走进生产实际，有利于提升学科价值。在教学实践中，对比高二学完《化学反应原理》模块和高三经过一轮复习的两类学生，前者明显需要提供评价角度，在教师引导下进行对比分析，而后者明显能提出更多的改进方案。

石膏法脱硫需要实验研究确定最佳的脱硫剂的 pH 范围。实验筛选最佳脱硫条件，需要相应的实验方案设计，包含模拟烟气的形成、脱硫装置的设计、残留 SO_2 的测定等。条件的筛选需要通过控制变量实验来实现，涉及的内容均为化学学科的核心知识与能力，是本项目可以进一步完善的一个重要方面。

案例2 “二氧化碳资源化利用”项目式教学设计

我国教育部基础教育课程研究中心针对我国课程改革教学的实际需要，开发了深度学习教学改革项目。项目式教学将课堂内容进行整合，基于真实的问题情境，重视教学内容的结构化设计，激发学生学习化学的兴趣，使学生深度参与到解决问题的过程中，学习方式的转变使学生的学习理解、实践应用、迁移创新能力得到培养，从而实现深度学习。常规高三复习往往是以知识梳理、习题讲练为主，师生在多轮次的讲评练中逐渐丧失了教与学习的激情，课堂逐渐空洞、枯燥乏味，再提升的空间小。为提高高三二轮复习的有效性，本案例以社会热点温室气体“二氧化碳资源化利用”的研究应用展开项目式教学活动，在复杂陌生的问题情境中，学生自觉调用价—类二维、方向、限度、速率、条件和能量转化等多认识角度系统分析物质和反应，构建动力学、热力学分析解决问题的思维模型，实现知识、问题的结构化和解题思路化，提高了迁移创新能力。

一、项目式教学主题分析

本课程是《化学反应原理》模块的化学反应的方向、限度和速率的专题式二轮复习。从素养角度看，通过《化学反应原理》模块的复习，学生的“变化观念与平衡思想”“证据推理与模型认知”“科学探究与创新意识”“科学态度与社会责任”化学学科核心素养将得到进一步的重点发展。开展项目式教学时，首先要选择适合现阶段学生能力发展水平的项目式学习主题。高三复习阶段的项目式教学内容不应是简单的学科知识内容堆砌或者简单、有趣的活动，其教学内容应该满足课程标准的规定和价值导向，承载了学科核心素养和学科核心思想，并涵盖核心知识点的贴近社会、生产、生活的真实、有意义、有趣、可操作的综合性内容。项目内容可以选择学生感兴趣的生活中的问题，也可以是社会热点或工业生产、科技发展的实际应用，如围绕资源、能源与环境等与可持续发展密切相关的问题开展综合实践项目。实际问题往往是复杂的，学生需要调用综合知识体系来解决问题，并形成可迁移的方法和看问题的视角，对学生的能力要求较高。从学生的学科能力发展看，通过高三一轮复习，学生对化学反应主题所涉及的基础知识和反应原理都经过了系统的梳理，能够从宏观—微观、定性—定量多角度认识化学变化，可以根据化学反应速率理论和化学平衡原理说明影响化学反应速率和化学平衡的因素，并结合生产、生活实际问题情境说明化学变化中的能量变化和调控反应条件，但自主利用多角度或者多变量关系解决复杂问题的能力尚且欠缺。第二轮复习的课程应该定位于构建多角度认识化学反应原理思维模型，以解决综合复杂的实际问题。

“二氧化碳资源化利用”是社会热点也是科技前沿的世界性科研热点，以此为项目课题，立足于二氧化碳这一耳熟能详的常规典型的物质，辩证地引导学生认识到二氧化碳不仅是温室气体，更是潜在的碳资源，探索其能源价值这一未知领域，能极大地激发学生的学习兴趣与探索欲望。科学研究表明从大规模利用角度考虑，二氧化碳合成甲醇、甲酸、乙醇、一氧化碳和甲烷等反应最具研究价值，尤其是甲醇和甲烷的能源价值非常显著。二氧化碳结构很稳定，活化二氧化碳分子所需的能量来源于电能、高温或其他活泼原料的化学能，转化反应中最重要的就是高选择性的催化剂的选择，研究过程承载了热力学和动力学的核心知识内容，符合课程标准的规定和价值导向。课程内容选择研究较多、理论较成熟的二氧化碳催化加氢还原制备甲醇反应条件的选择与优化，二氧化碳—甲烷催化重整反应中积碳问题解决两个方面的内容，从物质、反应、能量多角度组织学生开展关于反应路线设计、反应方向判断、反应条件的选择与优化的讨论，有效促使学生形成从方向、限度、速率、能耗和条件等多角度综合调控化学反应的基本思路，培养能量观、变化观念素养；在积碳问题研究过程中，通过催化剂调控反应速率体验利用活化能理论实现反应调控，综合应用多种视角解决真实问题，培养证据推理素养，发展学生“绿色化学”的观念和辩证思维的能力。

二、项目式教学目标

（1）通过对二氧化碳催化加氢合成甲醇反应适宜条件的分析，熟练掌握反应速率、限度的影响因素及应用化学反应原理对工业生产中反应条件的调控，建立综合应用热力学和动力学分析模型；通过二氧化碳—甲烷催化重整积碳研究的学习，利用活化能理论选择合适的催化剂提高产物选择性，培养自主应用模型解决实际问题的能力，发展变化观念与平衡思想。

（2）了解应用化学反应原理分析化工生产条件的思路和方法，体验实际生产条件的选择与理论分析的差异，通过图像分析、数据分析和信息获取等培养证据推理素养。

（3）通过对温室气体二氧化碳的资源化利用的真实问题的解决，体会化学对社会发展的重大贡献，培养可持续发展意识和“绿色化学”观念（科学态度与社会责任素养）。

三、项目学习规划

（一）项目学习设计思路

基于学生的认知发展和学生的能力发展水平及知识的逻辑顺序、实际问题的解决过程，项目活动以“二氧化碳资源化利用”的从理想转化到实际转化再到工业生产的研究过程为情境线索，通过二氧化碳合成甲醇反应路线设计、二氧化碳加氢还原制取甲醇的反应条件选择、二氧化碳—甲烷催化重整反应中积碳问题的解决三个主题问题解决活动，引导学生从物质、反应、能量的多重认识角度，运用价—类二维、热力学和动力学原理综合解决问题，梳理核心知识的同时自主构建思维模型，实现复习课程的教学目标。

（二）项目任务及教学流程(见表1)

表1　教学流程图

活动环节	问题解决	能力目标与素养目标
任务1 由二氧化碳合成甲醇路线分析 1.1 情境引入，明确项目主题：二氧化碳资源化利用 1.2 提出问题：用二氧化碳合成甲醇的反应	认识温室效应及应对策略； 二氧化碳资源化利用的主要途径； 用二氧化碳合成甲醇的方法设计	创设社会热点问题情境，培养可持续发展意识和“绿色化学”观念。 应用价—类二维思维模型设计合成路线，培养变化观念素养
任务2 二氧化碳催化加氢合成甲醇 2.1 反应自发的理论研究 2.2 合成甲醇适宜反应条件的选择：热力学和动力学综合解决问题	用 $\Delta H - T\Delta S$ 判断反应是否自发； 为提高甲醇产率，优选反应条件； 二氧化碳的转化率理论值和实际值的异同； 升温，二氧化碳转化率和甲醇产率的矛盾； 多重反应体系中提高产物甲醇产率的适宜条件选择	认识化学反应方向与反应的焓变和熵变有关。 通过实际工业数据分析，培养学生图像分析、数据分析和信息获取等能力。 整合知识，应用化学平衡和反应速率理论解释生产中的实际问题（知识迁移应用能力；辩证思维）。 多重反应体系中调控主副反应的问题解决，形成热力学和动力学综合解决问题的模型
任务3 二氧化碳—甲烷催化重整反应中积碳问题的解决 3.1 二氧化碳—甲烷催化重整反应的热力学分析 3.2 二氧化碳—甲烷催化重整反应的动力学分析	温度对催化剂表面积碳的影响； 根据活化能选择催化剂分析； 结合反应速率方程和曲线分析	应用热力学和动力学综合解决问题的模型（迁移创新能力）。 认识催化剂对调控反应速率的重要意义（变化观念素养）。 发展变量控制实验思想和演绎推理思维能力

四、项目实施过程及教学成果

项目式教学实施过程实录如下：

（一）由 CO_2合成甲醇路线分析

【引入】多媒体展示温室效应的图片，引导学生提出应对全球变暖问题的方法，多角度认知二氧化碳，知道二氧化碳既是温室气体又是潜在的碳资源。介绍二氧化碳资源化的主要转化途径。科学研究表明，从大规模利用角度考虑，二氧化碳合成甲醇、甲酸、乙醇、一氧化碳和甲烷等反应最具研究价值，尤其是甲醇的能源价值非常显著，是研究的热点之一。

【布置任务】任务 1：如何将二氧化碳合成甲醇？尝试写出合理的化学方程式。

【学生观点】对比反应物 CO_2 和生成物 CH_3OH 的组成，应该选择含氢元素的物质 H_2 和 CO_2 反应。反应的化学方程式为 $CO_2 + 3H_2 \xlongequal{} CH_3OH + H_2O$。

【教师及时评价，追问】同学们想到通过对比反应物和生成物的元素组成采用氢气和二氧化碳发生反应，这非常好。但是仅从元素的角度思考，为什么不选择水呢？请大家仔细观察反应物 CO_2 和生成物 CH_3OH 中的碳元素的价态，你们发现了什么？

【学生补充观点】因为二氧化碳生成甲醇的变化过程中碳元素由 +4 价转化为 -2 价，从价态的角度来看反应还需要还原剂，氢气具有还原性，水没有还原性，应该选择氢气。

【教师概括分析思路和角度】回答很准确。分析物质转化时应从类别和价态两个角度即价—类二维的角度进行分析，找出合理的反应路径。

设计意图：确定课堂的主题 1——二氧化碳合成甲醇。从实际生产中创设情境，激发学生的学习热情，培养学生的化学价值观（科学态度与社会责任）。引导学生从价—类二维的角度认知物质转化，构建并应用物质转化的理论模型。

（二）CO_2 催化加氢合成甲醇的条件选择

【教师给出反应的热化学方程式，设问】书写完反应的化学方程式之后，如何判断反应能否发生呢？请根据热化学方程式 $CO_2(g) + 3H_2(g) \rightleftharpoons CH_3OH(g) + H_2O(g)$ $\Delta H = -49.01\ kJ \cdot mol^{-1}$ 进行判断。

【学生根据反应的特点回答】根据 $\Delta H - T\Delta S$ 是否小于 0 进行判断。该反应是放热、熵减的反应，低温条件下反应可以发生。

【教师概括分析角度和思路，追问】回答得很好，该反应的特点是正向气体分子数减小，$\Delta H < 0$，$\Delta S < 0$，低温条件下有利于反应的发生。根据理论计算证明反应确实可以发生。那么什么条件有利于甲醇的合成？并说出你的判断依据。

【学生根据反应的特点回答】该反应 $\Delta H < 0$，$\Delta S < 0$，降低温度、增大压强和增大氢气的浓度都有利于提高二氧化碳的转化率。

设计意图：引导学生应用 $\Delta H - T\Delta S$ 判断反应是否自发，认识化学反应方向与反应的焓变和熵变有关；应用化学平衡移动的知识分析如何提高反应限度。但是由于该反应的焓变和熵变均随温度、压强变化而变化，具体计算过程比较繁杂，授课过程中进行了简化，只让学生进行定性判断，并没有定量计算。

【教师追问】工业上为了获得较高的甲醇产率，需要控制合适的反应条件。同学们根据反应的特点提出低温、高压有利于提高反应的限度，在实际工业生产中是不是如此呢？

【布置任务：提高合成 CH_3OH 的产率的适宜条件选择分析】请根据材料 1 和材料 2 完成以下任务：

材料1：CO_2（C═O的键能为745 kJ · mol^{-1}）自身很稳定，活化CO_2分子所需的能量很高，需要使用催化剂加快反应速率。目前生产CH_3OH所用的催化剂主要有两大类：一类是以铜为主要活性成分的铜基催化剂，另一类是以贵金属作为主要活性成分的催化剂。

材料2：一个采用铜基催化剂的研究实例中，保持CO_2和H_2的体积比为1∶3、一定气体流速（提示：反应时间一定）、温度为523 K，CO_2的转化率和CH_3OH的产率随压强的变化如图1所示；压强为5 MPa，CO_2的转化率和CH_3OH的产率随压强的变化如图2所示。

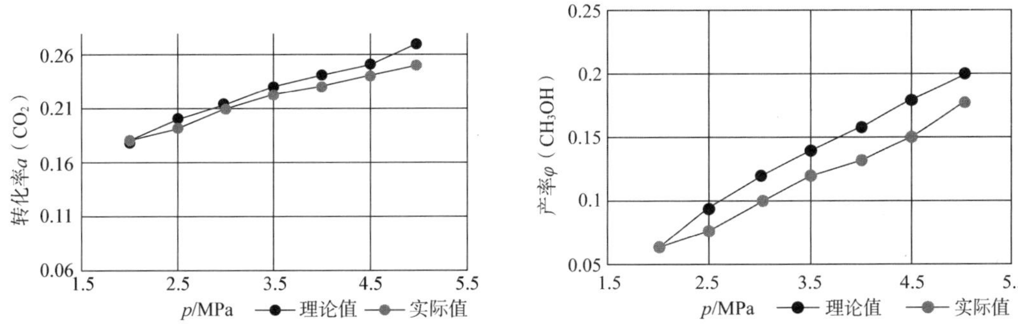

图1　反应压强与CO_2转化率/CH_3OH产率的关系

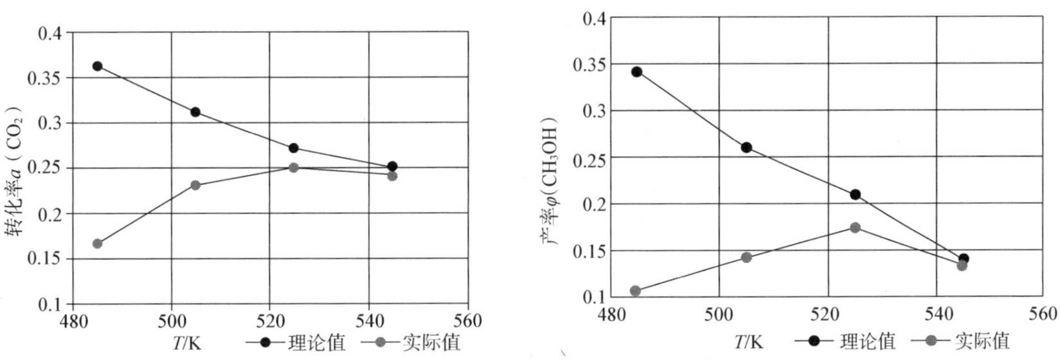

图2　反应温度与CO_2转化率/CH_3OH产率的关系

请分析：①根据图2分析CO_2的实际转化率和CO_2的理论转化率不匹配的原因。

②根据图2分析CO_2的实际转化率高于CH_3OH的实际产率的原因。

③你认为可以通过控制哪些条件来提高合成CH_3OH的产率？

【学生以2人小组的方式展开讨论，填写学案，并汇报交流】

【学生观点1】通过读图分析，合成CH_3OH的适宜条件是高压、523 K，采用比较便宜的铜基催化剂。从图2可以分析出CO_2的实际转化率和CO_2的理论转化率不匹配的原因是温度低于523 K时反应速率比较慢，反应时间固定时，还没有达到平衡反应就结束了，所以CO_2的实际转化率低于CO_2的理论转化率。CO_2的实际转化率高于CH_3OH的实际产率是因为存在副反应。

【学生观点2】我们认为还应该考虑设备的耐压问题，应该选择适当的高压，不能无限高压。

【教师概括总结，理顺思路并追问】同学们分析得都很好，选择条件不仅考虑了反应的特点、工业数据分析还想到了造价的问题，很全面。根据图 1 可知，二氧化碳的转化率和甲醇的产率与理想状态随压强变化的趋势一致，增大压强有利于反应，但考虑工业实际，选择 5 MPa ~ 10 MPa 较好。图 2 中二氧化碳的转化率和甲醇的产率与理想状态随温度变化的趋势不一致，低温数值较小，说明低温反应速率较小，说明热力学分析得出的理论数值反映的是反应趋势，并不代表反应实际发生的情况；实际工业生产不仅要考虑反应限度也需要考虑反应速率问题。温度约为 523 K 时，甲醇的产率最高。二氧化碳的转化率高于甲醇的产率，说明副反应也会影响甲醇的产率。在二氧化碳催化加氢制甲醇的反应体系中，若不考虑生成的烯烃和较高碳醇等副反应，主要的化学反应如下：

主反应：$CO_2(g)+3H_2(g) \rightleftharpoons CH_3OH(g)+H_2O(g) \quad \Delta H=-49.01\ kJ\cdot mol^{-1}$

副反应：$CO_2(g)+H_2(g) \rightleftharpoons CO(g)+H_2O(g) \quad \Delta H=+41.17\ kJ\cdot mol^{-1}$

请综合反应体系的主、副反应特点再次分析，什么条件下有利于主反应发生？并说明理由。

【学生观点】主反应为气体分子数减小的反应，而副反应为气体分子数不变的反应，因此增大体系的压强有助于生成甲醇的主反应平衡正向移动，而对生成一氧化碳的副反应没有影响。主反应 $\Delta H<0$，副反应 $\Delta H>0$，低温条件有利于主反应正向进行。但是低温条件下，反应速率比较低，目前还想不到解决方法。

【教师补充，拓展，提供知识支持】对于主、副反应的调控，热力学不占优势的反应，可控制动力学占优势，即使用优良的催化剂。中科院大连化学物理研究所催化基础国家重点实验室王集杰博士、李灿院士等人研制了一种双金属固溶体氧化物催化剂，实现了二氧化碳高选择性、高稳定性加氢合成甲醇。

【教师概括分析角度和思维，建立热力学和动力学综合解决问题的模型并板书】

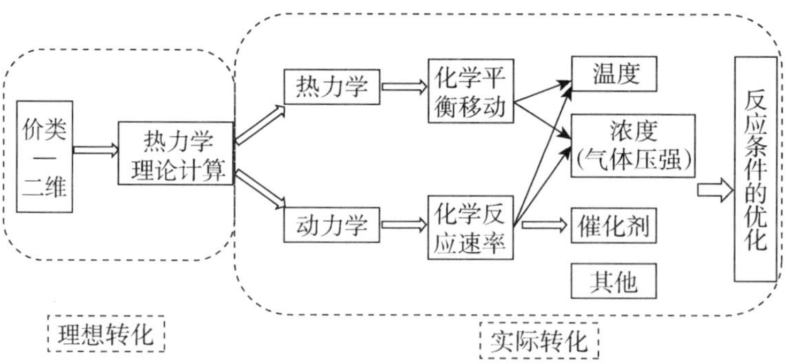

图 3　板书

设计意图：以二氧化碳催化加氢合成甲醇反应适宜条件选择的科学研究为背景，研究对象由单一体系到多重体系，由简单到复杂，认知难度逐级上升；引导学生应用反应限度、反应速率相关化学反应原理知识解决实际问题，了解应用化学反应原理分析化工生产条件的思路和方法，建立综合应用热力学和动力学分析模型；通过图像分析、数据分析和信息获取等体验实际生产条件的选择与理论研究的差异，培养证据推理素养；通过使用催化剂改变产物选择性实现反应调控，培养学生变化观念素养；同时聚焦中国制造，凸显学科价值。

（三）二氧化碳—甲烷催化重整反应中积碳问题解决

【衔接，教师讲解，提出问题】二氧化碳资源化利用存在争议：消耗大量的氢气；消耗能量，经济性不高。解决：将还原剂换为自然界中存储量大的另一种典型温室气体甲烷。二氧化碳—甲烷催化重整反应产生氢气与一氧化碳可直接作为深度转化的碳基合成及费托合成的理想原料。（多媒体展示我国二氧化碳—甲烷重整技术研发获得重要突破的新闻）工业生产中采用了相对丰富而廉价的镍基催化剂，催化活性较好，但是积碳严重；积碳会破坏催化剂结构，造成催化剂失活。请大家思考如何通过调整反应条件解决积碳问题呢？

【布置任务】请同学们结合二氧化碳—甲烷催化重整反应涉及的主要反应，思考温度如何影响催化剂表面积碳的形成。

主反应：$CO_2(g)+CH_4(g)═══2CO(g)+2H_2(g)\quad \Delta H=+247\ kJ\cdot mol^{-1}$

逆水蒸气变换：$CO_2(g)+H_2(g)═══H_2O(g)+CO(g)\quad \Delta H=+41\ kJ\cdot mol^{-1}$

CH_4裂解：$CH_4(g)═══C(s)+2H_2(g)\quad \Delta H=+75\ kJ\cdot mol^{-1}$

CO 歧化：$2CO(g)═══C(s)+CO_2(g)\quad \Delta H=-172\ kJ\cdot mol^{-1}$

【学生先独立思考，然后以小组的形式展开讨论，填写学案，并汇报交流】

【学生观点，提出疑惑】二氧化碳—甲烷催化重整的主反应为吸热、气体分子数增加的反应，升温及减压有利于平衡正向进行。但是高温也有利于甲烷发生裂解反应生成积碳；同时，有利于一氧化碳歧化反应逆反应即二氧化碳消碳反应的发生。所以我们不知道如何选择温度。

【教师梳理分析思路，追问】我们不仅要考虑反应限度的影响，也要考虑反应速率的影响；可以采用合适的催化剂使消碳的反应速率大于积碳的反应速率，就能解决积碳问题了。请大家结合给出的材料 3 选择合适的催化剂并说明理由。

材料 3：CO_2—CH_4催化重整反应中相关数据如表 2 所示。

表 2　CO_2—CH_4催化重整反应中在催化剂 X 和催化剂 Y 上的活化能

		积碳反应 $CH_4(g)═══C(s)+2H_2(g)$	消碳反应 $CO_2(g)+C(s)═══2CO(g)$
ΔH/（$kJ\cdot mol^{-1}$）		+75	+172
活化能/（$kJ\cdot mol^{-1}$）	催化剂 X	33	91
	催化剂 Y	43	72

【学生分组讨论，填写学案，并汇报交流】

【学生观点 1】我们选择了催化剂 X，因为催化剂 X 的活化能最小，反应速率最快。

【学生观点 2】我方持不同观点。我们组认为应该让积碳反应活化能比较大，同时消碳反应的活化能比较小才能使消碳反应速率大于积碳反应速率，我们选择的是催化剂 Y。

【教师分析学生的思路，评价，追问】首先我们对活化能小，反应速率比较快这一认知是一致的，但是我们今天的目标是减少积碳，所以“乙方”同学回答正确！（“甲方”同学表示同意）。积碳反应活化能越大、消碳反应活化能越小，越不容易产生积碳，催化剂的性能越好，即催化剂 X 劣于催化剂 Y。问题是该催化剂适宜的使用温度是怎样的呢？请结合材料 4 作答。

材料 4：在反应进料气组成、压强及反应时间相同的情况下，催化剂表面的积碳量随温度的变化关系如图 4 所示。

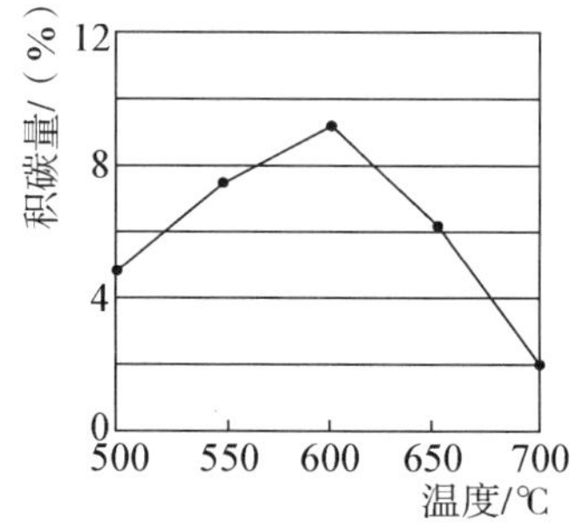

图 4　催化剂表面的积碳量随温度的变化关系

【学生分组讨论，填写学案，并汇报交流】

【学生观点】我觉得应该是温度大于 600 ℃，因为此时积碳量是减少的，消碳反应速率大于积碳反应速率。但是具体不知道该如何选择，虽然高温有利于主反应但是高温也会耗能。

【教师概括评价，追问】回答得非常棒！通过图像分析可知，升高温度时，积碳反应、消碳反应的平衡常数 $K_{积}$、$K_{消}$ 和反应速率 $v_{积}$、$v_{消}$ 均增加，但是 $v_{消}$ 增加的倍数比 $v_{积}$ 增加的倍数小，当温度大于 600 ℃时，积碳量减少，消碳反应速率大于积碳反应速率。所以适当的高温是有利于在该条件下减少积碳的，当然也利于提高 CO_2—CH_4 催化重整反应合成气的产率。影响反应速率的因素不仅有温度和催化剂，还有浓度即气体分压。请根据材料 5 反应速率方程和图像分析二氧化碳—甲烷催化重整反应中 $p(CH_4)$ 和 $p(CO_2)$ 相对大小的选择。

材料 5：在一定温度下，测得某催化剂上积碳的生成速率方程为 $v = k \cdot p(CH_4) \cdot [p(CO_2)]^{-0.5}$（$k$ 为速率常数）。在 $p(CH_4)$ 一定时，不同 $p(CO_2)$ 下积碳量随时间的变化趋势如图 5 所示，则将 $p_a(CO_2)$、$p_b(CO_2)$、$p_c(CO_2)$ 按从大到小的顺序排列。

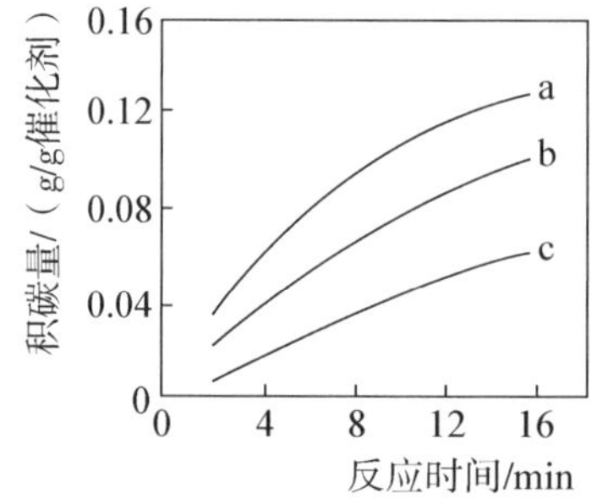

图 5　$p(CH_4)$ 一定时，不同 $p(CO_2)$ 下积碳量随时间的变化趋势

【学生分组讨论，填写学案，并汇报交流】

【学生观点】根据反应速率方程可知，积碳生成速率随$p(CO_2)$的升高而降低，所以$p_a(CO_2)<p_b(CO_2)<p_c(CO_2)$。

【教师评价，并概括总结】非常好。反应速率方程定量描述了气体分压对反应速率的影响，我们要注意研究过程中的变量控制，即对于该催化剂，$p(CH_4)$一定时，提高$p(CO_2)$有利于减慢积碳反应的发生。

【教师概括总结，并对热力学和动力学综合解决问题的模型从定量的角度再提升并板书】

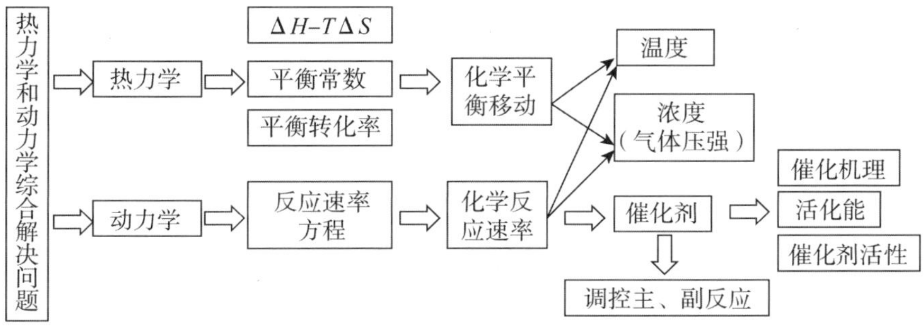

图6　板书

【教师提出问题，辩证看待二氧化碳资源化利用】我们通过二氧化碳—甲烷催化重整反应解决了甲烷—二氧化碳资源化利用过程中的耗氢问题，但是反应还是在高温条件下进行的，耗能问题仍然没有解决。这该如何解决呢？请大家大胆设想，并提出你的建议。

【学生深思，提出自己的设想，学生观点】我想到的唯一方法是将二氧化碳设计成燃料电池，寻找一个还原性物质和二氧化碳构成原电池，就可以提供能量。

【教师评价，梳理提升】想法非常棒。这也是二氧化碳资源化利用的一个很重要的方向，科学研究表明，采用金属为负极材料的金属—二氧化碳电池不但可以将二氧化碳资源化利用，减少化石燃料的消耗，还能够作为未来火星移民的潜在能源存储体系，因为火星表面大气中二氧化碳的含量高达95%左右。近日，南开大学的课题组利用廉价的碳酸钠和碳纳米管制备出无钠预填装“可呼吸”钠—二氧化碳电池。从能源的角度，我们可以考虑改换能源的形式，比如光能、风能等绿色可持续发展的能源。（多媒体展示在化学链法制合成气方面取得的新进展）大连化物所航天催化与新材料研究中心王晓东研究员团队在能源问题研究方面有了新的进展：以光能为能源，利用反应过程中铁基钙钛矿和铁基复合氧化物间的智能切换，实现由甲烷或水—二氧化碳高选择性制备合成气（H_2：$CO=2$：1）。这就是化学的魅力，只要我们不懈追求，就能将不可能变为可能，化腐朽为神奇。我们的课堂到此结束，但是我们对二氧化碳的资源化利用的探索并没有结束，欢迎同学们利用课余时间查阅相关文献，关注二氧化碳的最新科研进展。

设计意图：本环节借助二氧化碳—甲烷催化重整反应在工业生产中的积碳问题的解决，引导学生自发应用热力学和动力学综合分析问题的模型解决现实问题，并从定量的角度再提升模型。学生经历了化学反应从理想转化到实际再转化到工业生产的整个过程，将学到的知识应用于解决实际问题，感受到学有所用、学有所获，充分体验学习成功的乐趣。通过解决生产中的真实问题，学生体会到化学对于提高人类生活质量、促进社会发展的作用，激发学生学习化学的热情。教学过程中，通过多篇我国科学家最新的研究成果，展示了科技创新发展的魅力，让学生感受到中国的发展不仅是经济的进步，在一些领域，科学研究水平也逐步达到了世界领先水平。

五、项目式教学反思及改进建议

该案例是高三常规课堂教学中开展项目式教学的一次实践与探索，以二氧化碳资源化利用的研究过程为情境线，突出我国科学家的研究成果，凸显学科价值；以实际问题解决为背景，让学生觉得自己在解决实际问题，在做有意义的事，学生的参与热情大大提高，激活了课堂。在解决项目式学习任务的过程中，学生自主拆解问题，自主构建模型，实现了复习课"将知识、问题结构化和解题思路化"的教学目标，同时也从多方面提升了学生的创新意识、分析问题和解决问题及证据推理的能力。

项目式教学也是对老师的磨练和提升。教师通过精心设计，循序渐进地把学习任务交给学生。对于教师而言，要具备解决真实问题的扎实的学科知识，要准确规划教学目标，清醒地抓住课堂中学生要发展的核心知识与核心方法，对学生的汇报进行有效的过程性评价等。同一任务每一堂课都是不一样的，这些都是挑战。由于学生自主时间较长，课堂进度不容易控制，这就要求设问一定要精准，预设学生可能提出的问题，才能有效地控制课堂节奏；同时不要求教学内容，课堂任务不要过多，注重学生的问题解决过程，将一两个问题研究透就好。由于高三的下学期课时比较紧张，学生精力有限，项目式教学开展前期，教师开展大量的前期文献研究，并将涉及的文献中的文字、图表等信息以学案材料支持的形式呈现给学生，通过环环深入的问题链解决完成项目；引导学生在短时间内获取大量的陌生知识，完成陌生的问题，也是很大的挑战。

学生总是给我们很多的惊喜，除了个别的问题难度较大，需要老师引导解决外，学生出色完成了整个探究过程，尤其是课程临结束时，学生提出将二氧化碳设计为燃料电池，可见项目学习确实开拓了学生视野，提升了学生的思维，也给了课程实施者不断去尝试项目式教学的勇气。

案例 3 “工业合成氨发展历程”项目式教学设计

一、项目式教学主题分析

传统的教学设计根据教学内容制订教学目标，实施教学过程，最后进行教学总结。这种设计方式容易导致“活动导向教学”和“覆盖教材内容”的误区，动手与动脑相混淆，过于被教材所束缚。威金斯和麦克泰基于对传统教学设计的反思，提出基于逆向理解的教学设计（Understanding by Design，UbD），他们认为：“当教师的教学旨在使学习者理解可迁移的概念和过程，给其提供更多机会将理解的内容应用到真实情境，才更可能获得长期的成就”。其操作流程可划分为“确定预期目标（Identify desired results）→寻找可以实现目标的依据（Determine acceptable evidence）→计划教学指导方案（Plan learning experience and instruction）”三个主要阶段。相较于传统教学设计，逆向教学设计更加强调学生的学习效果、教学目标、评价与课堂活动的一致性，评价活动则作为诊断和驱动教学的有效工具被嵌入教学过程中，以帮助学生获得更好的学习效果。项目式教学（Project-Based Learning，PBL）基于“做中学”理念，以学生为中心，基于真实情境，设置驱动性的学习任务，自主合作探究、成果导向。《普通高中化学课程标准（2017 年版 2020 年修订）》指出：“针对社会情境中与化学相关的某一真实问题开展项目研究，并形成项目研究成果，如项目研究报告、项目产品等”。UbD 与 PBL 都特别强调学生的习得，因此将两种理论进行有效融合，实现基于学生发展的教学评一体化势在必行。

“工业合成氨的发展历程”项目来源于课程标准，选取“如何解决粮食危机，向空气要‘面包’”这一人类发展重大问题，适用于《化学反应原理》模块“主题 2：化学反应的方向、限度和速率”复习课教学。项目以“工业合成氨的发展历程”为情境，精心设计 3 个学习任务，利用分析、设计、评价型任务发展学生的高阶思维，将科学家研究的思路与学生思维的脉络融为一体，注重认知角度的建立和思路的外显化，实现学生迁移能力的培养。

二、项目式教学目标及教学流程

“合成氨”在课程标准的不同模块、不同主题当中零散分布，课程标准对其主要要求：（1）能说明合成氨对社会发展的价值、对环境的影响；（2）结合合成氨了解化学在生产中的具体应用，认识化学工业在国民经济中的重要地位，讨论合成氨对提高人类生活质量的影响；（3）选择调控化学反应的成功案例如与工业合成氨相关的诺贝尔奖，讨论合成氨反应条件的选择；（4）通过合成氨主题学习活动，了解其原理、原料、重要设备、流程和意义，认识催化剂的研制对促进化学工业发展的重大意义。

《中国高考评价体系》也明确指出："化学科学的重大贡献是科学家付出大量的科学研究而实现的，因此要向学生展现科学研究的过程，让学生领悟科学家的思维方法以及严谨求实、不畏艰难、勇于探索和追求真理的科学精神"。学生在必修阶段关于氮的固定有学过氮气和氢气反应生成氨气，选择性必修阶段学过化学反应速率和化学平衡，知识属于多点结构水平，如何将其整合发展进阶为关联结构水平甚至拓展抽象结构水平是本项目亟待完成的目标。综合课程标准要求、《中国高考评价体系》及学生认知水平，制订教学目标如下：

（1）通过呈现科学家合成氨的历史梳理出研究价—类二维转化的理想转化思路；通过对合成氨热力学、动力学综合分析得出合成氨反应条件调控的关键要素是选择合适的催化剂并给予合适的反应条件。

（2）通过呈现科学家理论预测与实际表面化学实验的差距梳理出在催化剂表面进行反应的反应机理，然后根据模型和降低能耗自主设计电催化3种路径的反应机理，培养学生模型建构的能力。

（3）通过让学生自主设计合成氨电化学装置，发展学生从电解质溶液、电极材料、工程设计等优化电化学装置的能力，形成解决物质转化的一般思路和方法。项目具体学习流程如图1所示。

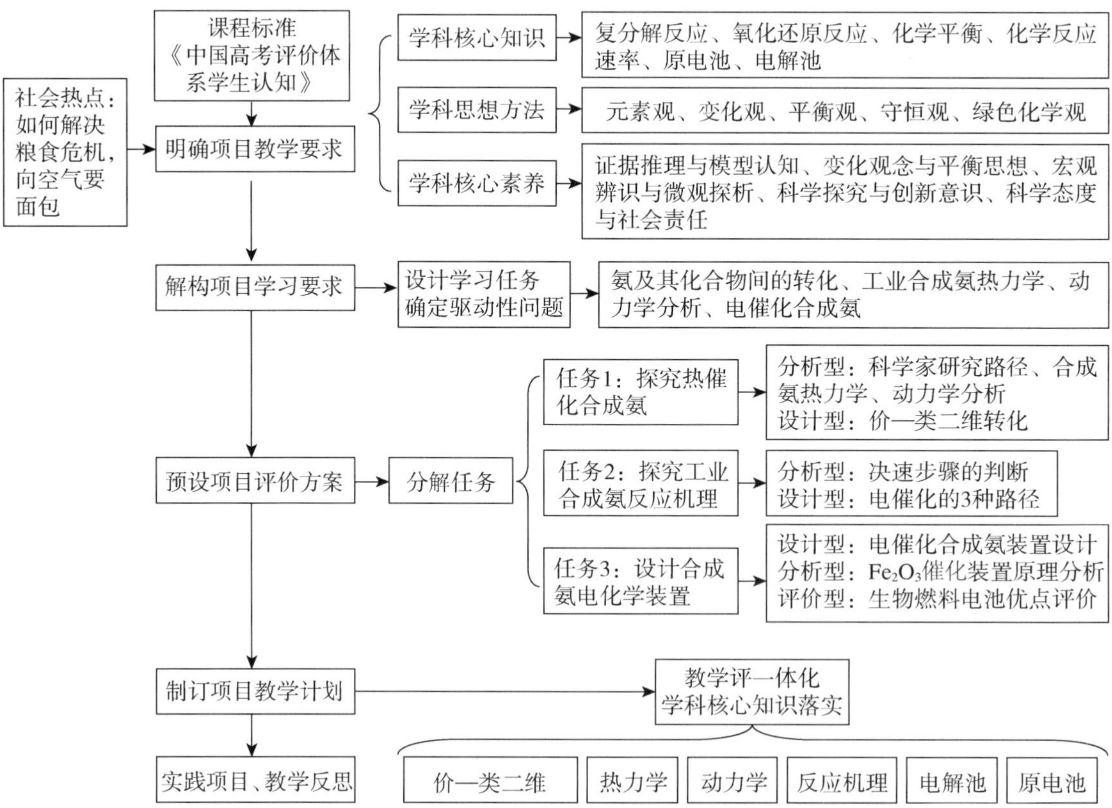

图1 基于逆向理解的项目式教学设计思路

三、项目式教学流程

（一）任务 1：探究热催化合成氨

【情境导入】随着人口不断增长，如何从空气中获取“面包”一直是科学家们关注的热点话题。目前以空气中的 N_2 和 CO_2 为原料制备的尿素已经占到了氮肥用量的很大一部分比例。

【评价活动 1】以下是历史上几位科学家对氮的合成与发现的认识（如图 2 所示），请同学们思考科学家研究物质及其转化的一般路径是什么？

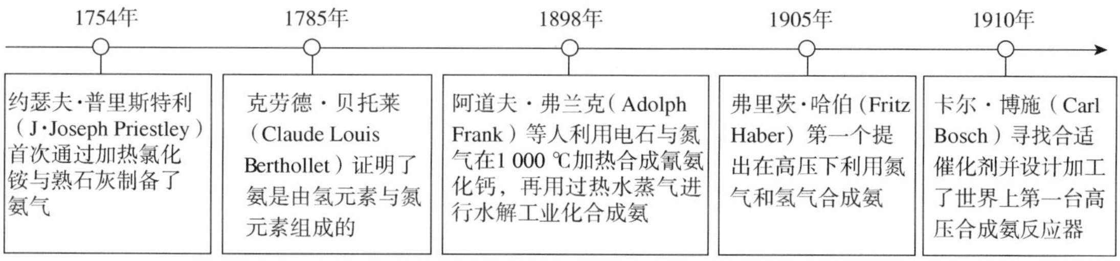

图 2　不同时期科学家对氨的发现与合成的贡献

【学生】科学家研究的一般路径是“自然界中获取→实验室人工合成→定量结构分析→优化合成方法→实现大规模工业生产”。

【评价活动 2】请同学们尝试写出以上三个反应的化学方程式并将其放入氮及其化合物的价—类二维图中，试分析科学家探索合成氨的方法。

【学生】

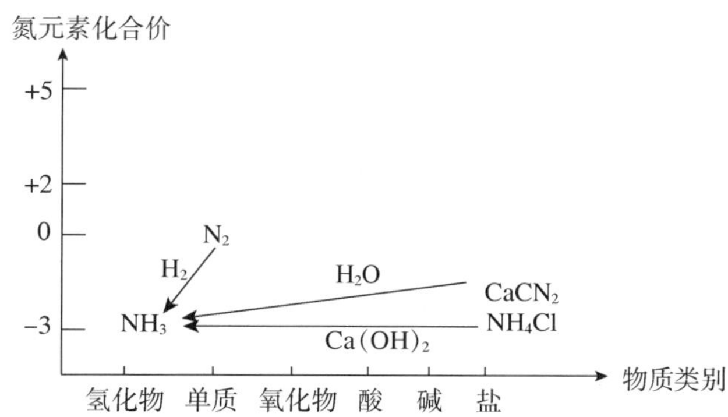

图 3　氮及其化合物价—类二维图

利用氯化铵与熟石灰和氰氨化钙水解主要是从“类维”即复分解反应角度合成氨；利用氮气和氢气化合主要是从“价维”即氧化还原反应角度合成氨。

【教师追问】为什么科学家探索会呈现从“类维→价维”这样的规律呢？

【学生】主要从以下几方面考虑：原料是否易得、反应条件是否苛刻、产物是否易于分离等。

【评价活动3：合成氨热力学、动力学分析】目前工业合成氨主要采用“哈伯—博施”法，已知该反应在298 K时，有 $N_2(g)+3H_2(g)\rightleftharpoons 2NH_3(g)$　$\Delta H=-92.4\ kJ\cdot mol^{-1}$ $\Delta S=-198.2\ J\cdot K^{-1}\cdot mol^{-1}$，试判断该反应的自发性。

【学生】根据 $\Delta G=\Delta H-T\Delta S$ 分析可知 $\Delta G<0$，低温自发。

【教师追问】那为什么在实际生产过程中该反应在常温下几乎很难进行呢？

【学生】反应是否自发进行是热力学问题，进行能有多快是动力学问题，两者不能混为一谈。

【教师追问】那可以通过调控哪些外界条件来加快该反应的化学反应速率呢？

【学生】升高温度、增大压强、使用催化剂。

【教师追问】升高温度可以加快化学反应速率，但是从平衡移动角度来看，升高温度却会导致平衡逆向移动，降低氨的平衡转化率，因此应该如何调控反应温度呢？

【学生】可以根据使用催化剂的活性温度来调控反应温度。因为催化剂对化学反应速率的影响远大于温度对化学反应速率的影响。

【教师追问】增大压强既可以加快化学反应速率，也可以提高氨的平衡转化率，是不是压强越大越好呢？

【学生】不是。设备承受压力的情况以及压强增大而增加的成本都是需要综合考虑的因素。

【教师】是的。德国化学家哈伯也是这样考虑的，最终选择了500～600 ℃、17.5～20.0 MPa和锇为催化剂的条件结合“循环”工艺实现了合成氨的工业生产。并于1918年获得诺贝尔化学奖。博施则改进优化工艺且将有毒的锇催化剂改为无毒、廉价的铁触媒，于1931年获得诺贝尔化学奖。

（二）任务2:探究工业合成氨反应机理

【评价活动4：决速步骤的分析】科学家研究利用铁触媒催化合成氨的反应历程如图所示，其中吸附在催化剂表面的物质用“ad”表示。试分析判断该历程中反应速率最慢的步骤是哪一步。

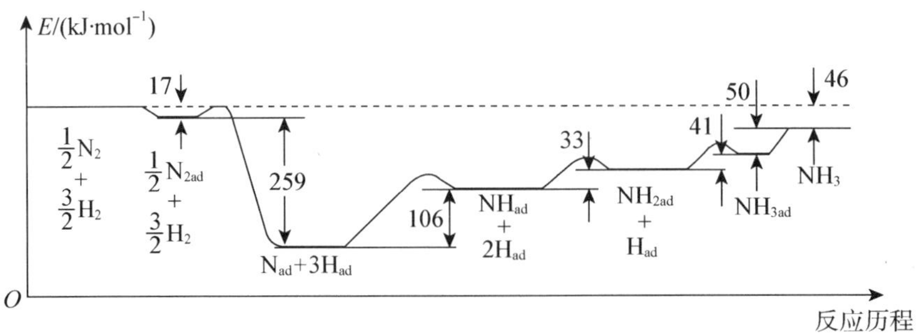

图4　铁触媒热催化反应历程图

【学生】$N_{ad} + 3H_{ad} = NH_{ad} + 2H_{ad}$，该步的能垒为 106 kJ · mol^{-1}。

【教师设疑】已知 N≡N 的键能为 946 kJ · mol^{-1}，H—H 的键能为 436.0 kJ · mol^{-1}，N—H 的键能为 390.8 kJ · mol^{-1}，试预测在铁触媒催化剂表面先断裂的是哪个化学键。

【学生】氮氮三键的强度远大于氢氢单键，因此应该先断裂的是氢氢单键。

【教师释疑】埃特尔（Gerhard Ertl）初期也是这么认为的。在不断研究过程中，利用表面化学再现了微观反应过程（如图 5 所示，其中白色小球原子代表 N 原子，灰色小球代表 H 原子）。其中(1)～(3)为表面扩散、吸附过程，最先断裂的是氮氮三键，(4)～(6)为表面反应，(7)为氨气从催化剂表面脱附、扩散。氮氮三键键能大，吸附断裂很难，因此该步能垒最高，应该为决速步骤，与计算机模拟能垒图相吻合。他也因为这项研究成就获得 2007 年诺贝尔化学奖。

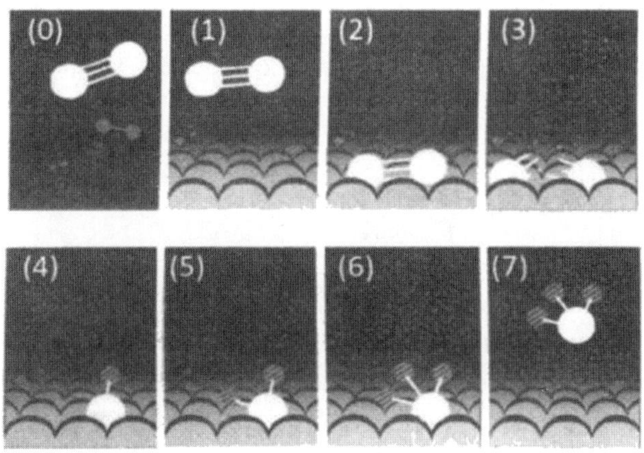

图 5　铁触媒热催化反应机理图

【建立模型】铁触媒催化解离机制催化反应历程模型建构如图 6 所示。

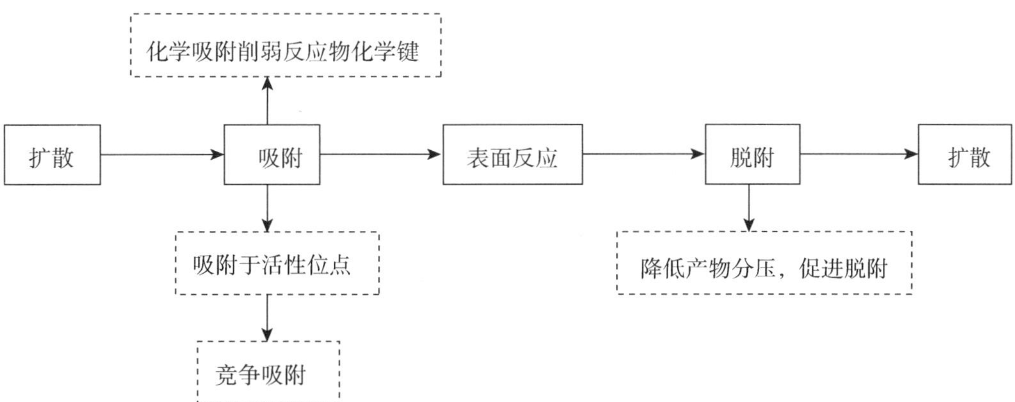

图 6　催化反应机理模型

【评价活动 5：电催化 3 种路径设计】断裂氮氮三键需要消耗较高的能量，这种机制叫做解离吸附。能否在不断裂氮氮三键的情况下直接实现氨的合成？请同学们试着画出反应机理图。

【学生设计机理展评】

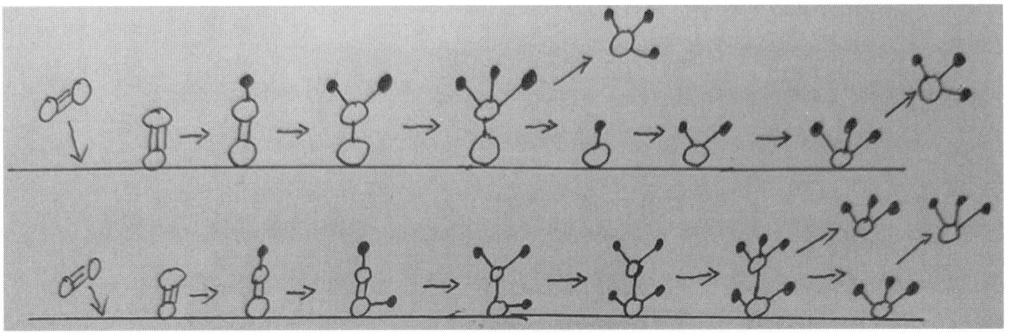

图 7　学生设计的催化反应机理图

【教师点评】同学们设计的思路很好，直接吸附叫做缔合吸附。其中第一种方案为缔合末端机制，第二种叫做缔合交替机制，与科学家们通过实验与计算机模拟的结果一样。最近科学家们还设计了一种新的催化剂，本身含有氮原子。请同学们试着将其微观反应机理示意图画出来。

【学生设计机理展评】

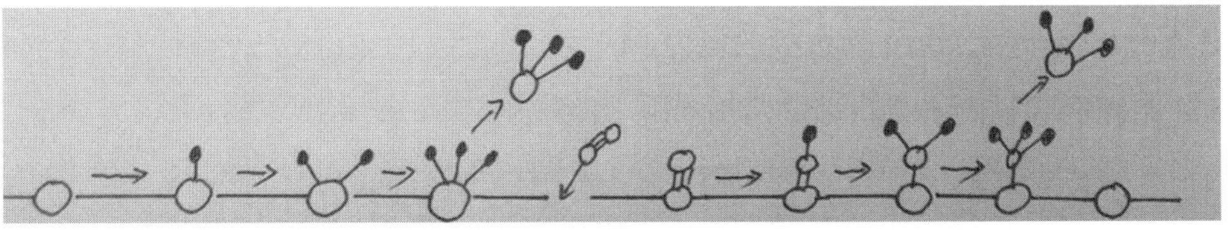

图 8　学生设计的催化反应机理图

【教师点评】这三种机理共同的特点都是缔合吸附，使用的是电催化，科学家研究的机理结果如图 9 所示。电催化可实现常温、常压下直接合成氨，相较于热催化能耗更低。

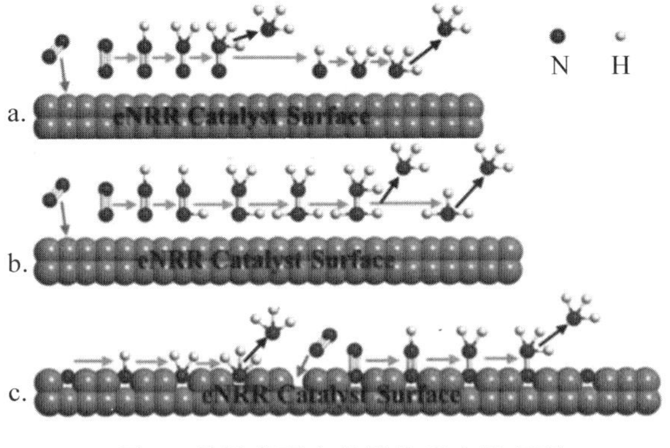

图 9　科学家研究的催化反应机理图

（三）任务 3：设计合成氨电化学装置

【评价活动 6：分组设计电化学装置】电催化能实现常温、常压合成氨，请同学们分组自主设计电化学合成装置。

【学生方案展评】

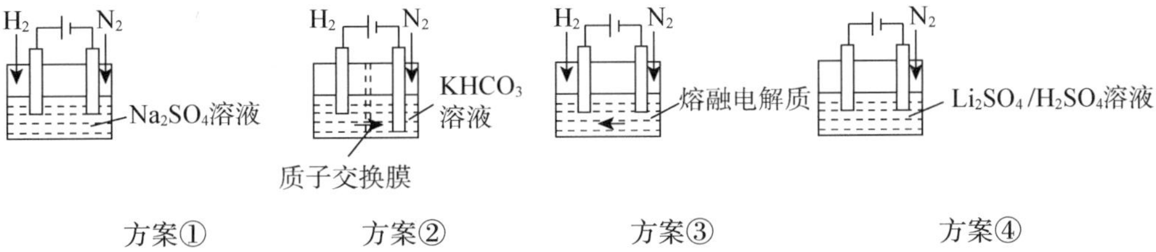

图 10　学生设计的几种电化学装置

【教师点评】方案①②④都是以水溶液为电解质，其中①②阳极 H_2参与反应，④阳极 H_2O 直接参与反应，科学家较早研究的时候也是一样的思路。请同学们试着分析以水溶液作为电解质的优点和不足有哪些。

【学生】优点是水溶液具有清洁和来源广泛的特点；缺点是 N_2在水中的溶解度极低且阴极上存在水电解产 H_2的竞争反应，导致产氨效率非常低。

【教师追问】那如何优化改进呢?

【学生】应将电解质溶液更换为有机溶剂。

【评价活动 7】科学家设计的电化学装置中电解质溶液为溶解有三氟甲磺酸锂和乙醇的惰性有机溶剂，工作时阴极区的微观示意图如图 11 所示。请试着写出阴极区电极反应式并分析三氟甲磺酸锂和选择性透过膜的作用。

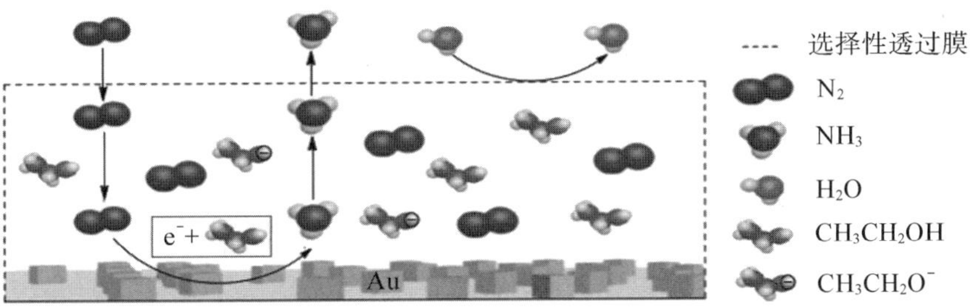

图 11　科学家设计的电化学装置

【学生】阴极电极反应式为 $N_2+6e^-+6C_2H_5OH=2NH_3+6C_2H_5O^-$，其中三氟甲磺酸锂的作用是增强导电性，选择性透过膜允许 N_2和 NH_3通过，防止 H_2O 进入装置。

【教师点评】方案③为熔融电解质体系，除了可设计含氮离子的熔融碱金属卤化物 $LiCl-KCl-CsCl-Li_3N$ 为电解质实现 N^{3-}的定向移动外，还可以设计质子导体陶瓷膜电解质体系实现 H^+的定向移动。

【师生归纳】科学家设计电化学装置时，根据 N_2和 H_2或 H_2O 的特点主要对电解质体系做了创新。创新思路如图 12 所示。

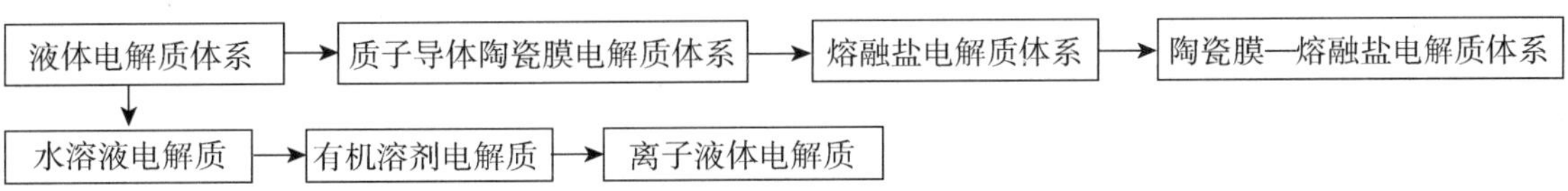

图 12　电化学合成氨电解质优化脉络

【评价活动 8】2014 年，我国科学家以 H_2O 和 N_2 为原料，以熔融 NaOH－KOH 为电解质，悬浮的纳米 Fe_2O_3 做催化剂（Fe_2O_3 发生电极反应生成中间体 Fe）合成氨。该电解装置如图 13 所示。试分析 Fe_2O_3 在阴极催化生成 NH_3 的反应过程。

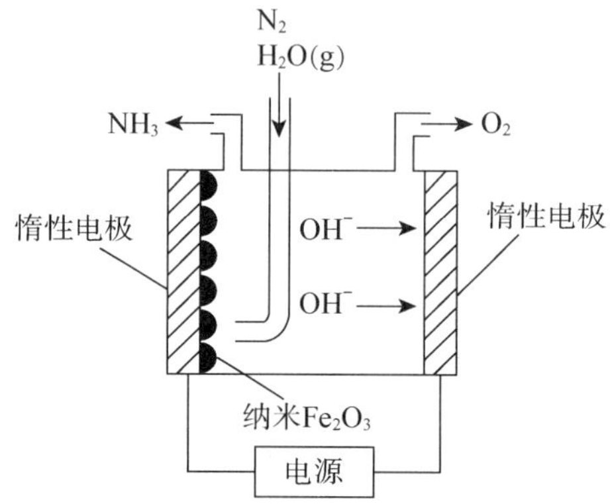

图 13　Fe_2O_3 做催化剂电化学合成氨装置

【学生】第 1 步：$Fe_2O_3+3H_2O+6e^-=2Fe+6OH^-$

第 2 步：$2Fe+N_2+3H_2O=Fe_2O_3+2NH_3$

【师生归纳】电化学装置可从装置（电子导体电极材料、离子导体电解质溶液等）、原理和工程 3 个维度进行构建，其认知模型如图 14 所示。

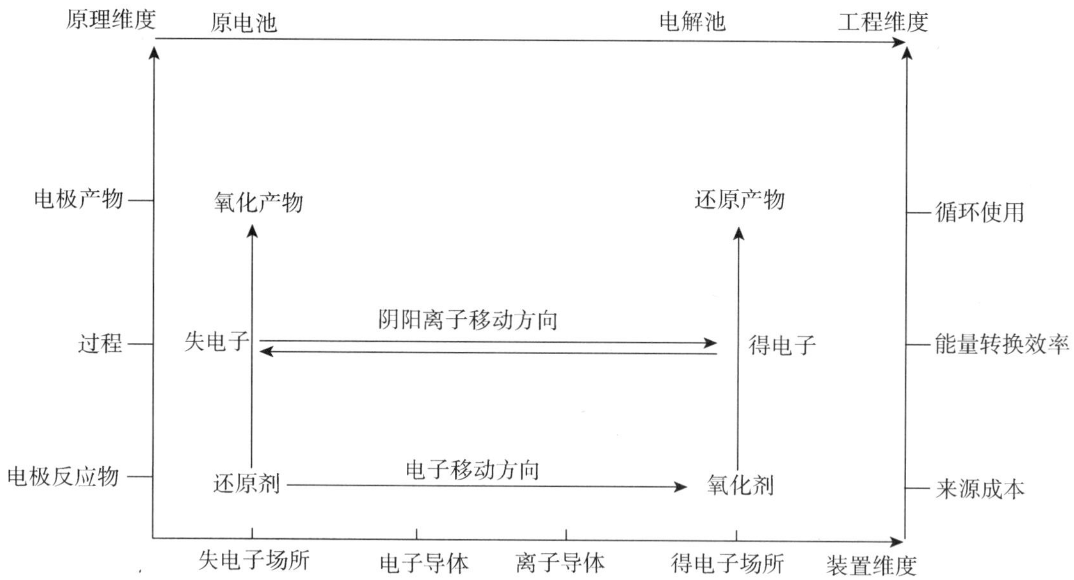

图 14　电化学装置设计模型

【评价活动 9：迁移应用】科学家利用生物燃料电池原理设计合成氨电化学装置（电池工作时 MV^{2+}/MV^{+} 在电极与酶之间传递电子）如图 15 所示。试分析导线中电子移动方向、固氮酶区域发生反应的离子方程式以及该方法的优点。

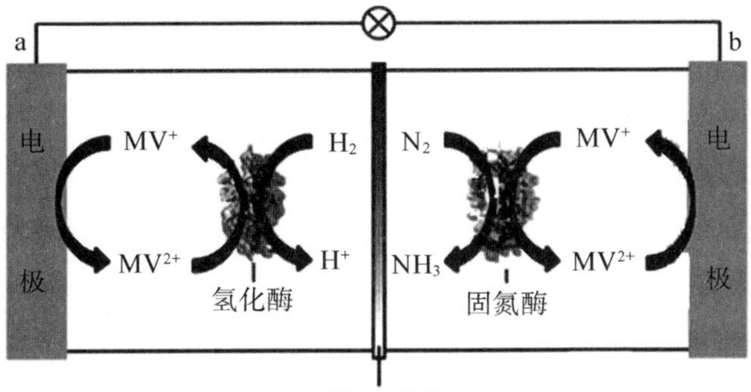

图 15　模拟电池法合成氨

【学生】导线中电子移动的方向为 a→b；固氮酶区域发生反应的离子方程式为 $N_2+6H^++6MV^+ = 2NH_3+6MV^{2+}$；该法优点为条件温和、生成氨的同时释放电能。

【教师总结】分析研究化学反应的一般思路如图 16 所示：

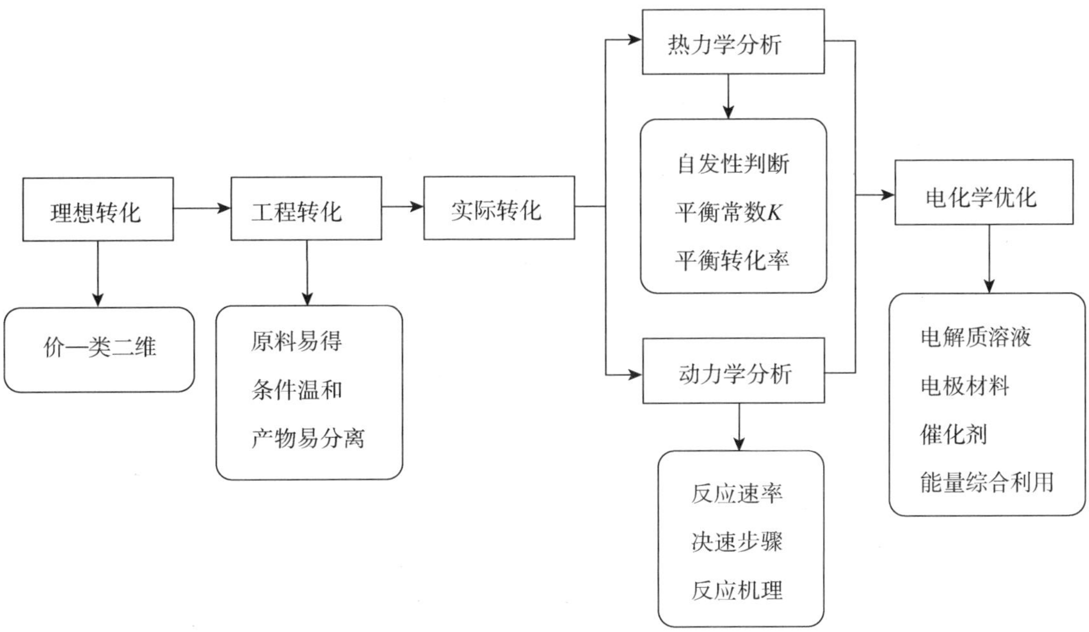

图 16　分析研究化学反应的一般思路

四、教学效果及反思

目标先行是逆向理解的教学设计的精髓所在。传统的以真实情境为背景的复习课容易陷入以下三个误区：一是将真实情境中蕴含的信息作为新的知识来继续讲授分析，冲淡了核心知识的结构化，让复习课看起来像科普课；二是急于求成，首先在真实情境之外先完成核心知识体系的构建，导致知识与情境“两张皮”，学生很难将知识迁移到真实情境当中；三是只碎片化、局部地关注真实情境与核心知识的融合，其他部分则采取习题训练的形式草草走过场进行巩固。基于逆向理解的教学设计，首先从课程标准全局整体统揽教学目标，结合《中国高考评价体系》的新要求与学生实际，将教学要求细化解构为项目学习要求，有效地将真实情境与核心知识融合，形成解决一般问题的范式。

评价优先是逆向理解的教学设计的核心要义。将项目任务再细化拆解为对应的评价活动，活动的能力层次清晰，且都聚焦于分析、设计、评价型的高层次认知活动，使得教学目标的真正落地有了抓手，避免了教学与评价相互割裂，有利于实现教学评一体化，将教学的着力点和重点放在高阶思维的培育与发展上。

情境迁移是逆向理解的教学设计的关键所在。基于真实情境的项目式教学不是仅仅为了解决项目本身涉及的挑战性任务，而是基于真实情境问题的解决，抽象形成解决类似更加真实复杂的问题，进行思维建模，形成解决一类问题的经典范式。“合成氨的发展历程”以 3 个驱动性学习任务为线索，设计了 9 个评价学习活动，以核心知识对情境的解构为明线，以科学家研究合成氨的历程即化学史为暗线，在对情境素材的解构过程中最后水到渠成地形成了研究化学反应的一般思路。必备知识的落实、关键能力的提升、正确价值观的培育等有机和谐地有序推进，很好地发展了学生的化学学科核心素养。

第五章
素养为本的学科大概念统摄的单元整体教学设计

第一节　素养为本的学科大概念统摄的初中化学单元整体教学设计

案例 1　“科学认识物质的组成”单元整体教学设计①

一、大概念统摄下的单元整体教学分析

（一）单元整体教学主题确定

本单元整体教学设计确定以“世界是物质的，物质由不同组分或元素组成，可以通过实验手段研究物质组成，从而认识物质”这一学科大概念为统领，以“科学认识物质的组成”为单元主题，主要基于以下几个方面考虑。

化学学科研究对象、研究方法的角度。化学是在原子、分子水平上研究物质的组成、结构、性质及其应用的一门基础自然学科，其特征是研究物质和创造物质。从物质的组成来认识物质是认识物质的主要途径之一，即研究物质由哪些组分组成，进一步认识物质的分类、物质的性质，以便于人们更好地利用物质。实验研究是实现这一途径的重要研究方法和手段。

人教版九年级《化学》教材编排的角度。有关“物质组成”的教学内容主要涉及混合物由哪些组分组成和纯净物由哪些元素组成两个大类。如混合物组成的研究有测定空气中氧气含量、溶液的组成、酸碱盐反应后溶液成分的探究、铁合金成分的探究等；纯净物组成有对水的组成的研究、甲烷的组成元素的研究等，对每一个具体事实学习的过程都凸显出实验研究这一科学方法。教材将上述内容编排在不同章节，目的是遵循学生的认知规律，不断发展形成实验研究物质组成的思路，但由于教学内容过度分散，某些典型物质的学习还处于刚接触化学的初始阶段，学生的认知能力还有所欠缺，很难达到预期的教学目标。比如九年级开学前两周就要测定空气中氧气含量，此时学生对物质、化学反应、实验装置、实验原理都很陌生，最终只停留在事实性知识的认识上；再如研究水的组成时，学

① 本案例为北京教育学院王春老师负责的北京市中学化学特级教师工作室莫慰老师研究案例。

生还没有学习元素的概念、质量守恒定律，所以对于高阶的研究思路和方法的学习难以理解，最终大多数学生也只能停留在对具体知识的简单学习上。所以在复习阶段，学生更容易理解、接受的阶段，教师将相关联的教学内容在同一个主题下整合，有利于整体而系统地促进学生的学习和能力的发展。

（二）单元整体教学内容分析

1. 在教材中的地位和作用

化学学科研究的对象是物质，物质组成和结构上的特点决定着物质的分类、性质，物质的性质和用途之间有着密切的联系。初中化学在学习常见混合物（如空气、溶液、合金等）、常见纯净物（如氧气、水、二氧化碳和一氧化碳、有机物等）的性质和用途时，都需要对物质的组成进行分析。即宏观分析物质中各组分是什么（定性研究），各组分的含量是多少（定量研究）；从物质的组成还可以推测物质的结构，即微观分析物质构成的微粒有哪些，微粒间数量关系如何。学生通过实验手段认识常见物质的组成，形成研究物质组成的一般思路和方法，有助于丰富对更多的物质组成、结构、性质、应用的认识，为后续化学的学习打下坚实的基础。

2. 在教学中的功能和价值

本单元是复习阶段的单元整合教学设计，主题是“科学认识物质的组成”，选择典型的研究对象，从静态的纯净物→静态的混合物→动态的反应后的混合物。认识纯净物的组成，利用“水的变化”实验寻找证据，依据“化学反应中元素不变”进行推理、分析，从而确定水的组成元素。认识混合物的组成，利用“测定空气中氧气含量”实验，根据空气中只有氧气可以支持红磷燃烧，选择红磷燃烧来消耗密闭装置内的氧气，产生压强差，倒吸入装置中水的体积就是氧气被消耗的体积，从定量的角度认识混合物的组成。认识反应后溶液的组成，需要动态地考虑化学反应对物质组成的影响，再利用物质的性质进行实验分析。通过选择典型代表物质如水、空气、溶液等进行实验研究，掌握研究纯净物、气体混合物、反应后溶液组成所采用的不同的原理和方法，从而能够解决一些简单的物质组成问题。

（三）单元整体教学学情分析

1. 学生已有知识与能力

通过新授课的学习，学生能够掌握一些简单的事实性知识，如空气、水的组成，常见溶液中溶质的成分；认识到化学实验是进行科学探究的重要方式，具备基本的化学实验技能；了解科学探究的基本过程和方法，有能力开展探究活动。

2. 学生学习障碍点

新授课阶段，学生不了解水的组成、空气含量测定的科学史实，不了解测定实验的原理和实验操作，不能准确地对收集到的证据（实验现象和实验数据）进行分析和推理，对形成的研究方法和思路认识比较模糊，不能灵活地应用去解决物质组成的问题。

3. 学生学习发展点

通过化学史实分析→模拟实验测定→思路方法归纳→应用解决问题，学生自主建立物质组成—物质性质（变化）之间的联系，自主形成研究物质组成的方法和思路，提升解决实际问题的能力。

二、大概念统摄下的单元整体知识结构图

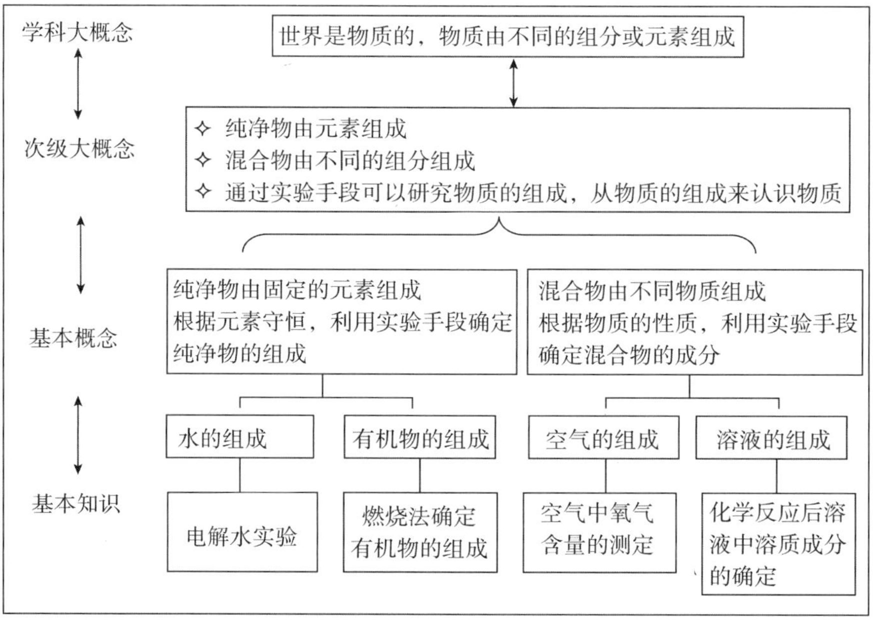

三、大概念统摄下的单元整体教学目标设计

（一）教学目标

（1）通过实验测定空气中氧气的含量，形成实验研究混合物组成的方法；通过水的分解、化合生成水的实验，形成实验研究纯净物组成的方法；通过实验研究酸碱反应后溶液的成分，形成实验研究化学反应后溶液组成的方法。

（2）知道实验研究物质的组成是认识物质的重要内容；能从科学家的研究中获取信息，能依据实验目的设计实验，安全进行实验操作，会观察并描述实验现象，会对实验现象、实验数据等证据进行分析、推理、判断，获取对物质组成的认识，形成科学的思维方法。

（3）能运用研究物质组成的一般思路和方法，分析解决生活、学习中有关纯净物、气体混合物、溶液组成的实际问题，提高应用能力，并且丰富学生的科学体验，激发学生探究兴趣和学习化学的动机，培养善于合作、勤于思考、勇于创新、大胆实践的科学精神。

（二）评价目标

（1）通过电解水、测定空气中氧气含量、盐酸与氢氧化钠溶液反应三个实验，来研究纯净物、气体混合物、溶液的组成，在实验过程中诊断学生运用观察、对比的方法收集证据的能力。

（2）通过对物质及其变化进行细致的实验观察，从观察到的现象中发现指向研究目的的证据，对证据进行推理，利用元素观、变化观推出物质组成，诊断并发展学生对实验研究物质组成的认识水平。

（3）通过应用科学认识物质组成的方法去研究酒精的组成、常见气体混合物的成分、常见溶液反应后的成分，诊断并发展学生解决实际问题的能力水平，及对研究物质组成的价值的认识水平。

四、大概念统摄下的单元整体教学规划流程图

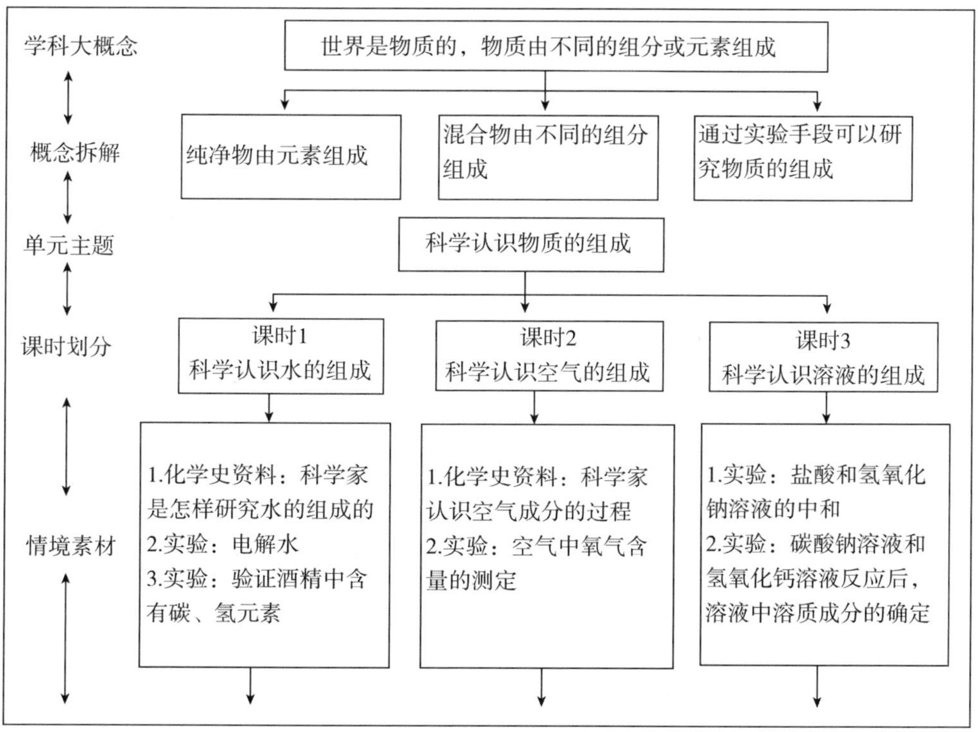

学习流程	【任务1】 分析科学家如何认识水的组成 【任务2】 电解水实验中寻找证据 【任务3】 形成实验研究纯净物组成的一般思路和方法 【任务4】 应用方法，实验验证酒精中含有碳、氢元素	【任务1】 分析空气组成 【任务2】 红磷燃烧法测定空气中氧气含量 【任务3】 形成实验研究气体混合物组成的一般思路和方法 【任务4】 应用方法，研究混合气体中氧气和二氧化碳的含量	【任务1】 分析酸碱中和反应过程中，溶液组成的变化 【任务2】 形成实验研究反应后混合物组成的一般思路和方法 【任务3】 应用方法，实验研究碳酸钠溶液和氢氧化钙溶液反应后溶质的可能组成
能力素养	能从物质及其变化的事实中提取证据，对有关的化学问题提出假设，能依据证据证明假设。	能从定性与定量结合上收集证据，能通过定性分析和定量计算推出合理的结论	能依据各类物质及其反应的不同特征寻找充分的证据，能解释证据与结论之间的关系

五、大概念统摄下的单元整体教学流程

“科学认识物质的组成”单元整体教学流程（第1课时）科学认识水的组成			
教学环节	教师活动	学生活动	设计意图
环节一 分析史实	任务1：分析科学家是如何认识水的组成的。 素材： 1. 普里斯特利的魔术实验； 2. 卡文迪许的实验结论； 3. 拉瓦锡的实验研究。 问题1：这几段化学史为我们研究水的组成提供了怎样的思路	阅读化学史，了解研究历程。 分析：可以通过氢气与氧气化合成水的实验和水分解成氢气和氧气的实验来研究水的组成	通过化学史再现科学家认识“水由氢元素、氧元素组成”的科学历程，引导学生获得研究水的组成的灵感和思路

续表

“科学认识物质的组成”单元整体教学流程（第 1 课时）科学认识水的组成			
教学环节	教师活动	学生活动	设计意图
环节二 实验求证	任务 2：电解水实验中寻找证据。 实验： 1. 电解水 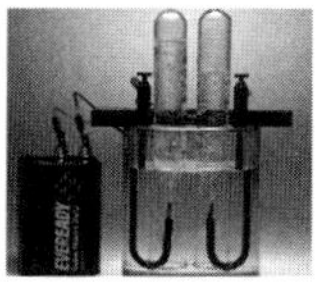 2. 点燃氢气  问题 2-1：电解水实验可以确定水的组成的依据是什么？ 问题 2-2：氢气燃烧实验可以确定水的组成的依据是什么	分析实验，在实验中寻找证据。 根据电解水正负两极产生气体的检验，确定是氧气和氢气； 水的生成来自于氢气在氧气中燃烧； 化学反应前后元素的种类不变，所以水中含有组成氢气的氢元素和组成氧气的氧元素	培养学生在实验中寻找证据的能力，通过观察和分析实验现象，推理出水是由氢元素和氧元素组成的
环节三 形成方法	任务 3：形成实验研究纯净物组成的一般思路和方法。 问题 3：通过上述实验，你能总结出研究纯净物组成的一般思路和方法吗	通过实验将待确定组成的物质分解成简单且已经检测出组成的其他物质；或者利用已知组成的物质，通过化学反应生成待确定组成的物质，依据化学反应前后元素的种类不变，从而确定该物质的元素组成	讨论和合作中完成能力的提升，自主形成研究纯净物组成的一般思路和方法
环节四 应用方法	任务 4：小组合作，实验验证酒精中含有碳元素、氢元素。 教师引导学生交流讨论，设计并完成实验，检验生成物，推理出酒精中含有碳元素、氢元素。 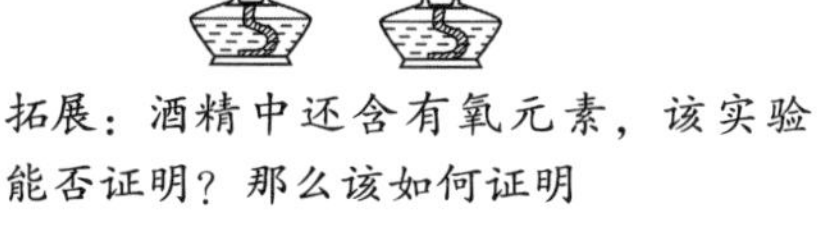 拓展：酒精中还含有氧元素，该实验能否证明？那么该如何证明	实验： 1. 点燃酒精； 2. 用干冷烧杯检验生成的水； 3. 用澄清石灰水检验生成的二氧化碳。 根据现象确定生成物，推出酒精中含有碳元素、氢元素	运用本节课获得的研究纯净物组成的思维方法解决问题

续表

“科学认识物质的组成”单元整体教学流程（第 2 课时）科学认识空气的组成			
教学环节	**教师活动**	**学生活动**	**设计意图**
环节一 分析史实	任务 1：分析空气组成。 素材：空气成分的发现史。 1. 卢瑟福发现空气中含有氮气； 2. 舍勒发现空气中含有氧气； 3. 拉瓦锡测定空气的组成。  拉瓦锡（A.-L. Lavoisier，1743—1794） 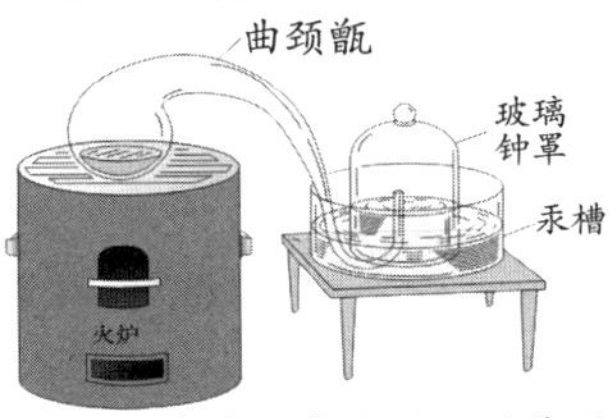 拉瓦锡研究空气成分所用的装置 问题 1：拉瓦锡定量测定空气组成的原理是什么？ 问题 2：拉瓦锡发现容器里空气的体积减少了约 1/5，这是如何感知的	阅读教材中的化学史素材，感受科学家成功测定空气中氧气含量的历史过程。 思考并讨论测定空气中氧气含量的实验原理。 利用汞消耗装置内的氧气，形成压强差，产生一系列的实验现象	利用丰富的化学史，学生通过阅读、分析素材，初步认识到科学家研究混合物组成的方法
环节二 实验求证	任务 2：红磷燃烧实验测定空气中氧气含量。 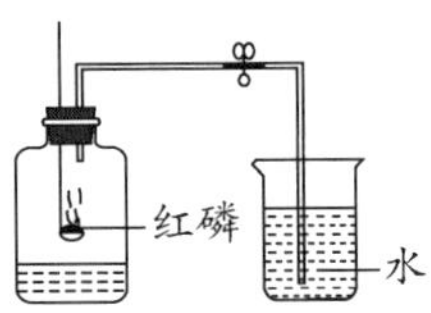 教师根据学生设计的实验方案，在学生指挥下完成实验。 记录测量的数据： 1. 集气瓶能容纳 272 mL 水； 2. 实验前集气瓶预留 22 mL 水； 3. 最终集气瓶中水的体积为 74 mL	学生合作设计实验方案，分析讨论以下内容： 1. 反应原理； 2. 装置原理； 3. 操作步骤； 4. 实验现象； 5. 数据处理。 根据数据分析被消耗的氧气的体积，从而计算出空气中氧气的含量	通过模拟拉瓦锡实验，测定空气中氧气含量初步培养学生设计实验的能力、科学探究的能力、定量研究的能力，培养证据意识
环节三 形成方法	任务 3：形成实验研究气体混合物组成的一般思路和方法	归纳：利用混合气体中某种气体的性质，设计实验进行化学反应，通过气体被消耗带来压强差，使看不见的气体减少的体积转换成可以观察到的倒吸入的水的体积	从定性和定量两个角度归纳实验研究气体混合物组成的一般思路和方法

续表

“科学认识物质的组成”单元整体教学流程（第 2 课时）科学认识空气的组成

教学环节	教师活动	学生活动	设计意图
环节四 应用方法	任务 4：研究混合气体中氧气和二氧化碳的含量。 问题：气体 X 可能是 O_2、CO_2 中的一种或两种。用下图装置进行实验（忽略气体的溶解）。 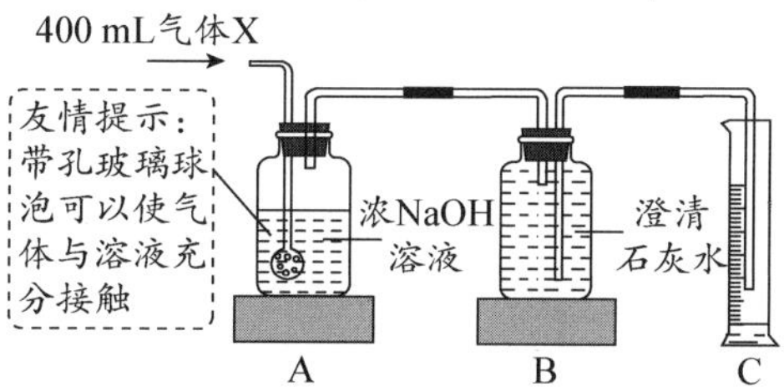 （1）若观察到装置 B 中溶液始终未变浑浊，最终有 100 mL 液体进入装置 C，则气体 X 的成分是________。 （2）若气体 X 中只含有 O_2，则观察到的现象是________________	分析：根据装置特点，利用 O_2 和 CO_2 的性质。 （1）通入 400 mL 气体 X，最终只有 100 mL 液体进入装置 C，说明气体 X 中有 100 mL 不与 NaOH 溶液和澄清石灰水反应的 O_2，还有 300 mL 被 NaOH 溶液吸收的 CO_2。 （2）若气体 X 中只含有 O_2，它不与 NaOH 溶液和澄清石灰水反应，所以装置 B 中的石灰水始终未变浑浊，最终会有 400 mL 的液体进入装置 C	应用方法，解决问题，从定性与定量结合上收集并分析证据，通过定性分析和定量计算推出合理的结论

“科学认识物质的组成”单元整体教学流程（第 3 课时）科学认识溶液的组成

教学环节	教师活动	学生活动	设计意图
创设情境	同学们在实验探究酸和碱的中和反应时，产生了不少废液，这些废液需要无害化处理才能排放，我们该怎么做	思考：需要分析废液的组成，确定里面含有的物质，才可以有针对性地进行无害化处理	了解认识物质组成的重要性
环节一 分析事实	任务 1：分析酸碱中和反应过程中，溶液组成的变化。 回顾实验：盐酸和氢氧化钠溶液的中和。 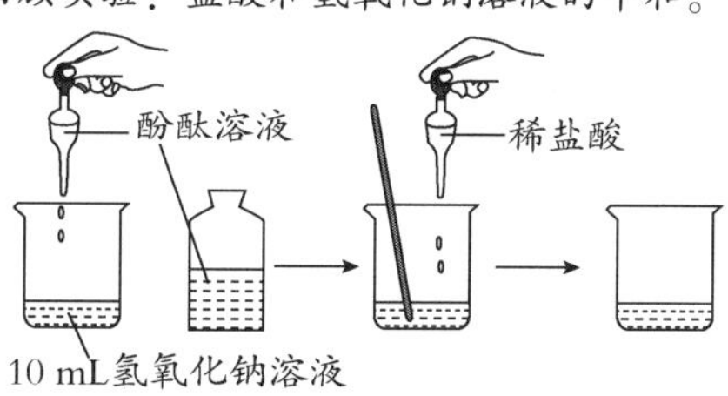 问题 1：请分析盐酸和氢氧化钠溶液反应后，溶液中溶质的可能组成 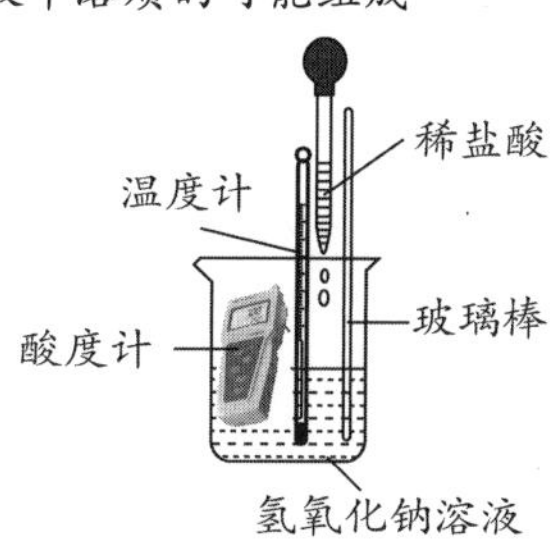	分析： 1. 明确反应： $HCl + NaOH = NaCl + H_2O$ 2. 反应物之间存在恰好反应和过量的问题	调动已有的实验素材，将原有的证明反应发生的证据应用于推理反应后溶质的成分，建立起物质组成、变化、性质之间的联系

续表

<table>
<tr><th colspan="4">“科学认识物质的组成”单元整体教学流程（第3课时）科学认识溶液的组成</th></tr>
<tr><th>教学环节</th><th>教师活动</th><th>学生活动</th><th>设计意图</th></tr>
<tr><td>环节一
分析事实</td><td>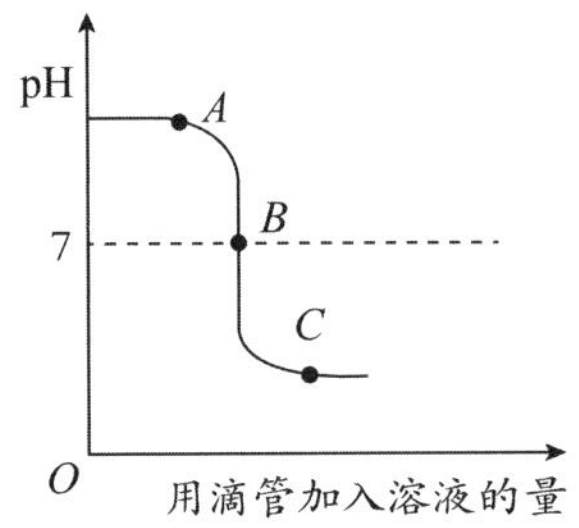

问题2：我们采用了众多实验来证明酸碱中和反应的发生，这些实验能不能帮助我们确定溶液中都有哪些物质呢？请分析图中A点、B点、C点所对应溶液中溶质的组成</td><td>A点：pH > 7，溶质有NaCl和NaOH（即NaOH过量）；
B点：pH = 7，溶质只有NaCl（即二者恰好反应）；
C点：pH < 7，溶质有NaCl和HCl（即HCl过量）</td><td></td></tr>
<tr><td>环节二
形成方法</td><td>任务2：形成实验研究反应后混合物组成的一般思路和方法</td><td>归纳：
1. 根据化学反应确定生成物，再考虑反应物过量的情况确定可能组成。
2. 利用物质的性质、实验确定成分</td><td>分析化学反应对物质组成的影响，建立分析模型</td></tr>
<tr><td>环节三
应用方法</td><td>任务3：实验研究碳酸钠溶液和氢氧化钙溶液反应后溶质的可能组成。
问题：向一定量的碳酸钠溶液中加入一定量的氢氧化钙溶液，充分反应后过滤。你认为滤液中溶质的可能组成有哪些？请选择一种可能组成，设计实验验证
<table><tr><th>实验步骤</th><th>实验现象</th><th>实验结论</th></tr><tr><td></td><td></td><td></td></tr></table></td><td>小组合作探究：
猜想可能组成；
设计实验方案；
实验寻找证据；
得出结论</td><td>应用反应后溶液中溶质成分的分析方法，设计实验对成分的猜想进行验证，培养分析问题、解决问题的能力</td></tr>
<tr><th colspan="4">板书设计</th></tr>
<tr><td colspan="4">第1课时　科学认识水的组成
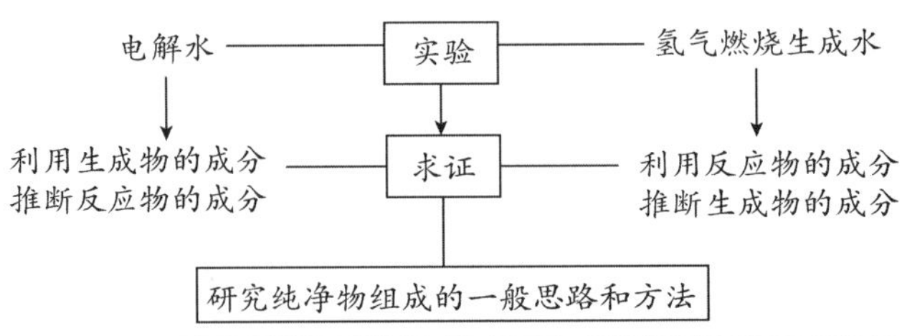
</td></tr>
</table>

续表

板书设计

第 2 课时　科学认识空气的组成

实验 —— 红磷燃烧法测定空气中氧气含量

↓

求证
- 反应原理：红磷+氧气 $\xrightarrow{点燃}$ 五氧化二磷
- 装置原理：氧气被消耗，产生压强差
- 实验现象：水倒吸进入集气瓶
- 数据分析：$\dfrac{吸入的水的体积}{空气的体积}\times 100\%$

↓

研究混合物组成的一般思路和方法

第 3 课时　科学认识溶液的组成

实验 —— 盐酸与氢氧化钠溶液的中和

↓

求证
- 实验现象：无明显现象
- 反应原理：$HCl+NaOH = NaCl+H_2O$
- 反应后溶质的组成
  - $pH>7$　NaCl　NaOH
  - $pH=7$　NaCl
  - $pH<7$　NaCl　HCl

↓

研究反应后混合物组成的一般思路和方法

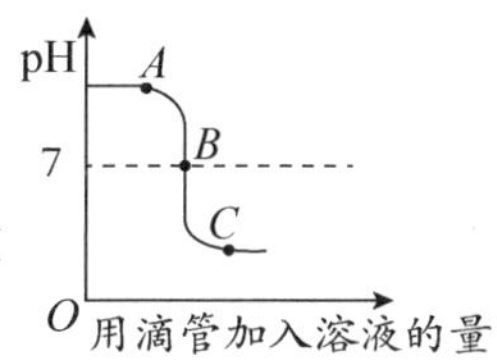

六、大概念统摄下的单元整体教学设计评价

（一）单元整体教学设计特色说明

1. 学史明理，充分利用化学史促进学生学习

本单元教学设计以科学家认识水的组成、空气的成分来展开，详细的化学史素材如实记录着影响化学发展的重要事件，记录着化学学科发展的重要历程，更呈现出科学家揭开化学现象背后的规律时所采用的科学方法，以及他们敢于质疑、严谨求学、献身研究的科学精神。在教学中引入化学史，使学生学会以史为鉴，借鉴科学家的成功经验吸取失败教训，更能够学史明理，提升学生的科学探究与创新意识核心素养，有助于开启学生智慧，让学生像科学家一样去探索解决问题，获取和掌握从事科学研究的正确方法。

2. 实验求证，充分开展探究活动促进学生学习

从单元教学过程看，3 节课都凸显“实验求证”的过程，极大地激发了学生的学习兴趣，通过素材阅读、小组讨论、实验探究等多样化的学习活动，使学生在课堂上始终保持高昂的情绪；应用方法解决实际问题，也采取实验探究的方式，使学生的认知不仅停留在方法的构建上，更进一步发展学生迁移运用学科知识解决实际问题的能力，提高学生学习的深度与效率。

（二）单元整体教学设计教学反思

1. 以大概念为统摄开展单元复习教学，促进学科教学内容结构化

本单元将分散的初中化学中研究物质组成的化学事实，整合为具有逻辑关联的知识组块，充分挖掘具体化学事实所承载的学科思想与方法，以此为导向进行单元复习教学设计。通过任务驱动，以问题做引导、促探究、启思维、获方法、做评价，将学生学习的重心从记忆枯燥的事实性知识提升至形成可迁移的化学学科大概念和科学方法，加深对学科知识结构的深层理解，切实在课堂教学中落实发展学生的化学学科核心素养。

2. 以大概念为统摄开展单元复习教学，促进学生思维发展高阶化

本单元以“科学认识物质的组成”主题为单元明确的学习内容和要求，以“世界是物质的，物质由不同的组分或元素组成”这一学科大概念为统领，基于学生的认知基础和可持续发展进行单元整体教学设计，按照学科知识的逻辑结构、学生学习的顺序，将相关内容以任务为主线重新整合成基于证据推理与模型认知核心素养培养的复习单元。既要对学生学习的难点以及易错点进行有的放矢的复习，也要引导学生对已学过的知识进行概括、归纳、应用和提升，注重高阶思维发展。在复习教学中充分挖掘化学实验的作用，针对学生学习的难点、困惑点，旧实验新做，用实验带动复习，引发学生对实验事实与化学反应全面的思考，使其学会发现问题、提出猜想与假设、设计实验并验证、交流与反思，从而最终解决问题，这样做有利于发展学生的学科思维能力。

案例 2 “科学探究主题下的空气”单元整体教学设计①

一、大概念统摄下的单元整体教学分析

（一）单元整体教学主题确定

科学探究是《义务教育化学课程标准（2011 版）》中五个一级主题之一，也是化学学科核心素养之一。科学探究既作为学习的方式，又作为学习的内容和目标，必须落实在其他各主题的学习中，不宜孤立地进行探究方法的训练。人教版九年级《化学》上册第一单元课题 2 “化学是一门以实验为基础的科学”，其中内容之一“对人体吸入的空气和呼出的气体的探究”是开展科学探究教学的起始篇章，此时学生所学化学知识很少，对空气成分不了解；对用排水法收集气体感到陌生，基本操作技能薄弱，进行半定量对比实验有一定的难度，在实际教学中感觉在此阶段开展科学探究教学过早。由于探究内容和第二单元“我们周围的空气”有关联性，因此把此内容和第二单元课题 2 中的“探究氧气的化学性质”、课题 3 中的“探究二氧化锰在过氧化氢制氧气反应中的作用”整合为一个单元，从物质的组成、物质的性质、物质的变化三个角度开展科学探究模块教学，同时以跨学科概念系统和模型统摄本单元教学。

（二）单元整体教学内容分析

1. 在教材中的地位和作用

本单元内容属于《义务教育化学课程标准（2011 版）》一级主题“身边的化学物质”下的二级主题“我们周围的空气”，位于人教版九年级《化学》上册第一、二单元，是初中化学研究物质的开端。从混合物空气到纯净物氧气，包括空气的组成，氧气的性质、用途、制备等内容，初步建立研究物质的思路，即通过物质的变化体现物质的性质，物质的性质决定物质的变化，加深对物质的性质和变化的理解。同时，也是通过科学探究方式研究物质的开篇单元，通过探究空气的组成、氧气的性质、催化剂概念等内容，使学生体验

① 本案例为北京教育学院王春老师负责的北京市中学化学特级教师工作室王兴芳老师研究案例。

探究活动的过程、方法和成功的喜悦，增进学生对科学探究的理解，发展科学探究的能力。

2. 在教学中的功能和价值

本单元是科学探究模块教学的起始单元，以我们周围的空气为载体，通过探究我们吸入的空气和呼出的气体有什么不同、氧气的性质以及二氧化锰在过氧化氢分解制氧气反应中的作用，认识物质及其变化，初步建立科学探究模型，明确各探究要素间的逻辑关系，即根据探究问题提出猜想假设，根据猜想假设制订方案、收集证据，根据证据得出结论，厘清科学探究的本质，为后续其他化学物质的学习奠定基础。

（三）单元整体教学学情分析

1. 学生已有知识与能力

通过前面单元的学习，学生知道化学是一门研究物质组成、结构、性质与变化规律的学科；了解物理变化和化学变化的概念，知道通过寻找物质发生化学变化时可观察到的现象证据，如物质颜色改变、产生气体或沉淀，判断是否发生了化学反应；知道物质的性质分为物理性质和化学性质，物质的性质通过物质的变化来表现，对具体物质性质的学习经验不足；能进行基本的实验操作，但不够熟练；通过七年级、八年级生物学学科和物理学科的学习，具备了一定的科学探究能力，但通过科学探究方式学习化学知识还是第一次。从跨学科角度看，学生对空气有了一定的认识，知道空气存在大气压，动植物的呼吸需要吸入氧气、呼出二氧化碳，绿色植物的光合作用吸收二氧化碳、释放氧气。

2. 学生学习障碍点

由于本单元是人教版九年级《化学》开篇之后的第二单元，初学化学，学生已有的化学知识较少，基本实验技能薄弱，加之科学探究系统要素较多，要素间的关系复杂，逻辑性强，通过科学探究的方式了解物质的组成、性质及变化对学生具有一定的挑战，常常不明白实验目的，将探究实验变成“照方抓药”做实验，弄不清实验现象、结论、目的的关系，设计实验方案能力薄弱。

3. 学生学习发展点

通过开展系列探究活动，学生亲身经历和体验科学探究过程，激发学生学习化学的兴趣，增进对化学学科的情感，认识到科学探究是积极主动地获取化学知识、认识和解决化学问题的重要实践活动；通过探究吸入的空气和呼出的气体的不同、氧气的性质、催化剂概念等内容，加深了学生对物质的变化和性质的理解，也增进了学生对科学探究的理解，发展了学生科学探究的能力。

二、大概念统摄下的单元整体知识结构图

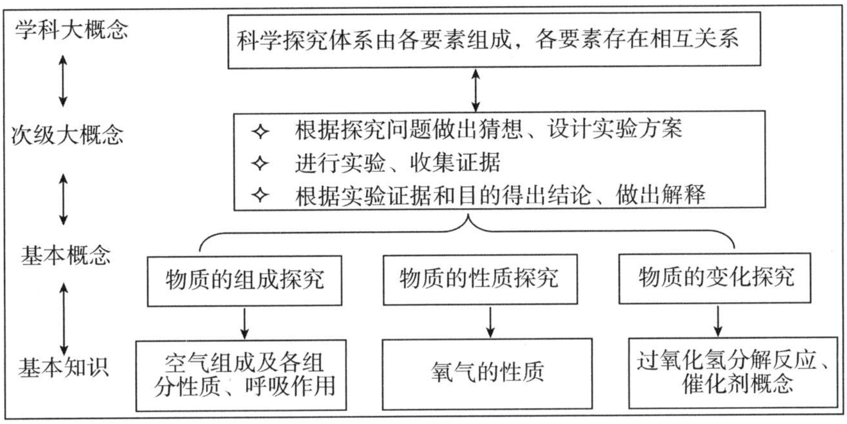

三、大概念统摄下的单元整体教学目标设计

（一）教学目标

（1）通过对人体吸入的空气和呼出气体的探究，能根据已有经验做出合理的猜想并控制实验条件设计对比实验进行验证，初步建立物质检验的思路和科学探究的模型，理解各探究要素间的关系。

（2）通过探究氧气与硫、木炭、铁丝等物质的反应，知道氧气能跟许多物质发生氧化反应，初步建立证明化学反应发生的角度之一即有新物质生成，增进学生对物质的变化和性质关系的理解，巩固对科学探究模型的认知，增进学生对科学探究的理解。

（3）通过探究二氧化锰在过氧化氢分解制氧气的反应中的作用，进一步理解科学探究模型，了解催化剂的概念和催化作用，发展学生对化学反应条件的认识，发展学生的控制实验条件意识和证据意识，提升学生科学探究与创新意识、证据推理与模型认知素养。

（二）评价目标

（1）通过开展系列探究活动，诊断并发展学生实验方案设计、进行实验、收集证据、得出结论、反思评价等科学探究能力。

（2）通过实验、阅读资料和图片、观看视频等手段，诊断并发展学生运用观察、实验等方法获取信息的能力。

四、大概念统摄下的单元整体教学规划流程图

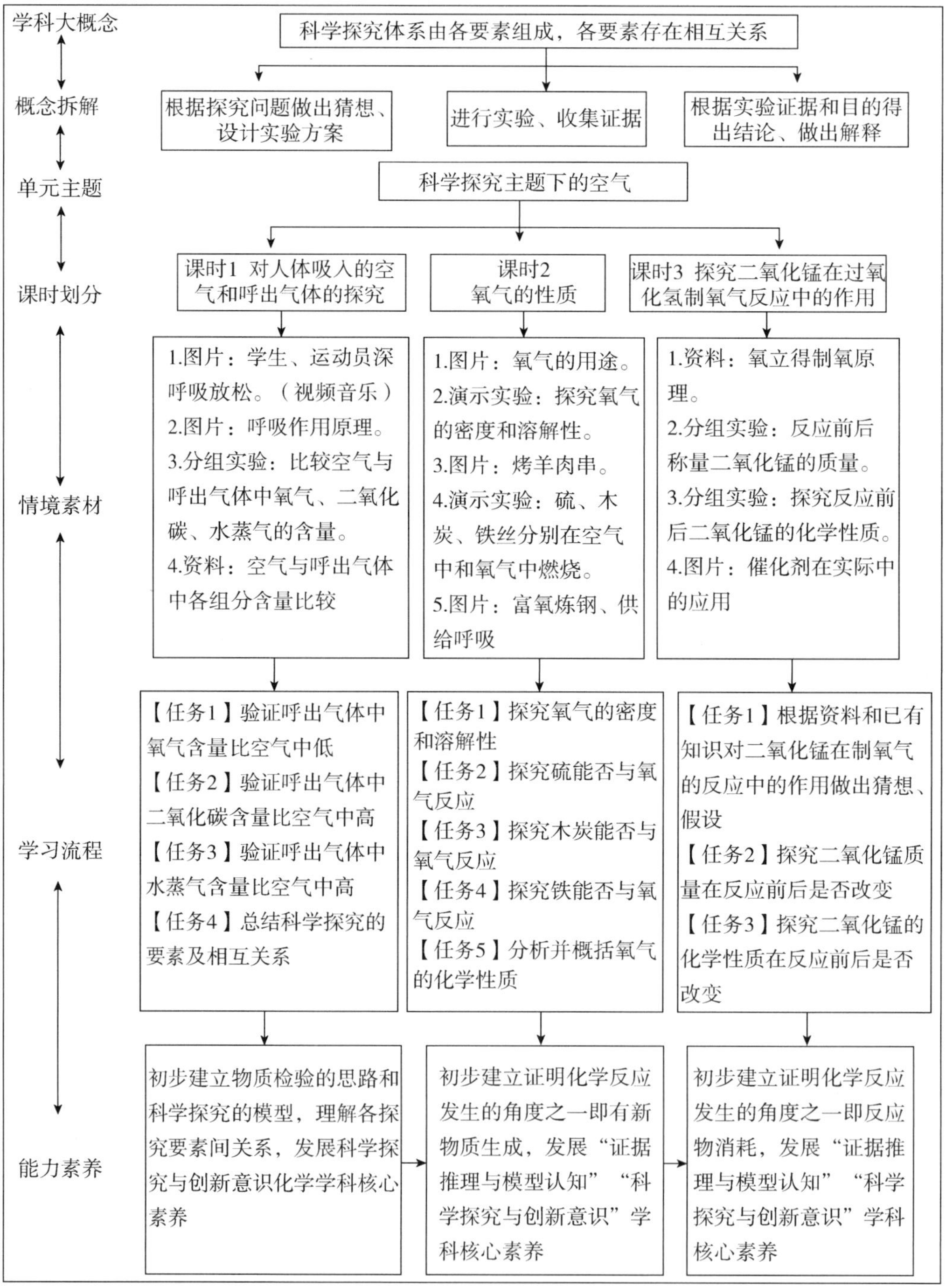

五、大概念统摄下的单元整体教学流程

“科学探究主题下的空气”单元整体教学流程（第 1 课时）			
教学环节	教师活动	学生活动	设计意图
环节一 创设情境 提出问题	播放音频，同时展示运动员、学生、工作人员深呼吸放松图片。 提出问题： 1. 深呼吸的作用是什么？ 2. 人体吸入气体的成分是什么？呼出气体的成分是什么？ 板书：对人体吸入的空气和呼出气体的探究	观看图片，学生随音乐进行深呼吸放松。 吸入更多的是氧气，呼出更多的是二氧化碳	从学生熟悉的情境引入，激发学生学习兴趣，体会化学学科研究对象，引出探究主题
环节二 猜想假设	提出问题：从化学的视角看，我们吸入的空气和呼出的气体有什么不同？ PPT：跨学科知识（展示人体呼吸循环的相关图片） 葡萄糖 + 氧气$\xrightarrow{酶}$二氧化碳 + 水 组织学生交流猜想假设及依据。 板书：猜想假设 1. 呼出气体中氧气含量比空气中低。 2. 呼出气体中二氧化碳含量比空气中高。 3. 呼出气体中水蒸气含量比空气中高	学生根据空气的成分及生物学知识，做出猜想，进行交流	诊断并发展学生根据探究问题做出猜想，并依据已有的知识和经验对猜想或假设做初步论证的意识
环节三 设计方案 收集证据 得出结论	任务 1：设计实验验证猜想 1 是否正确。 提问： 1. 如何证明空气中含有氧气？利用了氧气哪些性质？ 2. 如何设计实验验证猜想 1 是否正确？需要控制哪些条件？ 组织学生交流、评价、完善方案。 （标准：简单易行） PPT： 资料支持：排水集气法 排水集气法收集气体 	小组讨论、设计方案；交流、评价、完善方案。 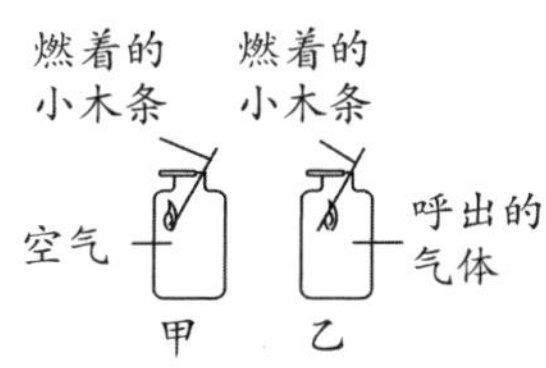 进行实验，收集证据，注意：将燃着的小木条伸入空气瓶和呼出气体瓶后，玻璃片不要移开	培养学生根据所要探究的具体问题，控制实验条件设计简单的化学实验方案的能力。 学习运用多种手段对物质及其变化进行观察

续表

<table>
<tr><th colspan="4">“科学探究主题下的空气”单元整体教学流程（第 1 课时）</th></tr>
<tr><th>教学环节</th><th>教师活动</th><th>学生活动</th><th>设计意图</th></tr>
<tr><td rowspan="3">环节三
设计方案
收集证据
得出结论</td><td>组织学生汇报实验现象。
板书：
【猜想与假设】呼出气体中氧气含量比空气中低
【设计方案】

【收集证据】燃着的木条在盛有空气的集气瓶中继续燃烧；在盛有呼出气体的瓶内立即熄灭。
【得出结论】呼出气体中氧气含量比空气中低</td><td></td><td>能对事实与证据进行加工与整理，初步判断事实证据与假设之间的关系，得出合理的结论。为后续二氧化碳和水蒸气含量探究做方法铺垫</td></tr>
<tr><td>任务 2：设计实验验证猜想 2 是否正确。
PPT 资料：1. 二氧化碳不支持燃烧，可以使燃着的木条熄灭。2. 二氧化碳可以使澄清石灰水变成白色浑浊，白色浑浊越多，说明二氧化碳越多。
组织学生交流、评价、完善方案。
组织学生汇报实验现象。
板书：
【猜想与假设】呼出气体中二氧化碳的含量比空气中高
【设计方案】

【收集证据】盛有空气的集气瓶中石灰水没有变浑浊；盛有呼出气体的集气瓶中石灰水变浑浊。
【得出结论】呼出气体中二氧化碳的含量比空气中高</td><td>小组讨论、设计方案；交流、评价、完善方案。
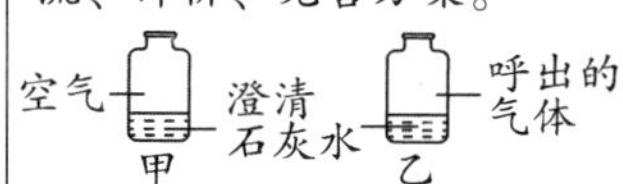
进行实验，收集证据，根据证据，得出结论</td><td>体会根据物质的性质进行物质检验，要排除其他物质的干扰。
进一步发展学生设计实验方案、进行实验、收集证据、得出结论等探究能力</td></tr>
<tr><td>任务 3：设计实验验证猜想 3 是否正确。

干燥玻璃片、眼镜片置于空气中

对着干燥的玻璃片或眼镜片呼气
提问：为什么不能用排水法收集呼出的气体</td><td>设计并进行实验，收集证据，得出结论</td><td>初步建立排除干扰进行物质检验的思想</td></tr>
</table>

续表

<table>
<tr><th colspan="4">“科学探究主题下的空气”单元整体教学流程（第 1 课时）</th></tr>
<tr><th>教学环节</th><th>教师活动</th><th>学生活动</th><th>设计意图</th></tr>
<tr><td>环节三
设计方案
收集证据
得出结论</td><td>资料
<table>
<tr><td>气体成分</td><td>空气/%</td><td>呼出的气体/%</td></tr>
<tr><td>氮气</td><td>78</td><td>78</td></tr>
<tr><td>氧气</td><td>21</td><td>16</td></tr>
<tr><td>二氧化碳</td><td>0.03</td><td>4</td></tr>
<tr><td>水</td><td>0.07</td><td>1.1</td></tr>
<tr><td>其他气体</td><td>0.9</td><td>0.9</td></tr>
</table></td><td>阅读资料，体会实验数据直观证明定性实验结果</td><td>进一步培养学生证据意识</td></tr>
<tr><td>环节四
总结提升
研究方法
和思路</td><td>任务 4：总结科学探究的要素及相互关系
问题 1：科学探究体系主要有哪些要素？这些要素存在怎样的相互关系？
问题 2：设计对比实验要注意哪些问题？
问题 3：检验某种物质成分的思路是什么</td><td>思考、回答</td><td>巩固、内化学科大概念“科学探究体系由各要素组成，这些要素存在相互关系”</td></tr>
<tr><th colspan="4">“科学探究主题下的空气”单元整体教学流程（第 2 课时）</th></tr>
<tr><th>教学环节</th><th>教师活动</th><th>学生活动</th><th>设计意图</th></tr>
<tr><td>环节一
创设情境
引入课题</td><td>PPT：氧气的用途

医疗急救

潜水

登山
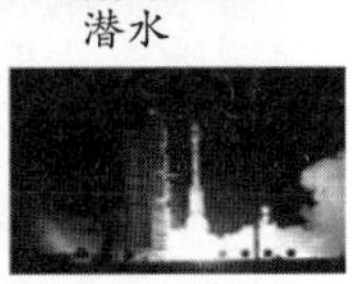
航天
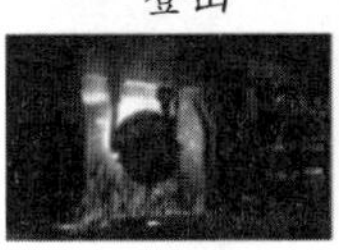
炼钢

气割、气焊
问题 1：氧气的这些用途反映出氧气的哪些性质？你对氧气的性质还有哪些了解？
问题 2：以上哪些是物理性质，哪些是化学性质？你的依据是什么？
问题 3：能否用空气代替氧气来研究氧气的性质</td><td>观看图片，思考并回答问题。
总结性质：
①色、味、态；
②供给呼吸；
③助燃性。
分类归纳：
物理性质：①；
化学性质：②③。
纯净物才有固定的组成和性质，因此是化学研究的对象</td><td>诊断学生对物理性质、化学性质概念，氧气性质的认识，明确应用纯净物研究物质的性质</td></tr>
</table>

续表

“科学探究主题下的空气”单元整体教学流程（第2课时）			
教学环节	**教师活动**	**学生活动**	**设计意图**
环节二 探究氧气的物理性质	描述物质物理性质的基本框架：颜色、状态、气味、密度、溶解性、熔沸点。 任务1：探究氧气的密度和溶解性。 演示实验： 1. 展示3瓶氧气，1瓶瓶底有1/2水，正放；1瓶没有水，只有氧气，正放；1瓶没有水，只有氧气，倒放，放置相同时间。 2. 分别伸入带火星的木条，观察木条燃烧情况。 资料：1. 标准状况下，氧气的密度是1.429 g/L，空气的密度是1.293 g/L。 2. 通常状况下，1 L水溶解约30 mL氧气。 3. 氧气$\xrightarrow{-183\ ℃}$液态氧（淡蓝色）$\xrightarrow{-218\ ℃}$固态氧（淡蓝色）	观察实验，阅读资料，得出结论： 1. 通常状况下，氧气是无色、无味气体。 2. 氧气的密度比空气的略大。 3. 氧气不易溶于水。 4. 液态氧、固态氧均为淡蓝色	建立描述物质性质的基本框架，通过用实验加深对物理性质的认识，建立实验目的、证据、结论之间的逻辑关系
环节三 探究氧气的化学性质	问题：物质的化学性质通过化学反应表现出来。判断化学反应发生的依据是什么？ 介绍：观察实验现象产生的顺序。 任务2：探究硫能否与氧气反应。 演示实验：硫分别在空气和氧气中燃烧。 问题： 1. 硫在空气中和氧气中燃烧的现象相同点、不同点分别是什么？ 2. 证明硫和氧气发生反应的现象是什么？ 3. 该实验可得出哪些结论？ 小结1：见板书设计	思考、回答：产生新物质证明反应发生。 观察、描述现象： 淡黄色的硫在空气中燃烧，发出微弱的淡蓝色火焰；在氧气中剧烈燃烧，产生明亮的蓝紫色火焰，放热，产生无色、有刺激性气味的气体。 得出结论： 硫在一定条件下可与氧气反应，且在纯氧中比在空气中燃烧更剧烈	深化对物质的变化和物质性质的认识。 通过硫燃烧产生有刺激性气味气体证明有新物质生成，初步建立证明化学反应发生的角度，为后续探究木炭、铁与氧气反应做方法上的铺垫
	图片：木炭烤羊肉串。 任务3：探究木炭能否与氧气反应。 提示：根据硫与氧气反应的产物，预测木炭与氧气反应的生成物，从而设计实验方案。 组织学生交流、评价实验方案（实验设计如何紧扣实验目的），预测实验现象。 问题：如何证明反应发生	小组讨论，设计实验方案并交流。 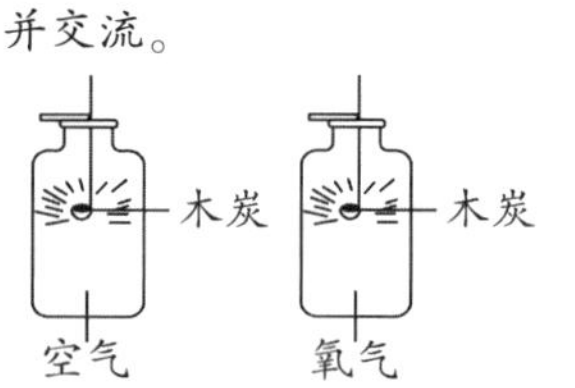 检验有不同于反应物性质的新物质生成。 观察、描述现象： 木炭在空气中燃烧发红光，在纯氧中燃烧发出白光，放热，生成使澄清石灰水变浑浊的无色气体	建立“通过检验有不同于反应物性质的新物质生成证明化学反应发生”的思路。 深化对物质的变化和物质性质的认识，进一步体会科学探究要素及相互联系

续表

“科学探究主题下的空气”单元整体教学流程（第2课时）			
教学环节	教师活动	学生活动	设计意图
	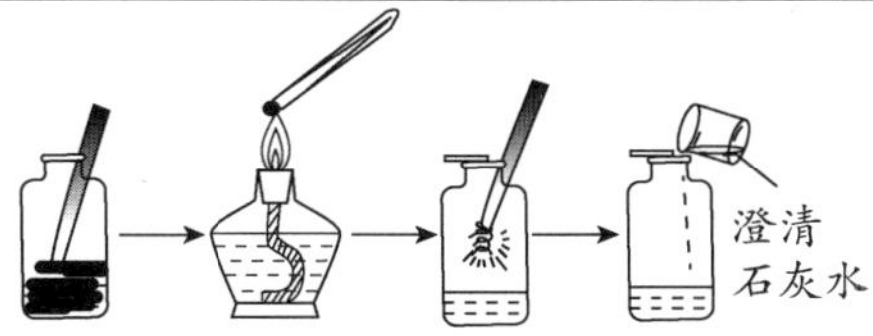 小结2：见板书设计		
环节三 探究氧气的 化学性质	任务4：探究铁能否与氧气反应。 演示：铁丝在空气中和氧气中燃烧情况。 问题： 1. 证明反应发生的证据是什么？ 2. 如何证明褐色固体不是铁？ 资料： 1. 铁和盐酸反应：铁 + 盐酸 → 氯化亚铁 + 氢气； 2. 四氧化三铁和盐酸反应：四氧化三铁 + 盐酸 →氯化铁 + 氯化亚铁 + 水； 3. 氯化亚铁溶液为浅绿色，氯化铁溶液为黄色。 演示： 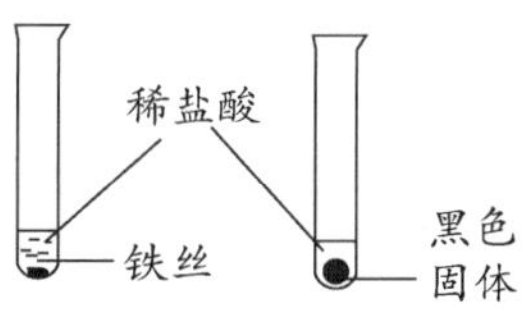 小结3：见板书设计	观察、描述现象： 在空气中加热铁丝时，铁丝只能发生红热现象，不能燃烧，在氧气中火星四射，生成黑色固体。 阅读资料，观察实验得出结论： 黑色固体是一种新物质，证明铁与氧气发生了化学反应	巩固“通过检验有不同于反应物性质的新物质生成证明化学反应发生”的思路。 深化对物质的变化和物质性质的认识，进一步体会科学探究要素及相互联系
	任务5：分析并概括氧气的化学性质。 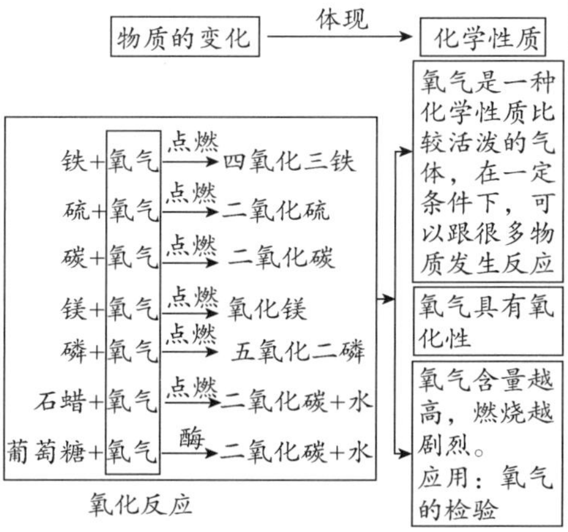 	分析、归纳氧气的化学性质，理解缓慢氧化和剧烈氧化 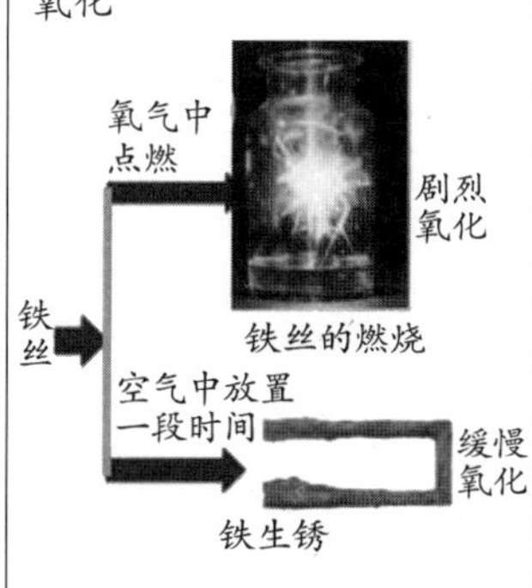	形成对氧气化学性质的概括性认识

续表

“科学探究主题下的空气”单元整体教学流程（第 2 课时）

教学环节	教师活动	学生活动	设计意图
环节四 总结、应用	问题 1：生铁是铁和少量碳单质形成的均匀混合物，生成的钢中碳含量大大减少，你能否结合之前所学，解释原因？ 问题 2：当前主要采用氧气顶吹转炉炼钢，具有很多优点，其中之一是不需要外加热源，请分析原因。 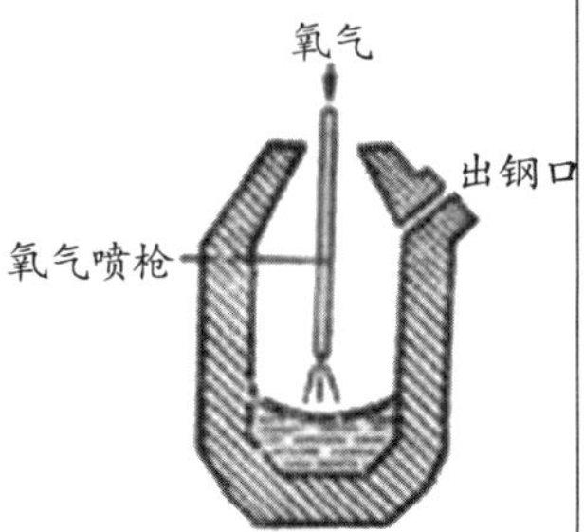 氧气顶吹转炉示意图 小结：氧气的性质、研究物质性质的思路、证明化学反应发生的证据、科学探究的要素及相互关系	分析、解决问题； 总结本节课所学知识、方法	评价学生应用所学知识解决问题的能力，提升方法的应用

“科学探究主题下的空气”单元整体教学流程（第 3 课时）

教学环节	教师活动	学生活动	设计意图
环节一 创设情境 提出问题	PPT：家庭病人吸氧图片。 资料：氧立得制氧机制氧原理介绍：A 试剂为过碳酸钠，溶于水得到过氧化氢溶液，B 试剂为二氧化锰，将 A 试剂和 B 试剂加入反应仓中，过氧化氢和二氧化锰作用即可快速产生氧气。 问题： 1. 用氧立得制氧属于______________（填“物理变化”或“化学变化”）； 2. 你认为氧立得制氧的反应物是______________。 板书：二氧化锰在过氧化氢制氧气反应中的作用	阅读资料，获取信息，结合已有的认知，做出思考、回答	从真实的生活情境出发，将生活问题转化为学科问题，激发学生学习兴趣，引出探究主题
环节二 猜想假设 设计方案	任务 1：根据资料和已有知识对二氧化锰在制氧气的反应中的作用做出猜想、假设。 组织学生交流猜想、假设： 猜想 1：二氧化锰是反应物，参与化学反应。 猜想 2：二氧化锰不是反应物，有助于过氧化氢产生氧气。 问题： 1. 如何设计实验证明以上猜想是否成立？ 2. 如果猜想 1 不成立，那么要如何设计实验验证猜想 2 是否成立呢？ 任务 2：探究二氧化锰的质量在反应前后是否改变。 组织学生交流、评价方案，达成一致： 1. 称量一定质量的二氧化锰	小组讨论、思考、回答： 根据前面对化学反应的认识，提出两种猜想。 思考、回答： 化学反应的特征是反应物不断消耗，新物质不断生成。可通过观察二氧化锰是否消耗，判断二氧化锰是否参加反应	创设真实情境，引发学生思考，诊断学生对化学反应的认识水平

续表

<table>
<tr><th colspan="4">“科学探究主题下的空气”单元整体教学流程（第 3 课时）</th></tr>
<tr><th>教学环节</th><th>教师活动</th><th>学生活动</th><th>设计意图</th></tr>
<tr><td>环节二
猜想假设
设计方案</td><td>2. 将二氧化锰加入一定体积浓度的过氧化氢溶液中，同时与不加二氧化锰的同体积同浓度的过氧化氢溶液对比，观察是否有氧气产生。
3. 反应一段时间，取出二氧化锰，再称量二氧化锰的质量</td><td>观察、思考、回答：
观察二氧化锰是否消耗不够明显，可以在实验前称量二氧化锰的质量，加入一定量的过氧化氢溶液，反应一段时间，取出二氧化锰，再称量二氧化锰的质量，看质量是否改变</td><td>发展学生根据猜想设计简单化学实验方案的能力，确定形成科学结论所需要的证据和寻找证据的途径</td></tr>
<tr><td rowspan="3">环节三
进行实验
收集证据</td><td>任务 3：探究二氧化锰的化学性质在反应前后是否改变
说明：为便于称量和操作，我们采用二氧化锰颗粒进行实验。展示实验装置，强调实验注意事项</td><td>按照实验活动单进行实验</td><td rowspan="3">发展学生基本实验技能，注意观察和思考相结合，运用多种手段对物质及其变化进行观察，对观察和测量的结果进行记录，收集证据</td></tr>
<tr><td>步骤一：用镊子夹取 5 粒二氧化锰颗粒放到盛有水的烧杯中，观察现象。将 5 粒二氧化锰颗粒从水中取出，用吸水纸吸干其表面水分，放到电子天平上称量，记录数据（如图①）</td><td>实验前二氧化锰的质量 = 2.9 g
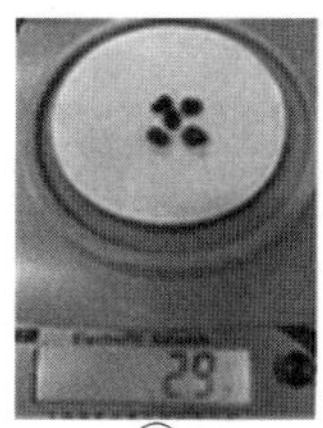
①</td></tr>
<tr><td>步骤二：戴上乳胶手套，分别量取 3 mL 30% 的过氧化氢溶液倒入 A、B 两支具支试管中，向 A 试管中加入称量好的二氧化锰颗粒，两支试管均同时塞上胶塞（如图②），观察两支试管中过氧化氢溶液和气球有什么变化。一段时间后，触摸试管底部外壁，打开胶塞，分别把带火星的木条伸入 A、B 试管中，观察现象
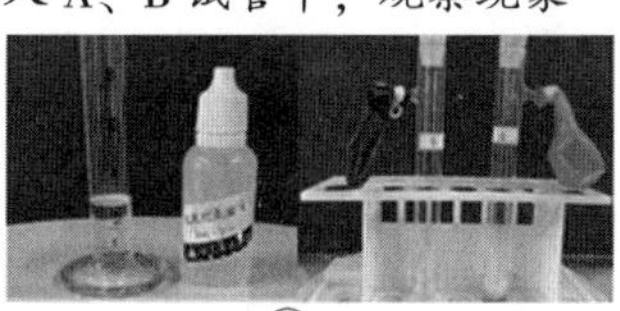
②</td><td>A 试管：黑色二氧化锰颗粒表面有无色气泡产生，气球逐渐鼓起，试管壁有热感，带火星的木条复燃。
B 试管：无明显现象，气球无明显变化，带火星的木条不复燃（如图③）
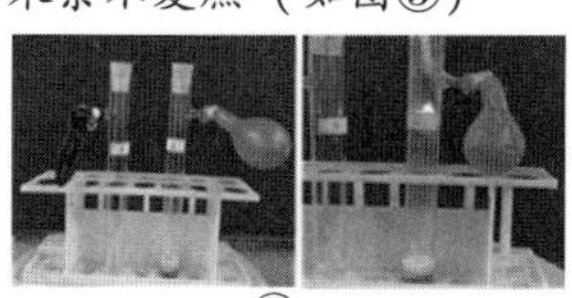
③</td></tr>
</table>

续表

<table>
<tr><th colspan="4">“科学探究主题下的空气”单元整体教学流程（第 3 课时）</th></tr>
<tr><th>教学环节</th><th>教师活动</th><th>学生活动</th><th>设计意图</th></tr>
<tr><td rowspan="2">环节三
进行实验
收集证据</td><td>步骤三：把 A 试管中的物质倒入盛有水的烧杯中，洗涤，用镊子夹取二氧化锰颗粒，用吸水纸吸干表面的水（如图④），放到电子天平上称量，记录数据（如图⑤）

④</td><td>实验后二氧化锰的质量 = 2.9 g
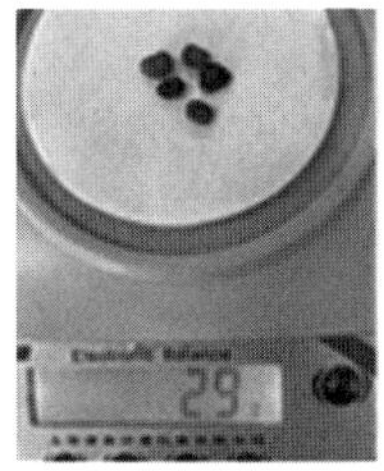
⑤</td><td rowspan="2"></td></tr>
<tr><td>步骤四：把步骤三称量后的二氧化锰放入 B 试管中，塞上胶塞，观察试管内和气球的变化（如图⑥）。一段时间后，打开胶塞，伸入带火星的木条，观察木条的变化
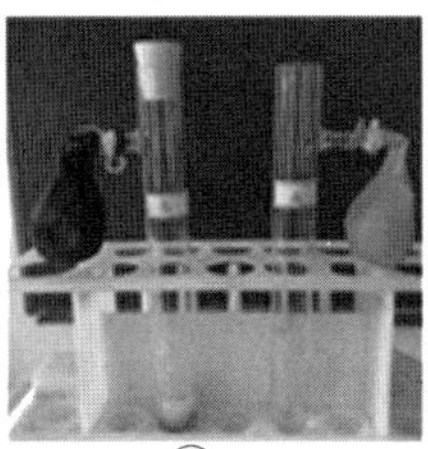
⑥</td><td>B 试管：黑色二氧化锰颗粒表面有无色气泡产生。气球逐渐鼓起，带火星的木条复燃（如图⑦）
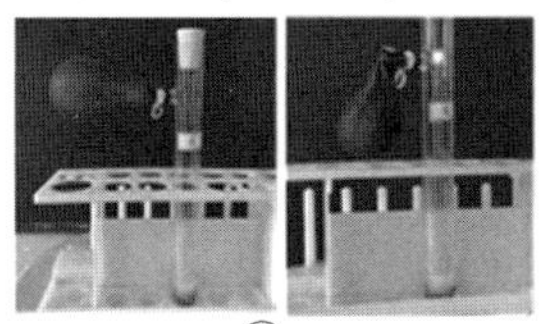
⑦</td></tr>
<tr><td>环节四
得出结论
做出解释</td><td>提问：
1. 猜想 1 是否成立？依据是什么？
2. 猜想 2 是否成立？你的依据是什么？
设问：结合以上实验现象，谈一谈你对二氧化锰的认识。
讲解：过氧化氢在常温下可以缓慢分解，放出的氧气很少，带火星的木条不复燃；加入二氧化锰，可以加速过氧化氢分解。这种在化学反应里能改变其他物质的化学反应速率，而本身的质量和化学性质在反应前后都没有发生改变的物质叫催化剂。催化剂在化学反应中所起的作用叫催化作用</td><td>思考、回答：
猜想 1 不成立，依据是步骤一和步骤三反应前后称量二氧化锰的质量相等。
猜想 2 成立，依据是步骤二中 A 试管内黑色二氧化锰颗粒表面有无色气泡产生，气球逐渐鼓起，带火星的木条复燃。B 试管内无明显现象，气球无明显变化，带火星的木条不复燃。
学生 1：不溶于水，不与水反应；能帮助过氧化氢快速产生氧气。
学生 2：反应后，质量不变，能继续帮助过氧化氢产生氧气。

倾听、理解催化剂概念</td><td>诊断并发展学生基于证据通过分析推理对提出的假设加以证实或证伪，对所获得的事实与证据进行归纳，得出合理结论的能力，建立观点、结论和证据之间的逻辑关系。

联系实际，体会化学学科价值</td></tr>
</table>

续表

“科学探究主题下的空气”单元整体教学流程（第3课时）			
教学环节	**教师活动**	**学生活动**	**设计意图**
环节五 总结提升 研究方法 和思路	问题1：科学探究的要素主要有哪些？这些要素中存在怎样的关系？ 问题2：证明化学反应发生的角度有哪些？ 问题3：设计对比实验要注意哪些问题？ 问题4：你认为影响化学反应速率的因素还有哪些？	思考、回答	从方法、知识等不同层面梳理、内化本节课内容，诊断、评价学生对本节课所学内容的掌握情况

板书设计

第1课时　对人体吸入的空气和呼出气体的探究

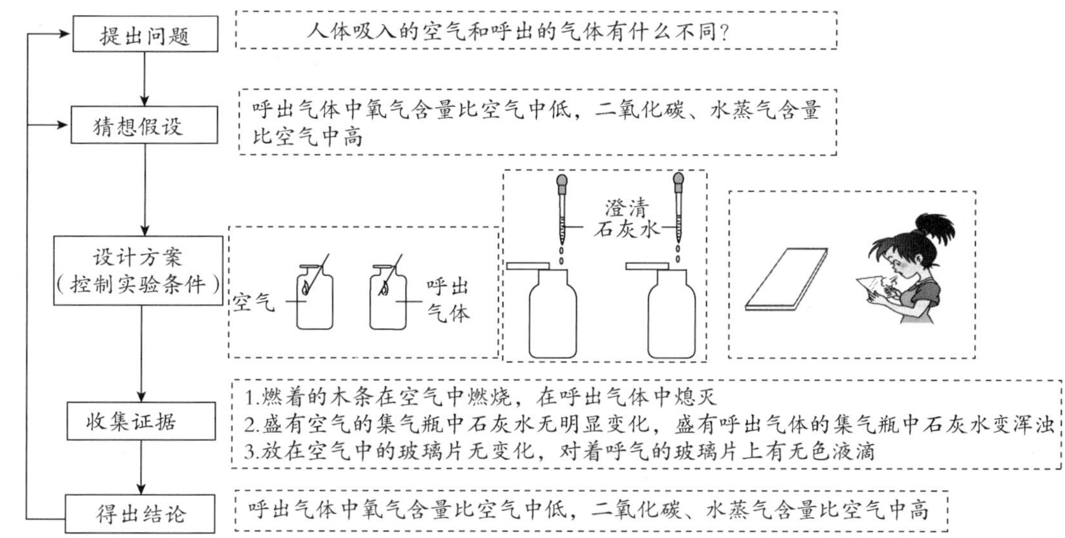

第2课时　探究氧气的性质

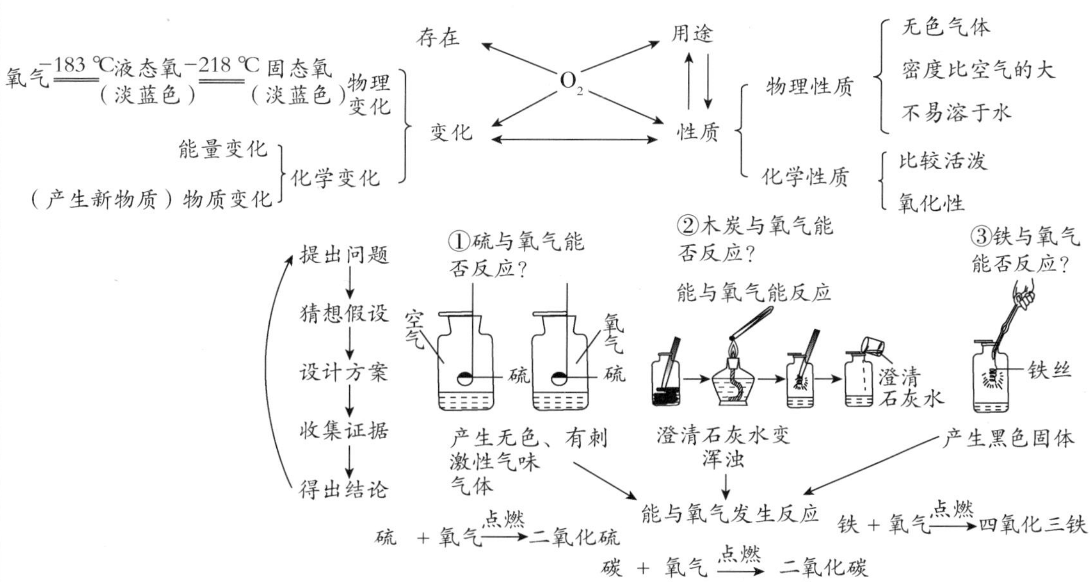

续表

板书设计
第 3 课时　探究二氧化锰在过氧化氢分解制氧气反应中的作用 探究：二氧化锰在过氧化氢制氧气反应中的作用 提出问题 二氧化锰在过氧化氢制氧气反应中的作用是什么？ 推理 ↓ 猜想假设 { ①二氧化锰是反应物；②二氧化锰不是反应物，有助于过氧化氢产生氧气 ↓ 实验证据 { 装置 试剂 现象 数据 3 mL 30%过氧化氢溶液 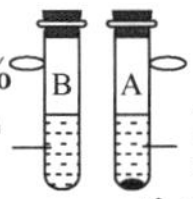 3 mL 30%过氧化氢溶液和二氧化锰颗粒 反应前$m_{二氧化锰}$=反应后$m_{二氧化锰}$ 推理 ↓ 实验结论 催化作用 过氧化氢 $\xrightarrow{二氧化锰}$ 水+氧气 催化剂：在化学反应里能改变其他物质化学反应速率，而本身的质量和化学性质在反应前后都没有发生改变的物质

六、大概念统摄下的单元整体教学设计评价

（一）单元整体教学设计特色说明

1. 以科学探究体系各要素及相互关系建构的模型为大概念统摄空气单元相关内容的教学，促进学生科学探究与创新意识素养的发展

本单元教学设计以身边的化学物质为载体，同时开展科学探究主题学习，重整教材编排顺序，将第一单元课题 2 中的“对人体吸入的空气和呼出的气体的探究”与第二单元课题 2 的氧气性质的探究、催化剂概念的研究确定为一个探究单元，第 1 课时建立科学探究模型，第 2、3 课时应用、发展模型，体会科学探究各要素及相互间的逻辑关系，培养了学生系统思维能力，为后续二氧化碳、金属、酸碱盐等物质的学习奠定基础。

2. 以物质的检验为驱动任务，深化学生对物质性质和物质变化的理解和应用

根据科学探究的目的，本单元的 3 个课时内容重点涉及物质的检验，第 1 课时涉及氧气、二氧化碳、水蒸气的检验；第 2 课时涉及反应后生成的新物质的检验。不仅可以通过物质的性质检验某物质的存在，还可以通过检验有不同于反应物性质的新物质生成证明化学反应的发生。第 2 课时对氧气性质的探究和第 3 课时对催化剂性质的探究更是对物质性质认识的深化和丰富。物质的性质是通过物质的变化表现出来的，通过设计实验寻找化学变化的证据从而证明化学反应的发生，丰富了学生对化学变化的认识和理解。

（二）单元整体教学设计教学反思

1. 以学生的认知水平和突破学生学习障碍点为教学设计的出发点

在教学实践中，学生在对空气和呼出气体中二氧化碳含量的比较实验中，经常会将燃着的木条伸入两个集气瓶中，观察木条熄灭情况来比较二氧化碳含量高低，这种思路是错误的。另外，有的老师会让学生连续完成氧气、二氧化碳、水蒸气三种气体含量比较的实验，学生缺少示范、指导，经常出现操作不规范、实验结果不理想的情况。本单元第 1 课时的教学设计，教师先引领、指导学生完成两种气体中氧气含量的比较实验，学生知道了操作要求，也清楚了燃着的木条燃烧情况反映的是氧气含量的高低，为后面二氧化碳、水蒸气含量的比较做了知识、方法的铺垫，取得较好的实验效果。在探究氧气的化学性质时，以硫与氧气的反应为示范，建立证明化学反应发生的思路，为后续探究木炭、铁丝与氧气的反应做了知识、方法的铺垫，也取得了较好的效果。

2. 在真实的探究过程中培养学生的化学核心素养

本单元的 3 个课时教学，以学科大概念为统摄，均呈现完整的科学探究过程，学生经历了完整的、真实的科学探究过程，而且探究难度递增，科学探究与创新意识、证据推理与模型认知等学科核心素养真正实现了落地，体现了学科大概念统摄下的单元教学整体设计的生命力。在今后的教学中，教师要继续开展此种单元整体教学设计并实践，促进学生核心素养的发展。

案例 3 “二氧化碳性质与制取”单元整体教学设计①

一、大概念统摄下的单元整体教学分析

（一）单元整体教学主题确定

本单元整体教学设计确定以“物质的性质决定物质的制取与用途，物质的用途体现物质的性质与变化”这一学科大概念为统摄，以“二氧化碳的性质与制取”为主题，以“自制气体肥料发生器”为情境，设计基于问题解决的一系列探究活动，主要基于以下几个方面的考虑。

化学学科研究对象、研究方法的角度。化学是在原子、分子水平上研究物质性质、组成、结构与变化规律的一门基础自然学科，其特征是认识物质及其变化，通过物质的变化创造新物质。从常见物质的制取入手来认识物质的变化规律是学习化学的主要途径之一，即研究如何运用物质产生新物质（元素观、守恒观），如何根据物质的性质选择制备原理与装置，如何利用新物质，形成物质制备的一般思路。进一步认识物质变化的规律，理解物质的性质与制取、用途之间的紧密联系，以便于人们合理利用物质，从化学视角认识人与自然的关系。而基于问题解决的实验探究是实现这一途径的重要研究方法和手段。

九年级化学教材编排的角度。在初中化学教材中，有关实验室“气体性质与制取”的教学内容包括“氧气的性质与制取”“二氧化碳的性质与制取”以及“氢气的性质与制取”三部分，分别分布在教材的第二单元、第六单元和第七单元。由此可知“二氧化碳的性质与制取”的作用是在学生掌握氧气制取的基础上进一步强化气体制取的一般思路与方法。在“氧气的制取”中教材并未过多强调气体的制取的一般思路与方法，而在“二氧化碳的制取”中教材编排中明确提出，要求学生掌握气体制取的一般思路，进一步认识气体的性质、制取、用途之间的联系。而对“氢气的制取”教材的内容相对弱化，更多强调的是对已学知识的应用。所以本主题在气体制取课程内容上起到一个“承上启下”的作用，在落实学科大概念上也应起到关键的促进作用。另外，在进行本主题学习时，学生不仅学习了氧气的性质与制取，也了解了物质的宏观组成与微观构成，对质量守恒定律也有了初步的认识，这些都为教学目标的达成起到良好的促进作用。

以“二氧化碳的性质与制取”进行单元整体教学设计落实气体制取的一般思路与方

① 本案例为湖南岳阳市第九中学周纯老师研究案例。

法，认识物质性质、制取、用途之间的关系，引导学生从定性、定量角度认识气体制取，并基于真实问题的解决对模型进行改进与优化，是符合学生已有经验与身心发展规律的，是可促进学生学科观念的形成、核心素养的发展的。

（二）单元整体教学内容分析

1. 在教材中的地位和作用

物质的变化是化学学科研究的重要内容，物质的变化包括物理变化和化学变化。物质的性质与物质的变化、制备和用途之间有着密切的关系。在初中化学学习中学生接触的物质变化是多样的，而对物质的制备主要选取的是三种常见气体的制备，即氧气、二氧化碳与氢气的制备，所以本主题在物质制备课程内容中是至关重要的。通过学习，学生可认识气体制备的一般思路与方法，理解物质的性质、制备与用途之间的关系，能从定性、定量角度对气体制取进行研究，能够根据实际需要对模型进行改进与优化，并能对实验方案进行反思与评价，在此过程中掌握的思维方法，形成的实验探究能力，都为后续物质制备的学习打下坚实的基础。

2. 在教学中的功能和价值

本课题是大概念视域下单元整体教学设计，在大概念的统摄下，选择以“自制气体肥料发生器”为情境，通过对市面上售卖的气体肥料发生器进行分析，进行模型简化，确定以“反应室”与“控制室”的设计为研究对象，进行二氧化碳制取原理、装置与速率调控的研究。通过控制变量，设计对照实验，对实验方案进行改进与优化，实现对气体制取从定性到定量的研究。之后运用所学知识、联系生活实际实现知识从书本到生活的迁移，通过为家庭量身定制“气体肥料发生器”这一任务进行知识的综合应用。使学生能够从原理、装置、装置改进、速率调控、气体应用等视角认识气体的制备，从而能够解决生活中一些简单的气体制取问题。

（三）单元整体教学学情分析

1. 学生已有知识与能力

通过第二单元的学习，学生知道了氧气的性质与制取、用途之间的联系，初步了解了气体制取应考虑的相关因素，具备了一定的实验操作技能；在生物学学习中，学生知道了二氧化碳可以做气体肥料，也知道了用澄清石灰水可以检验二氧化碳。为本单元“二氧化碳性质与制取”的学习打下了一定的基础。

2. 学生学习障碍点

学生对于新授课中气体制取的原料、装置选择的一般方法不太了解，对装置的改进、如何通过控制气体产生速率，以及通过调控反应物浓度控制气体产生速率的方法比较陌生，对运用所学知识解决生活情境中的问题的能力有待发展。

3. 学生学习发展点

通过对情境问题分析→对复杂问题进行模型简化→问题拆解→实验探究与验证→确立

问题解决方案→动手制作目标“作品”的过程，使学生自主建构气体制取的一般思路与方法。了解气体装置改进的思路、掌握控制气体产生速率的方法，发展证据推理与模型认知和科学探究与创新意识等核心素养，提升学生解决实际问题的能力。

二、大概念统摄下的单元整体知识结构图

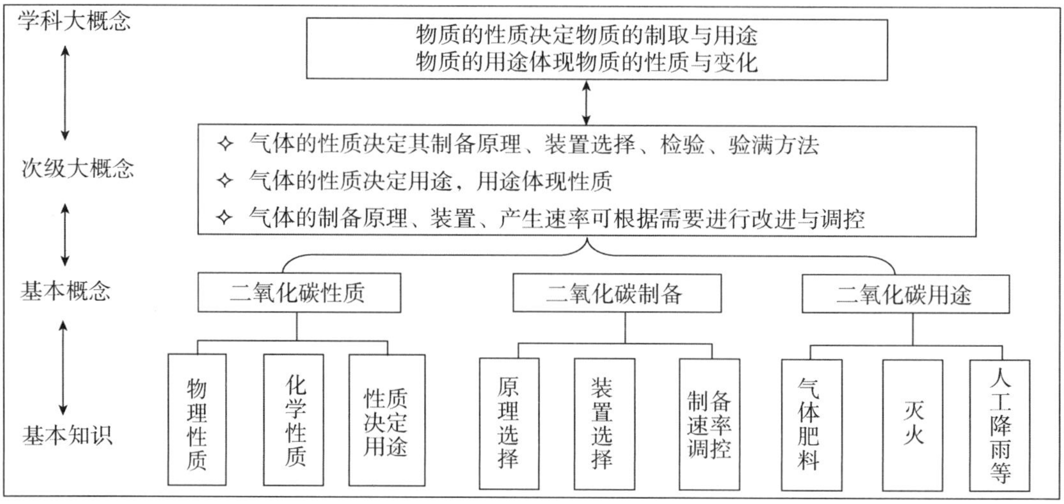

三、大概念统摄下的单元整体教学目标设计

（一）教学目标

（1）通过实验探究了解二氧化碳的性质，掌握气体制取的一般思路与方法，知道气体制取的原理、装置选择、用途与气体性质之间的关系；能组装二氧化碳气体制取的装置，掌握二氧化碳制取、检验、验满方法。

（2）能够运用控制变量的方法对速率进行调控；可根据需要对气体装置进行改进，并对改进的方案进行评价。

（3）通过情境设计，激发学生学习化学的兴趣，感受化学与生活息息相关、社会的发展离不开化学学科的发展。通过实验探究与问题解决让学生体会学习化学的乐趣，发展学生的证据推理与模型认知、科学探究与创新意识等核心素养。

（二）评价目标

（1）通过探究实验室制取二氧化碳原理、装置设计、测定与调控二氧化碳产生速率的方案设计三个探究活动，来研究实验室制取二氧化碳的一般思路与方法，气体产生速率的

调控方法，在活动过程中诊断并发展学生提出问题、做出猜想、设计方案、进行实验、收集证据、反思与评价、表达与交流的科学探究能力。

（2）通过对物质性质与制备以及用途之间的联系的理解，能从物质的性质出发思考物质的制备与用途，从物质用途推测物质的性质，在此过程中诊断并发展学生从化学角度认识与合理应用物质的意识。

（3）通过应用气体制取的一般思路与方法实现量身定制家用“气体肥料发生器”的过程，诊断并发展学生解决实际问题的能力水平及对研究物质性质、用途与气体制备的价值的认识水平。

四、大概念统摄下的单元整体教学规划流程图

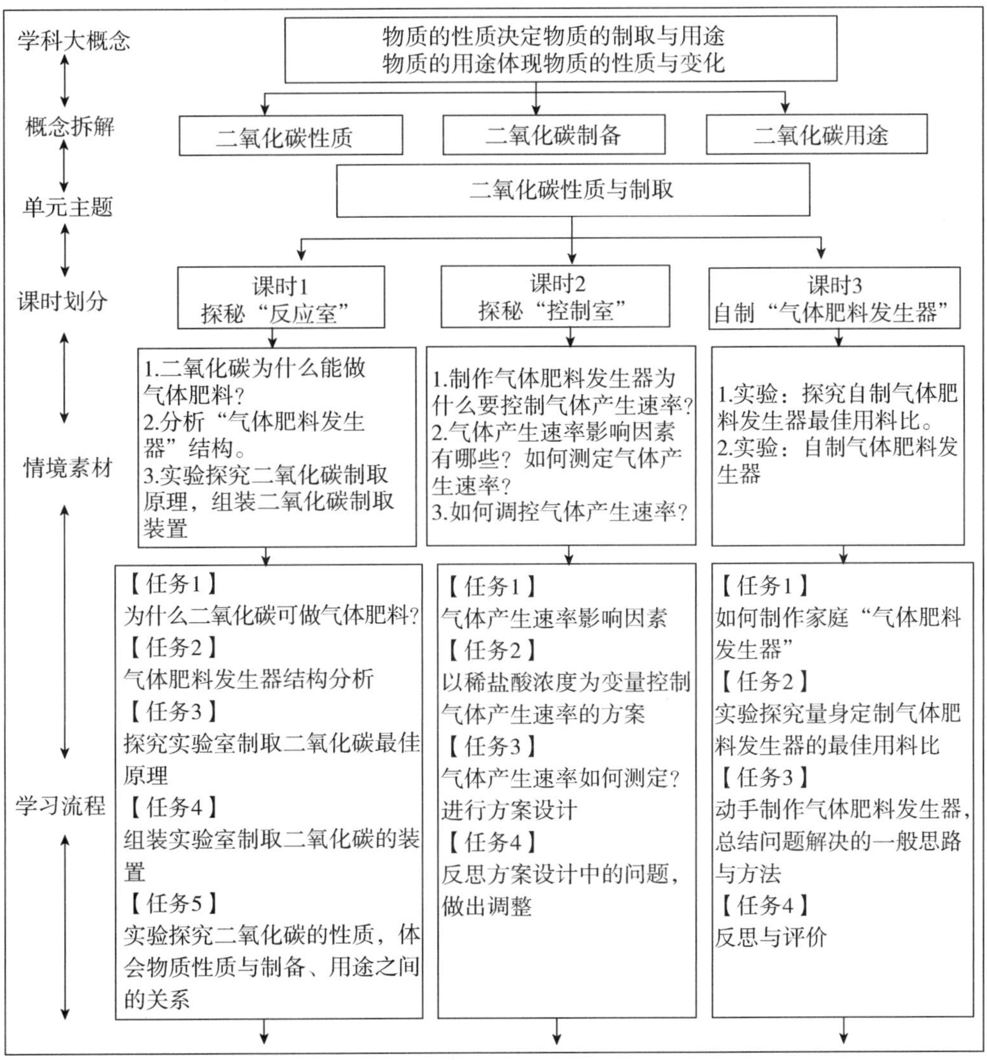

能力素养	能从物质及其变化的事实提取证据，对有关的化学问题提出假设，能依据证据证明假设	→	能从定性与定量结合上收集证据，能通过定性分析和定量计算推出合理的结论	→	能将所学知识与生活问题联系，根据物质性质与反应的不同特征以及生活需求寻找最佳方案，解决实际问题

五、大概念统摄下的单元整体教学流程

<table>
<tr><th colspan="4">“二氧化碳性质与制取”单元整体教学流程（第 1 课时）探秘“反应室”</th></tr>
<tr><th>教学环节</th><th>教师活动</th><th>学生活动</th><th>设计意图</th></tr>
<tr><td>环节一
创设情境</td><td>任务 1：为什么二氧化碳可做气体肥料？
情境设计：我有一位学生子轩特别喜欢养鱼，他在网上购买了一个“自循环生态鱼缸”，这种鱼缸如果要保证里面的鱼儿和水草都健康生长，需要接一个“气体肥料发生器”。
问题 1-1：气体肥料是什么？
问题 1-2：为什么二氧化碳可做气体肥料？
问题 1-3：气体肥料的作用是什么</td><td>学生阅读资料，回答问题，并写出光合作用反应方程式。
分析：气体肥料是二氧化碳，因为二氧化碳可以参加植物的光合作用，气体肥料主要用途是增产、增糖、抗病等</td><td>通过情境设计激发学生学习兴趣，通过设问促进学生理解物质的性质与用途之间的联系</td></tr>
<tr><td>环节二
分析气体肥料发生器结构</td><td>任务 2：气体肥料发生器结构分析
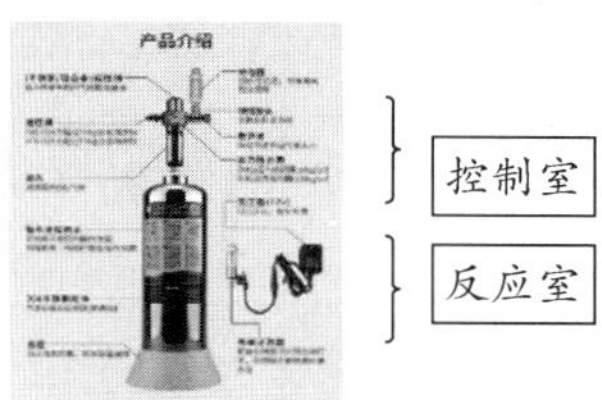

问题 2：请你说说气体肥料发生器的结构</td><td>观察气体肥料发生器结构，了解其基本构成。
分析：看似复杂的气体肥料发生器，经过分析可以简单分为两部分，分别是反应室与控制室</td><td>通过对复杂问题的分析进行模型简化，培养学生从复杂情境中获取关键信息的能力</td></tr>
<tr><td>环节三
原理选择</td><td>问题 3：哪些途径可以制取二氧化碳？
任务 3：小组合作设计方案探究碳酸钙、碳酸钠与稀盐酸、稀硫酸之间的反应，确定实验室制取二氧化碳的最佳原理。
<table>
<tr><th>药品</th><th>现象</th><th>你的选择</th><th>理由</th></tr>
<tr><td>大理石 + 稀盐酸（10%）</td><td></td><td></td><td></td></tr>
<tr><td>大理石 + 稀硫酸（10%）</td><td></td><td></td><td></td></tr>
<tr><td>碳酸钠 + 稀盐酸（10%）</td><td></td><td></td><td></td></tr>
<tr><td>碳酸钠 + 稀硫酸（10%）</td><td></td><td></td><td></td></tr>
</table></td><td>讨论：制备二氧化碳的方法，设计实验探究碳酸钠、碳酸钙分别与稀盐酸、稀硫酸反应的现象，得出实验室制取二氧化碳的原理。通过分析并总结实验室制取二氧化碳的原理选择方法。
归纳总结：原理选择方法</td><td>通过讨论和实验探究完成实验室制取二氧化碳原理的选择，自主形成气体制取原理选择的一般思路和方法</td></tr>
</table>

续表

“二氧化碳性质与制取”单元整体教学流程（第1课时）探秘“反应室”			
教学环节	教师活动	学生活动	设计意图
环节四 装置选择	任务4：教师给定仪器，小组合作，组装实验室制取二氧化碳的装置，说明理由。 给定的仪器如下所示： 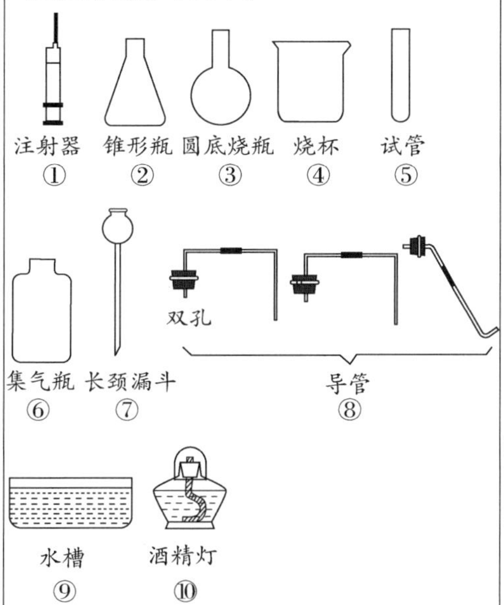	学生可能组装的发生与收集装置： 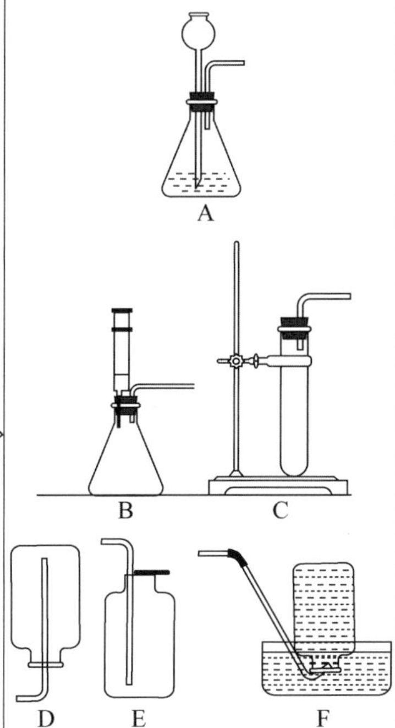	训练实验操作技能，构建实验室气体制取装置选择的一般思路
环节五 制取气体进行性质实验	任务5：分别制取1个塑料瓶与1个集气瓶的二氧化碳气体，进行性质实验。通过实验现象分析二氧化碳的性质与制备、用途之间的关系	实验1：制取二氧化碳 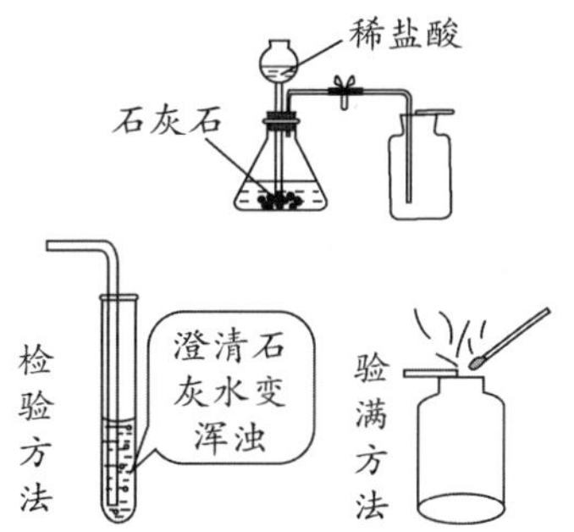实验2：性质实验 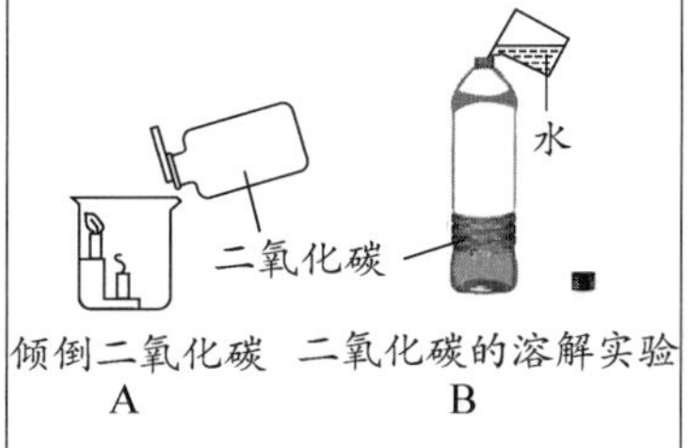	通过动手制取二氧化碳，了解操作步骤，通过性质实验验证二氧化碳的性质，理解二氧化碳性质与制备、用途之间的关系

续表

<table>
<tr><th colspan="4">“二氧化碳性质与制取”单元整体教学流程（第2课时）探秘“控制室”</th></tr>
<tr><th>教学环节</th><th>教师活动</th><th>学生活动</th><th>设计意图</th></tr>
<tr><td>环节一
创设情境</td><td>任务1：气体产生速率影响因素。
问题1：气体肥料发生器为什么需要设计速率控制设备？
素材：气体肥料发生器“控制室”结构。
“自循环生态鱼缸中”如果补充二氧化碳过多，鱼虾就会因缺氧死亡，如果补充太少，水草就会因缺少光合作用的原料而生长不好；空气中二氧化碳含量为3‰时，最适合植物生长，少于1‰农作物会出现萎焉现象，如果超过5‰，植物会停止生长</td><td>阅读教师给出的素材，感受气体肥料发生器中控制气体产生速率的意义</td><td>通过阅读、分析素材，初步认识到研究气体产生速率调控的重要意义</td></tr>
<tr><td>环节二
实验探究
影响气体
产生速率
的因素</td><td>问题2：影响气体产生速率的因素有哪些？
任务2：以稀盐酸浓度为变量设计实验探究反应物浓度对气体产生速率的影响。
<table>
<tr><th>大理石（g）</th><th>50 mL稀盐酸浓度</th><th>收集气体体积（mL）</th><th>时间（s）</th><th>速率（mL/s）</th></tr>
<tr><td>10</td><td>10%</td><td>50</td><td>22</td><td>2.3</td></tr>
<tr><td>10</td><td>5%</td><td>50</td><td>31</td><td>1.6</td></tr>
<tr><td>10</td><td>2.5%</td><td>50</td><td>48</td><td>1.0</td></tr>
</table>
任务3：如何设计测速装置

</td><td>讨论：影响气体产生速率的因素有：盐酸浓度、物质种类、物质状态、温度、是否搅拌、催化剂等。
分析：确定以10%、5%、2.5%浓度的稀盐酸与等量大理石反应，比较产生50 mL二氧化碳所需要的时间，记录数据。
测速装置设计：用排水法，测量排出50 mL水所需要的时间。
实验：以稀盐酸浓度为变量设计方案。进行实验，记录数据，分析数据，得出结论</td><td>通过引导学生体验科学探究的一般过程，通过方案设计，测速装置设计，进行实验，记录数据，收集证据，验证猜想，发展学生科学探究能力，使学生体验从定量角度研究气体制取的一般思路和方法</td></tr>
<tr><td>环节三
反思评价</td><td>任务4：反思方案设计中的问题，做出调整。
反思1：采用排水的方式测量二氧化碳的体积是否会产生较大误差？实验中一般采用排饱和碳酸氢钠溶液法，为什么用饱和碳酸氢钠溶液更好？
反思2：如果制作“气体肥料发生器”，采用我们实验中的测速方法是否方便？有没有别的方式</td><td>实验：探究二氧化碳与水反应
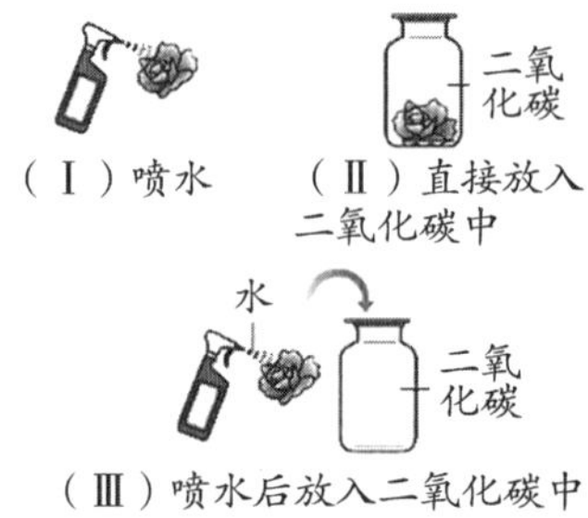

分析：$CO_2 + H_2O \xlongequal{} H_2CO_3$
$H_2CO_3 \xlongequal{} CO_2\uparrow + H_2O$</td><td>通过对实验方案进行反思评价，进一步理解实验设计与物质性质之间的联系</td></tr>
</table>

“二氧化碳性质与制取”单元整体教学流程（第2课时）探秘“控制室”			
教学环节	**教师活动**	**学生活动**	**设计意图**
环节三 反思评价	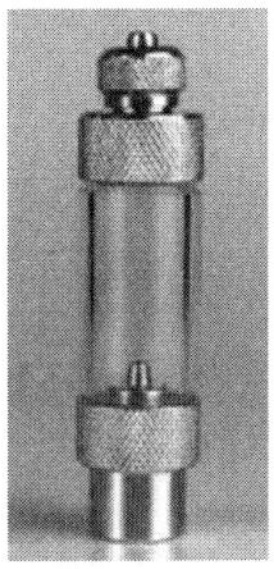 常用计泡器	$H_2CO_3 = H^+ + HCO_3^-$，在饱和 $NaHCO_3$ 溶液中 $NaHCO_3 = Na^+ + HCO_3^-$，所以采用排饱和碳酸氢钠溶液的方法可以减少二氧化碳的损失。 讨论：采用计泡器计速率	通过引入计泡器计速，引导学生体会实验方案的设计可根据现实需要进行调整，了解方案调整考虑的因素，发展学生反思评价能力

“二氧化碳性质与制取”单元整体教学流程（第3课时）自制“气体肥料发生器”			
教学环节	**教师活动**	**学生活动**	**设计意图**
环节一 创设情境	情境设计：同学们，我们今天的任务是为子轩同学购买的“自循环生态鱼缸”量身定制一个家庭“气体肥料发生器”。 参考资料： 1. 子轩家里的鱼缸为 80 cm 缸； 2. 40～60 cm 缸：2 秒 1 泡，70～90 cm 缸：1 秒 1 泡，大于 90 cm 缸：1 秒 2 泡； 3. 市面上出售的“气体肥料发生器”填料比率约为 1:1:1	通过资料分析，得出设计目标，需要设计一个气体产生速率为 1 秒 1 泡的“气体肥料发生器”	利用素材，让学生通过阅读、分析素材，确定目标，训练学生信息获取与分析能力，以“量身定制”激发设计兴趣
环节二 分析问题	任务 1：如何制作家庭“气体肥料发生器”？ 问题 1：实验室气体制取与家庭气体制取有什么不同？ 问题 2：家庭如何选择原理与装置？	思考 1：家里可用什么物质制取二氧化碳？ 分析：家里可用鸡蛋壳、醋酸、小苏打、柠檬酸、发酵粉、白糖、温水等。 思考 2：家庭如何设计装置？ 分析：可采用废弃塑料瓶、输液器、购买计泡器等	实现化学知识由教材向生活的迁移，让学生体会化学与生活息息相关，通过运用废弃物体现节约、环保等理念

<table>
<tr><th colspan="4">“二氧化碳性质与制取”单元整体教学流程（第3课时）自制“气体肥料发生器”</th></tr>
<tr><th>教学环节</th><th>教师活动</th><th>学生活动</th><th>设计意图</th></tr>
<tr><td>环节三
方法应用：实验探究最佳用料比</td><td>任务2：选择反应物设计实验方案，寻找最佳用料比。
方案1：小苏打、柠檬酸组
<table><tr><th>小苏打/g</th><th>柠檬酸/g</th><th>水/mL</th><th>用料比</th><th>速率/(个/min)</th></tr><tr><td>25</td><td>25</td><td>25</td><td>1:1:1</td><td>155</td></tr><tr><td>25</td><td>20</td><td>25</td><td>5:4:5</td><td>125</td></tr><tr><td>25</td><td>15</td><td>25</td><td>5:3:5</td><td>87</td></tr><tr><td>25</td><td>10</td><td>25</td><td>5:2:5</td><td>67</td></tr><tr><td>25</td><td>5</td><td>25</td><td>5:1:5</td><td>29</td></tr></table>方案2：鸡蛋壳、食醋组
<table><tr><th>鸡蛋壳/g</th><th>食醋体积/mL</th><th>食醋浓度</th><th>用料比</th><th>速率/(个/min)</th></tr><tr><td>25</td><td>50</td><td>3%</td><td>1:1:1</td><td>15</td></tr><tr><td>25</td><td>50</td><td>6%</td><td>5:4:5</td><td>100</td></tr></table></td><td>方案设计：
1. 以小苏打、柠檬酸与水为原料设计实验方案。
2. 以鸡蛋壳和不同浓度醋酸为原料设计实验方案。
3. 实验：分组实验，记录数据。分析数据，得出结论。
4. 结论：实验结果表明，方案1中小苏打:柠檬酸:水按照质量比5:2:5用料，最接近目标</td><td>运用课时2中定量研究气体产生速率的方法探究家庭自制气体肥料发生器的最佳用料比，训练学生证据推理、知识迁移能力</td></tr>
<tr><td>环节四
综合应用：自制气体肥料发生器</td><td>任务3：应用教师提供的材料，分组自制气体肥料发生器。
任务4-1：反思与评价。
任务4-2：有没有发现其他值得研究的问题？
任务4-3：思考二氧化碳的其他用途与性质有何关系？</td><td>实验：动手制作气体肥料发生器。

反思。
发现其他问题。
二氧化碳的其他用途：灭火、制冷剂、食品保鲜、人工降雨等</td><td>体验运用所学知识解决实际问题的乐趣，实现从做中学，从做中解决问题、发现新问题，培养学生科学探究与创新意识</td></tr>
</table>

板书设计

第 1 课时　探秘“反应室”

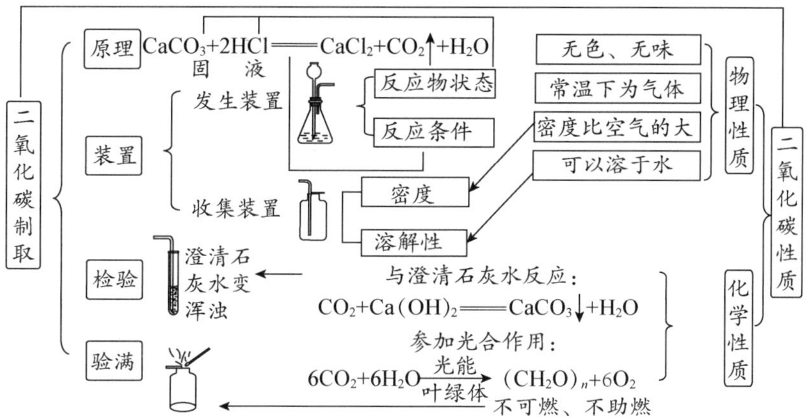

第 2 课时　探秘“控制室”

二氧化碳产生速率的控制与测定
- 影响气体产生速率的因素
  - （1）温度
  - （2）物质的量
  - （3）催化剂
  - （4）接触面积（颗粒大小）
- 测定气体产生速率的方法
  - （1）等时间内产生气体的体积
  - （2）产生的等体积气体需要的时间
  - （3）计泡器
- 反思与评价
  - 二氧化碳与水反应：$CO_2+H_2O = H_2CO_3$
  - 如果较粗略：可使用排水方式测定二氧化碳体积
  - 如果较精确：采用排饱和碳酸氢钠溶液，可减少二氧化碳损失，减小误差

第 3 课时　自制“气体肥料发生器”

一、问题解决一般思路

提出问题：如何量身定制家庭气体肥料发生器？

做出假设：小苏打和柠檬酸；鸡蛋壳和醋酸

设计方案、进行实验、记录数据：

方案 1：

小苏打/g	柠檬酸/g	水/mL	用料比	速率/（个/min）
25	25	25	1∶1∶1	155
25	20	25	5∶4∶5	125
25	15	25	5∶3∶5	87
25	10	25	5∶2∶5	67
25	5	25	5∶1∶5	29

续表

<table>
<tr><th>板书设计</th></tr>
<tr><td>第 3 课时　自制“气体肥料发生器”
方案 2：
<table>
<tr><td>鸡蛋壳/g</td><td>食醋体积/mL</td><td>食醋浓度</td><td>用料比</td><td>速率/（个/min）</td></tr>
<tr><td>25</td><td>50</td><td>3%</td><td>1∶1∶1</td><td>15</td></tr>
<tr><td>25</td><td>50</td><td>6%</td><td>5∶4∶5</td><td>100</td></tr>
</table>
1. 得出结论：方案 1 中第 4 组实验最符合目标
2. 反思与评价
二、发现新问题
三、二氧化碳气体用途：
灭火——不可燃、不助燃、密度比空气的大；食品保鲜、人工降雨——干冰易升华</td></tr>
</table>

六、大概念统摄下的单元整体教学设计评价

（一）单元整体教学设计特色说明

1. 创设情境，激发学生探究兴趣

本单元教学设计以科学认识二氧化碳的性质、制取、用途来展开，为使学生充分理解物质的性质、制取与用途之间的关系，设计以自制“气体肥料发生器”为情境。情境创设以解决生活中的真实问题为目标，实现情境由简单理想→复杂理想→真实综合的层层递进，以引导学生从定性研究→定量研究→综合应用的进阶学习过程，内容涵盖模型简化、问题拆解、实验探究、模型修正等一系列活动，可充分激发学生的好奇心与求知欲，使学生在课堂上始终保持高昂的情绪，让学生在一步步探究过程中解决问题，达成预期目标，提升学生的学习兴趣与学习成就感。

2. 实验探究，发展学生能力素养。

从单元教学过程看，3 节课都凸显“实验探究”的过程，整体上，探究活动实现了阶梯式设计，由简入难；从探究内容来看，包括发现问题、提出假设、设计实验、进行实验、收集证据、得出结论、反思评价、表达交流等，涵盖实验探究的全过程。由此引导学生像科学家一样思考与学习，培养学生实验方案设计能力、实验操作能力、方案修正与改进能力、反思与评价能力，发展学生“证据推理与模型认知”“科学探究与创新意识”的学科核心素养。

（二）单元整体教学设计教学反思

1. 以大概念为统摄重构教学内容，实现从“教教材”到“用教材”的转变

本课题通过创设情境，将教材中的二氧化碳性质、制备、用途内容进行重整，服务于实际问题解决，实现从“教教材”到“用教材”的转变，充分体现了“物质性质决定物质制备与用途”的学科大概念。同时充分挖掘具体化学事实所承载的学科思想与方法，通过任务驱动，以问题做引导、促探究、启思维、获方法、做评价，将学生学习的重心从记忆枯燥的事实性知识提升至形成可迁移的化学学科大概念和科学方法，加深对学科知识结构的深层理解，切实在课堂教学中落实并发展学生的化学学科核心素养。

2. 以大概念为统摄开展教学，促进学生思维发展高阶化

本单元以“二氧化碳性质与制取”为主题，通过“探秘‘反应室’”“探秘‘控制室’”“自制‘气体肥料发生器’”3个课时的设计，引导学生从定性→定量→综合应用3个角度研究气体的制备。基于学生已有的知识经验，按照学生思维发展的逻辑顺序，充分挖掘实验探究活动的作用，针对学生学习的难点、困惑点进行探究活动设计，以实验探究带动知识学习进行问题解决，同时，引导学生对知识进行概括、归纳、总结、应用与提升，实现进阶学习，促进学生科学思维能力进阶发展。

第二节　素养为本的学科大概念统摄的高中化学单元整体教学设计

案例1　“化学平衡的移动”单元整体教学设计[①]

一、大概念统摄下的单元整体教学背景分析

1. 单元整体教学主题确定

从大概念的角度开展单元教学可以更好地聚焦到学科本质，更加系统、更加有层次地进行学生活动的设计，实现对学生学科核心素养的培养与提高。本单元整体教学设计以“化学变化的限度是可以调控的”这一大概念为统领，选择“化学平衡的移动”为单元整体教学设计的内容，在教学中凸显了对于学生“变化观念与平衡思想”学科核心素养的渗透和培养。

《普通高中化学课程标准（2017年版2020年修订）》在“变化观念与平衡思想”学科核心素养中明确指出：“能认识物质是运动和变化的，知道化学变化需要一定的条件，并遵循一定规律；认识化学变化的本质特征是有新物质生成，并伴有能量转化；认识化学变化有一定限度、速率，是可以调控的。能多角度、动态地分析化学变化，运用化学反应原理解决简单的实际问题”。

结合课程标准中对学生学科核心素养培养的要求，以“化学变化的限度是可以调控的”这一大概念为统领，选择“化学平衡的移动”为单元整体教学设计的内容。在本单元整体教学设计中，共分为如下三个课时：第1课时是从实验角度认识化学平衡的移动；第2课时是从理论角度认识化学平衡的移动；第3课时是从应用角度认识化学平衡的移动。学生可以通过三个课时的学习对化学平衡移动有由表象到本质、由感性到理性、由理论到实际多层次和多角度的理解，更加深入地领会“化学变化的限度是可以调控的”这一学科大概念，同时在学习过程中，学生的证据意识、分析推理、实验探究等能力得到进一步提高。

---

① 本案例为北京教育学院王春老师负责的北京市中学化学特级教师工作室王永兴老师研究案例。

2. 单元整体教学内容分析

（1）在教材中的地位和作用。

本单元整体教学设计“化学平衡的移动”是高二人教版高中化学教材选择性必修1《化学反应原理》第二章“化学反应速率与化学平衡”中第二节“化学平衡”的内容。在人民教育出版社2020版新教材中，本节内容共包含以下三方面：化学平衡状态、化学平衡常数、影响化学平衡的因素。考虑到学生在高一必修阶段对于化学平衡状态和限度已经有了一定的认识，因此本节的难点就是理解化学平衡移动，重点就是化学平衡常数和影响化学平衡的因素。

（2）在教学中的功能和价值。

在本单元的教学中，学生以“化学变化的限度是可以调控的”这一大概念为统领，对化学平衡移动有了由表象到本质、由感性到理性、由理论到实际多层次和多角度的理解。

在第1课时“从实验角度认识化学平衡的移动”中，学生通过实验提高了证据意识，对变化提出可能的假设，通过分析推理加以证实或证伪，建立观点、结论和证据之间的逻辑关系。在第2课时“从理论角度认识化学平衡的移动”中，学生通过理论提高了模型认知，在对勒夏特列原理的学习和化学平衡常数模型建构的过程中，知道可以通过分析、推理等方法认识研究对象的本质特征、构成要素及相互关系，建构认知模型，并能运用模型解释化学现象、揭示现象的本质和规律。在第3课时“从应用角度认识化学平衡的移动”中，学生通过应用提升了平衡思想，结合生产、生活中的具体实例体会化学反应原理在调控化学反应方面的价值和功能。

3. 单元整体教学学情分析

（1）学生已有知识与能力。

在高一必修学习阶段，学生对于化学平衡有着基础的感性认识和浅显的理性认识。在感性认识方面，学生在元素周期律和元素化合物的学习中，通过氢气和碘单质蒸气、氯气和水、二氧化硫和氧气、氨与水等化学反应，初步认识了这些可逆反应是不能进行彻底的。在理性认识方面，学生通过必修第二册第六章“化学反应与能量”中第二节“化学反应的速率与限度”的学习，初步认识了化学平衡状态，知道化学平衡状态是可逆反应进行到一定程度时，正反应速率与逆反应速率相等，反应物的浓度和生成物的浓度都不再改变的一种“表面静止”的状态。

（2）学生学习障碍点。

在必修阶段关于化学反应限度的学习中，学生仅仅知道任何可逆反应在给定条件下的进程都有一定限度，只是不同反应的限度不同。改变反应条件可以在一定程度上改变一个化学反应的限度。但是可以改变哪些外界条件？化学反应的限度会发生怎样的变化？这些变化的规律是什么？改变化学反应的限度有怎样的实际意义？这些比较深入和复杂的问题，学生在必修阶段是完全没有接触过的。同时对于这些理论性较强的内容，部分学生理解起来有些困难，因此需要教师在教学设计中利用大概念进行更加系统、更加完整、更加有层次的教学设计。

（3）学生学习发展点。

学生在学习过程中可以进一步提高证据意识、模型认知和科学探究的能力，进一步促进学科核心素养的提高与发展，促进学科大概念的形成。

结合本章教材中化学反应速率和化学反应的方向两部分内容，学生可以对平衡体系形成动力学和热力学的完整认识。再进一步通过生产实例，组织学生开展有关反应条件的选择与优化的讨论，促使学生形成从限度、速率、能耗等多角度综合调控化学反应的基本思路，发展学生绿色化学的观念和辩证思维的能力。

二、大概念统摄下的单元整体教学知识结构图

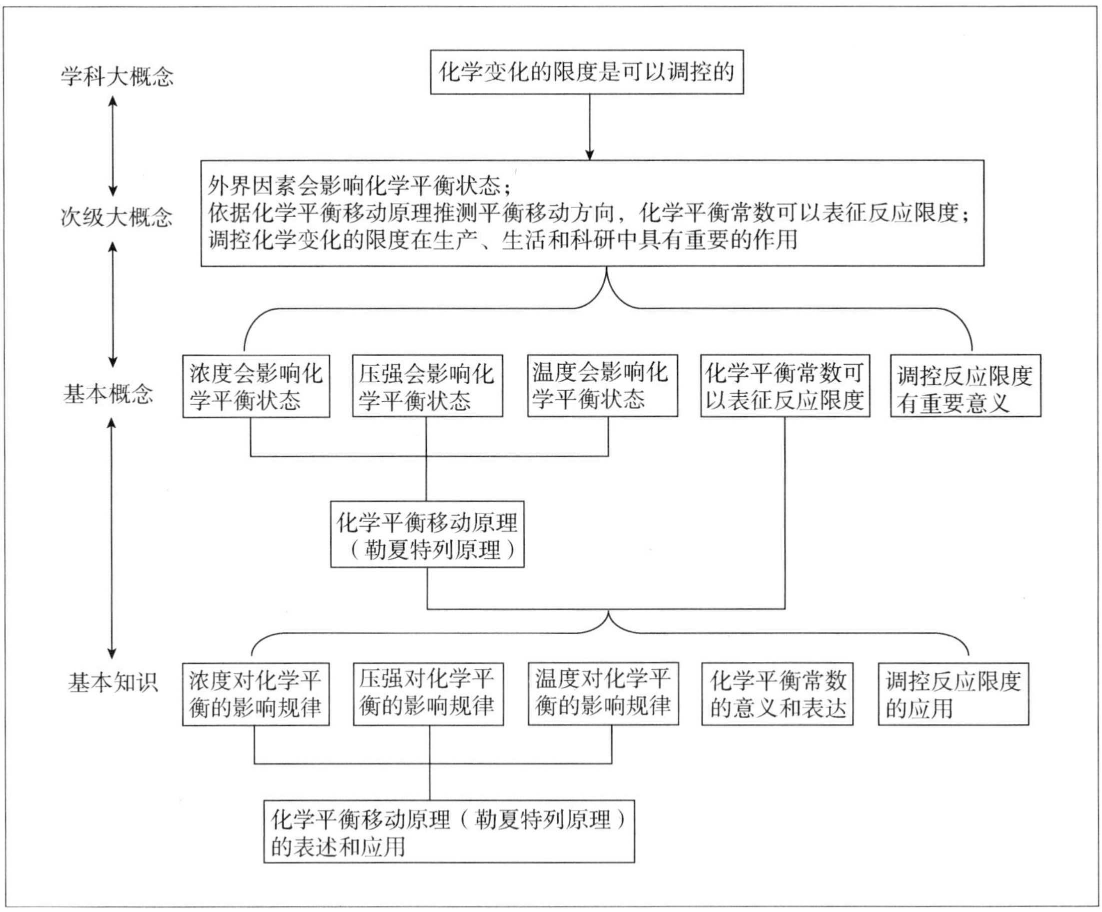

三、大概念统摄下的单元整体教学目标设计

（一）教学目标

（1）通过浓度对氯化铁与硫氰化钾反应平衡体系的影响、压强对二氧化氮与四氧化二氮平衡体系的影响、温度对二氧化氮与四氧化二氮平衡体系的影响等实验，初步认识浓度、压强和温度这些外界条件对化学平衡影响的规律。

（2）通过归纳总结，从定性角度认识化学平衡移动原理（勒夏特列原理）；通过数据分析和模型建构，从定量角度认识化学平衡常数。

（3）通过应用化学平衡移动原理和化学平衡常数分析并解决实际问题，感受化学反应原理在调控化学反应过程中的指导作用。

（二）评价目标

（1）通过对于实验的观察和分析，诊断学生运用观察、实验等方法获取信息的能力。

（2）通过对于各个影响因素的归纳总结和数据处理，诊断学生建构认知模型、揭示现象的本质和规律的能力。

（3）通过对于实际问题的分析和处理，诊断学生运用化学反应原理解决简单实际问题的能力。

四、大概念统摄下的单元整体教学规划流程图

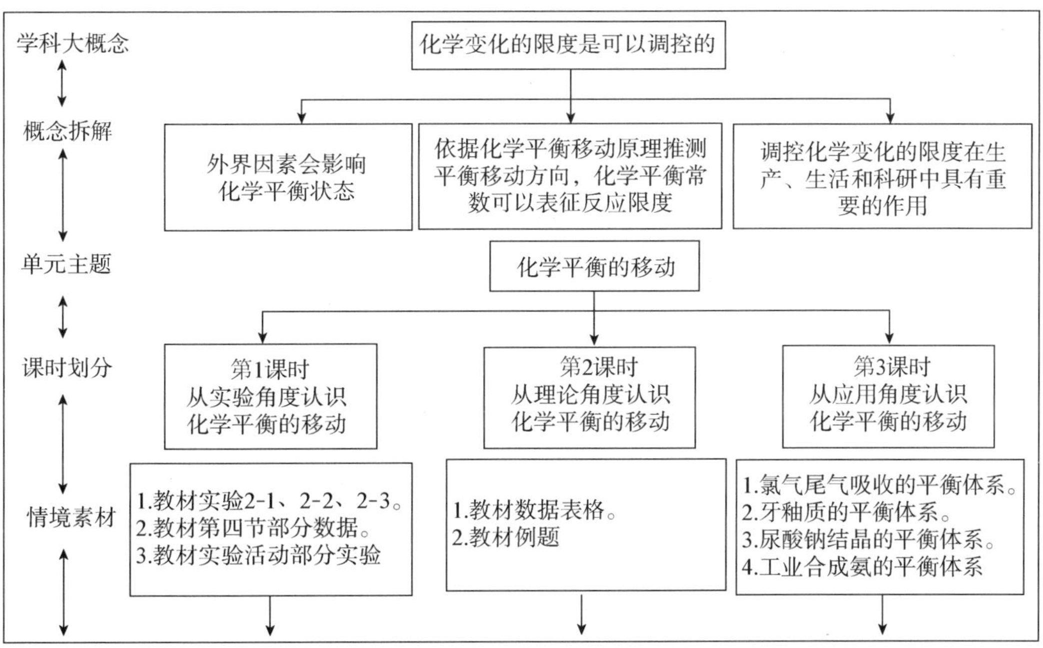

学习流程	【任务1】 认识浓度的影响 【任务2】 认识压强的影响 【任务3】 认识温度的影响 【任务4】 认识催化剂的影响	【任务1】 通过整理已有规律，提升对化学平衡移动原理的理解 【任务2】 通过数据分析，理解化学平衡常数，体验化学平衡常数的应用	【任务1】 利用平衡移动原理，初步解决实际问题 【任务2】 通过讨论交流，提升对化学平衡移动原理应用的理解，形成分析的思维模型
能力素养	通过实验培养学生的证据意识和科学探究的能力	通过归纳总结培养学生的分析能力和证据意识	通过实际问题的分析培养学生的推理和模型认知能力

五、大概念统摄下的单元整体教学流程

从实验角度认识化学平衡的移动（第1课时）			
教学环节	**教师活动**	**学生活动**	**设计意图**
环节一 情境引入	展示：必修阶段学习过的几个可逆反应，回顾达到化学平衡状态的标志。 引导：任何可逆反应在给定条件下的进程都达到某种特定的化学平衡状态，那么当外界条件发生改变时，这种平衡状态就会发生改变。怎样改变？改变的规律又是什么呢？这就是今天开始学习的内容：化学平衡移动	回顾 H_2 和 $I_2(g)$、Cl_2 和 H_2O、SO_2 和 O_2、NH_3 与 H_2O 等可逆反应。 复习可逆反应达到化学平衡状态的标志：正反应速率与逆反应速率相等，反应物的浓度和生成物的浓度都不再改变	从学生的已有认知出发，设计问题，创设情境，引发学生的思考，展开本节课的教学活动
环节二 浓度对化学平衡的影响	活动1：探究反应物浓度的变化对化学平衡的影响。 引导1.1：学生预习实验、完成分组实验、进行现象描述和分析。 演示：教材P34【实验2-1】 向盛有5 mL 0.05 mol/L $FeCl_3$ 溶液的试管中加入5 mL 0.15 mol/L KSCN溶液，溶液呈红色。 将上述溶液平均分装在a、b、c三支试管中，向试管b中加入少量铁粉，向试管c中滴加4滴1 mol/L KSCN溶液，观察试管b、c中溶液颜色的变化，并均与试管a对比	阅读教材P34【实验2-1】 分组完成实验，观察、描述实验现象，对结果进行分析。 认识反应物浓度的变化对于 $Fe^{3+}+3SCN^- \rightleftharpoons Fe(SCN)_3$ 平衡的影响，并结合化学平衡的标志寻找平衡移动的证据	通过对实验现象的感性认识，结合化学平衡的概念，初步认识化学平衡的移动，认识浓度的变化对化学平衡的影响，并总结影响规律

<table>
<tr><th colspan="4">从实验角度认识化学平衡的移动（第 1 课时）</th></tr>
<tr><th>教学环节</th><th>教师活动</th><th>学生活动</th><th>设计意图</th></tr>
<tr>
<td>环节二
浓度对化学平衡的影响</td>
<td>
<table>
<tr><td>实验</td><td>向试管 b 中加入少量铁粉</td><td>向试管 c 中滴加 4 滴 1 mol/L KSCN 溶液</td></tr>
<tr><td>现象</td><td></td><td></td></tr>
</table>
引导 1.2：寻找化学平衡移动的证据。
活动 2：探究生成物浓度的变化对化学平衡的影响。
引导 2：学生预习实验、完成分组实验、进行现象描述和分析。
在 $K_2Cr_2O_7$ 溶液中存在如下平衡：
$Cr_2O_7^{2-} + H_2O \rightleftharpoons 2CrO_4^{2-} + 2H^+$
（橙色）　　　　（黄色）
取一支试管，加入 2 mL 0.1 mol/L $K_2Cr_2O_7$ 溶液，然后按下表中的步骤进行实验，观察溶液颜色的变化，判断平衡是否发生移动及移动的方向。完成下表。
<table>
<tr><th>实验步骤</th><th>实验现象</th><th>结论</th></tr>
<tr><td>（1）向试管中滴加 5～10 滴 6 mol/L NaOH 溶液</td><td></td><td></td></tr>
<tr><td>（2）向试管中继续滴加 5～10 滴 6 mol/L H_2SO_4 溶液</td><td></td><td></td></tr>
</table>
活动 3：归纳总结浓度的变化对化学平衡的影响规律
</td>
<td>完成教材 P54 关于 $Cr_2O_7^{2-} + H_2O \rightleftharpoons 2CrO_4^{2-} + 2H^+$ 的实验，认识生成物浓度的变化对于平衡的影响。

通过以上两组实验现象，进行归纳总结</td>
<td></td>
</tr>
<tr>
<td>环节三
压强对化学平衡的影响</td>
<td>活动 1：探究压强的变化对二氧化氮和四氧化二氮平衡体系的影响。
演示：教材 P36【实验 2-2】
压强的变化对二氧化氮和四氧化二氮平衡体系的影响</td>
<td>观察在注射器活塞向外拉和向内推的两个过程中，注射器内混合气体颜色的变化。
结合曲线图深入、细致分析，从而得出压强变化对 $2NO_2(g) \rightleftharpoons N_2O_4(g)$ 平衡的影响</td>
<td>针对不同可逆反应平衡体系的特征，全面认识压强的变化对化学平衡的影响</td>
</tr>
</table>

续表

<table>
<tr><th colspan="4">从实验角度认识化学平衡的移动（第 1 课时）</th></tr>
<tr><th>教学环节</th><th>教师活动</th><th>学生活动</th><th>设计意图</th></tr>
<tr>
<td>环节三
压强对化学平衡的影响</td>
<td>如图所示，用 50 mL 注射器吸入20 mL NO_2 和 N_2O_4 的混合气体（使注射器的活塞位于Ⅰ处），将细管端用橡胶塞封闭。然后把活塞拉到Ⅱ处，观察管内混合气体颜色的变化。当反复将活塞从Ⅱ处推到Ⅰ处及从Ⅰ处拉到Ⅱ处时，观察管内混合气体颜色的变化。

<table>
<tr><td>实验</td><td>体系压强增大</td><td>体系压强减小</td></tr>
<tr><td>现象</td><td></td><td></td></tr>
<tr><td>结论</td><td colspan="2"></td></tr>
</table>
展示：传感器测量的曲线图。
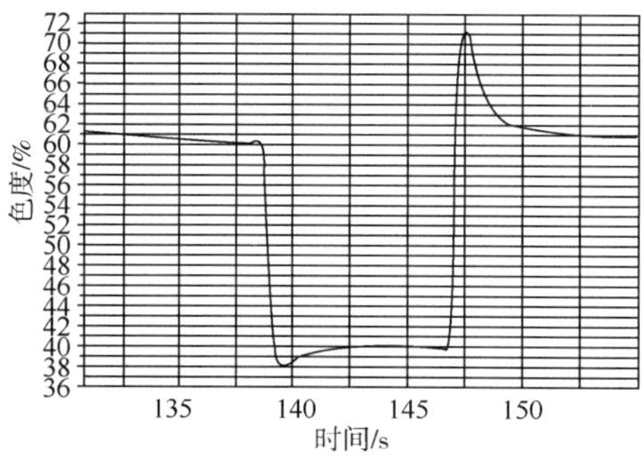

引导 1：学生进行实验现象和数据曲线的讨论。
活动 2：探究压强的变化对合成氨平衡体系的影响。
展示：在 400 ℃、不同压强条件下合成氨平衡体系中，氨的体积分数随压强变化曲线图。
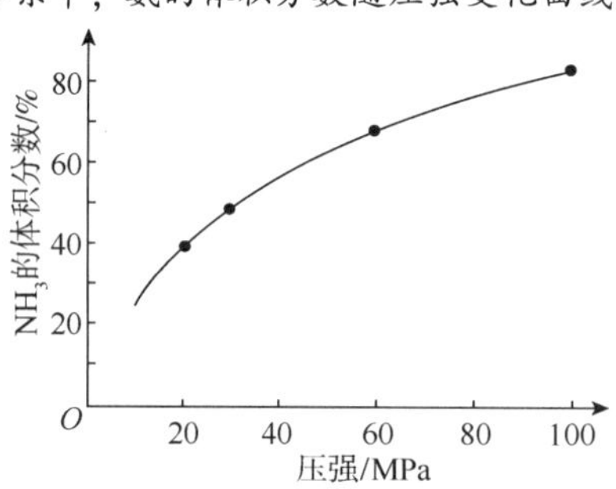

400 ℃下平衡时氨的体积分数随压强的变化示意图
引导 2：学生进行数据曲线的讨论。
活动 3：归纳总结压强的变化对化学平衡的影响规律</td>
<td>针对合成氨的可逆反应，结合曲线图进行分析讨论，从而得出压强变化对于 $N_2(g) + 3H_2(g) \rightleftharpoons 2NH_3(g)$ 平衡的影响。

通过以上两组实验现象，进行归纳总结</td>
<td></td>
</tr>
</table>

续表

<table>
<tr><th colspan="4">从实验角度认识化学平衡的移动（第 1 课时）</th></tr>
<tr><th>教学环节</th><th>教师活动</th><th>学生活动</th><th>设计意图</th></tr>
<tr>
<td>环节四
温度对化学平衡的影响</td>
<td>活动 1：探究温度的变化对二氧化氮和四氧化二氮平衡体系的影响以及对氯化铜稀溶液颜色的影响。
演示：教材 P37【实验 2-3】
如图所示，把 NO_2 和 N_2O_4 的混合气体通入两只连通的烧瓶，然后用弹簧夹夹住乳胶管；把一只烧瓶浸泡在热水中，另一只浸泡在冰水中。观察混合气体颜色的变化。
<table>
<tr><td>实验</td><td>浸泡在热水中</td><td>浸泡在冰水中</td></tr>
<tr><td>现象</td><td></td><td></td></tr>
<tr><td>结论</td><td colspan="2"></td></tr>
</table>
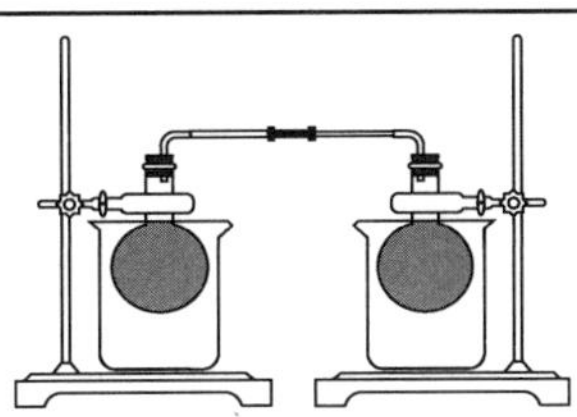
（a）
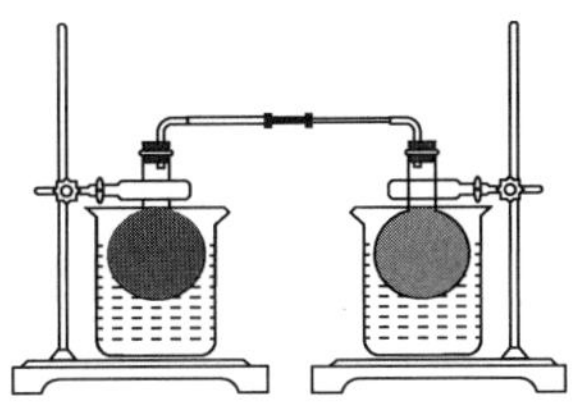
（b）
装有 NO_2 和 N_2O_4 混合气体的烧瓶（a），分别浸泡在热水（左）和冰水（右）中（b）

在 $CuCl_2$ 溶液中存在如下平衡：
$[Cu(H_2O)_4]^{2+} + 4Cl^- \rightleftharpoons [CuCl_4]^{2-} + 4H_2O$
（蓝色）　　　　（黄色）
$\Delta H > 0$
取两支试管，分别加入 2 mL 0.5mol/L $CuCl_2$ 溶液，将其中的一支试管先加热，然后置于冷水中，观察并记录实验现象，与另一支试管进行对比。完成下表</td>
<td>阅读教材 P37【实验 2-3】、P54 关于 $CuCl_2$ 稀溶液的实验。
分组完成实验，观察、描述实验现象，对结果进行分析</td>
<td>针对不同可逆反应平衡体系的特征，全面认识温度的变化对于化学平衡的影响</td>
</tr>
</table>

续表

<table>
<tr><th colspan="4">从实验角度认识化学平衡的移动（第 1 课时）</th></tr>
<tr><th>教学环节</th><th>教师活动</th><th>学生活动</th><th>设计意图</th></tr>
<tr><td>环节四
温度对化学平衡的影响</td><td><table><tr><th>实验步骤</th><th>实验现象</th><th>结论</th></tr><tr><td>（1）加热试管</td><td></td><td></td></tr><tr><td>（2）将上述试管置于冷水中</td><td></td><td></td></tr></table>引导：学生预习实验、完成分组实验、进行现象描述和分析
活动 2：归纳总结温度的变化对化学平衡的影响规律。
活动 3：阅读教材 P38 催化剂对于正逆反应速率和化学平衡的影响，认识催化剂在实际生产中的价值</td><td>认识温度的变化分别对于 $2NO_2(g) \rightleftharpoons N_2O_4(g)$ $\Delta H<0$ 和 $[Cu(H_2O)_4]^{2+} + 4Cl^- \rightleftharpoons [CuCl_4]^{2-} + 4H_2O$ $\Delta H>0$ 平衡的影响。
通过以上两组实验现象，进行归纳总结。
阅读归纳理解</td><td>认识催化剂对化学平衡的影响</td></tr>
<tr><td>环节五
小结</td><td>回顾整理本节课学习内容</td><td>体会浓度、压强和温度对化学平衡的影响以及规律</td><td>巩固提高，为第 2 课时的定性总结和定量计算的学习做铺垫</td></tr>
<tr><th colspan="4">从理论角度认识化学平衡的移动（第 2 课时）</th></tr>
<tr><th>教学环节</th><th>教师活动</th><th>学生活动</th><th>设计意图</th></tr>
<tr><td>环节一
从定性角度认识化学平衡的移动</td><td>复习：回顾第 1 课时中外界条件对于化学平衡移动的影响及其规律，进行归纳和梳理。
提问：对于不同的反应体系，当不同的外界条件发生不同的变化时，化学平衡的移动遵循着不同的规律，这些规律是孤立和零散的，你可以总结出这些规律的共性吗?
展示：勒夏特列原理即化学平衡移动原理的内容。
引导：学生将具体实例的分析和勒夏特列原理进行结合，体会勒夏特列原理的高度概括性</td><td>分析各个实验中的平衡体系、外界条件和化学平衡的移动。
再次审视第 1 课时中的各个实验，着重思考并讨论外界条件的变化和化学平衡移动之间的关系。
阅读勒夏特列原理的内容，将孤立的、零散的分析与勒夏特列原理的高度概括性进行对比体会</td><td>从学生熟悉的具体实例出发，引导学生理解并应用抽象的、具有高度概括性的理论，从定性角度加深对于化学平衡移动的理解</td></tr>
<tr><td>环节二
从定量角度认识化学平衡的移动</td><td>展示：教材 P31 表格 2-1 “457.6 ℃时反应体系 $H_2(g) + I_2(g) \rightleftharpoons 2HI(g)$ 中各物质的浓度”，引导学生接受并理解化学平衡常数</td><td>阅读表格中的数据，初步认识化学平衡常数</td><td></td></tr>
</table>

续表

<table>
<tr><th colspan="4">从理论角度认识化学平衡的移动（第 2 课时）</th></tr>
<tr><th>教学环节</th><th>教师活动</th><th>学生活动</th><th>设计意图</th></tr>
<tr>
<td>环节二
从定量角度认识化学平衡的移动</td>
<td>
<table>
<tr><td colspan="3">起始时各物质的浓度/($mol \cdot L^{-1}$)</td><td colspan="3">平衡时各物质的浓度/($mol \cdot L^{-1}$)</td><td>平衡时</td></tr>
<tr><td>$c(H_2)$</td><td>$c(I_2)$</td><td>$c(HI)$</td><td>$c(H_2)$</td><td>$c(I_2)$</td><td>$c(HI)$</td><td>$\frac{c^2(HI)}{c(H_2) \cdot c(I_2)}$</td></tr>
<tr><td>1.197×10^{-2}</td><td>6.944×10^{-3}</td><td>0</td><td>5.617×10^{-3}</td><td>5.936×10^{-4}</td><td>1.270×10^{-2}</td><td>48.37</td></tr>
<tr><td>1.228×10^{-2}</td><td>9.964×10^{-3}</td><td>0</td><td>3.841×10^{-3}</td><td>1.524×10^{-3}</td><td>1.687×10^{-2}</td><td>48.62</td></tr>
<tr><td>1.201×10^{-2}</td><td>8.403×10^{-3}</td><td>0</td><td>4.580×10^{-3}</td><td>9.733×10^{-4}</td><td>1.486×10^{-2}</td><td>49.54</td></tr>
<tr><td>0</td><td>0</td><td>1.520×10^{-2}</td><td>1.696×10^{-3}</td><td>1.696×10^{-3}</td><td>1.181×10^{-2}</td><td>48.49</td></tr>
<tr><td>0</td><td>0</td><td>1.287×10^{-2}</td><td>1.433×10^{-3}</td><td>1.433×10^{-3}</td><td>1.000×10^{-2}</td><td>48.70</td></tr>
<tr><td>0</td><td>0</td><td>3.777×10^{-2}</td><td>4.213×10^{-3}</td><td>4.213×10^{-3}</td><td>2.934×10^{-2}</td><td>48.50</td></tr>
<tr><td colspan="6">$\frac{c^2(HI)}{c(H_2) \cdot c(I_2)}$平均值</td><td>48.70</td></tr>
</table>
引导：认识化学平衡常数的概念、表达式和意义。
练习：教材 P32 和 P33 两道例题。
例题 1：在某温度下，将含有 H_2 和 I_2 各0.10 mol的气态混合物充入容积为 10 L 的密闭容器中，充分反应并达到平衡后，测得 $c(H_2) = 0.0080\ mol \cdot L^{-1}$。
(1) 计算该反应的平衡常数。
(2) 在上述温度下，若起始时向该容器中通入 H_2 和 $I_2(g)$ 各 0.20 mol，试求达到化学平衡时各物质的浓度。
例题 2：在容积不变的密闭容器中，将 2.0 mol CO 与 10 mol H_2O 混合加热到 830 ℃，达到下列平衡：
$CO(g) + H_2O(g) \rightleftharpoons CO_2(g) + H_2(g)$
此时该反应的 K 为 1.0。求达到平衡时 CO 转化为 CO_2 的转化率。
引导：利用化学平衡常数的概念，重新分析第 1 课时中浓度和压强的变化对于化学平衡的影响
$Q<K \xrightarrow{平衡右移} Q=K \xleftarrow{平衡左移} Q>K$
</td>
<td>深入学习化学平衡常数。
利用化学平衡常数的概念和表达式进行分析和小组讨论，体会利用化学平衡常数定量地解决实际问题。

根据浓度商与化学平衡常数的大小关系，判断化学平衡的移动方向</td>
<td>引导学生从具体实例的数据中接受并理解抽象的化学平衡常数概念，运用化学平衡常数解决实际问题，在解决问题的过程中加深对化学平衡常数的理解</td>
</tr>
</table>

<table>
<tr><th colspan="4">从理论角度认识化学平衡的移动（第 2 课时）</th></tr>
<tr><th>教学环节</th><th>教师活动</th><th>学生活动</th><th>设计意图</th></tr>
<tr><td>环节三
小结</td><td>整理：回顾梳理本节课的知识，从定性和定量两个不同的角度理解化学平衡移动原理和化学平衡常数</td><td>回顾本节课所学知识</td><td>体会理论对实际的指导作用</td></tr>
<tr><th colspan="4">从应用角度认识化学平衡的移动（第 3 课时）</th></tr>
<tr><th>教学环节</th><th>教师活动</th><th>学生活动</th><th>设计意图</th></tr>
<tr><td>环节一
小组讨论</td><td>展示：化学平衡移动在生产、生活中的实际应用，组织学生利用化学平衡移动原理（勒夏特列原理）或化学平衡常数对以下问题进行小组讨论。
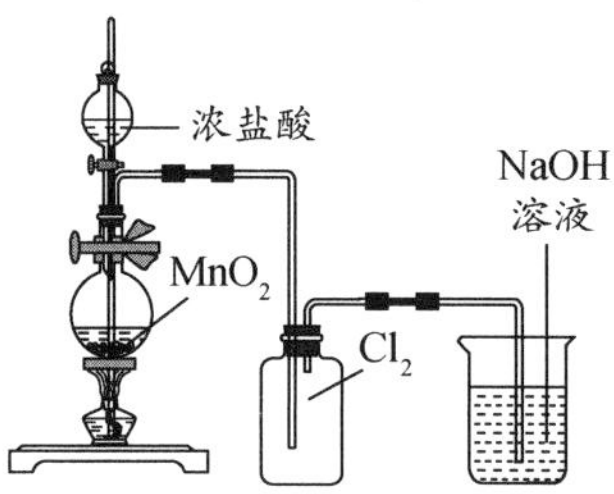

例 1：氯气与水发生的反应是可逆的。从化学平衡的移动角度解释：
实验室制备氯气时，选择 NaOH 溶液吸收多余氯气的原因。
例 2：当甜食中的糖附着在牙齿上发酵时会产生氢离子。已知牙齿表面的牙釉质 [$Ca_5(PO_4)_3OH$] 在口腔中存在着溶解过程，牙釉质被破坏后容易导致龋齿的产生。同时牙釉质在 F^- 的作用下可以形成 $Ca_5(PO_4)_3F$。
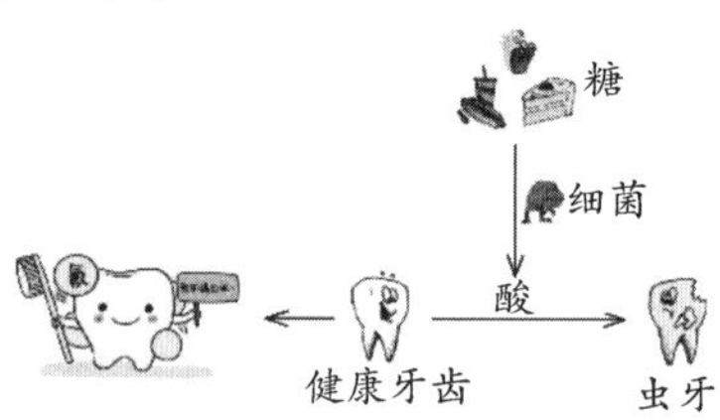

关于牙釉质的平衡可以表示如下：
$Ca_5(PO_4)_3OH(s) \rightleftharpoons 5Ca^{2+}(aq) + 3PO_4^{3-}(aq) + OH^-(aq)$
$Ca_5(PO_4)_3OH(s) + F^-(aq) \rightleftharpoons Ca_5(PO_4)_3F(s) + OH^-(aq)$
请运用化学平衡移动原理解释说明吃甜食导致龋齿，以及使用含氟牙膏可预防龋齿的原因</td><td>从氯气与水发生的可逆反应入手，在 $Cl_2 + H_2O \rightleftharpoons H^+ + Cl^- + HClO$ 中，分析 NaOH 对体系中 H^+ 浓度的影响。

从题目给出的关于牙釉质的平衡体系入手，在 $Ca_5(PO_4)_3OH(s) \rightleftharpoons 5Ca^{2+}(aq) + 3PO_4^{3-}(aq) + OH^-(aq)$ 和 $Ca_5(PO_4)_3OH(s) + F^-(aq) \rightleftharpoons Ca_5(PO_4)_3F(s) + OH^-(aq)$ 中，分析 H^+ 和 F^- 对化学平衡的影响</td><td>结合第 1、2 课时学习的知识，利用化学平衡移动原理，分析实验室中、生活中和实际工业生产中的真实问题，感受化学反应原理对实际生产、生活的指导作用，体会化学学科的价值与魅力</td></tr>
</table>

<table>
<tr><th colspan="4">从应用角度认识化学平衡的移动（第 3 课时）</th></tr>
<tr><th>教学环节</th><th>教师活动</th><th>学生活动</th><th>设计意图</th></tr>
<tr><td>环节一
小组讨论</td><td>例 3：关节炎的病因是体内的尿酸（HUr）在关节滑液中形成尿酸钠晶体（NaUr），尤其在寒冷季节易诱发关节疼痛。
其中存在的化学平衡为 $HUr \rightleftharpoons Ur^- + H^+$　$\Delta H>0$
$Ur^-(aq)+Na^+(aq) \rightleftharpoons NaUr(s)$　$\Delta H<0$
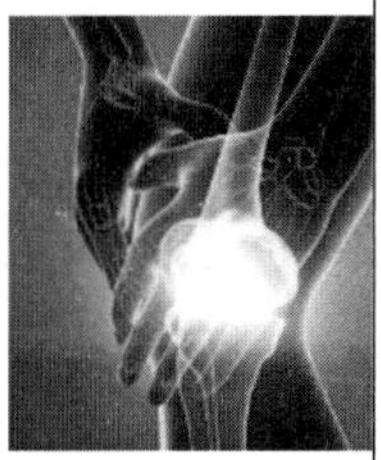
请运用化学平衡移动原理解释说明寒冷季节更易诱发关节疼痛的原因。
例 4：阅读表格中的数据，分析工业合成氨反应 $N_2(g)+3H_2 \rightleftharpoons 2NH_3(g)$　$\Delta H<0$
在不同条件下达到平衡状态时，反应混合物中氨的含量变化的原因。
<table>
<tr><th rowspan="2">温度/℃</th><th colspan="6">氨的含量/%</th></tr>
<tr><th>0.1 MPa</th><th>10 MPa</th><th>20 MPa</th><th>30 MPa</th><th>60 MPa</th><th>100 MPa</th></tr>
<tr><td>200</td><td>15.3</td><td></td><td></td><td></td><td></td><td></td></tr>
<tr><td>300</td><td>2.20</td><td></td><td></td><td></td><td></td><td></td></tr>
<tr><td>400</td><td>0.40</td><td>25.1</td><td>38.2</td><td>47.0</td><td>65.2</td><td>79.8</td></tr>
<tr><td>500</td><td>0.10</td><td></td><td></td><td></td><td></td><td></td></tr>
<tr><td>600</td><td>0.05</td><td></td><td></td><td></td><td></td><td></td></tr>
</table>
</td><td>从题目给出的由尿酸形成尿酸钠晶体的两个可逆反应入手，分析温度对于该化学平衡体系的影响。

根据工业合成氨反应 $N_2(g)+3H_2(g) \rightleftharpoons 2NH_3(g)$ $\Delta H<0$ 的平衡体系结合表中的数据，分析温度和压强两个因素对于化学平衡的影响</td><td></td></tr>
<tr><td>环节二
分析引导</td><td>引导：学生进行小组讨论汇报交流，教师着重强调语言描述过程中的科学性和严谨性。
提问 1：用 NaOH 溶液吸收 Cl_2 后的废液还可以再次利用产生 Cl_2 吗？
提问 2：通过你的分析可以比较得出 $Ca_5(PO_4)_3F$ 和 $Ca_5(PO_4)_3OH$ 抗腐蚀性能的差异吗？
提问 3：天气寒冷对于例 3 中的两个化学平衡分别有哪些影响呢？又以哪种影响为主呢？
提问 4：根据表格中数据的规律，你会如何选择工业合成氨的反应发生的条件呢</td><td>学生阐述自己的观点，分析过程中的困惑，进入更深层次的思考与应用</td><td>引导学生在有多个可逆反应的平衡体系中，以及多个因素影响时，分清主次矛盾，提高学生分析解决实际问题的能力</td></tr>
<tr><td>环节三
小结</td><td>整理：回顾、梳理化学平衡移动原理，分析解决实际问题的方法</td><td>小结、整理</td><td>体会“化学变化的限度是可以调控的”的意义和价值</td></tr>
</table>

续表

板书设计

第 1 课时　从实验角度认识化学平衡的移动

浓度：
- 增大反应物浓度或减小生成物浓度 ------ 化学平衡移动方向 ------ 正反应方向
- 减小反应物浓度或增大生成物浓度 ------ 化学平衡移动方向 ------ 逆反应方向

压强：
- 增大压强（减小容器的体积）------ 化学平衡移动方向 ------ 气体体积缩小的方向
- 减小压强（增大容器的体积）------ 化学平衡移动方向 ------ 气体体积增大的方向

温度：
- 升高温度 ------ 化学平衡移动方向 ------ 吸热反应的方向
- 降低温度 ------ 化学平衡移动方向 ------ 放热反应的方向

催化剂：不影响化学平衡的移动

第 2 课时　从理论角度认识化学平衡的移动

浓度、压强、温度 —统一→ 勒夏特列原理（化学平衡移动原理）；如果改变影响平衡的一个因素，平衡就向着能够减弱这种改变的方向移动

化学平衡常数K → $mA(g)+nB(g) \rightleftharpoons pC(g)+qD(g)$

$$K=\frac{c^p(C)\cdot c^q(D)}{c^m(A)\cdot c^n(B)}$$

→
- $Q>K$ 化学平衡逆向移动
- $Q=K$ 化学平衡不移动
- $Q<K$ 化学平衡正向移动

第 3 课时　从应用角度认识化学平衡的移动

例1……
例2……
例3……
例4……

→ 平衡体系　外界因素　移动方向　移动结果

→ 把握主体平衡　抓住主要矛盾

六、大概念统摄下的单元整体教学设计评价

（一）单元整体教学设计特色说明

1. 以大概念为统领，可以将教学内容根据学情进行重组和开发

在“化学变化的限度是可以调控的”这一大概念的统领下，设计“化学平衡的移动”单元整体教学。按照人教版选择性必修 1《化学反应原理》第二章第二节的内容，根据所

教授班级学生的实际情况，对于教材的使用进行了重新的组合。在组合重整的过程中，将本节教材内容、本章第四节“化学反应的调控”的部分内容和本章“实验活动1”中的部分实验进行了有机整合，更加凸显了学生从对感性的化学实验现象的认识上升到对理性的化学反应原理的分析，从对枯燥抽象的理论的提炼上升到对丰富鲜活的问题的解决。

2. 以大概念为统领，可以更好地促进学生学习的连贯性和结构性

在“化学变化的限度是可以调控的”这一大概念的统领下，设计了“化学平衡的移动”单元整体教学，共分为三个课时，引导学生从实验、理论、应用三个不同的角度和层次逐步深入地充分认识化学平衡的移动，促进学生学习的连贯性和结构性。学生从大量丰富的实验现象中总结和提炼出化学平衡移动的理论知识，再将这些理论知识运用到实际生产问题的解决中，可以更加深刻地体会到化学反应原理的指导作用，体会到化学学科的价值。

3. 以大概念为统领，可以更好地促进学生学科核心素养的提高

在“化学平衡的移动”单元整体教学中，学生围绕“化学变化的限度是可以调控的”这一大概念为主题进行学习。在这个核心概念的指导下，学生的实验探究活动、分析推理过程都更加有章可循，更加注重证据意识和严谨求实的科学态度的培养，逐步形成内化于心、外化于行的自觉和习惯，促进学生化学学科核心素养的提高。

（二）单元整体教学设计教学反思

本单元整体教学设计凸显了学生学习过程的整体化、阶梯化和实践化。在第1课时“从实验角度认识化学平衡的移动”中，为了引导学生从更加丰富的实验素材中找出化学平衡移动规律，将教材中第二章第四节的部分数据和本章“实验活动1”中的部分实验进行整合，充分培养了学生的证据意识和科学探究能力，避免了学生对于结论的机械记忆。在第2课时“从理论角度认识化学平衡的移动”中，从定性和定量两个角度引导学生从理论上理解化学平衡的移动，并将理论再次应用于第1课时的经验中，使学生对于平衡移动形成“螺旋式”上升的认识。在第3课时“从应用角度认识化学平衡的移动”中，选择了与学生实际生活、原有认知和真实生产密切相关的实例，引导学生在有多个可逆反应的平衡体系中，以及多个因素影响时，分清主次矛盾，提高学生分析解决实际问题的能力，从而促进学生对“化学变化的限度是可以调控的”这一大概念的意义和价值产生更加深刻的认识。

案例2 “发展中的化学电源”单元整体教学设计①

一、大概念统摄下的单元整体教学背景分析

（一）单元整体教学主题确定

学科大概念是指学科内具体知识背后的更为本质、更为核心的概念或思想。单元教学与单课时教学相比，能帮助学生在较长一段时间内深入学习与一个大概念相关联的核心知识，促进学生形成对大概念的深度理解。学生在基于学科大概念的学习单元中，建立具体知识和大概念之间的对接，把学科内零散的知识形成结构化的体系，实现学科核心素养的提升。

根据学科大概念确定核心任务。从具体的学习内容出发，挖掘学习内容背后的本质思想和方法（大概念），是构建单元核心任务的关键。《普通高中化学课程标准（2017年版）》规定的课程内容之选择性必修课程模块1《化学反应原理》部分有3个主题，其中之一为“化学反应与能量”，包括“化学反应与热能”和“化学反应与电能”。本单元整体教学设计以“化学反应与能量”这一大概念为统领，以“化学反应与电能”为次级概念，以“发展中的化学电源”为主题了解原电池及常见化学电源的工作原理。从教材编排来看，人教版教材将“化学能与电能”分别安排在化学必修第二册第六章“化学反应与能量”中第一节“化学反应与能量变化”和选择性必修1《化学反应原理》第四章“化学反应与电能”中第一节“原电池”。现将这两节内容整合为一个单元，以“发展中的化学电源”为主题，力图根据学生当前的认知水平和简约化教学原则，将知识产生的真实背景、研究过程或者科学家的研究方法有选择地再现在学生面前，让学生充分感受前人的智慧能力、思维轨迹以及科学的艰难探索历程。这样不仅可以展示知识发生的动态过程，还能把科学家探究过程中所运用到的直觉与想象、猜测与假说、观察与实验、推理与建模等研究方法展示出来，帮助学生分析和把握具体内容背后更为本质的思想与方法。与此同时，它还能给学生展现出科学家进行科学探究的思维历程，有助于学生领悟问题的解决方法，也使学生体会模型的建构过程，给学生形成一个容易操作的规则。

（二）单元整体教学内容分析

1. 在教材中的地位和作用

电化学一直以来都是中学化学教学的重点和难点，该内容主要分布在必修、选择性必

① 本案例为北京教育学院王春老师负责的北京市中学化学特级教师工作室李爽老师研究案例。

修1《化学反应原理》中。在必修阶段，热能和电能作为化学反应中能量变化的例子在教材中的侧重不同，前者侧重揭示能量变化的本质，后者侧重阐述化学能转化为电能的原理。对于化学反应中的电能，教材主要介绍原电池原理及应用——化学电池。以原电池为例认识化学能可以转化为电能，从氧化还原反应的角度初步认识原电池的工作原理。体会研制新型电池的重要性。在选择性必修阶段，通过对学生熟悉的单液原电池和学生没有接触过的双液盐桥电池的对比探究实验，让学生明白可以通过尽可能减少副反应的方法使反应所释放的能量更加有效地向电能转化，更加深刻地认识到原电池原理是将氧化反应和还原反应分开在两极进行。另外，通过介绍电池的正极、负极的概念，电极反应以及电池反应的概念，使学生对原电池的认识有所提升。

2. 在教学中的功能和价值

已有的研究表明，核心知识具有重要的认识功能，因此具有发展学生素养的价值，但是需要将知识结论变为学生的认识角度、思路和方法策略，所以围绕学科认识主题，基于核心概念，建构认知模型，外显思维过程和方法，有利于彰显核心知识的素养发展价值，促进知识向能力和素养的转化。“证据推理与模型认知”是化学学科核心素养的思维核心。建立综合运用微粒观和氧化还原反应理论分析电化学问题的基本思路，其一是能自主建构电化学分析模型，其二是能以这个模型为载体用微观的、动态的、有序的思维分析电化学原理的常见应用。从而突破难点，从宏观和微观结合上收集证据，能依据证据从不同视角分析问题，推出合理的结论。

（三）单元整体教学学情分析

1. 学生已有知识与能力

从知识分类看，电化学内容属于化学基本概念和原理内容，是氧化还原反应理论的延伸和具体应用。从主题分类看，电化学内容属于选择性必修模块《化学反应原理》中的三大主题之一——化学反应与能量。从学生的认知基础和实践效果看，电化学内容涉及氧化还原反应、电解质的电离等问题。微粒观可以帮助学生关注到微粒的存在形式；氧化还原观和微粒观可以更好地帮助学生理解电极反应式的书写方法；平衡观可以发展学生对于电池动力的认识（双液电池模型），可以使学生明确电池改进的方向，还可进一步加强对电极反应物、电极产物的判断，尤其是使学生更好地理解电极产物的存在形式与介质环境有关。学生在必修阶段已经学习了 Zn| 稀 H_2SO_4| Cu 单液原电池原理，已经初步了解了原电池原理、构成条件以及认识了几种常见的化学电源，这些都为学生学习单元内容提供了一定的知识基础、学习思路和探究方法。

2. 学生学习障碍点

虽然学生对原电池原理和构成条件有了一定的认识，但是并没有形成认识模型，且原电池从单液原电池→双液原电池→燃料电池→二次电池等，类型比较多，学习过程中容易产生迷思概念，很多学生对“氧化剂和还原剂不接触就能自发反应”始终心存疑惑，不利于建构电化学的模型和分析思路。电化学学习中的迷思概念主要集中在对原电池、电解池反应的实质——氧化还原反应认识不到位，不能很好地将氧化剂、还原剂知识迁移到电极反应的分析上，大部分学生学习困难体现在电极反应式的书写方面。且从高考数据分析中发现，学生对氧化还原反应的基本概念遗忘或不熟练影响了学生对电化学反应本质的判断。学生不能从物质的氧化性、还原性强弱判断电极反应物；对陌生的原电池装置找不到“自发的氧化还原反应”，影响对装置工作原理的理解；对分析电化学装置的思路不清楚或不熟练；电极反应式的书写中出现得失电子、得失电子数值、电荷守恒配平、电解质的错误表示以及对电极反应产物的错误考虑等。与其他板块知识的综合应用分析能力有待提高，基于实验事实和基础知识的科学推理能力有待提高，接受、吸收、整合化学信息的能力及分析解决化学问题的能力有待提高。

3. 学生学习发展点

学会电池模型建构的方法，掌握分析电化学装置的思路，建立观点、结论和证据之间的逻辑关系，知道可以通过分析、推理等方法认识研究对象的本质特征、构成要素及其相互关系。为综合复杂问题的解决、陌生问题的解决、创造性思维提供强有力的支撑。使学生不仅学到了知识，更重要的是学到了如何进行学习的方法，有利于学生高级思维能力和创新能力的提高。

二、大概念统摄下的单元整体教学知识结构图

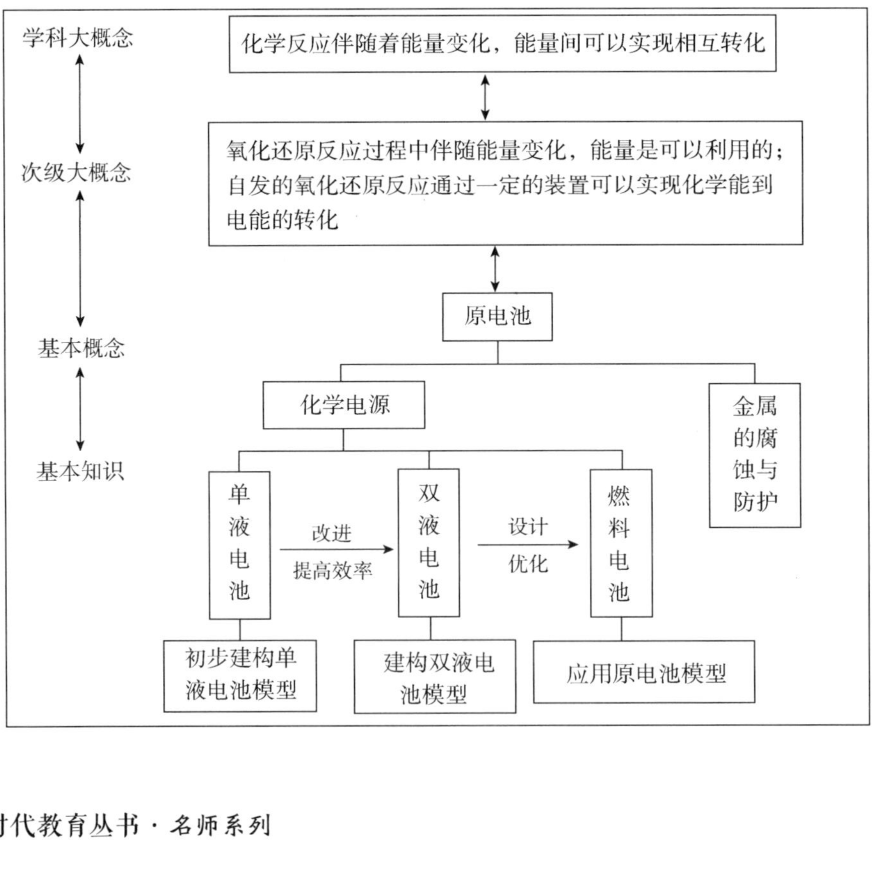

三、大概念统摄下的单元整体教学目标设计

（一）教学目标

（1）通过伏打电池引出原电池，并根据实验事实分析建立原电池模型，列举原电池的构成条件，能够说出其电极反应。

（2）通过原电池的设计，建立氧化还原反应与原电池装置的对应关系。

（3）通过实验探究，交流讨论，建构原电池思维模型，理解和掌握原电池的工作原理及各部分作用的讨论，同时培养学生的观察能力、思维能力、归纳总结能力、实验操作技能以及互助协作的精神。

（4）用原电池思维模型设计、解释和改进电池，初步认识电极反应式的书写与介质环境有关。

（二）评价目标

（1）通过设计原电池，诊断学生运用模型解决实际问题，对复杂的化学问题情境中的关键要素进行分析，能选择不同模型综合解释或解决复杂化学问题的综合能力。

（2）通过真实的实验探究，诊断学生是否形成了“发现问题—分析探讨原因—寻找证据支持—解决问题”的一般思路与方法。

（3）通过发展中的化学电源的学习，诊断并发展学生用原电池认知模型分析、解释、改进电池的思路和角度。

四、大概念统摄下的单元整体教学规划流程图

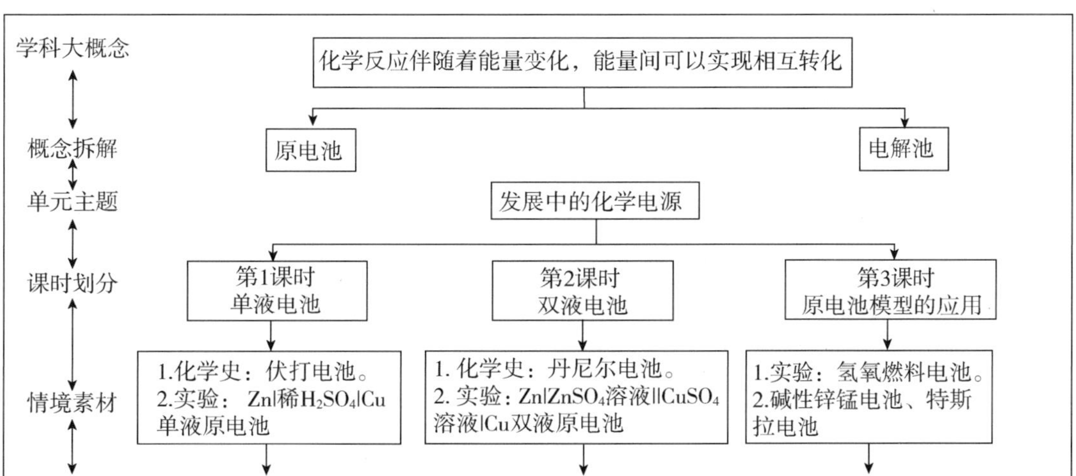

学习流程	【任务1】 查阅资料了解化学电源的发展历史 【任务2】 伏打电池的工作原理 【任务3】 设计原电池	【任务1】 实验探究Zn|$CuSO_4$溶液|Cu单液原电池，发现单液电池的缺点 【任务2】 改进电池 【任务3】 分析双液电池的工作原理 【任务4】 巩固模型	【任务1】 设计氢氧燃料电池 【任务2】 改进电池 【任务3】 发展中的化学电源
能力素养	建构原电池认知模型，发展学生证据推理与模型认知的化学学科核心素养	从宏观现象与微观离子反应的角度，分析得出单液电池电流衰减的原因，知道单液电池到双液电池改进的意义，发展学生科学探究、证据推理、宏观辨识与微观探析的化学学科核心素养	通过燃料电池的改进，使学生能够运用动态平衡的观点看待和分析化学变化，根据平衡的观点和原电池认知模型，提出改进电池的角度，发展学生变化观念与平衡思想、模型认知的化学学科核心素养

五、大概念统摄下的单元整体教学流程

单液电池（第1课时）			
教学环节	教师活动	学生活动	设计意图
环节一 以化学史为主线，引入化学电源的发展历程	资料：PPT展示化学电源的发展历史和伏打电池图片。 问题1：电流是如何产生的？ 问题2：哪类化学反应会有带电粒子的转移呢？ 任务1：请根据所学知识理论分析，借助 $Zn + H_2SO_4 = ZnSO_4 + H_2\uparrow$ 这个氧化还原反应，能否实现化学能向电能的直接转化？ 追问1.1：如何设计才能使氧化还原反应中的电子定向移动？ 追问1.2：如何将两个半反应连接起来获得电流？ 追问1.3：通过何种装置可以实现利用氧化还原反应产生电流？ 演示：Zn|稀H_2SO_4|Cu单液原电池	阅读资料： 1800年伏打电堆正式诞生。 1836年丹尼尔电池正式出现。 1839年第一节氢氧燃料电池在历史的舞台上拉开帷幕。 了解化学电源的发展历史。 思考回答：带电粒子的定向移动可以产生电流。 思考回答：氧化还原反应。 思考回答：借助电路图，分析产生电流的条件。 思考，提出解决的方法：锌在一侧失电子，氢离子在另一侧得电子（分开）。 交流讨论：通过介质进行反应，需要构成回路，需要有流动的介质和离子的移动。 交流讨论：画出装置图。 观察电流表指针的偏转	介绍化学史故事，使学生了解原电池的发展历史，认识科学发展的历程。 应用物理学知识为进一步认识和学习原电池打下基础。 氧化还原反应是使化学能转化为电能的关键。 明确产生电流的条件，提供解决问题的思考方向。 让学生自己提出，只有氧化反应和还原反应分开进行，才能产生电流。 初步培养学生的设计思路，体验成功的喜悦

单液电池（第1课时）			
教学环节	教师活动	学生活动	设计意图
环节二 通过铜锌原电池工作原理的分析，明确原电池的基本构成要素	任务2：请根据实验现象分析铜锌原电池工作的基本原理。 追问2.1：铜片上的气体是什么？是怎样产生的？ 追问2.2：铜片和锌片分别为电池的什么极？判断依据是什么？ 追问2.3：电池的两极分别发生了什么反应？ 追问2.4：溶液中阴、阳离子分别向哪极移动？判断依据是什么？ 演示：播放动画：铜锌原电池原理微观模拟。 追问2.5：请分别分析装置中铜片、锌片、稀硫酸及导线的作用？ 归纳总结：原电池的构成要素（单液原电池的认知模型）。 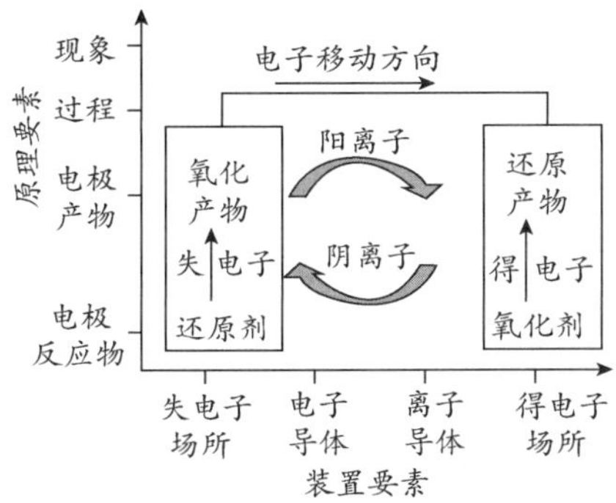 追问2.6：为什么先分析铜片作用后分析锌片作用？ 追问2.7：再来反思稀硫酸的作用？ 追问2.8：你能试着写出电极反应式吗	动手实验： Zn｜稀 H_2SO_4｜Cu 单液原电池；观察现象。 思考回答：氢气。氢离子在铜片表面得电子，生成氢气。 铜片为正极，锌片为负极；依据物理学中的电路图分析：电流从电池正极流出，经外电路流回负极。而电子流向与电流方向相反。 负极：锌片失去电子，发生氧化反应；正极：氢离子在铜片表面得电子，发生还原反应。 由于负极锌片失去电子，生成的锌离子进入负极区的溶液中，锌离子为带正电荷的阳离子，所以溶液中的阴离子移向负极区；而锌片失去的电子经外导线流入正极铜片，电子带负电，所以溶液中的阳离子移向正极区。 观看动画。 交流讨论：最终明确各部分的作用。 明确原电池的构成要素。 意识到铜只提供了得电子的场所，锌既提供了失电子的场所，同时也是失电子的物质。 离子导体和正极反应物。 书写电极反应式	从宏观现象与微观离子反应的角度，分析得出单液电池的工作原理，发展学生科学探究、证据推理、宏观辨识与微观探析的化学学科核心素养 建立原电池认知模型，发展学生证据推理与模型认知的化学学科核心素养。 避免学生将电极反应物和电极材料混为一谈。 让学生对稀硫酸作用的认识更全面。 宏观想象的微观表示，发展学生宏观辨识与微观探析的化学学科核心素养

续表

单液电池（第1课时）			
教学环节	**教师活动**	**学生活动**	**设计意图**
环节三 设计原电池	任务3：请根据反应 $Cu+2FeCl_3 \xlongequal{} CuCl_2+2FeCl_2$ 设计原电池，画出实验装置图。 追问3.1：你能解释你的设计吗？ 追问3.2：你能试着写出电极反应式吗	画出反应装置图，叙述设计思路。 说明设计思路。 书写电极反应式	能依据建构的模型，建立解决复杂化学问题的思维框架。 根据同学的设计思路，不断完善思维模型的自我纠错深化。 从微观粒子反应的角度理解原电池的工作原理
双液电池（第2课时）			
教学环节	**教师活动**	**学生活动**	**设计意图**
环节一 实验探究，发现单液电池的缺点	资料：PPT展示化学电源的发展历史，伏打电池、丹尼尔电池图片。 问题1：丹尼尔为什么会对电池提出改进？ 问题2：会存在哪些问题呢？请大家用身边的器材对下列单液电池进行探究。 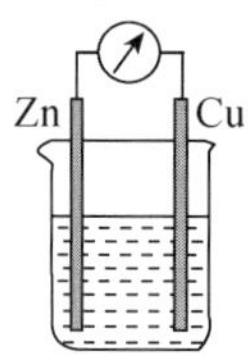 $CuSO_4$溶液 任务1：实验探究，发现单液电池的缺点。 追问1.1：这些现象说明上述单液电池存在的问题是什么？ 追问1.2：如何解释上述现象？ 追问1.3：如何避免上述现象的出现，从而提高电池效率	一定是存在什么问题。 思考讨论，实验探究，观察现象，分组汇报发现的问题。 问题一：锌片表面有红色固体析出； 问题二：随着时间的推移，电流计指针偏转角度变小； 问题三：随着时间的推移，溶液温度有所提高； …… 效率低，电流电压不稳定、下降快等。 锌片表面有红色固体析出，说明反应发生的位置在锌片表面，因为电子是在导体中流动，无法进入溶液中，所以溶液中的铜离子有一部分移动到金属锌的表面来得电子，但是因为来自各个方向的铜离子都有，所以无法产生电流。经过测定温度发现化学能转变为了热能	通过实验探究，培养学生从宏观和微观结合上收集证据，依据证据从不同视角分析问题，做出合理解释，推出合理结论的能力，发展学生科学探究、证据推理、宏观辨识与微观探析的化学学科核心素养

双液电池（第2课时）			
教学环节	教师活动	学生活动	设计意图
环节一 实验探究，发现单液电池的缺点		一段时间后发现电流衰减的现象，是因为锌与 $CuSO_4$ 溶液发生置换反应，溶液中的 Cu^{2+} 在锌片表面被直接还原，析出的铜在锌片表面构成原电池，从而降低了电池的效率。 通过刚才的分析，提出“阻止溶液中的 Cu^{2+} 在负极（锌）表面还原，可提高电池效率”的猜想	
环节二 实验探究，改进单液电池	任务2：改进电池 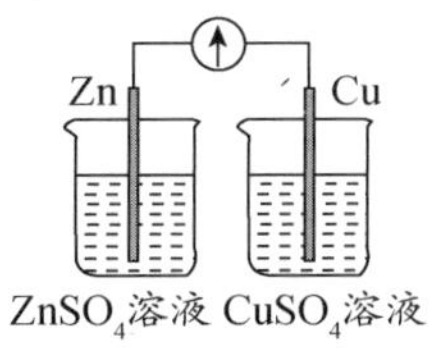 改进装置1 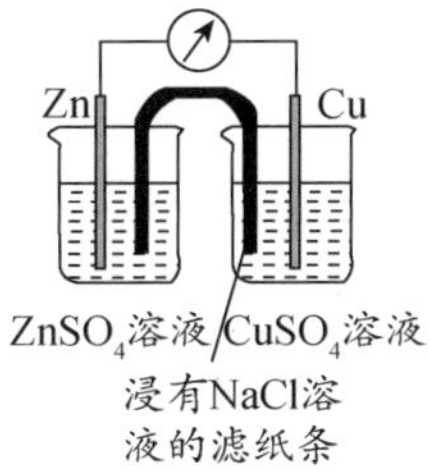 改进装置2 根据假设，参考以下用品：锌片、铜片、石墨、$CuSO_4$溶液、$ZnSO_4$溶液、NaCl 溶液、滤纸（浸有 NaCl 溶液）、导线、电流计。 实验：按照改进装置：介绍盐桥，并提供盐桥，用数字化实验演示，展示实验结果。 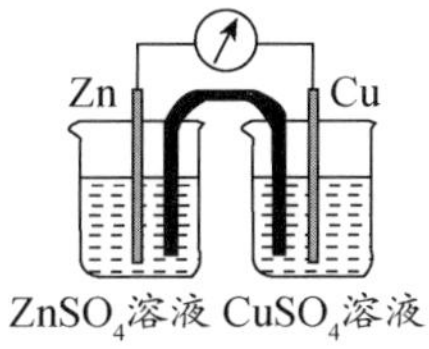 发现电流表较长时间内没有偏转	思考讨论，实验探究，改进装置，实施实验，发现按照改进装置1，无法获得电流，按照改进装置2，无法获得电流，发现电流表较长时间内没有偏转。 观察现象，铜片表面没有了红色固体物质的析出，电压在较长时间内保持稳定，体会成功的喜悦	通过实验探究不断经历“发现问题→改进方案→解决问题”的过程，充分认识盐桥的作用。至此引导学生建立起原电池的思维模型

续表

双液电池（第2课时）			
教学环节	**教师活动**	**学生活动**	**设计意图**
环节三 分析双液 原电池工作 原理	任务3：分析双液原电池工作原理。 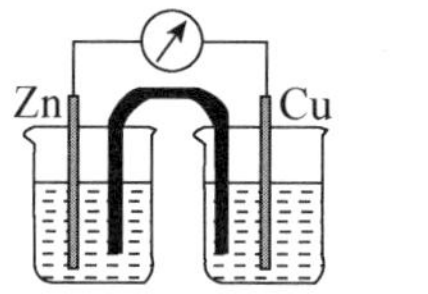 $ZnSO_4$溶液 $CuSO_4$溶液 （U形管内装有含琼胶的KCl饱和溶液） 追问3.1：电流是如何产生的？ 追问3.2：电压是如何产生的？ 追问3.3：闭合回路是怎样形成的？ 追问3.4：盐桥的作用是什么？ 追问3.5：盐桥中离子移动的方向是什么	阅读学案材料，思考交流。 电流的形成： ①电压；②闭合回路。 电压产生的原因：$Zn \rightleftharpoons Zn^{2+} + 2e^-$、$Cu^{2+} + 2e^- \rightleftharpoons Cu$，从平衡移动的角度思考产生电压的原因。 盐桥——离子导体，使整个装置构成回路，代替两溶液直接接触，同时平衡电荷。 由于盐桥（如KCl）的存在，其中阴离子Cl^-向$ZnSO_4$溶液扩散和迁移，阳离子K^+则向$CuSO_4$溶液扩散和迁移	通过双液原电池工作原理的分析，发展原电池的认知模型，使学生认识到离子导体不仅可以是电解质溶液，也可以是盐桥，进而优化认知模型
环节四 双液原电池 模型的应用	任务4：从“要素”角度分析，双液电池各部分的功能是什么？ 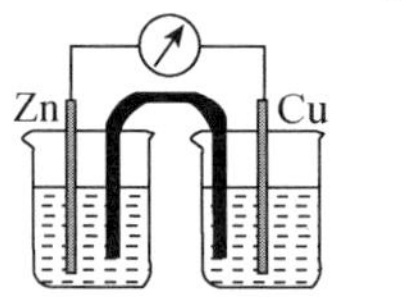 $ZnSO_4$溶液 $CuSO_4$溶液 （U形管内装有含琼胶的KCl饱和溶液） 问题：单液电池→双液电池改进的目的是什么	思考回答：明确各部分的功能。 双液电池可以真正实现氧化反应与还原反应在不同的区域内进行，避免了氧化剂与还原剂直接接触造成的物质损失和能量损失，为原电池持续、稳定地产生电流创造了必要的条件	巩固原电池的思维模型，深化理解
原电池模型的应用（第3课时）			
教学环节	**教师活动**	**学生活动**	**设计意图**
环节一 应用模型 设计电池	资料：1800年伏打电堆正式诞生。 1836年丹尼尔电池正式出现。 1839年第一节氢氧燃料电池在历史的舞台上拉开帷幕。 任务1：$2H_2 + O_2 \xlongequal{} 2H_2O$ 是一个自发的氧化还原反应，请根据此反应，应用模型设计氢氧燃料电池。 问题1.1：请画出电池的简易装置图	画出装置图。 设计电池装置的一般思路： 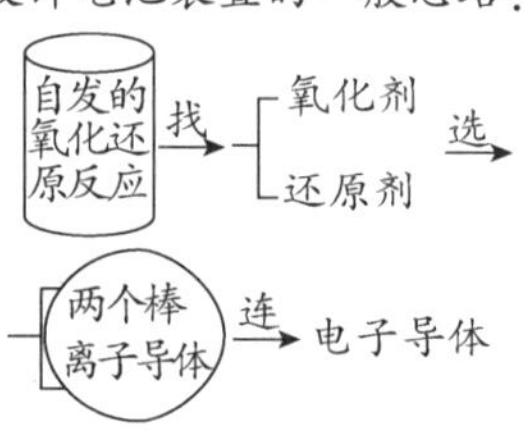 拆分氧化还原反应	应用模型解决实际问题

续表

原电池模型的应用（第3课时）			
教学环节	**教师活动**	**学生活动**	**设计意图**
环节一 应用模型 设计电池	问题1.2：说出你的设计思路。 追问1.1：我们使用什么做电极材料呢？ 追问1.2：能不能直接用H_2、O_2分别做负极和正极材料？ 追问1.3：那采用什么材料？ 追问1.4：还缺少哪些要素？ 追问1.5：谁可以作为离子导体？ 过渡：你设计的电池能否成功供电？ 演示实验：一分钟电解水实验，用电解水产生的气体，验证氢氧燃料电池 	先从自发的氧化还原反应中找到氧化剂和还原剂，然后选择合理的两个棒和离子导体，最后连接电子导体。在这些步骤中关键的环节是选两个棒和离子导体。 固体电极，电子导体。 不能，气体不易充当电极材料，无法充当得失电子的场所。 金属电极或石墨电极。 电子导体、离子导体。 酸、碱、盐等电解质溶液，甚至熔融盐。 观察现象，电扇转了一秒就停下来了，但是氢气和氧气均还有较多的剩余	核心是让学生领会电池模型并尝试应用原电池构成四要素进行装置设计，呈现装置图
环节二 改进电池	问题：为什么在不缺少电池构成要素的情况下，有氢气、氧气剩余但无电流产生了？ 任务2：改进电池。 资料：燃料电池的电极要求既不能在工作中参加反应被消耗掉又要有相当的活性，即要有催化作用，降低反应发生的条件，提高反应速率，使反应能顺利进行。目前，Pt是燃料电池中被普遍使用的电极催化材料。 演示：改进后的氢氧燃料电池	反应停止了。 阅读资料，改进电极材料，观察，过了一段时间后右侧的电扇不转了，但是右侧的蜂鸣器还能响。 思考交流： 根据$I=U/R$可知，提高电势差和减小内阻。 改变离子导体。 减小氢离子浓度或氧离子浓度。 可以从电压产生的本质——平衡移动的角度思考提高电压。 将离子导体中的酸换为中性盐溶液、碱溶液，甚至是其他消耗氢离子的碳酸盐等	让学生领会电池模型的应用，综合解释或解决复杂的化学问题，发展学生证据推理、宏观辨识与微观探析的化学学科核心素养

原电池模型的应用（第 3 课时）			
教学环节	**教师活动**	**学生活动**	**设计意图**
环节二 改进电池	 追问 2.1：如何获得较高的电压、更强的电流？ 追问 2.2：如何增大电压？ 追问 2.3：采取哪些措施？ 追问 2.4：哪种改变能够获得更高的电压？为什么？ 追问 2.5：如何减小内阻？ 资料：介绍固体电解质。展示学生提出的改进后的常见燃料电池装置图。 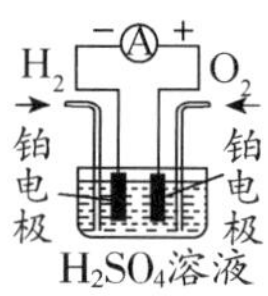 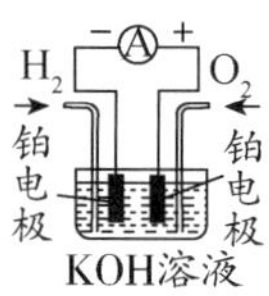 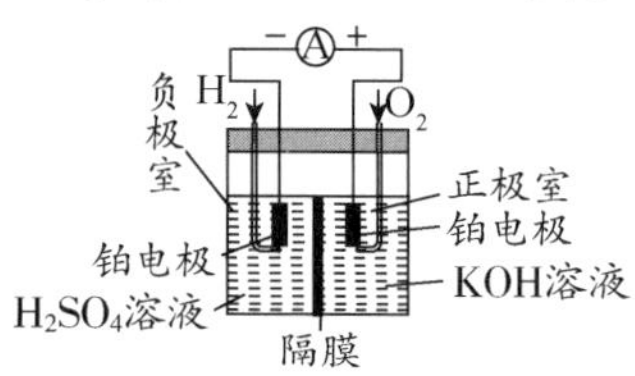 追问 2.6：请写出正确的电极反应式。如何正确书写电极反应式？ 过渡：1839 年，英国威廉·格罗夫在一次试验中意外发现了燃料电池的发电原理；但当时因为电极材料的问题，这项发明未受重视。 1959 年，英国法兰西斯·汤玛士·培根制作出一个 5 kW 的燃料电池组，能够推动高耗能电器，使这项技术得以走出实验室。 追问 2.7：经历了上述氢氧燃料电池的改进，仅仅只是改变了离子导体，那能否改变电极反应物呢？ 展示：展示我国首创的铝—空气—海水电池。 追问 2.8：你能解释钢铁腐蚀的原因了吗	电极反应都有可逆性，负极氢气失电子变成氢离子也是可逆的，氢氧根离子消耗氢离子，使得平衡右移，氢气失电子能力增强，电压增大，电流强度也会增大，所以碱性的好。 还有双液电池，负极和正极的离子导体分别是氢氧化钠和硫酸，学生考虑到了双动力会更好。 增大离子浓度，换为熔融碳酸盐。 体会成功的喜悦。 书写电极反应式。 结合电极反应式的书写总结： 自发的氧化还原反应→分析化合价变化，找出得失电子的数量，判断出电极反应物和电极产物→关注介质环境→物质的稳定存在形式→配平。 倾听。 可应用甲烷、甲醇等代替氢气，甚至有学生提出可以用活泼金属代替氢气。 还可以更换不同的金属，铁在空气中不能燃烧，这是由于氧气的浓度小，使得氧气的氧化性弱，而溶液中溶解的氧气的浓度更小，氧化性应该会更弱，所以学生初步分析负极产物应该是亚铁离子	科学史融入理科教材，不仅可以展示知识发生的动态过程，还能把科学家探究过程中所运用到的观察与实验、推理与建模等研究方法展示出来。这样不仅让学生了解科学的结论和蕴含在结论背后的思维方法，还能使其感受到旧理论的局限性和新理论的发展性。与此同时，还能给学生展现出科学家进行科学探究的思维历程，有助于学生领悟问题的解决方法，也使学生认识到多样化的科学方法能产生丰富的科学成果。 应用模型分析解决问题的思路方法，解释生活中的现象——金属的腐蚀

续表

<table>
<tr><th colspan="4">原电池模型的应用（第 3 课时）</th></tr>
<tr><th>教学环节</th><th>教师活动</th><th>学生活动</th><th>设计意图</th></tr>
<tr>
<td>环节三
解释电池</td>
<td>任务 3：解释电池：
生活中我们应用最多的是碱性锌锰电池，这是它的剖面图。
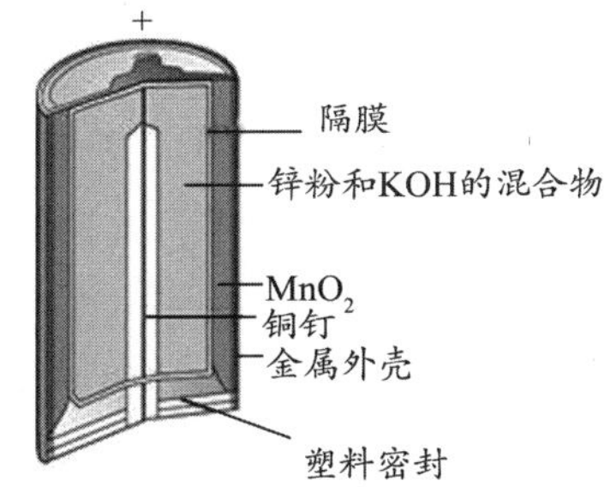

已知碱性锌锰电池的总反应方程式为 $Zn + 2MnO_2 + 2H_2O = 2MnO(OH) + Zn(OH)_2$，请结合模型交流讨论各组成的作用。
<table><tr><th>组成</th><th>作用</th></tr><tr><td>MnO_2</td><td></td></tr><tr><td>Zn 粉</td><td></td></tr><tr><td>糊状 KOH</td><td></td></tr><tr><td>隔膜</td><td></td></tr><tr><td>铜针</td><td></td></tr><tr><td>金属外壳</td><td></td></tr></table>讲解提问：真实电池和原电池还是有很大差异的。
问题 3.1：我们都认为用锌棒，但是它用的是锌粉，有什么好处吗？
问题 3.2：是糊状 KOH 不是溶液，为什么？
问题 3.3：隔膜有什么优势？
拓展提问：通过比对发现我们设计的电池还远远不能满足真实的需要，还需要更多方面的优化。你认为适合你需要的电池应该具备哪些特点呢
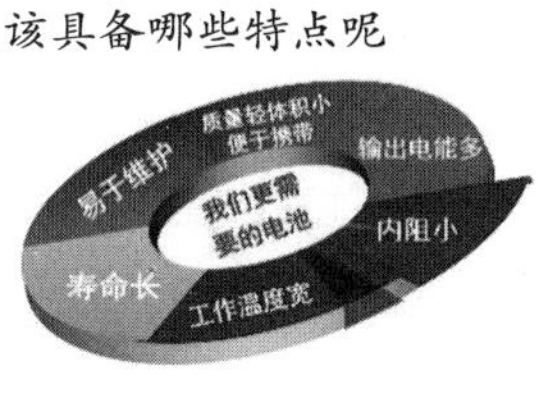
</td>
<td>观察碱性锌锰电池实物及剖面图。
小组代表阐述各组成的作用。
正极反应物、得电子场所。
负极反应物、失电子场所。
离子导体。
隔离正负极，相当于盐桥。
电子导体、负极集电体。
与顶帽一起做正极集电体
锌粉多，表面积大，电流大、放电时间长，所以“一节顶六节用”。
而不是“聚能环”的神奇作用，那小小塑料片只是隔开正负极的绝缘体而已。
容易包裹定型。
隔离正负极，相当于盐桥，盐桥在真实电池中已经演变为膜了，可以减小内阻，两个烧杯变成一个圆筒。
各抒己见。
质量轻、体积小、便于携带而且输出电能多，工作温度宽、寿命长、易于维护等</td>
<td>解释说明的能力。
理论联系生活的能力。
内心里把真实的电池放到模型中来，寻找匹配的负极材料、正极材料、离子导体、电子导体。把生活中抽象复杂的电池与理论对应上。学生觉得学了有用，学了能解释实际的问题。
体会电池模型与真实电池的差距。
让电池更实用，更符合大家的需求。
对比设想你作为一个电池使用者，你希望电池的未来什么样</td>
</tr>
</table>

续表

原电池模型的应用（第3课时）			
教学环节	教师活动	学生活动	设计意图
环节四 理解两极与电压、电流的关系	视频：观看特斯拉电池的拆解视频。 提问：好了，同学们，通过刚才的视频，我们思考一下，为了获取更高的电压和更强的电流，以及提高续航能力，特斯拉电池在哪些方面做了改进？ 你觉得电压与两极活泼性有怎样的关系？ 追问：为什么要卷那么多层？为什么要卷得尽量紧密？ 此前特斯拉电池研究合作伙伴表示，他们计划提前四年实现让特斯拉产品续航翻倍的目标。研究小组现在的研究重点是如何延长电池续航能力，找出充电和放电过程中电池性能衰减的原因，预测电池寿命	通过改变负极反应物增大了电压；通过使用量的改变提高了放电的持久性，增强了续航能力，延长续航里程；通过卷得紧密减小内阻，获得更大电流	学生通过分析实际问题，提高分析、推理、解决问题的能力

板书设计

第1课时　单液电池

原电池认识模型——自发的氧化还原反应

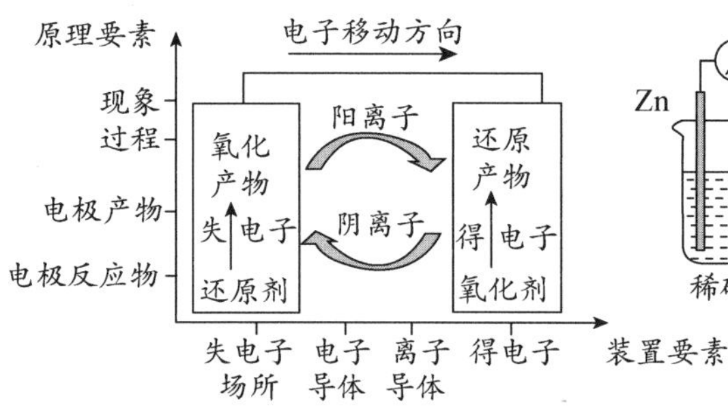

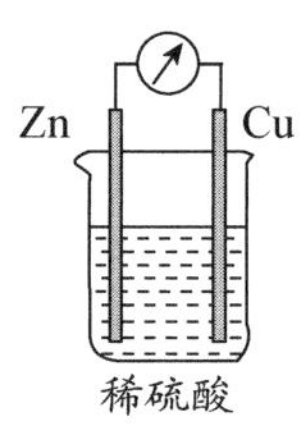

负极：$Zn-2e^-=\!=Zn^{2+}$氧化反应
正极：$2H^++2e^-=\!=H_2\uparrow$还原反应
电池总反应：$Zn+2H^+=\!=Zn^{2+}+H_2\uparrow$

锌片：失电子场所（负极材料）、负极反应物
铜片：得电子场所（正极材料）
稀硫酸：离子导体、正极反应物
导线：电子导体

第2课时　双液电池

原电池认识模型——自发的氧化还原反应

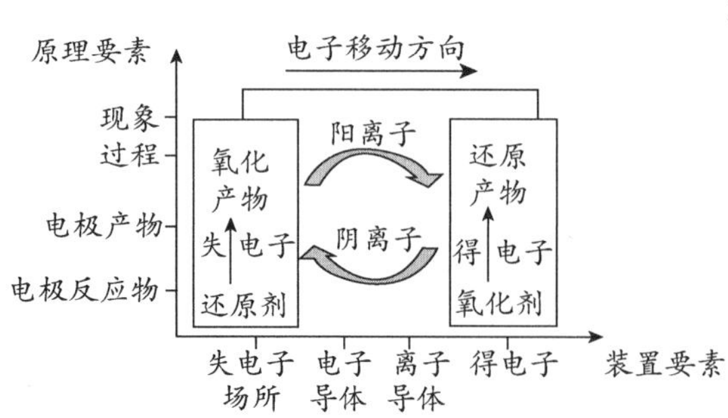

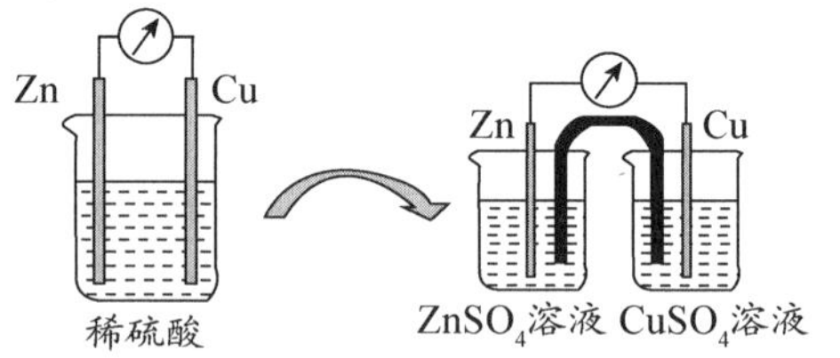

锌片：失电子场所（负极材料）、负极反应物
铜片：得电子场所（正极材料）
硫酸铜溶液：离子导体、正极反应物
导线：电子导体
盐桥：离子导体

续表

板书设计
第 3 课时　原电池模型的应用 原电池认识模型——自发的氧化还原反应

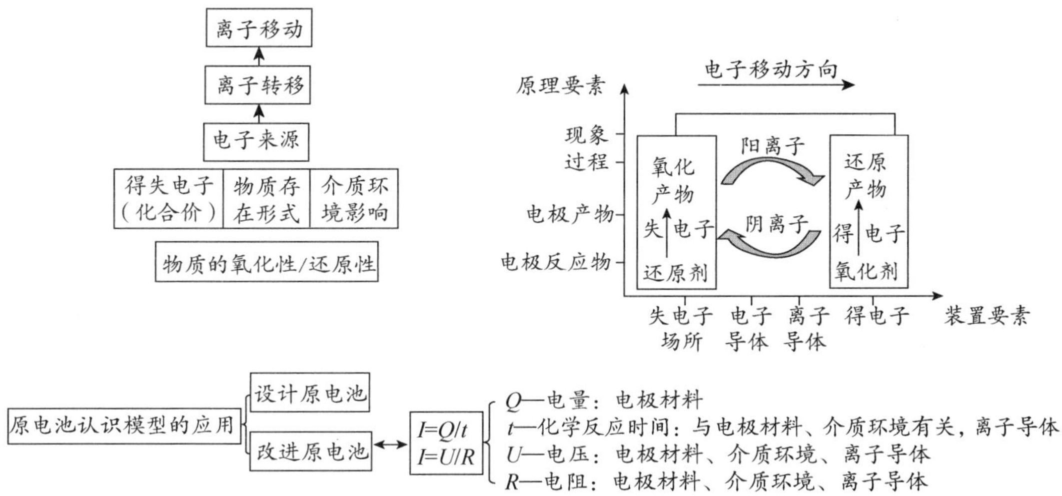

六、大概念统摄下的单元整体教学设计评价

（一）单元整体教学设计特色说明

1. 大概念统摄下的单元整体教学有利于学生深层次的学习与发展

由于学科大概念是指学科内具体知识背后的更为本质、更为核心的概念或思想。因此在进行教学设计时，更加注重核心概念在学生头脑中逐步深入发展，不仅关注学生的先前经验与迷思概念，还考虑到通过核心大概念发展路径有效促进学生迷思概念的转变。在进行教学设计时引导学生对核心概念的理解循序渐进、由浅入深，围绕核心概念组织知识有助于学生形成良好的认知结构，促进学生对概念原理达到深层次理解水平。与此同时，也帮助学生对核心概念形成整体系统的认识，有利于发展学生的学科核心素养或基本观念。

2. 大概念统摄下的单元整体教学有利于教师整体把握教学

基于学科大概念确定核心任务。从具体的学习内容出发，挖掘学习内容背后本质的思想和方法（大概念），是构建单元核心任务的关键。基于核心大概念的单元整体教学有助于教师对学生学习核心概念的整体把握，对概念之间的关系和脉络有清晰的认识，有利于教师对教学内容深度和广度的把握。教学过程就是一步步地分解目标、达成子目标，最终实现教学目标的过程，因此，基于核心大概念的单元整体教学有利于教师在学习进阶的基础上预设教学目标，目标层层递进，选择某些教学素材达到目标。基于核心大概念的学习进阶能促使教师关注学生对核心概念的理解发展，关注学生在达成目标的过程中思维、认知方式、心理发展所经历的多个中间水平，这就有利于教师展开形成性评价，对学生学习进行前测、后测，了解学生学习过程中概念理解水平的精细变化。

3. 大概念统摄下的单元整体教学对于教学评价具有导向作用

在单元整体教学设计时，教师更加关注学习进阶理论，学习进阶理论指学生学习过程遵循特定的发展路径，虽然每个学生学习路径并不完全一致，但是存在绝大多数学生发展的关键台阶、典型路径，所以该理论提供了一种用来评价学生对核心概念理解由简单到复杂、由浅入深的精致化发展的模型。学生学习进阶在各个成就水平上表现外显，详细具体描述了学科核心概念、大概念理解的关键点，概念的整体发展能够将课程目标细化、具体化、系统化，在教学评价中真正落实课标要求，为开发与设置教学中的形成性评价、学段终结性评价项目提供了明晰的参考依据，使得二者之间的关系更加紧密。

（二）单元整体教学设计教学反思

本单元整体教学设计在教学中关注了学习进阶理论和化学学科核心素养的水平划分，以化学史为载体，在分析比较各种电池优缺点的过程中，激发学生探究的欲望，调动学生学习的积极性，感悟任何新事物或新物质必定是人类社会发展到一定阶段时的产物，在一定程度上体现了“按需设计”的科学发展理念。

1. 将科学史融入教学重现科学的发展过程，有助于科学本质的理解

根据学生当前的认知水平和简约化教学原则，将知识产生的真实背景、研究过程或者科学家的研究方法有选择地再现在学生面前，让学生充分感受前人的智慧能力、思维轨迹以及科学的艰难探索历程。

将科学史融入理科教材，不仅可以展示知识发生的动态过程，还能把科学家探究过程中所运用到的直觉与想象、猜测与假说、观察与实验、推理与建模等研究方法展示出来。这样不仅能让学生了解科学的结论和蕴含在结论背后的思维方法，还能使其感受到旧理论的局限性和新理论的发展性。与此同时，它还能给学生展现出科学家进行科学探究的思维历程，有助于学生领悟问题的解决方法，也使学生认识到多样化的科学方法能产生丰富的科学成果。

2. 通过科学史教学让学生体会模型的建构过程，给学生形成一个容易操作的规则

模型的建构注重科学思维的训练，教给学生思考的方法和解决问题的策略。通过培养学生的建模能力，提高学生对化学模型的认识和理解能力以及学生利用化学模型解决化学问题的能力，提升学生的化学学科核心素养。按学习进阶的思路研究学生的化学建模能力，使得学生建模能力的发展从起点处层层上升，最终达到目标水平。

3. 大概念统摄下的单元整体教学关注到电化学部分学生的层级发展

高中电化学学习进阶水平一：理解氧化还原反应的本质——从宏观化合价升降、微观电子转移（电子得失或共用电子偏移）角度理解氧化还原反应的本质。水平二：基于氧化

还原反应，从宏观能量转化角度认识原电池装置——通过对 Zn| 稀 H_2SO_4| Cu 单液原电池的学习，从宏观能量转化角度认识原电池，了解原电池装置的基本构成要素，认识原电池模型。水平三：认识半电池装置，从微观粒子反应角度理解原电池、电解池模型，用符号表征电极反应——通过两个半电池组成的铜锌双液原电池的学习，从微观粒子角度理解各类电池的工作原理，写出相应的电极反应式，理解双液原电池模型；通过对电解氯化铜溶液的学习，了解电解池的阴阳极特点，理解其工作原理；通过对氯碱工业、电镀、电解精炼铜、电冶金的学习，进一步了解电解原理在工业生产中的应用。水平四：微观理解金属的电化学腐蚀与防护，设计双液原电池、电解池——用原电池、电解池模型分析燃料电池、析氢腐蚀、吸氧腐蚀，正确书写电极反应式。根据自发进行的氧化还原反应设计双液原电池，根据电极产物确定电解池。水平五：建构原电池、电解系统认识模型，在三个表征水平之间灵活转换——原理维度以氧化还原反应为基础，包括电极反应物、电极产物，同时包含反应现象；装置维度包括得失电子场所（正负极或阴阳极材料）、电子导体（导线）、离子导体（电解质溶液或盐桥、离子交换膜），建构电化学系统认识模型，能够在三个表征水平之间灵活转换。水平六：自主运用原电池、电解池模型对陌生情境复杂装置进行迁移创新——原电池、电解原理内容逐渐走向综合化，注重电化学原理与其他板块知识间的综合考查，注重联系电化学原理在化学工艺、科技、生活中的应用，突出了理论联系实际的考核理念。通过对这些层级发展的学习整理，使我在教学设计中从只关注具体知识点的碎片化教学转变为关注学生知识结构化、认识思路结构化的教学。因此，如何以大概念为统领把握知识点的本质联系，并基于学生认识发展的递进性来开展单元教学，应是值得我们一直探索的问题。

案例3 “酚、醛和酚醛树脂”单元整体教学设计[①]

一、大概念统摄下的单元整体教学分析

（一）单元整体教学主题确定

《有机化学基础》模块的学习需要引导学生建立“组成、结构决定性质”的基本观念，形成基于官能团、化学键与反应类型认识有机化合物的一般思路，了解测定有机化合物结构、探究性质、设计合成路线的相关知识，发展化学学科核心素养。学生当下学习有机化学知识主要存在以下问题：获取信息和加工信息的能力不足，无法在短时间内将物质结构、性质和用途形成统一的整体，对有机物性质探索过程缺乏实验思维和探究意识，在解决问题的过程中无法快速地将知识和问题形成关联。本单元整体设计以“结构决定性质，性质决定用途”这一大概念为统领，基于官能团的结构特点和基团之间的相互影响呈现有机物的化学性质。为了帮助学生形成“结构决定性质，性质决定用途”的大概念思维，我们精心选择了“以苯酚、醛为核心的性质及用途探究”的案例，变换教学顺序，设计了高二有机化学“酚、醛和酚醛树脂”单元整体教学新授课，这样可以使学生的学习过程由浅入深，形成一个相互支撑、内容丰富的认知构架，促进学生以结构化的、连贯递进的方式思考问题。

（二）单元整体教学内容分析

1. 在教材中的地位和作用

在学科大概念引领下的教学是一个不断拓展和深入的过程。烃的含氧衍生物是有机化合物中的重要内容。从物质转化的视角来看，酚、醛在官能团的转化和有机合成中占有核心地位，是有机合成的“中转站”；从对有机物性质的认识层级来看，本节内容之前学习了卤代烃和醇，之后为羧酸和酯，对于官能团的认识是循序渐进的，从单原子到双原子再到多原子团，对于卤代烃和醇中的官能团重在分析键的极性、相邻基团的互相影响，再到醛的官能团，则需要关注不饱和键、极性键、基团之间的相互影响，最后落实到酚醛树脂的反应机理上。

因此本节内容基于化学键水平分析结构的角度更加丰富和完整，既能够巩固前面建立

---

① 本案例为北京教育学院王春老师负责的北京市中学化学特级教师工作室安金利老师研究案例。

的有机物性质的分析思路和方法，也为后面学习羧酸、酯的性质奠定基础。因此，本节内容是学生形成“结构决定性质、性质决定用途”核心观念的重要一环。

2. 在教学中的功能和价值

本单元教学设计采用跨章节的设计能够让学生深入体会“结构决定性质、性质决定用途”的学科思想，从中获得更有普遍意义的大概念，并将抽象概括获得的大概念指导或运用于解决具体问题。通过本单元的学习，一方面使学生学会从官能团角度对物质进行分类，把握知识间的本质联系和纵横关系，形成系统化、结构化的知识体系；再从化学键视角分析结构，基于化学键的极性和断、成键分析认识有机化合物的性质和反应，学会预测有机化合物化学性质的方法，让学生形成基于官能团、化学键与反应类型认识有机化合物的一般思路。另一方面，与酚和醛相比，酚醛树脂中含有醛基和酚羟基两种官能团，同时酚羟基对苯环的影响，使得树脂的性质变得复杂，这样的结构特征使酚醛树脂有着更为丰富的物理、化学和生物学性质。因此通过对物质化学性质、结构等探究，进一步理解科学探究的意义，提高探究能力，培养学生终身学习的愿望和能力。

（三）单元整体教学学情分析

1. 学生已有知识与能力

在人教版《化学》必修第二册中，学生对醇羟基、醛基官能团有了简单的认识，同时已对乙醇、乙醛和乙酸的分子结构和相互转化有了初步的认识。在《有机化学基础》中已经通过苯的同系物和卤代烃、醇的学习，对烃和部分烃的含氧衍生物的转化关系及基团之间的相互影响有了初步了解，并知晓每种官能团所具有的性质，但还没有形成完整的有机化合物知识体系。对于常见代表物在生产、生活中的实际用途知之甚少，没有将理论联系实际。

2. 学生学习障碍点

初中和高中必修部分以结合生活、面向社会的常识性知识和典型代表物性质与应用为主，各类有机物的结构、性质与应用的知识较浅显，缺乏系统性。对有机物结构决定性质的理解及灵活应用不够，不能主动从结构角度认识、分析有机物的性质，对醛类物质的氧化反应原理分析存在障碍。

3. 学生学习发展点

学会应用含羟基和醛基的有机物的结构及化学性质。让学生的认识水平从代表物到官能团，再提升到基于化学键水平，形成完整的结构分析模型和性质预测模型，形成分析有机物的一般思路。从化学视角系统认识酚、醛和酚醛树脂的组成、结构特点和主要化学性质，认识酚、醛类和酚醛树脂的组成和性质特点，通过它们的探究实验，理解科学探究的意义，学习科学探究的基本方法，培养科学探究的初步能力。

二、大概念统摄下的单元整体知识结构图

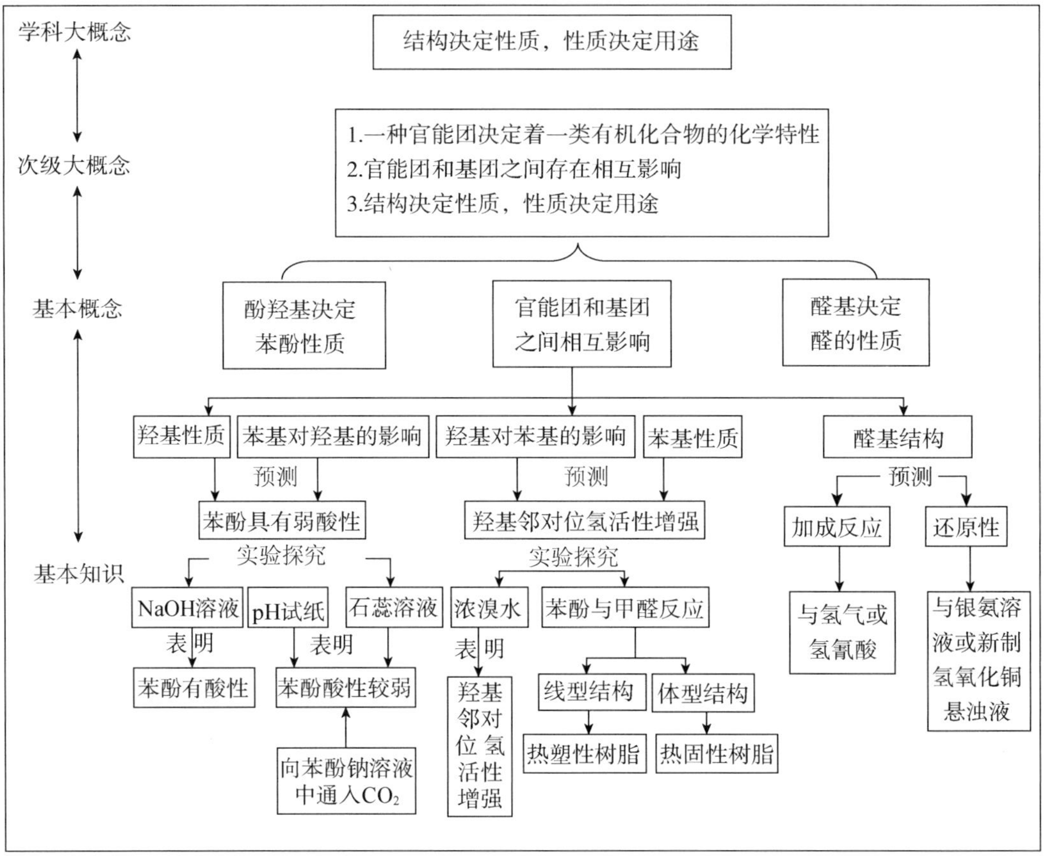

三、大概念统摄下的单元整体教学目标设计

（一）教学目标

（1）从结构角度辨识醇与酚，结合苯酚的结构和实验认识其主要化学性质，形成“分子中基团之间相互影响会导致性质发生改变”的观念。

（2）从官能团和化学键可能的断键位置预测乙醛的化学性质，并能在结构分析和实验事实的基础上书写相关反应的化学方程式，强化“结构决定性质”的观念。

（3）通过乙醇、乙醛和乙酸之间的相互转化，加深对有机反应中氧化反应和还原反应和理解，初步构建烃的含氧衍生物间的转化关系。

（4）能结合分子结构特点，运用类比迁移的方法预测其他醛类物质的主要性质。

（5）通过不同条件下合成酚醛树脂的实验探究，进一步体会“化学反应是可以控制的”和“条件不同产物不同”等化学观念，在实验中直观感受微观线型结构与网状结构对材料宏观性质的影响。

（6）巩固和完善“结构、性质、应用”的认识思路。

（二）评价目标

（1）通过除去皮肤上苯酚、解释“虎门销烟”的方法评价学生对苯酚性质的理解和应用。

（2）通过预测苯酚的化学性质评价学生对于甲苯中基团之间相互影响的理解和应用。

（3）通过预测乙醛的化学性质评价学生对于烯烃中不饱和键具有的性质的理解，与氢氰酸的加成评价学生对于加成反应的理解和应用。

（4）通过学生自主学习甲醛的化学性质来评价学生类比迁移的学习能力。

（5）通过阅读材料评价学生获取有效信息的能力。

四、大概念统摄下的单元教学整体规划流程图

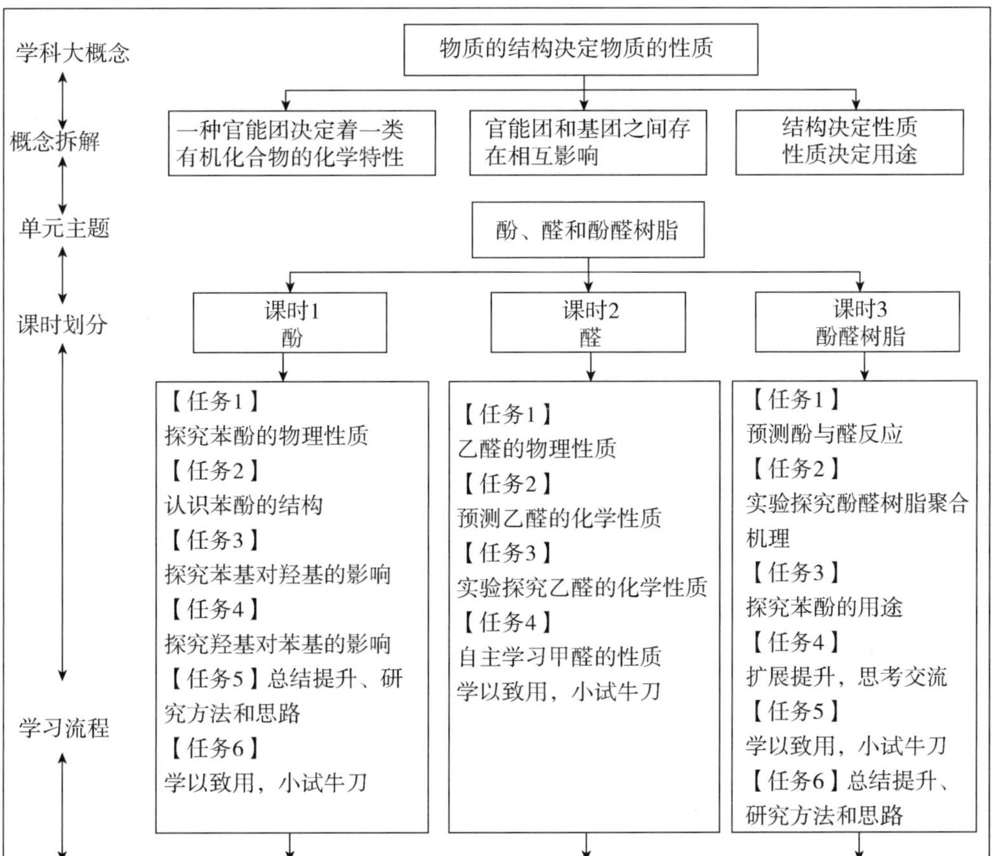

能力素养	形成分析有机物性质的一般思路和方法，“分析结构→预测性质→实验验证”。建立认识有机物性质和反应的发展层级结构角度	应用有机物性质和反应的发展层级结构，预测和分析有机物性质“分析结构→预测性质→实验验证”发展化学学科核心素养	体会研究有机物性质的方法，形成对这类物质化学性质的初步认识。建立完整的科学探究的一般步骤和方法，发展学生科学探究与创新意识的化学学科核心素养

五、大概念统摄下的单元整体教学流程

“酚、醛和酚醛树脂”单元整体教学流程（第1课时）			
教学环节	教师活动	学生活动	设计意图
新课 引入	问题：观察吗啡的分子结构，确定哪些位置是酚的一部分。 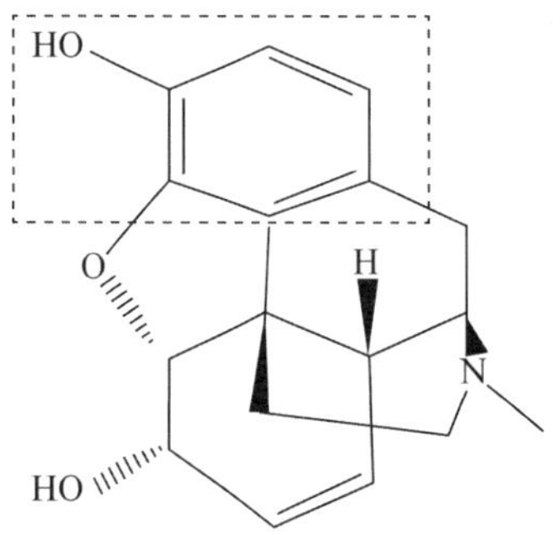 罂粟花的乳汁中就含有吗啡。“虎门销烟”采用什么方法？用熟石灰销毁	归纳醇和酚分类的依据： 1. 醇是羟基与烃基或苯环侧链相连形成的化合物； 2. 酚是羟基与苯环直接相连而形成的化合物	创设真实历史情境，记住屈辱历史，激起学生爱国情怀。践行“科学态度与社会责任”素养。激发学生学习兴趣，引出教学主题
环节一 探究苯酚 的物理 性质	一、苯酚的物理性质： 展示：苯酚和变质的苯酚   指导学生完成： 1. 取少量苯酚于试管中，大家观察色、态后加入2 mL蒸馏水，振荡； 2. 取实验1后的试管于酒精灯上加热后冷却； 3. 取少量苯酚于试管中加入2 mL乙醇，振荡	仔细观察苯酚的外观、形态。 在教师的指导下，完成实验。 总结苯酚的物理性质及保存方法。 【实验后回答问题】皮肤上不慎沾上苯酚，如何处理？选择用65 ℃以上热水清洗还是用酒精擦拭	通过观察培养学生学习兴趣，增强学生的概括总结能力和应用所学解决实际问题的能力

<table>
<tr><th colspan="4">“酚、醛和酚醛树脂”单元整体教学流程（第 1 课时）</th></tr>
<tr><th>教学环节</th><th>教师活动</th><th>学生活动</th><th>设计意图</th></tr>
<tr><td>环节二
认识苯酚的结构</td><td>二、苯酚的结构：
1. 分子式：C_6H_6O
2. 结构简式：C_6H_5OH 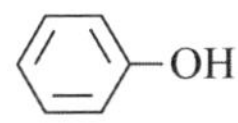
3. 球棍模型和比例模型：
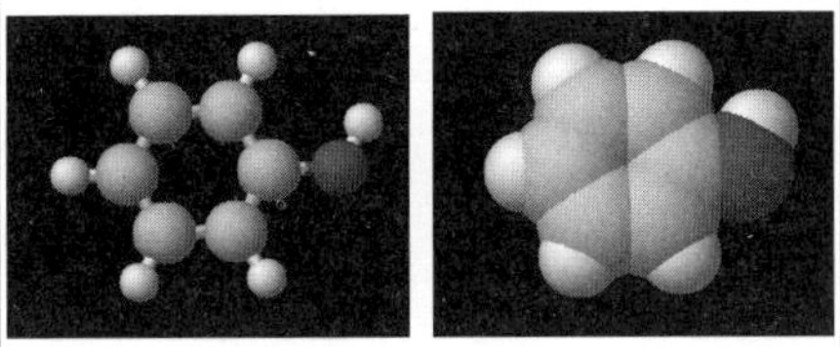
教师根据学生汇报的结果引导学生删去一些理论上不可能发生的反应</td><td>自主完成、仔细观察。
以小组为单位基于苯和乙醇的化学性质预测苯酚中苯环和羟基的性质。
羟基：与钠反应；与乙酸的酯化反应；与氢溴酸的取代反应；消去反应×；催化氧化×；……
苯环：与溴的取代反应；与硝酸的取代反应；与氢气的加成反应；……</td><td>通过小组活动集思广益，加深对苯酚结构和性质的认识。锻炼学生逻辑推理能力和强化“结构决定性质”的观念，提高学生证据推理与模型认知的化学学科核心素养</td></tr>
<tr><td>环节三
探究苯基对羟基的影响</td><td>三、苯酚的化学性质：
预测：引导学生思考苯酚中苯基对羟基的影响，预测苯酚具有酸性。
实验探究：
<table><tr><th></th><th>实验操作</th><th>现象</th></tr><tr><td>1</td><td>用 pH 试纸测定溶液 pH</td><td>6</td></tr><tr><td>2</td><td>向苯酚浊液中滴加紫色石蕊试液</td><td>不变色</td></tr><tr><td>3</td><td>向苯酚浊液中滴加 NaOH 溶液</td><td>浑浊→澄清</td></tr><tr><td>4</td><td>向苯酚钠清液中滴加稀 HCl</td><td>澄清→浑浊</td></tr><tr><td>5</td><td>向苯酚钠清液中通入 CO_2 气体</td><td>澄清→浑浊</td></tr></table>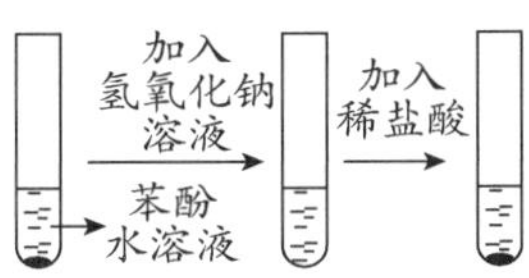</td><td>类比曾经学过的甲苯当中苯基对甲基的影响，联想苯酚中苯基对羟基的影响，推测氧氢键极性增强，变得容易断裂，而容易电离出 H^+，预测苯酚具有酸性。

实验探究、观察现象，分析现象、得出结论。

写出化学方程式。

解释“虎门销烟”为什么用熟石灰销毁鸦片</td><td>引导学生重新从化学键断裂和生成的角度认识旧有的知识，不仅降低了学习难度，还能够提升学生的思维水平，引导学生学习分析化学反应的本质。
体会研究有机物性质的起点是关注有机物的结构、官能团、化学键的极性</td></tr>
</table>

续表

<table>
<tr><th colspan="4">“酚、醛和酚醛树脂”单元整体教学流程（第 1 课时）</th></tr>
<tr><th>教学环节</th><th>教师活动</th><th>学生活动</th><th>设计意图</th></tr>
<tr><td>环节三
探究苯基对羟基的影响</td><td>分析现象、得出结论：
苯酚的酸性很弱，比碳酸还要弱。
符号表征：
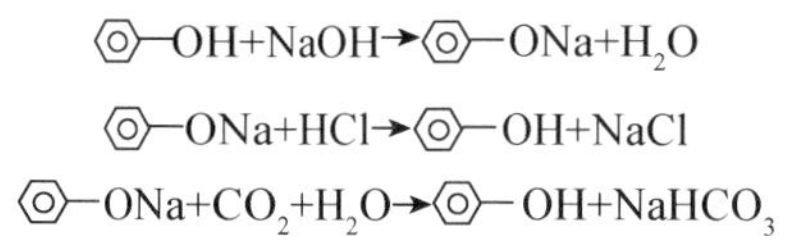</td><td></td><td></td></tr>
<tr><td>环节四
探究羟基对苯基的影响</td><td>预测：引导学生思考苯酚中羟基对苯基的影响，预测可能会增强苯基上邻、对位 H 的反应活性，易发生取代反应。
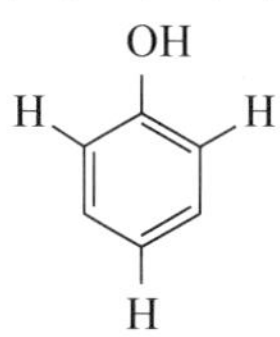
实验探究：分别将等量的浓溴水加入到等量的苯溶液和苯酚溶液中，前者分层，后者出现白色沉淀
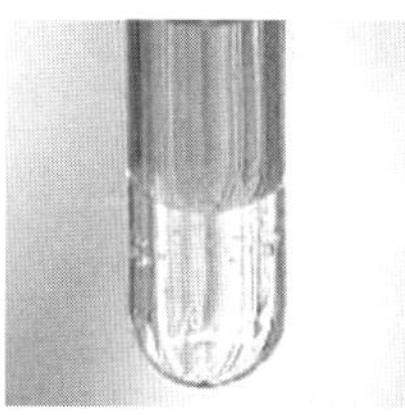 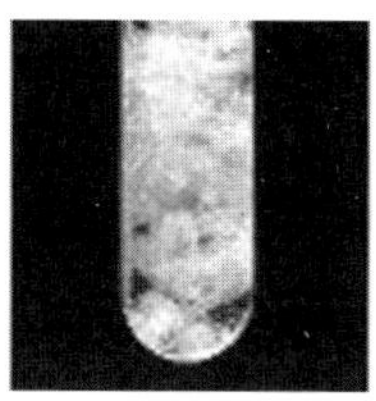
分析现象、得出结论：
<table>
<tr><td colspan="2">物质</td><td>苯</td><td>苯酚</td></tr>
<tr><td colspan="2">结构简式</td><td></td><td></td></tr>
<tr><td rowspan="5">溴代反应</td><td>溴的状态</td><td>液溴</td><td>浓溴水</td></tr>
<tr><td>条件</td><td>有催化剂</td><td>无催化剂</td></tr>
<tr><td>产物</td><td>一元取代</td><td>三元取代</td></tr>
<tr><td>原因</td><td colspan="2">苯酚与溴的取代反应比苯易进行</td></tr>
<tr><td>结论</td><td colspan="2">羟基使苯环上邻、对位的 H 活性增强</td></tr>
</table></td><td>类比甲苯中甲基对苯基的影响，预测可能会增强苯基上邻、对位 H 的反应活性

观察现象、对比、得出结论，填写表格。</td><td>具有证据意识，能基于证据对物质组成、结构及其变化提出可能的假设，通过分析推理加以证实或证伪；建立观点、结论和证据之间的逻辑关系</td></tr>
</table>

续表

“酚、醛和酚醛树脂”单元整体教学流程（第1课时）			
教学环节	**教师活动**	**学生活动**	**设计意图**
环节四 探究羟基对苯基的影响	符号表征： 取代反应： 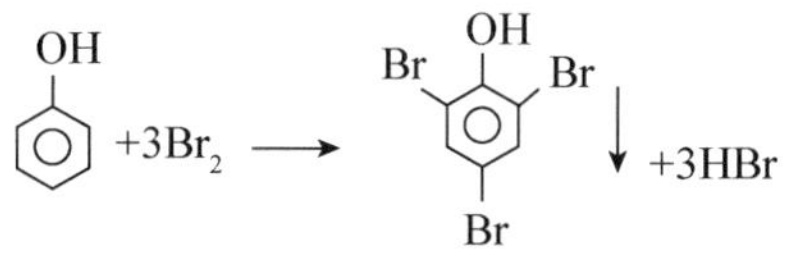 应用：定性和定量检验苯酚。 显色反应： 向苯酚溶液中滴加 $FeCl_3$ 溶液，显紫色。用于检验苯酚的存在	对比苯与液溴反应和苯酚与浓溴水反应的反应物的状态、条件和产物的差别，证明羟基会增强苯环上邻、对位 H 的反应活性。 完成化学方程式	本环节通过已知甲苯中甲基对苯基影响的知识预测苯酚中羟基对苯基的影响，并通过实验提供证据，提高了学生的证据推理意识和逻辑能力。形成“设计实验、观察现象、获取证据、分析推理、得出结论”的探究模型
环节五 总结提升、研究方法和思路	小结：本节课苯酚性质的研究方法 分析结构→预测性质→实验验证 对“结构决定性质”的再认识 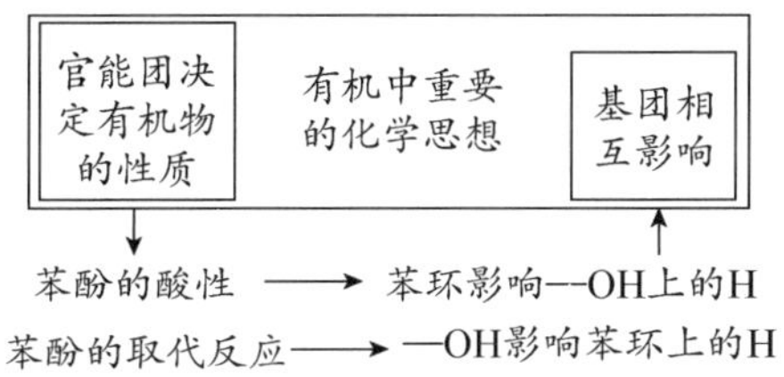	体会：从化学键角度更深刻和本质地认识“结构与性质”的重要关系，体会实验研究有机物性质的一般方法	形成研究有机物化学性质的一般方法。 “结构决定性质”中对结构认识的发展进阶
环节六 学以致用小试牛刀	1. 只用一试种剂把下列四种无色溶液鉴别开：苯酚、乙醇、NaOH、KSCN，现象分别怎样？ 2. 设计实验：分离苯与苯酚的混合物		

续表

“酚、醛和酚醛树脂”单元整体教学流程（第2课时）			
教学环节	**教师活动**	**学生活动**	**设计意图**
新课引入	展示材料：认识常见的醛，并观察其结构。  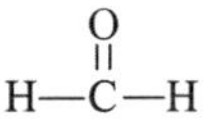 甲醛  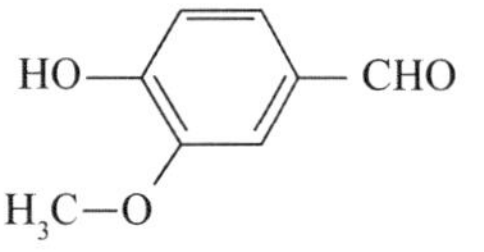 香草醛  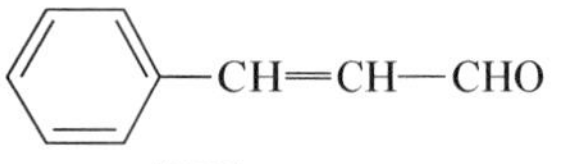 肉桂醛 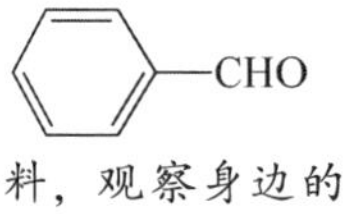 苯甲醛 阅读资料，观察身边的化学物质的结构特点，醛的官能团是什么	阅读资料，了解醛在生活中的应用，观察结构并进行分析与归纳。 在醛的分子中，羰基碳原子分别与氢原子和烃基（或氢原子）相连。醛的官能团是醛基（$-\overset{\overset{O}{\|}}{C}-H$ 或—CHO）	创设问题情境，让学生感受到化学就在我们身边。激发学生探究未知的欲望
环节一 乙醛的物理性质	展示乙醛： 一、乙醛的物理物质： 引导学生观察。 阅读教材相关内容	总结乙醛的物理性质	通过观察培养学生学习兴趣，增强学生的概括总结能力和应用所学解决实际问题的能力

续表

<table>
<tr><th colspan="4">“酚、醛和酚醛树脂”单元整体教学流程（第 2 课时）</th></tr>
<tr><th>教学环节</th><th>教学内容及教师活动</th><th>学生活动</th><th>设计意图</th></tr>
<tr><td>环节二
预测乙醛的化学性质</td><td>认识乙醛的结构：
二、乙醛的结构：
1. 分子式：C_2H_4O
2. 核磁共振氢谱图：
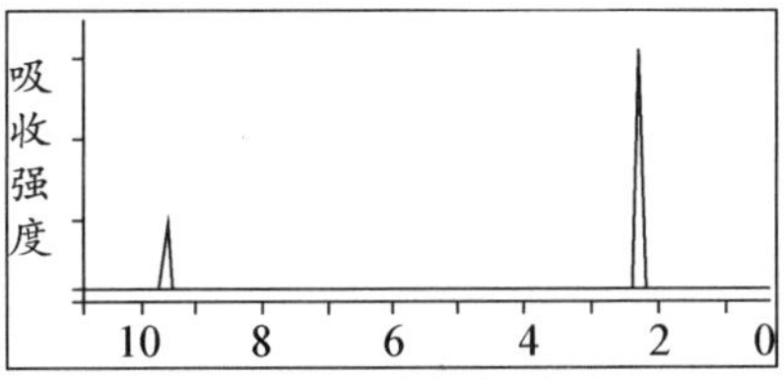

乙醛的核磁共振氢谱图
3. 结构简式：$H_3C-\overset{\overset{\large O}{\|}}{C}-H$或 CH_3CHO
4. 球棍模型：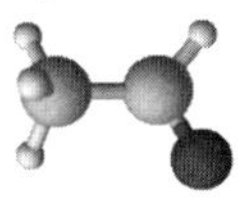
预测：
根据乙醛的结构特点，利用你所掌握的有机化合物结构与性质间关系的知识，预测乙醛可能具有的化学性质。
联想：烯烃中有 C═C，能发生加成反应，醛基中的 C═O 是否能加成呢？
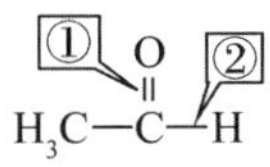

<table><tr><th>断键位置</th><th>反应类型</th><th>所需试剂</th><th>反应产物</th></tr><tr><td></td><td></td><td></td><td></td></tr><tr><td></td><td></td><td></td><td></td></tr></table></td><td>自己归纳总结。
联想：烯烃中有 C═C，是不饱和键，能发生加成反应，醛基中的 C═O 可能发生加成反应，在①处加成。
必修二已知：
$H_3C-\overset{\overset{\large O}{\|}}{C}-H \xrightarrow{氧化} H_3C-\overset{\overset{\large O}{\|}}{C}-OH$
因此在②处氧化</td><td>通过小组活动集思广益，加深对苯酚结构和性质的认识。锻炼学生逻辑推理能力和强化“结构决定性质”的观点，提高学生证据推理和模型认知化学核心素养</td></tr>
<tr><td>环节三
实验探究乙醛的化学性质</td><td>②处断键：
教师引导学生寻找证据，提出：乙醛具有还原性。
乙醇在人体内主要的代谢过程：
乙醇$\xrightarrow[肝脏]{氧化}$乙醛$\xrightarrow{氧化}$乙酸 - - -► CO_2、H_2O
教师展示工业制羧酸的原理。
设计实验：证明乙醛具有还原性。
分组实验探究 1：强氧化剂：
酸性高锰酸钾溶液　溴水</td><td>从乙醇在人体内的转化过程获得证据，证明乙醛具有还原性</td><td>激发学生兴趣，培养学生实验能力；
从强氧化剂到弱氧化剂，发展思维的缜密性和角度的全面性；培养用实验进行证据推理的素养</td></tr>
</table>

“酚、醛和酚醛树脂”单元整体教学流程（第2课时）			
教学环节	教师活动	学生活动	设计意图
环节三 实验探究 乙醛的化 学性质	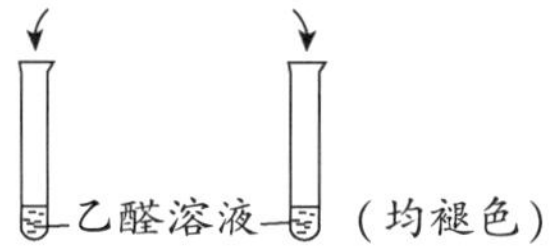 弱氧化剂：1. 银氨溶液；2. 新制氢氧化铜 分组实验探究2：银镜反应： 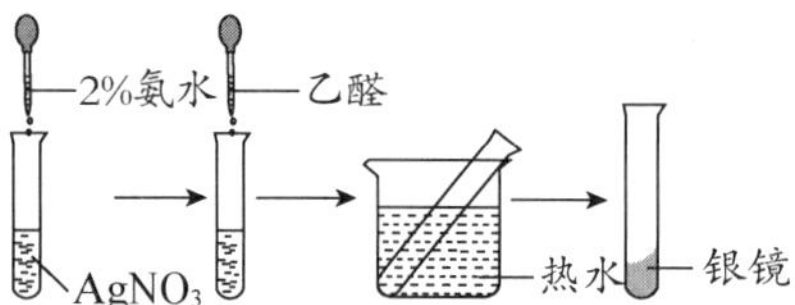 乙醛的银镜反应 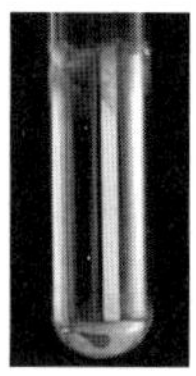 与新制氢氧化铜反应 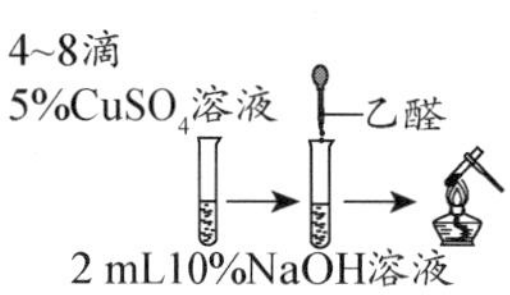  结论：醛基具有还原性。 符号表征： $CH_3CHO+2[Ag(NH_3)_2]OH \xrightarrow{\triangle}$ （银氨溶液） $CH_3COONH_4+2Ag\downarrow+3NH_3+H_2O$ $CH_3CHO+2Cu(OH)_2+NaOH \xrightarrow{\triangle}$ $CH_3COONa+Cu_2O\downarrow+3H_2O$ 总结：1. 应用：用于检验醛基的存在 类比乙烯：在①处发生加成反应 2. 加成反应：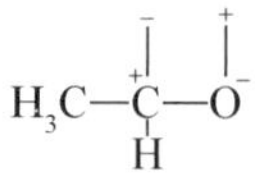 $CH_3CHO+H_2 \xrightarrow[\triangle]{催化剂} CH_3CH_2OH$ 总结：有机化学中氧化反应和还原反应。 氧化反应：加氧或去氢；	选择氧化剂：酸性高锰酸钾溶液、溴水。 分组进行实验探究。 得出结论：醛基具有还原性。 书写化学方程式	

续表

“酚、醛和酚醛树脂”单元整体教学流程（第 2 课时）			
教学环节	**教师活动**	**学生活动**	**设计意图**
环节三 实验探究 乙醛的化 学性质	还原反应：加氢或去氧。 扩展提升： CH_3CHO 与 HCN 加成产物为 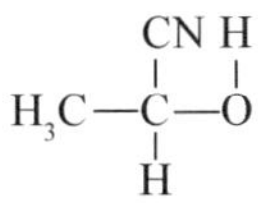	类比乙烯加成反应预测： 1. 醛基加成反应产物； 2. 通过 C—O 键极性确定加成产物。 领会有机化学中的氧化反应与还原反应	
环节四 学以致用， 小试牛刀	自主学习：甲醛的性质 已知柠檬醛的结构简式为 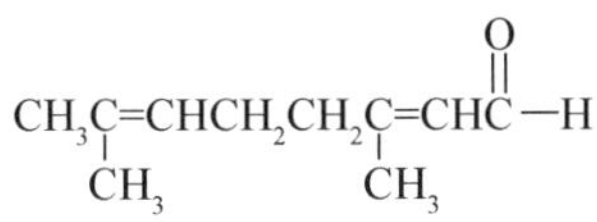 若要检验出其中的碳碳双键，其方法是________________	自主学习甲醛的性质，并尝试书写相关的化学方程式	

“酚、醛和酚醛树脂”单元整体教学流程（第 3 课时）			
教学环节	**教师活动**	**学生活动**	**设计意图**
新课引入	 飞船返回舱 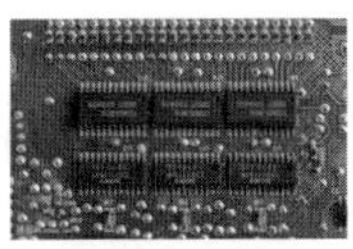 集成电路板  刀具  烹饪器具  游戏手柄	感受酚醛树脂的重要用途	从酚醛树脂制品引入，了解到酚醛树脂的重要用途，创设真实的情境。激发学生探究的欲望，并引出本节课的主题
环节一 预测酚与 醛反应	酚醛树脂是由酚类与醛类物质在酸或碱的催化下相互缩合而成的高分子化合物。 预测： 1. 从醛基和苯酚的性质出发，预测二者可能发生什么反应？ 2. 加成反应中断键与成键的位置，碳氧双键与加成物均不对称，可以通过键的极性来确定加成产物。以甲醛（最简单的醛）和苯酚（最简单的酚）为例进行预测和分析。加成反应的产物可能有哪些？ 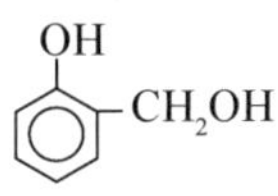 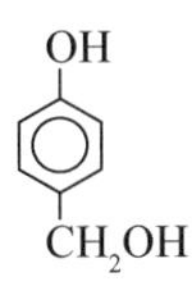	小组讨论： 1. 由醛基和苯酚的性质来预测可能发生加成反应。 2. 加成反应中断键与成键的位置，醛基中的碳氧双键和苯酚中羟基邻、对位上的 C—H 断键。 3. 由键的极性判断加成反应的产物有哪些可能性	通过小组活动可以集思广益，激发学生兴趣，加深对苯酚及甲醛结构和性质的认识。引导学生从苯酚的结构及醛基预测可能的反应是为了锻炼学生逻辑推理能力和强化“结构决定性质”的观念，提高学生证据推理与模型认知的化学学科核心素养

续表

<table>
<tr><th colspan="4">“酚、醛和酚醛树脂”单元整体教学流程（第 3 课时）</th></tr>
<tr><th>教学环节</th><th>教师活动</th><th>学生活动</th><th>设计意图</th></tr>
<tr>
<td>环节二
实验探究
酚醛树脂
聚合机理</td>
<td>学生实验：
在试管中加入 2 g 苯酚，3 mL 质量分数为 40% 的甲醛溶液和 3 滴浓盐酸，在沸水浴中加热。当试管中反应物接近沸腾时，从沸水浴中取出试管并用玻璃棒搅拌反应物，生成不溶于水的黄白色沉淀。
相关有机物的物性参数如表（摘自 Acros organics）
<table>
<tr><th>分子式</th><th>结构式</th><th>颜色</th><th>状态</th><th>熔点/℃</th><th>溶解度</th></tr>
<tr><td>$C_7H_8O_2$</td><td>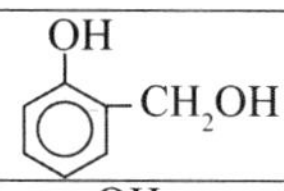</td><td>米色</td><td>固态</td><td>83 ~ 87</td><td>可溶于水</td></tr>
<tr><td>$C_7H_8O_2$</td><td>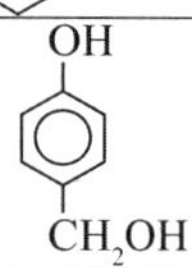</td><td>粉色</td><td>固态</td><td>110 ~ 112</td><td>可溶于水</td></tr>
<tr><td>$C_8H_{10}O_3$</td><td>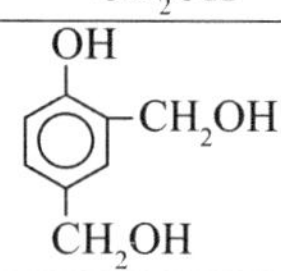</td><td>粉色</td><td>固态</td><td>178 ~ 180</td><td>可溶于水</td></tr>
<tr><td>$(C_7H_8O_2)_n$</td><td>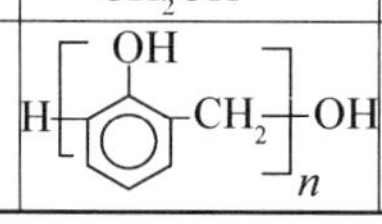</td><td>黄色</td><td>固态</td><td>500 ~ 600</td><td>不溶于水</td></tr>
</table>
假如聚合物是表中的聚邻羟甲基苯酚，请结合以下信息以小组为单位推测聚邻羟甲基苯酚的形成过程。
结论：通过表中各物质的溶解度推测最终生成的可能是聚合物。
信息：
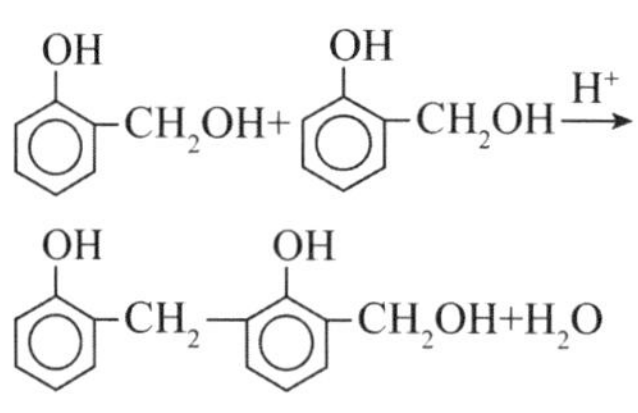
推测聚邻羟甲基苯酚的形成过程。
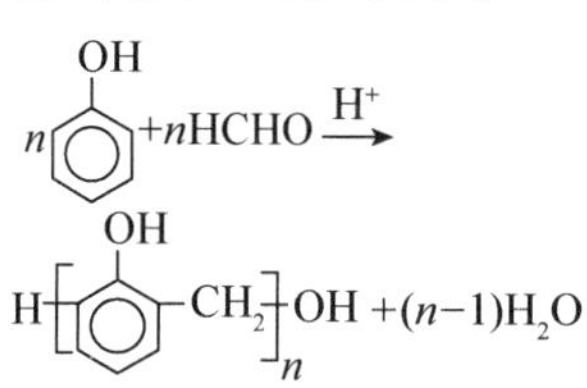</td>
<td>按要求进行实验。

应用数据确定产物。
整理聚合物形成过程。
1. 苯酚和甲醛通过加成反应形成邻羟甲基苯酚。
2. 多个邻羟甲基苯酚分子间脱水形成一个长链化合物，即聚邻羟甲基苯酚</td>
<td>化学学科核心素养需要学生具备证据意识。由学生自己根据已知信息提出可能性问题并设计实验方案进行实验操作，依据实验现象和已有的信息，做出合理的理论推测，从而锻炼学生的实验能力，培养勤于实践、善于合作、敢于质疑、勇于创新的精神</td>
</tr>
</table>

续表

“酚、醛和酚醛树脂”单元整体教学流程（第 3 课时）			
教学环节	**教学内容及教师活动**	**学生活动**	**设计意图**
环节三 探究苯酚的用途	阅读材料：酚醛树脂通常指由苯酚和甲醛作用而得的液态或固态产品。根据所用原料的类型、酚与醛的配比、催化剂的类型的不同，可制得链状结构的热塑性和网状结构的热固性两类不同的树脂。热塑性酚醛树酯受热时熔化并能溶于乙醇和丙酮，可以做黏合剂。而热固性树脂受热后不能软化或熔融，也不能溶于乙醇和丙酮。常用作绝缘、隔热、难燃、隔音器材和复合材料。 引导学生：设计探究实验确定树脂的类型。 思考：为什么热塑性树脂比热固性树脂稳定性弱一些？ 因为热塑性树脂是链状结构，而热固性树脂是网状结构，结构决定性质，性质决定用途	阅读材料。 利用材料中的信息，设计探究实验，通过实验判定刚才实验制得的聚合物是热塑性树脂还是热固性树脂。 从结构分析其稳定性的差异，体现“结构决定性质、性质决定用途”的化学学科思想	培养学生能从宏观和微观相结合的视角分析与解决实际问题。本环节从酚醛树脂的用途出发反观其性质，又通过性质深入理解物质的结构，提高学生宏微结合的能力
环节四 扩展提升，思考交流	思考与交流：尿素是蛋白质的代谢产物，随人体尿液排出体外。尿素中氮原子上的氢原子可以像苯环上的氢原子那样与甲醛发生加成反应，并可缩聚成线型和网状结构的脲醛树脂。脲醛树脂可做木材的黏合剂、制作食用器具。请写出脲醛树脂的线型结构式	小组合作讨论。 应用所学解决问题： $H\!\left[HN-\overset{\displaystyle O}{\overset{\|}{C}}-NH-CH_2\right]_n\!OH$	

续表

“酚、醛和酚醛树脂”单元整体教学流程（第3课时）			
教学环节	**教师活动**	**学生活动**	**设计意图**
环节五 学以致用， 小试牛刀	1. 糠醛树脂的结构简式： 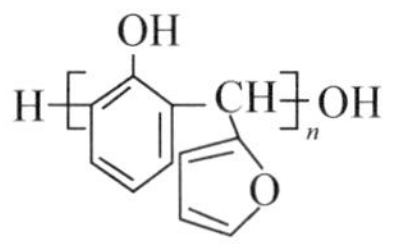 请写出制备该树脂的化学方程式。 2. 用于合成树脂的四溴双酚 F、药物透过性材料高分子化合物 PCL 路线如下（节选）。 B $\xrightarrow{HCHO}$ Y $\xrightarrow{溴水}$ $C_{13}H_8Br_4O_2$ （四溴双酚F） （为解题方便，直接给出 B 为苯酚）有机物 Y 的苯环上只有 2 种不同化学环境的氢原子。 ① 由 B 生成 Y 的反应方程式是____________________________。 ② 由 Y 生成四溴双酚 F 的反应方程式是__________________________。 ③ 在相同条件下，由 B 转化成四溴双酚 F 的过程中有副产物生成，该副产物是四溴双酚 F 的同分异构体，其结构简式可能是________	小组合作讨论。 应用所学解决问题	评价学生对合成酚醛树脂机理的理解和应用
环节六 总结提升、研究方法和思路	认识有机物的学习方法： 分析结构→预测性质→实验验证		

六、大概念统摄下的单元整体教学设计评价

（一）单元整体教学设计特色说明

1. 尝试将无机元素化合物的学习方法向有机化学进行迁移

无机元素化合物学习的认知模型：（1）观察外观。认识物质的物理性质。（2）预测性质。从物质类别与价态两个视角预测物质的化学性质。（3）设计探究方案。设计合理且可操作的实验方案。（4）实验和观察。充分应用类比对照、变量控制等方法，进行实验探究，仔细观察实验现象。（5）解释和结论。对实验现象进行分析、综合、推理，获取证据

并对预测或假设进行证实或证伪并做出新的预测，概括得出正确的结论，或者是归纳出物质的通性及特性。(6) 符号表征。写出化学方程式或离子方程式。按照此模型进行迁移，可以从官能团及基团之间的相互影响来预测有机物可能具有的化学性质并进行探究，以此来增强学生的探究意识，培养科学探究与创新能力。

2. 凸显化学学科的四种关键能力

在酚醛树脂的制备和用途探索环节培养了学生信息获取与加工能力；在苯酚性质的探究环节锻炼了学生的证据识别与推理能力；在合成酚醛树脂的原理探究环节加强了学生模型构建与认知能力；在对推测证实或证伪的过程中提高了学生的实验操作与探究能力。

（二）单元整体教学设计教学反思

1. 概念和案例相结合，有助于加深对抽象概念的理解

理论学习和概念理解是一个抽象的过程，将“结构决定性质，性质决定用途”的大概念和“苯酚性质探究”的小案例结合，能够帮助学生在真实的情境下理解概念和运用概念。本节课中苯基对羟基的影响和苯酚弱酸性的实验探究相结合；羟基对苯基的影响和苯酚与溴水反应的实验相结合；酚醛树脂的结构和用途相结合都把大概念融入到真实情境中，可以大大提升学生对概念的理解，增强学生感性体验，使学生学会系统思考，自然也有利于答题准确率的提高。

2. 实验假设和实验现象的冲突，增强学生的探究能力和证据意识

证据推理与模型认知和科学探究与创新意识是学生需要具备的两大化学学科核心素养。学生能够依据目的设计并优化实验方案，完成实验操作，得到实验结论，和同学交流实验探究的成果，提出进一步探究或改进的思想。在苯酚与甲醛反应的环节中，当实验现象与学生推测冲突时，学生通过查阅文献又提出新的假设再设计实验方案证实假设，从而建立观点、结论和证据之间的逻辑关系，尊重事实和证据，养成独立思考、敢于质疑和勇于创新的精神。同时让学生形成“猜测有依据、实验要证据、结论有根据”的化学学科思维模式。

3. 把握好理论思考和实验操作的关系

理论思考是实验操作的前提，实验操作是理论思考显性化的过程。本节课中每个学生实验都是由学生对苯酚的结构进行深入分析，做出合理的推测，然后再去设计实验、动手操作。没有经过思考的实验只能是没有目的地胡乱操作，实验过程容易“走马观花”，填好数据，草草结束，这样不仅没有提升实验思维，还会浪费时间和药品。

第六章
素养为本的线上线下混合式教学设计

第一节　素养为本的线上线下混合式初中化学教学设计

案例 1　“实验室制取氧气”线上线下混合式教学设计①

一、教学问题起点及创新点

化学是一门以实验为基础的自然科学。实验是学习化学、提高“化学实验认识能力”、学习进阶以及落实并培养学生化学学科核心素养的重要内容和途径。学生对化学实验有浓厚的兴趣，然而教学中由于以下常见问题导致实验课的效果不尽如人意（如表 1）：

表 1　实验教学中的常见问题

教学环节	实验教学问题
课前	学情把握不准
	预习无法监控
课中	实验现象无法固定
	讨论发言无法沉淀
课后	评价反馈不及时
	问题解决不及时

上述教学问题导致教师在实验教学上的各教学环节主导作用比较薄弱，部分原因是无法通过即时反馈来引导教学。基于这一现实问题，在数字时代的背景下，如何将 JiTT 模式应用于化学实验教学中，以弥补现有教学模式中的不足，成为教育工作者值得思考的问题。

① 本案例为深圳市龙岗区教师发展中心倪胜军团队启英学校付绍武老师研究案例。

二、教学模式及学习平台介绍

（一）JiTT 模式的内涵

JiTT 模式（Just-in-Time Teaching），译为“即时反馈适应性教学”“适时教学”或“及时教学”。JiTT 模式起源于 20 世纪末的美国高校本科教学，是由美国航空学院名誉物理学教授 Gregor Novak 及其同事经过实践总结出来的一种教学方法。JiTT 模式是建立在“基于网络的学习任务”（Web-based Study Assignment）和“学习者主动学习课堂”（Active Learner Classroom）二者相互作用基础上的一种新型教与学策略，本质是学生的课外准备和课堂活动组成的反馈循环（Feedback Loop）。因此，提出把传统学习方式与网络化学习结合的混合式学习模式，既体现教师教学过程中引导、监控的主导性，又体现学生作为学习主体的主动性和创造性。

（二）云班课平台简介

云班课是一款基于移动互联网环境、满足教师和学生课堂教学互动与即时反馈需求的移动教学的云服务平台，以教师在云端创建的班群和班课空间为基础，学生在移动终端安装该应用程序后，利用生成的“邀请码”即可加入课程班课。教师不仅可以管理参与班课的每一个学生，还可以为学生提供移动设备终端的课件、视频、音频等资源服务；讨论交流互动及问卷调查等对教师教学行为的反馈评价，可以激发学生学习热情，提高师生、生生间互动的频率与效率，实现即时互动反馈；平台跟踪并记录学生的学习轨迹与学习进度并对学生的学习情况进行自动评价，实现过程性评价和个性化教学，如图 1 所示。

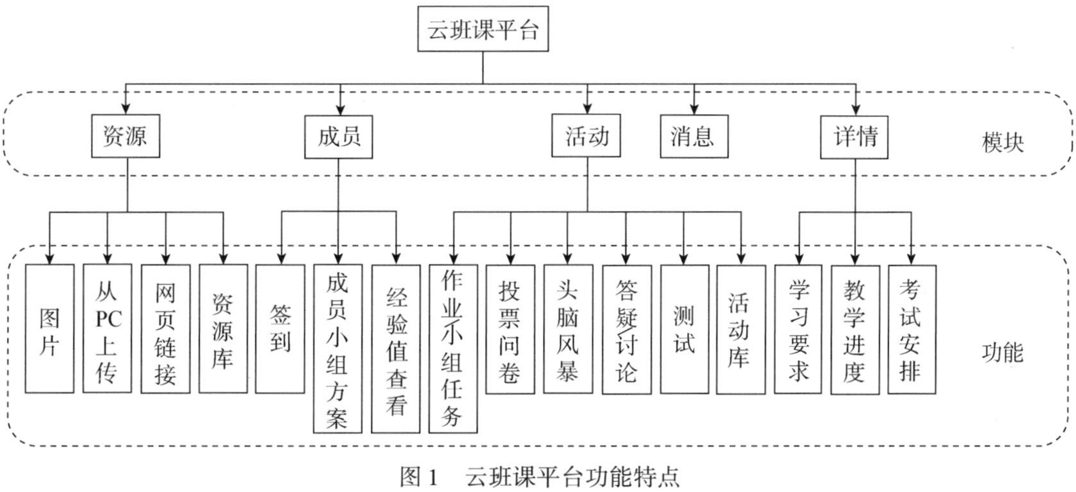

图 1　云班课平台功能特点

三、云班课在初中化学实验教学中的应用案例

（一）教学分析

从内容上看，本课题是人教版九年级《化学》上册第二单元课题 3 的教学内容。第二单元作为教材的一个初步认识化学的篇章，是学生具体地从化学的角度出发，学习和研究有关物质（包括组成、性质、用途、制法等）的开始。本课题安排在“氧气性质”之后，为学生的进一步学习提供了相关的知识；同时本课题也是初中阶段学生制备常见化学物质的开始，是学生对化学实验基本操作的综合应用，能为今后“物质的制备”奠定基础。因此，本课题在教材中起着承上启下的作用。而从学生角度看，普遍存在“兴趣有余、规范不足”的现象，特别是对实验操作的“关键步骤”、实验现象的“关键画面”把握不够，且科学地分析问题的素养也有待提升。结合上述两部分，进一步说明在实验教学中“即时反馈”的必要性。

（二）教学目标

（1）理解并能够判断 H_2O_2、MnO_2、$KClO_3$及 $KMnO_4$的性质。

（2）理解实验室制取氧气的原理并能够根据原理选择合适的装置制备氧气。

（3）理解氧气的收集与检验原理并能够利用收集到的氧气检验氧气的性质。

（4）理解并能够分析实验异常现象产生的原因。

（三）教学评一体化流程图

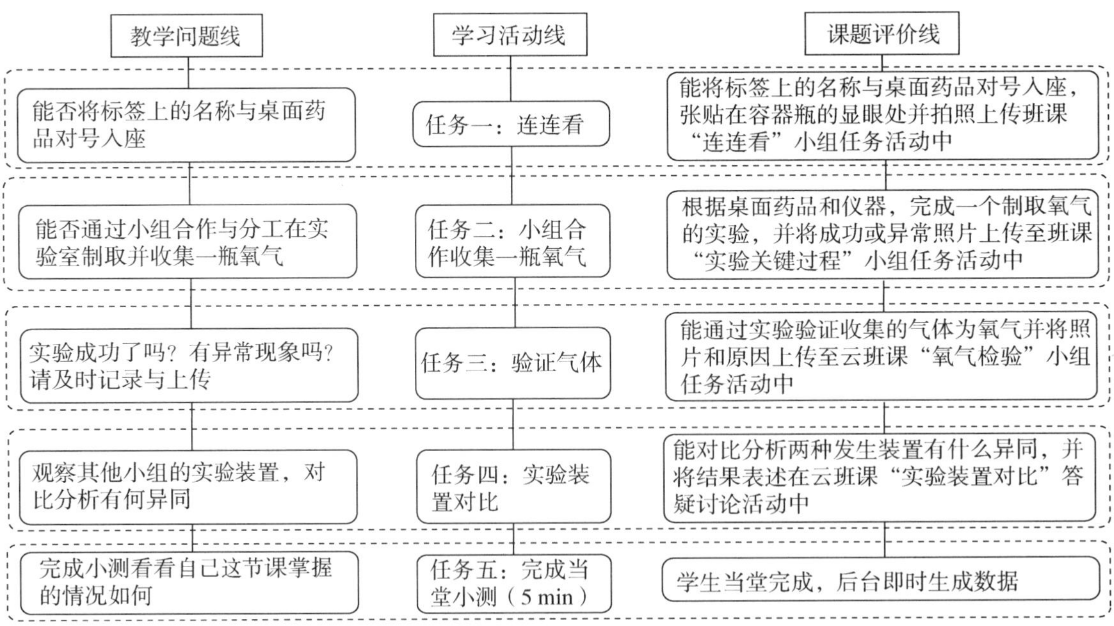

图 2　教学评一体化流程图

（四）教学过程

1. 上传资源并发布任务

课前在云班课的“资源”位置上传与本实验课相关的学习资源并发布学习任务，见表2。

表2　学习资源情况分析表

序号	视频资源名称	资源开发途径	学习要求	视频时长
1	加热高锰酸钾制氧气	网络	必看	2.4 min
2	过氧化氢溶液制氧气	网络		1.6 min
3	催化剂	网络		2 min
4	分解反应	网络		48 s

教师通过平台显示的数据，查看学生学习资源的整体情况（如图3），同时还可查看学生的具体学习情况，并通过“提醒未查看”功能，实时推送消息至指定学生，做到课前学情的精准把握。

图3　学习资源发布及学生查看情况反馈

（设计意图：教师课前将学习资源上传至云班课平台，学生通过移动端线上自主学习，教师通过平台统计的数据精准掌握每个学生的资源查看情况，及时反馈，避免传统教学中预习情况无法把握的弊端）

2. 完成课前“自学测试”

教师课前针对学习资源，创建测试题并发布，学生根据学习任务，先观看学习资源再完成测试题。

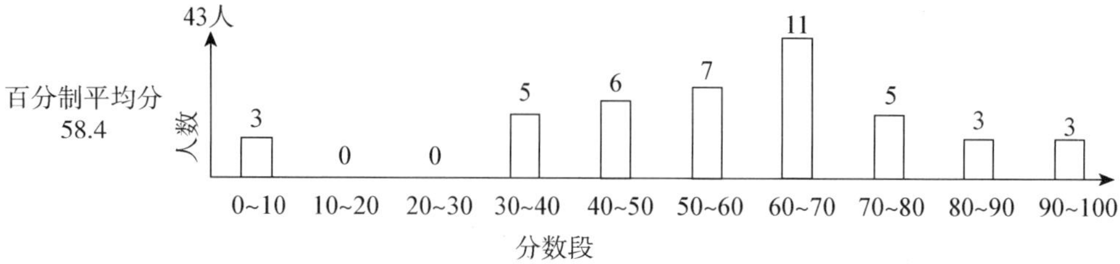

图4 学生完成“前测”情况数据分析与反馈

课前自测主要从“实验室制取氧气”的药品及其性质、实验所需仪器及实验步骤等方面考查学生的自学情况。从平台反馈的数据看（如图4），大部分学生对本节实验课的基础知识掌握尚可，但部分学生仍需加强指导，教师根据反馈的数据及布鲁姆教育目标分类学，调整并制订了本节课的教学目标（如表3）。

表3 根据“前测”数据反馈制订教学目标

知识点	知识维度	认知维度	教的活动	学的活动
H_2O_2，MnO_2，$KClO_3$及$KMnO_4$的性质	A_B具体细节与要素	1.2 回忆	在云班课创建“小组任务一”；准备试剂、对应标签	任务一：连连看。 根据物理性质，将试剂与标签匹配，并拍照上传至云班课小组任务活动
实验室制取氧气	C_A具体学科的技能与算法的知识	2.1 解释 3.1 执行	在云班课创建“小组任务二”；教师巡堂指导，并将实验过程中的关键操作或现象拍照固定	任务二：制备并收集氧气。 小组分工合作，并将实验过程中的关键操作或现象拍照上传至云班课小组任务活动
氧气的检验与收集	C_A具体学科的技能与算法的知识	3.1 执行	在云班课创建“答疑讨论”活动；提问：如何检验氧气，请实验验证并拍照上传	任务三：验证气体。 完成实验、归纳；在“答疑讨论”活动中表达自己观点
实验装置的选择	C_C确定何时使用适当程序的准则知识	2.6 比较 3.2 实施	在云班课创建“答疑讨论”活动；让学生观察两组实验装置，区分异同并说明选择的原因	任务四：实验装置的选择。 对比分析两种发生装置有什么异同？小组用哪种方法收集氧气？利用了什么性质？如何验满？请将结果表述在云班课“装置对比答疑讨论”中
课堂测评	A 事实性知识 C 程序性知识	1 记忆 2 理解 3 应用	根据学情及教学目标编制当堂测试题，在云班课创建“测试”活动，并即时反馈	任务五：完成“当堂测试题”，限时5 min

（设计意图：学情分析是进行教学设计的重要基础，通过学生前测的数据反馈及统计分析，有利于更准确地把握学情，避免了传统教学中往往凭经验或感觉来判断学情的弊端）

3. 课堂重难点突破

（1）任务一：连连看

【学生】请将标签上的名称与桌面药品对号入座，张贴在容器瓶的显眼处，并拍照上传云班课“连连看”小组任务活动中。

图 5　学生将“任务一”匹配结果即时上传并分享

【教师】通过查看云班课对应“小组任务”中各小组上传的照片（如图 5），所有小组对反应物都进行了正确的匹配。

（设计意图：针对学生课前反馈中暴露的问题，设计此环节，加强学生对反应物性质的了解，为下一步实验做准备）

（2）任务二：小组合作收集一瓶氧气

【学生】根据桌面药品和仪器，完成一个制取氧气的实验，并将实验过程中成功或异常情况的照片上传至云班课“实验关键过程”小组任务中。

图 6　某小组上传实验过程中关键现象的照片

【教师】实验结束后，把各小组上传的照片（如图 6）同屏至投影（如图 7），同时请相应小组分享实验成功的过程或者失败的原因。

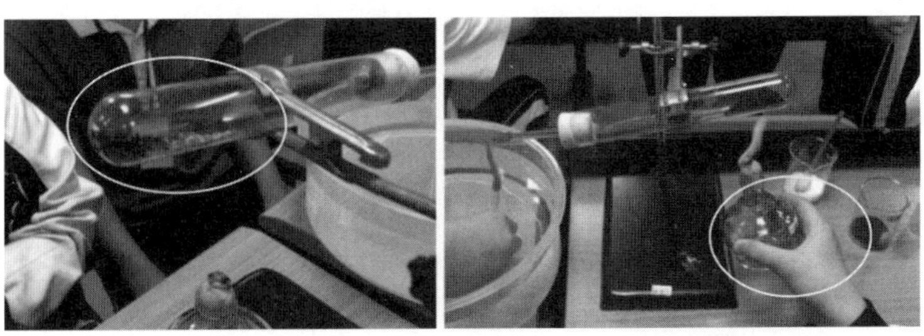

图 7　异常情况举例：药品混合不均匀、手握酒精灯加热

（设计意图：教师通过查看各小组上传的照片，及时掌握实验进度及实验效果，并及时调整教学进度与策略。通过小组分工合作，将反应过程中的关键现象记录下来并上传，在教学上做到即时反馈，智慧共享）

（3）任务三：验证气体

【学生】如何判断你收集的气体为氧气？请用实验证明，并将照片和原因上传至云班课“氧气检验”小组任务活动中。

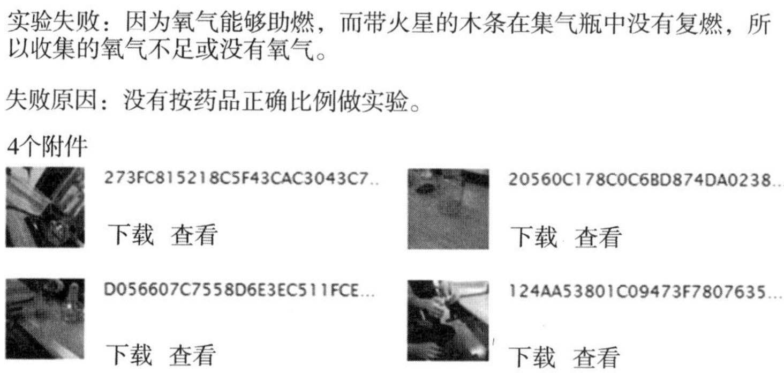

图 8　小组分析实验成功或失败的原因

【教师】通过平台查看各小组拍照记录并即时上传的关键现象（如图 8）。选择有教学价值的照片实时投影，引发思考并组织讨论。

（设计意图：通过小组内及时记录和上传实验的关键现象，避免了因各小组同时进行实验，教师无法兼顾而错过生成有教学价值素材的弊端）

（4）任务四：实验装置的选择

【学生】对比分析两种发生装置有什么异同？哪种更好？小组用哪种方法收集氧气？利用了什么性质？如何验满？请将结果表述在云班课“装置对比答疑讨论”活动中。

【教师】学生在移动端输入对问题的思考并相互交流学习，教师选择有价值的发言进行交流或讨论。

图 9　学生独立思考并用文字表达

（设计意图：每个学生都有对问题的思考进行发言的机会，且发言永久保留下来，相互学习，随时复看。同时，尊重学生个性，充分体现学生的主体作用，避免了传统课堂中学生发言机会少的弊端）

（5）任务五：完成当堂小测（5 min）

教师在云班课的管理端发布限时测试题，学生当堂完成，后台即时生成数据（含整体数据及学生个人数据），如图 10 所示。从数据可以看出，教学效果与课前测试相比，有很大程度的提高，同时教师根据数据反馈进行整体讲解和个别辅导。

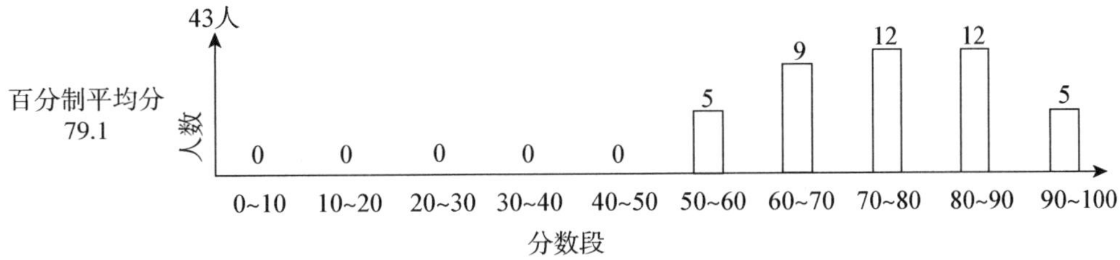

图 10　学生完成“后测”情况数据分析与反馈

（设计意图：通过平台对当堂测试的即时数据统计与分析功能，教师及时了解整体及每个学生的情况，提高教学效能）

四、教学反思

（一）教学反馈更即时

利用云班课将实验过程中的“关键瞬间”记录下来，并及时上传分享，提高了实验教学的有效性。同时，利用云班课将学生的课堂前测和后测的数据实时分析，有利于准确把握学情及对教学结果的评估。

（二）学生参与更主动

根据美国佛罗里达大学的约翰 · M · 凯勒（John M. Keller）教授提出的 ARCS 动机模型，基于云班课的 JiTT 实验教学模式能在以下几个方面激发学生学习动机（如表 4）：

表 4　根据 ARCS 动机模型分析基于云班课的 JiTT 实验教学模式

ARCS 动机模型	激发学习动机的具体表现
A 注意（Attention）	云班课可上传多种类型的学习资源，如图片、课件、视频、音频等，吸引学生注意力，激发好奇心
R 相关性（Relevance）	通过数据即时反馈，准确把握学情，及时调整教学策略，设计基于学生学情的教与学活动
C 信心（Confidence）	通过多种学习活动，如“头脑风暴”“讨论答疑”“测试活动”“作业/小组任务”及“点赞”功能等，加强互动交流学习反馈，让学生体验学习的成功，维护学生的自信

续表

ARCS 动机模型	激发学习动机的具体表现
S 满意 (Satisfaction)	平台记录学生参与学习的每一个“轨迹”，并以“经验值”的形式体现，让学生的努力可积累，维持对成就的积极情绪

（三）过程评价更科学

每个资源学习进度及学习时长、每个活动参与及交互练习完成情况都能全程记录并以经验值的形式呈现出来，一目了然。让实验教学“过程性评价”不再凭“经验”“感觉”或“印象”等没有数据支持的方式呈现，做到过程性评价与终结性评价有机结合。

（四）基于云班课的实验教学策略模型

根据云班课的平台特点、JiTT 教学模式理论，结合初中化学实验教学实践经验，提出基于云班课的化学实验教学策略模型（如图 11）。该模型是一个由师生的课外互动和课内互动组成的反馈循环，显示了云班课在每个实验教学阶段的作用及策略，同时体现了云班课在实验教学中的全过程管理及综合性评价。该教学策略模型虽在实践中取得初步成效，但教学效果评测还没有形成具体数据支持，且能否推广形成一种普适性的教学模式，还有待进一步实践研究。

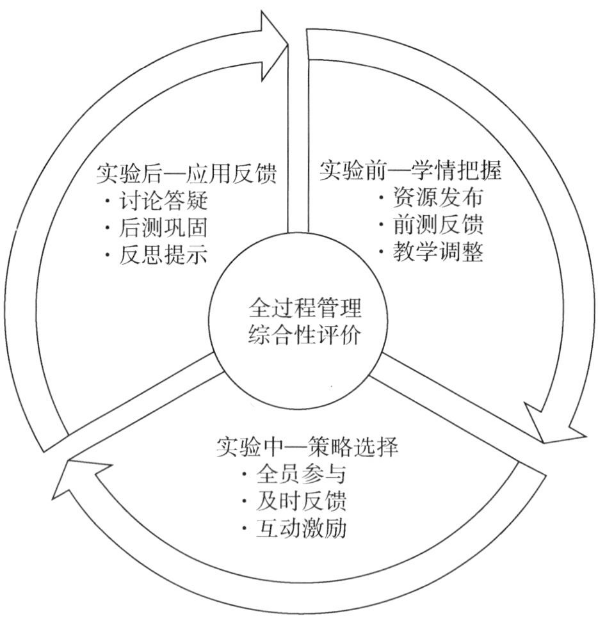

图 11　基于云班课的实验教学策略模型

案例 2 “复分解反应”线上线下混合式教学设计①

一、教学问题起点及创新点

近日，《中国教育现代化 2035》和《加快推进教育现代化实施方案（2018—2022年)》提出大力推进教育信息化，促进信息技术与教育教学深度融合。化学概念是通过对与化学相关的事实进行抽象而成的理性知识，是化学事实本质属性的反映。教学中，由于理论性较强，若只是通过“展示定义，提醒注意”的简单讲解，加上“前概念”的影响，学生往往无法理解化学概念的本质属性。化学概念教学上的问题，部分原因是无法通过即时反馈来引导教学，即对学生课前学情、课中理解、课后巩固情况无法及时掌握，造成教学效果不尽如人意。基于这一问题，在互联网时代背景下，尝试利用云班课将 JiTT 模式应用于化学概念教学中，以期弥补现有概念教学中的不足。

二、JiTT 模式在概念教学中的应用——以“复分解反应”为例

（一）教学分析

内容分析：复分解反应是重要的四种基本化学反应类型之一，同时它也是酸、碱、盐相互反应的核心内容。当溶液中存在的某些离子能互相结合而使其浓度迅速减小，那么离子间的反应就向减小离子浓度的方向进行。本节内容是溶液知识的延伸，因为常见的酸、碱、盐在水溶液中是以离子的形式分散在水中的。本节内容也是对酸、碱、盐之间相互反应知识的有效归纳，学生对其的有效掌握会帮助他们有效提高逻辑思维和推理判断能力。

学生分析：学生已学习酸、碱、盐部分物质的特性及三类物质的通性，对复分解反应有了初步认识，但还无法从更高的宏观角度把握酸、碱、盐之间的反应规律，也无法理解复分解反应的实质，更不清楚复分解反应是电解质在溶液中发生的离子间的互换反应。

（二）教学目标

（1）理解并能够判断常见物质的溶解性。

（2）理解并能够举例常见基本反应类型的化学方程式。

---

① 本案例为深圳市龙岗区教师发展中心倪胜军团队建文外国语学校陈清媚老师研究案例。

（3）理解并能够归纳复分解反应发生的条件。

（4）理解并能够归纳复分解反应的定义。

（5）理解并能够判断给定物质间是否可以发生复分解反应。

（三）混合式教学结构流程

表1　混合式概念教学结构流程

教学阶段	教学环节	教师活动	学生活动	教学方式	平台模块支持
课前		发布学习资源：复分解反应1～5（见表2）	学习资源	线上	资源—上传视频
		发布课前任务：“复分解反应溶解性预习”	完成课前任务	线上	活动—作业
课中	聚焦问题	反馈课前预习“溶解性”的学习情况	在线查看其他同学作业	线上	活动—作业
	激活旧知	摇一摇选人：哪位同学来板演盐酸与氢氧化钠反应的化学方程式？ 提问：它属于哪种基本反应类型	选中的同学板演，其他同学在草稿纸上进行	线上及线下	活动—“摇一摇”选人
	示证新知	提问：观察这个化学方程式，反应物和生成物有什么明显不同？ 思考：复分解反应发生的条件是什么？ 发布测试：复分解反应定义反馈练习。 组织分组实验 $CuSO_4 + NaOH$；$CuSO_4 + BaCl_2$。 提问：如何用最简洁的语言归纳复分解反应发生的条件	思考、交流并回答。 思考，分享。 限时完成测试。 完成实验，并填写实验记录表。 思考，归纳及分享	线下 线上 线上 线下 线上	活动—头脑风暴 活动测试 活动—头脑风暴
	应用新知	分组实验：某些酸、碱、盐之间能否发生反应？ 练习：判断物质是否可以发生复分解反应	完成实验，并填写实验记录表。 完成练习	线下 线下	
	融会贯通	讲解复分解反应的实质，并发布“复分解反应实质练习反馈”	理解并完成测试活动	线上	活动—测试
课后		发布拓展学习资源	学习资源	线上	资源—视频
		发布课后作业	完成作业	线上	活动—测试

(四) 教学过程

1. 课前——教师上传学习资源并发布任务

课前在云班课的“资源”位置上传与本课相关的学习资源并发布学习任务，见表2。

表2　学习资源情况分析表

序号	视频资源名称	资源开发途径	学习要求	视频时长
1	复分解反应1—定义	自制	必看	5.2 min
2	复分解反应2—类型	自制		5.5 min
3	复分解反应3—技巧	自制		4.9 min
4	复分解反应4—应用A	自制		4.7 min
5	复分解反应5—应用B	自制		5.0 min

教师通过平台即时反馈的数据，查看学生学习的整体情况（如图1），同时还可查看个体学生的学习情况，并通过“提醒未查看”功能，实时推送消息至指定学生，做到对学生课前学情的精准把握。

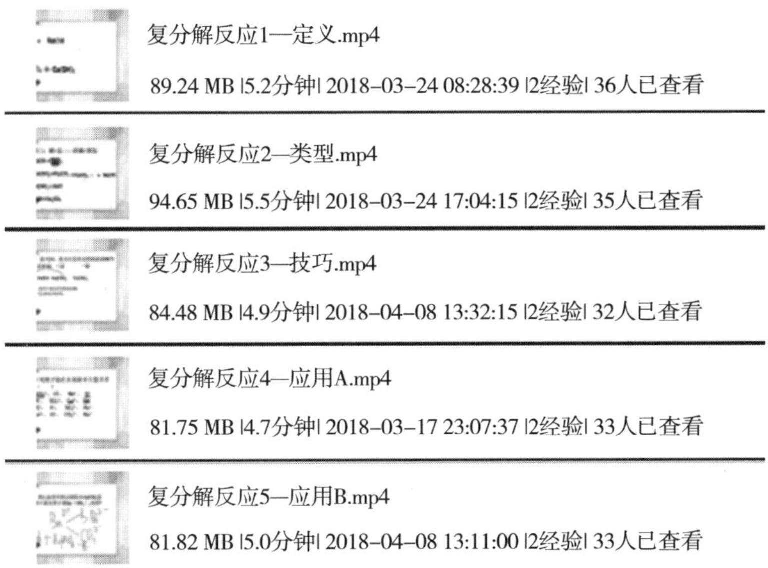

图1　学生查看学习资源情况反馈

（设计意图：教师课前将学习资源上传至云班课平台，学生通过移动端线上自主学习，教师通过平台统计的数据精准掌握每个学生查看资源的情况，及时反馈，避免传统教学中预习情况无法把握的弊端）

2. 课前——学生完成 “自学测试”

教师课前针对学习资源，创建测试题并发布，学生根据学习任务，先观看学习资源再完成测试题。

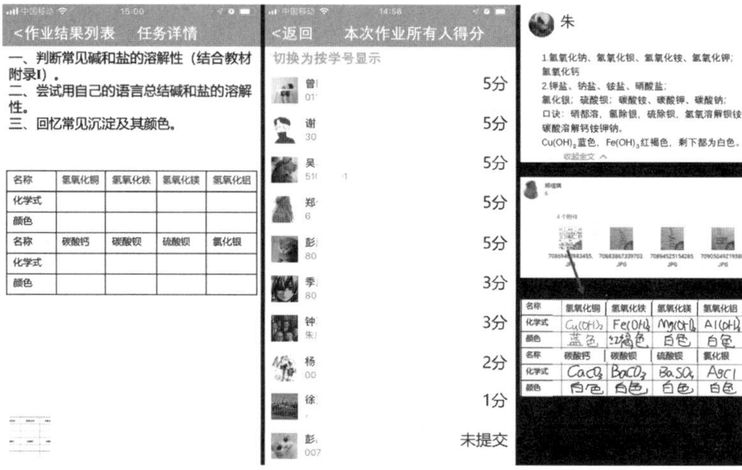

图 2　学生“前测”的试题、得分及提交情况

3. 课前——教师根据即时反馈调整教学设计

课前自测主要从常见物质溶解性判断、对碱和盐的溶解性规律总结及常见沉淀及其颜色的回忆等内容检测学生自学情况。从平台反馈的数据看（如图 2），大部分学生对本节概念课的基础知识掌握尚可，但部分学生仍需加强指导。教师根据平台反馈的数据及布鲁姆教育目标分类学，调整并制订了本节课的教学目标，课堂教学环节设置主要是根据教学设计理论家梅里尔先生提出的“五星教学法”——即聚焦问题、激活旧知、示证新知、应用新知和融会贯通五个环节，如表 1 所示。

（设计意图：学情分析是进行教学设计的重要基础，通过学生前测的数据反馈及统计分析，有利于更准确地把握学情，避免了传统教学中教师凭经验或感觉来判断学情的弊端）

4. 课中——学习者主动学习课堂

环节 1：聚焦问题

学生通过对化学反应“$NaOH + HCl \longequal NaCl + H_2O$”基本反应类型的判断，发现并不属于学过的几种基本反应类型（分解反应、化合反应及置换反应），从而引出本节课的课题——复分解反应。

环节 2：激活旧知

学生根据课前反馈的情况（如图 2 所示），重点学习易错的知识点，进一步激活新课所需的基础知识，如物质溶解性规律，常见物质化学式等。

环节 3：示证新知

（1）复分解反应的概念。

学生通过观察化学方程式（$NaOH + HCl \longequal NaCl + H_2O$），找出其特点并用自己的话总结出复分解反应的定义，再结合教材给出的定义进行修正。学生在云班课平台上完成“头脑风暴”活动——课中：复分解反应的特点（要求：2 min，9 个字以内）。

教师根据学生的即时反馈（如图 3 所示），组织学生讨论复分解反应的特点，找出归纳准确的观点，如“化合物、双交换、价不变”，同时纠正一些不准确的观点，如“前置后、强制弱、盐可溶”“首尾元素交换价不变”及“双交换、价不变、盐可溶”等。

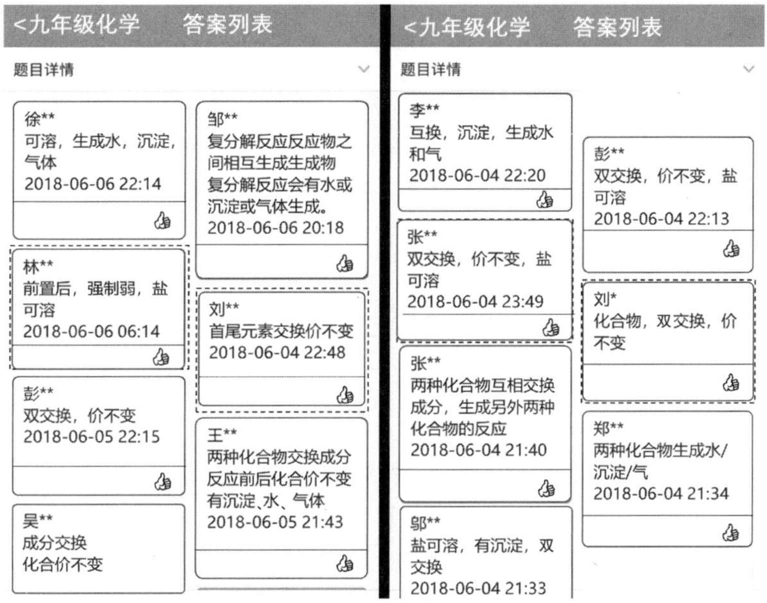

图 3　同屏展示学生对复分解反应特点的总结

为及时了解学生对复分解概念的掌握情况，组织学生完成云班课“测试”活动——课中：复分解反应定义反馈练习（要求：3 min）。

教师根据学生的反馈（如图 4 所示），及时调整教学，突破重难点。

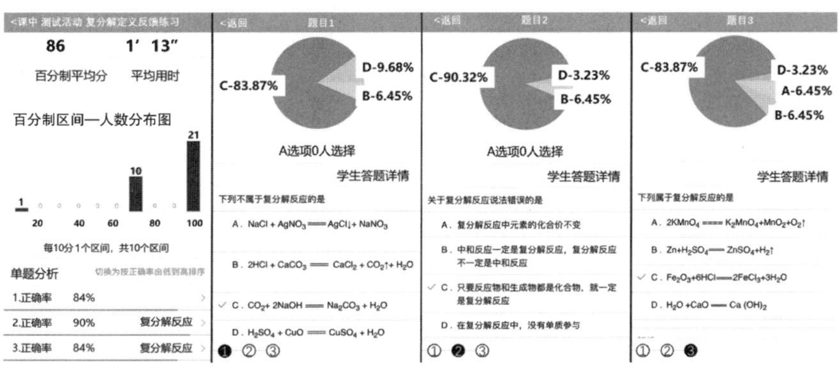

图 4　平台即时统计反馈测试题的整体及每道试题的细节情况

（2）复分解反应发生的条件。

学生分组完成教材 75 页的实验，并讨论：

①两组反应（$CuSO_4 + NaOH$，$CuSO_4 + BaCl_2$）是不是复分解反应范畴？所产生的现象有何相似的地方？

②之前所学的酸碱中和反应是不是复分解反应的类型？在酸碱反应产生的物质当中，

有无相同的物质？（$NaOH + HCl \xlongequal{} NaCl + H_2O$；$Ca(OH)_2 + H_2SO_4 \xlongequal{} CaSO_4 + 2H_2O$）

③Na_2CO_3、$CaCO_3$等碳酸盐在与 HCl 进行反应的过程中，能够看到哪些相同的现象？是否属于复分解反应？（$Na_2CO_3 + 2HCl \xlongequal{} 2NaCl + H_2O + CO_2\uparrow$；$CaCO_3 + 2HCl \xlongequal{} CaCl_2 + H_2O + CO_2\uparrow$）

学生总结梳理完成“头脑风暴”活动 2——课中：复分解反应发生的条件（要求：2 min）。

根据学生的反馈（如图 5 所示），师生讨论并总结复分解反应的发生条件：唯有在 2 种化合物互相交换成分后，生成物里含有水、气体或沉淀时，反应才能够发生。

图 5　学生归纳复分解反应发生的条件

环节 4：应用新知

（3）复分解反应条件的应用。

学生完成分组实验：判断某些酸、碱、盐之间能否发生反应，先判断后验证。

表 3　学生分组实验记录表

	NaOH 溶液	NaCl 溶液	K_2CO_3 溶液	$Ba(NO_3)_2$ 溶液
稀 H_2SO_4				
判定依据				
设计实验证实判断				

（“+”代表反应，“-”代表不反应）

学生通过实验进一步巩固复分解反应的条件。

环节 5：融会贯通

（4）复分解反应的本质。

学生通过观察示意图（如图 6 所示），从微观角度来解释复分解反应的过程，进而掌握复分解反应的实质是溶液中发生离子间交换，进而形成气体、水或沉淀。

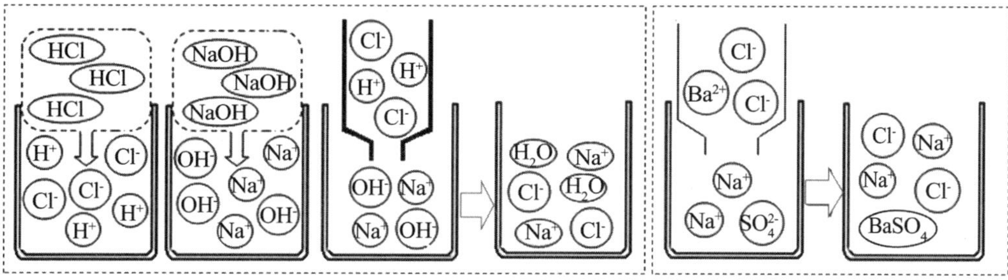

图 6　微观角度解释复分解反应的本质

5. 课后——基于网络的学习任务

学生完成云班课“测试”活动——课后作业“复分解反应”（要求：15 min）。教师根据学生的即时反馈数据，进行下一节课教学设计的反馈循环。可以看出，多数学生基本掌握复分解反应的概念，并可以从“得分”和“用时”两个维度了解学生的差异，如图 7 所示。从具体题目上看，第 8 题（包裹松花蛋的泥灰的配料有纯碱、食盐、生石灰、草木灰。当用水将它们混合包在蛋壳外面后，发生复分解反应的个数为）得分率较低，说明对多物质参与反应的复杂体系，学生的分析能力有待加强。通过后台找到做错题目的学生，并进行精准辅导，如图 8 所示。

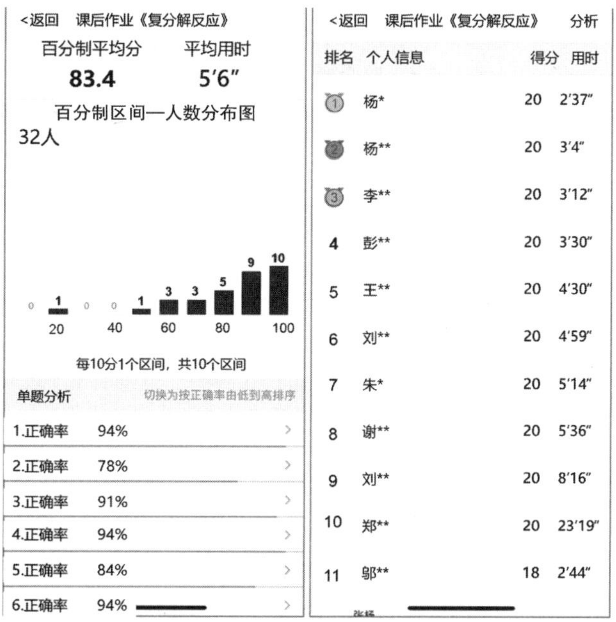

图 7　学生课后作业总体情况分析

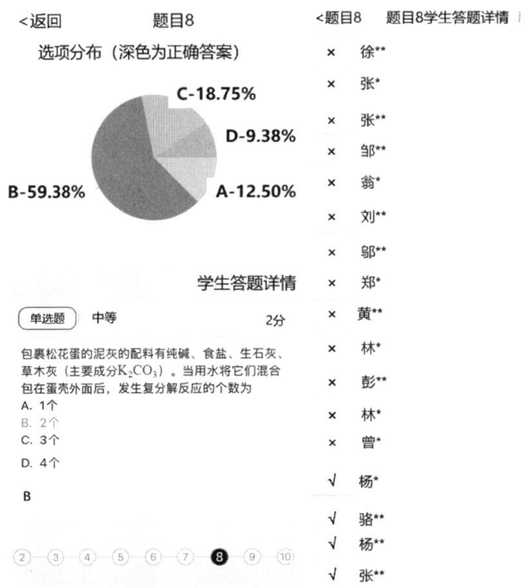

图 8　学生课后作业具体题目情况分析

三、教学反思：基于云班课的 JiTT 初中化学概念教学优势分析

概念教学的三个步骤，即制造认知冲突、个体构建模型、应用模型检验。通过线下（观摩、交流、讨论、分享）和线上（头脑风暴、观点碰撞）活动，能促进教师更好地组织概念教学，如表 4 所示。

表 4　概念教学的三个步骤

概念教学步骤	含义	教学案例	平台模块支持
制造认知冲突	让学习者认识到与原有心理模型有冲突	化学方程式：$NaOH + HCl \xlongequal{} NaCl + H_2O$ 属于哪种基本反应类型： A. 化合反应　　B. 分解反应 C. 置换反应　　D. 以上都不是	"投票问卷"模块
个体建构模型	通过举例、类比等方式让学习者重新建构心理模型	给出不同类型的复分解反应（生成气体、沉淀或水等），让学生尝试归纳复分解反应的特点及条件	"头脑风暴"模块
应用模型检验	将新的心理模型迁移应用到新的情境中检验模型的有效性	判断不同物质间能否发生复分解反应？如 $NaCl + H_2SO_4$，$BaSO_4 + Na_2CO_3$ 等	"测试"模块

根据云班课的平台特点、JiTT 教学模式理论，结合初中化学教学实践经验，提出基于云班课的化学教学策略模型（如图 9）。该模型是一个由师生的课外互动和课内互动组成的反馈循环，显示了云班课平台的即时反馈功能在教学中的作用，还能对教学的全过程管

理及综合性评价提供实践案例。该教学策略模型虽在实践中取得初步成效，但能否推广形成一种普适性的教学模式，还有待进一步实践与实证研究。

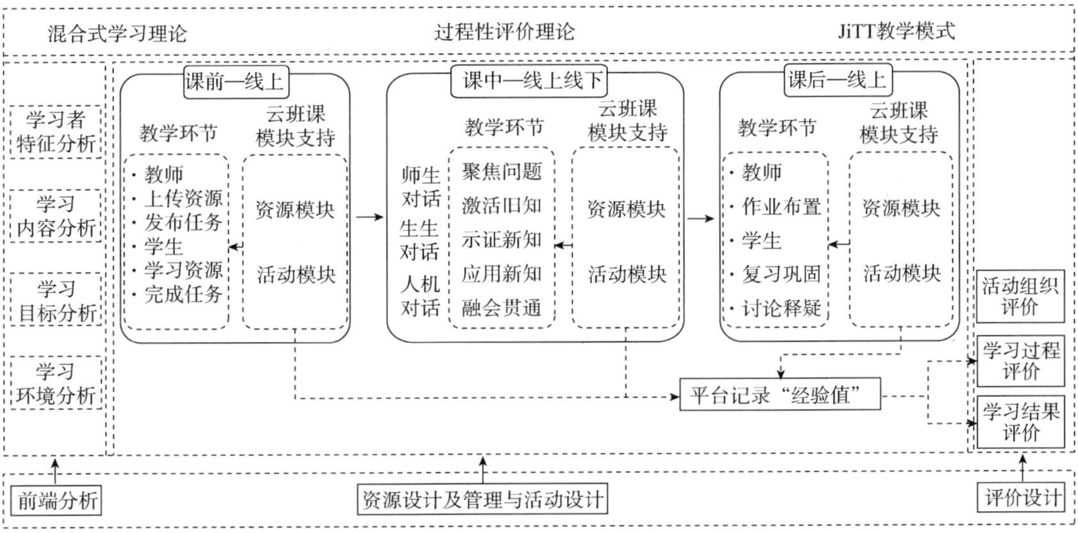

图9 基于云班课的初中化学教学策略模型

随着信息技术的发展，从过去的 E-learning 到现在的 B-learning，“混合式学习”将传统教学的优势与网络教学的优势结合，在教学中应用越来越广泛。而在实际教学中，不乏只是将传统学习与网络学习方式简单相加或混合，没有深入教与学的本质。如何将教学理论、学习认知规律、学科教学有机融合，也需要在教学实践中进一步探讨与研究。

案例3 “酸的性质”线上线下混合式教学设计[①]

一、教学问题起点及创新点

20世纪初美国心理学家桑代克在对动物实验研究的基础上提出了一种行为主义心理学的学习理论——联结主义（Connectionism），亦称“联结主义心理学”，并提出三条学习律，即练习律、效果律和准备律。桑代克后来修改了“练习律”，因为他认为“没有反馈的练习是无效的，即学习不会发生。”可见，反馈是教学的生命线，于是JiTT教学模式（Just-in-Time Teaching，译为“即时反馈适应性教学”“适时教学”或“及时教学”）应运而生。JiTT教学模式产生于20世纪末的美国高校本科教学，是建立在“基于网络的学习任务”（Web-based Study Assignment）和“学习者主动学习课堂”（Active Learner Classroom）二者相互作用基础上的一种新型教与学策略，本质是学生的课外准备和课堂活动组成的反馈循环（Feedback Loop）。

目前中小学教学，存在的问题是如何做到根据客观数据而不是主观感受或经验来获得学生的即时反馈。陈谦明、钱扬义等人曾研发“互动反馈系统（Interactive Response System，简称IRS）”，为信息技术与课程的整合提供了一种新的支持，然而由于成本及技术要求较高，推广的范围受到了一定限制。但在“互联网+教育”的背景下，不少问题得到了解决，如学生手持终端（iPad或智能手机），网络覆盖（WiFi或4G）及平台等，所以笔者认为教师可以在基础教育中尝试新的教学形式，甚至在一定程度上推动学校教学变革。

二、云班课在初中化学复习教学中的应用案例

（一）教学分析

内容分析：本节教学内容包括盐酸、硫酸的物理性质及酸的化学性质，是在学习了氧气、碳及其化合物的性质和用途的基础上学习的又一类新物质，对于学生形成物质分类的思想及分类模型的初步建立有着十分重要的地位。

学生分析：本节课是一节复习课，学生已经认识了硫酸、盐酸、醋酸等物质，但没有

① 本案例为深圳市龙岗区教师发展中心倪胜军团队龙岗区爱义学校万玲老师研究案例。

构建出酸作为一类物质的认识，对酸的微观本质理解还不够，另外对酸的稀释操作技能及科学态度都有待加强，因此有必要通过复习巩固来解决，而混合式学习能及时获取和反馈学生的学习过程和细节。

（二）教学目标

（1）能掌握稀释浓硫酸的操作要点，能通过实验验证并归纳酸的通性。
（2）能选择正确的药品验证氢氧化钠与稀硫酸发生了反应。
（3）能归纳研究物质性质的一般思路方法并合理评价自己的学习收获。

（三）教学评一体化流程图

	教学活动	学生活动	设计意图	平台模块支持
课前	开发及上传学习资源，发布课前测试题	学习资源并完成“自学测试”	意在将知识学习前置，根据对学生“课前测试”的反馈结果，分析制订出本节课的教学目标、活动及测评	“资源”“测试”模块
课中	布置分组实验，查看并将学生实验典型现象或问题及时“固定”并即时反馈	任务一：分组进行浓硫酸稀释实验	“稀释浓硫酸”属于程序性知识，需要学生练习体验，同时，教师利用同屏技术将小组实验报告及学生操作的典型问题实时呈现在屏幕上，进行质疑与释疑	同屏功能
	设置不同组性质验证实验，拍摄不同组实验报告单并同屏共享	任务二：分组实验验证酸的性质	不同小组验证不同的性质，并将实验报告上传，可以实现成果即时共享，共同归纳出酸的通性	同屏功能
	对难点问题发起线上讨论活动	任务三：讨论稀硫酸与NaOH溶液是否发生了反应	学生围绕“如何验证氢氧化钠与稀硫酸发生了反应”这个问题进行小组讨论，并在云班课的“讨论”活动中发表看法，这样可以提高反馈的效率以及成果固化	“讨论”模块
	发布“测试”，并即时数据分析与讲解	任务四：完成当堂小测（5 min）	教师根据即时反馈的数据，利用组内、组间或教师的力量解决相应学生的问题，同时对学生也有相互激励的作用	“测试”模块
课后	发布课后小结活动	用“4321法（4个关键词、3个感受、2个疑惑及1个行动）”梳理本节课所得	本环节旨在利用工具培养学生的元认知知识，同时，在“头脑风暴”活动中，教师可以看到所有学生发言，但学生间不可见（活动结束后均可见），真正实现“背靠背”思考	“头脑风暴”模块

（四）教学过程

1. 课前——开发及上传学习资源

在云班课的“资源”位置上传与本节课内容相关的学习资源，如表1。

表1　视频学习资源情况分析表

序号	视频资源名称	资源开发途径	学习要求	视频时长
1	酸的性质及用途（简称“酸性1”）	自制	必看	3.6 min
2	酸的化学性质（简称“酸性2”）	网络	必看	1.7 min
3	酸的物理性质（简称“酸性3”）	网络	必看	1.4 min
4	盐酸和硫酸的物理性质（简称“酸性4”）	网络	选看	57 s
5	酸和碱的相似性（简称“酸性5”）	网络	选看	1.4 min

教师课前在移动端或网页端查看学生视频资源的学习情况，全班共36人，视频学习为33人以上，学习参与率达92%。

（设计意图：意在将知识学习前置，通过“提醒未参与”功能及时追踪未参加学习的同学）

2. 课前——学生完成 “自学测试”

要求学生在学习视频资源后完成课前“自学测试”，教师根据后台数据的统计反馈（如图1），进行教学设计，确定本节课的重难点。

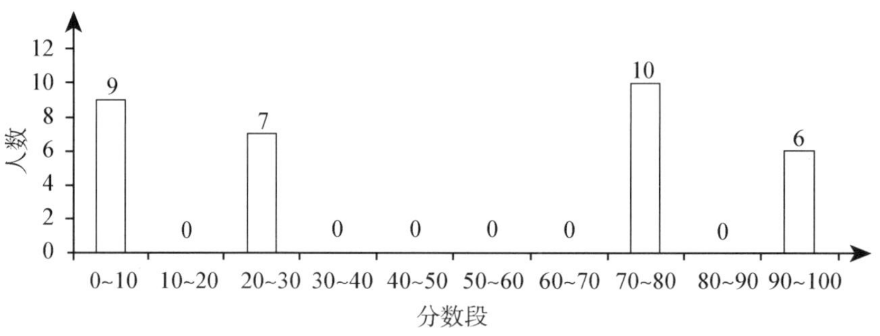

图1　课前测试整体情况分析

3. 课前——教师根据即时反馈调整教学设计

结合软件后台数据分析，大部分学生对“事实性的知识”能通过回忆和记忆匹配或识别出相应选项，正确率较高。而部分学生对涉及“概念性知识”，如“酸能和活泼金属反应生成氢气”这一条酸的通性成立的条件把握不清楚；同时，对浓硫酸表现出“吸水性”的过程不清楚。基于课前自测数据分析及结合学生实际，特制订本节课的教学目标：①能掌握稀释浓硫酸的操作要点；②能通过实验验证并归纳酸的通性；③能选择正确的药品验证氢氧化钠与稀硫酸发生了反应；④能评价自己的学习收获。

（设计意图：根据对学生课前“自学测试”的反馈结果，分析并制订出本节课的教学

目标、活动及测评）

4. 课中——课堂重难点突破

环节一：浓硫酸稀释分组实验

学生根据桌面上的药品与仪器（浓硫酸、蒸馏水、水槽、烧杯 2 个、玻璃棒、胶头滴管 3 支、试管 2 支），稀释浓硫酸，并完成下列任务。（备注：时间为 3 min，小组分工合作）

（1）实验报告，见表 2。

表 2　浓硫酸稀释实验活动表

实验名称	
主要仪器	
主要操作	
主要现象	无明显现象，但用手触碰烧杯外壁，明显感觉________
实验结论	浓硫酸稀释是________变化，也是________热过程
注意事项	

（2）将实验报告上传至云班课“小组任务活动 1”。

（设计意图：“稀释浓硫酸”属于程序性知识，需要学生练习体验，同时，教师利用同屏技术将小组实验报告及学生操作的典型问题实时呈现在屏幕上，进行质疑与释疑）

环节二：分组实验验证酸的性质

学生根据桌面上药品与仪器（各组仪器不同：铜丝 5 组、铁粉 6 组、$CuSO_4$溶液 3 组、CuO 粉末 1 组、NaOH 溶液 2 组、pH 试纸、酚酞指示剂、紫色石蕊试液 4 组），将刚刚稀释的稀硫酸分别滴加到其他药品中，并完成下列活动。（备注：时间为 4 min，小组分工合作）

（1）实验报告，见表 3。

表 3　酸的性质验证实验活动表

实验名称	
主要仪器	
主要操作	
主要现象	
实验原理	
实验结论	
实验小组	第________组，操作员：________

（2）将实验报告、实验过程上传至云班课“小组任务活动 2”，如图 2 所示。

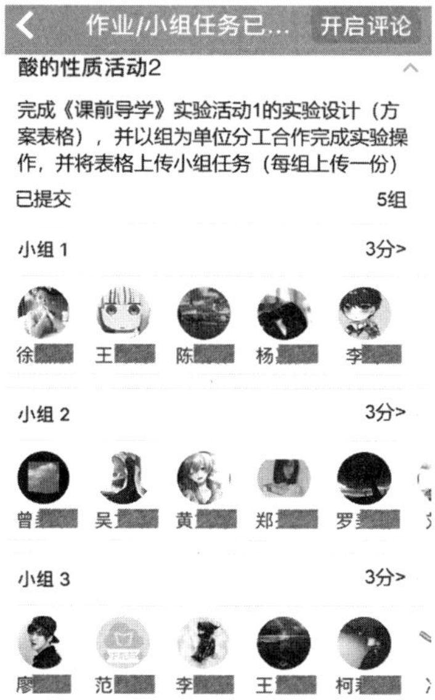

图 2　线上小组任务发布截图

（设计意图：不同小组验证不同的性质，并将实验报告上传，可以实现成果即时共享，共同归纳出酸的通性）

环节三：教学重难点突破

教师强调，其中一个小组的药品除了稀硫酸外只有 NaOH 溶液，而得出酸能与碱发生中和反应这一结论不正确，进而要求学生小组在云班课“答疑讨论活动 3”中表述观点，见图 3。（备注：时间为 8 min——组内讨论 2 min，方案设计 4 min，观点输入 2 min）

图 3　学生讨论发言截图

（设计意图：此环节中，学生围绕“如何验证氢氧化钠与稀硫酸发生了反应”这个问题进行小组讨论，并在云班课的“讨论”活动中发表看法，这样可以提高反馈的效率以及成果固化）

环节四：课堂检测

教师要求学生根据本节课所学内容完成云班课“测试活动 4”（限时 5 min），软件自动收集保存学生的做题情况，形成总体数据分析、每道题正误率分析报告和学生个体得分与用时数据。

（设计意图：教师根据即时反馈的数据，利用组内、组间或教师的力量解决相应学生的问题，同时对学生也有激励的作用）

5. 课后——反思收获

教师：本节课你有什么收获呢？请同学们用“4321 法（4 个关键词、3 个感受、2 个疑惑及 1 个行动）”梳理本节课所得，并及时在“头脑风暴”活动中表达。

[设计意图：本环节旨在利用工具培养学生的元认知知识，同时，在“头脑风暴”活动中，教师可以看到所有学生发言，但学生间不可见（活动结束后均可见），真正实现“背靠背”思考]

三、利用云班课教学的优势分析

（一）课堂反馈更高效

利用云班课的实时数据分析技术，将学生参与活动的情况实时呈现并分析，既对教师的教学指导更有针对性，也对学生的学习实时反馈，更有利于调整学习状态与学习策略。

（二）参与动机更强

利用移动互联网，学生能随时、随地、主动学习教师传至移动终端的学习资源，同时，课堂上利用移动设备的教学互动与即时反馈，成功激发学生动机并聚焦于学习任务。

（三）过程性评价更科学

每个资源学习进度及学习时长、每个活动参与及交互练习完成情况都能全程记录并以经验值的形式呈现出来，一目了然。让“过程性评价”不再凭“经验”“感觉”或“印象”等没有数据支持的方式呈现，真正做到过程性评价与终结性评价相结合。

四、关于云班课在基础教育中使用的思考

（一）目标、活动及测评的一致性

课堂目标、教学活动及测评的一致性，即教、学、评一致性，是课堂有效甚至高效的保证。本节课，课前视频学习资料并没有提到浓硫酸的强氧化性，但课前测试中需要利用该性质来解题；其次，在课堂授课环节也没有针对该问题设计针对性的活动；再次，在课堂测评环节中也没有出现涉及浓硫酸该性质的题目。所以目标、活动及测评三者之间的匹配设计是整合的核心要素。

（二）信息化教学环境建设

在“互联网+”教育的背景下，信息技术不再只是教与学的辅助作用，而是过渡到与学科真正进行整合的阶段。同时，这种整合需要在网络环境的支持下才可能把教与学进行深度“连接”。所以学校、班级的信息化建设水平是整合的必要条件。目前深圳市正在开展化学核心素养和教、学、评一体化的研究和探索，重点研究初中化学学业质量评价问题，旨在确定学科核心素养内容和学业等级标准，建立学业质量评价体系，运用大数据分析平台自动形成评价分析报告，为每个学生、每个班级、每所学校建立一整套分学科、分学段的动态性学业质量档案，并以此为基础提供一套个性化学习系统，而本研究能提供参考案例与研究建议。

（三）学校及家长的观念转变

在基础教育中，信息技术与课程整合的程度不如高等教育，与学校和家长的观念有一定关系，担心给学校管理带来难度以及孩子在智能移动设备中“玩物丧志”。然而，技术的更新是推动社会变革的重要动力，所以没有必要“谈‘机’色变”，而是要拥抱技术，利用信息技术更好地促进教学。

第二节　素养为本的线上线下混合式高中化学教学设计

案例1　“自然界中氮的循环”线上线下混合式教学设计①

一、教学问题起点及创新点

化学是一门以实验为基础的自然科学。在高中化学课堂中，实验能够加深学生对于课堂内容的理解，帮助建立宏观现象与微观本质间的联系。实验是学习化学、提高“化学实验认识能力”学习进阶以及落实培养学生化学核心素养的重要内容和途径。学生对化学实验有浓厚的兴趣，然而在元素性质教学过程中，有一些实验无法让学生进行分组实验，并且演示难度大，不符合绿色、环保等“绿色化学”的要求。基于这一现实问题，在数字化时代的背景下，如何将JiTT教学模式应用于高中化学教学中，以弥补现有教学模式中的不足，成为教育工作者值得思考的问题。

二、教学模式及学习平台介绍

(一) JiTT教学模式的内涵

JiTT教学模式（Just-in-Time Teaching，译为“即时反馈适应性教学”“适时教学”或“及时教学”）。JiTT教学模式起源于20世纪末的美国高校本科教学，是由美国航空学院名誉物理学教授Gregor Novak及其同事经过实践总结出来的一种教学方法。JiTT教学模式是建立在“基于网络的学习任务”（Web-based Study Assignment）和“学习者主动学习课堂”（Active Learner Classroom）二者相互作用基础上的一种新型教与学策略，本质是学生的课外准备和课堂活动组成的反馈循环（Feedback Loop）。因此，提出把传统学习方式与网络化学习结合的混合式学习模式，既体现教师教学过程中引导、监控的主导性，又体现

① 本案例为厦门市教育科学研究院江合佩团队福建省同安第一中学曾华淑老师研究案例

学生作为学习主体的主动性和创造性。

（二）云班课平台简介

云班课是一款基于移动互联网环境、满足教师和学生课堂教学互动与即时反馈需求的移动教学的云服务平台，以教师在云端创建的班群和班课空间为基础，学生在移动终端安装该应用程序后，利用生成的“邀请码”即可加入课程班课。教师不仅可管理参与班课的每一个学生，还可以为学生提供移动设备终端的课件、视频、音频等资源服务；讨论交流及问卷调查等对教师教学行为的反馈评价，可以激发学生的学习热情，提高师生、生生间互动的频率与效率，实现即时互动反馈；平台跟踪并记录学生的学习轨迹与学习进度并对学生的学习情况进行自动评价，实现过程性评价和个性化教学。

三、云班课在高中化学实验教学中的应用案例

（一）教学分析

本节教学内容是鲁科版高中化学必修第一册第 3 章第 3 节“氮的循环”的第一课时。该部分的教学内容涉及氮及其化合物的相关知识和概念，氮的重要化合物的相关性质和反应现象。在此之前，已经学习过铁元素、硫元素的性质，本节课以氮元素为载体，作为前面两节研究物质之间转化的复习。建立价—类二维图，从物质类别和元素价态的视角认识物质间的转化关系，深化对物质及其变化多样性的认识。

（二）教学目标

（1）掌握含氮氧化物重要的物理性质、化学性质及实验现象，能用化学方程式、离子方程式正确表示这些物质的主要化学性质。

（2）能利用价—类二维图，从物质类别和元素价态角度，依据复分解反应规律和氧化还原反应原理，预测并设计含氮物质之间的转化路线。

（3）能依据绿色化学思想理念，设计物质合成路线。

（4）体会从理论到实际生产的不易，建立科学、绿色化学观念。

（三）教学评一体化流程图

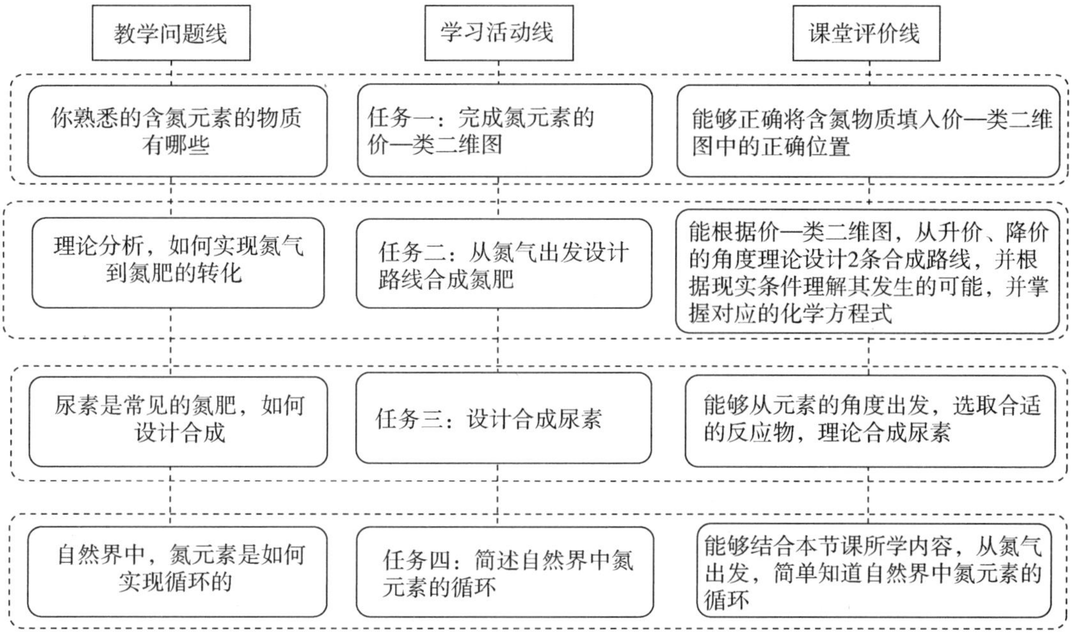

图 1　教学评一体化流程图

（四）教学过程

1. 上传资源并发布任务

课前在云班课的“资源”位置上传与本节课相关的学习资源并发布学习任务，见表 1。

表 1　学习资源情况分析表

序号	视频资源名称	资源开发途径	视频时长
1	闪电固氮	网络	2 min
2	一氧化氮与氧气反应	网络	30 s
3	二氧化氮与水反应	网络	1 min
4	固氮菌固氮	网络	1 min

1—闪电固氮　2—一氧化氮与氧气反应　3—二氧化氮与水反应　4—固氮菌固氮

图 2　教学资源详细内容

给学生布置的课前预习任务，如图 3 所示。

①N 是第________号元素，请画出氮原子的结构示意图：__________。

②标出下列物质中 N 元素的化合价。

N_2、NO、NO_2、NH_3、$NH_3 \cdot H_2O$、HNO_3、$NaNO_3$、NH_4HCO_3

③将②中的物质，填入价—类二维图中相应位置。

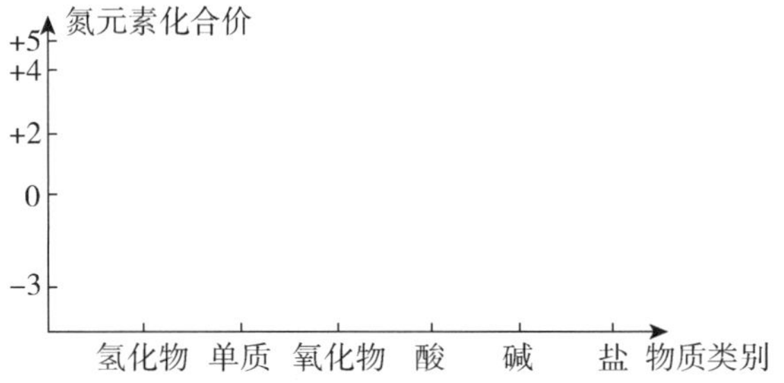

图 3　学生课前预习任务

教师通过平台显示的数据，查看学生学习资源的整体情况和具体学习情况，并通过“提醒未查看”功能，实时推送消息至指定学生，做到课前学情的精准把握。

(设计意图：教师课前将学习资源上传至云班课平台，学生通过移动端线上自主学习，教师通过平台统计的数据精准掌握每个学生的资源查看情况，及时反馈，避免传统教学中预习情况无法把握的弊端)

2. 课堂重难点突破

任务一：完成氮元素的价—类二维图

【学生】将课前预习任务中的含氮物质填入价—类二维图中。

【教师】通过查看云班课对应“学习任务”中学生的课前预习作业，了解课前预习情况，并为本节内容打下基础。

(设计意图：针对学生课前反馈中暴露的问题，设计此环节，加强学生对反应物性质的了解，为下一步讲解做准备)

任务二：从氮气出发设计路线合成氮肥

【学生】通过复习硫及其化合物相关内容，讨论从硫单质到硫酸钠的转化途径。在复习的基础上，将物质转化的方法，迁移应用到氮元素的价—类二维图，完成从氮气到硝酸钠、氯化铵的转化途径。将设计的方案，涉及的物质转换，简单表示出来，并拍照上传，如图 4 部分学生作业所示。

$N_2 + O_2 = 2NO$	$N_2 + 3H_2 = 2NH_3$
$2NO + O_2 = 2NO_2$	$NH_3 + H_2O = NH_3 \cdot H_2O$
$3NO_2 + H_2O = 2HNO_3 + NO$	$NH_3 \cdot H_2O + HCl = NH_4Cl + H_2O$
$HNO_3 + NaOH = NaNO_3 + H_2O$	

图 4　部分学生作业

【教师】讨论结束之后，点评学生方案的理论合理性和实际的转化路线，将其总结在氮元素的价—类二维图中，如图 5 所示。充分利用教学资源中的教学视频，展示“雷雨发庄稼”和“工业合成氨”的实际氮肥产生途径。

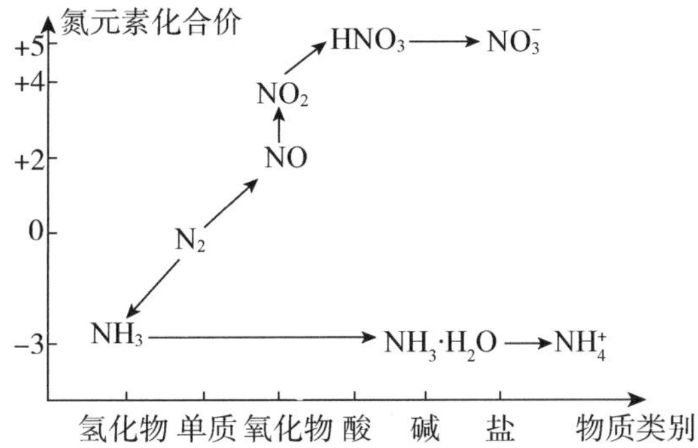

图 5　价—类二维图中表示物质转化过程

（设计意图：教师通过查看学生书写的物质转化路线，及时发现问题并解决学生存在的问题，及时调整教学进度与策略）

任务三：设计合成尿素

【学生】根据从氮气到氮肥的合成路线实践，结合原子守恒、绿色化学等观念，选择 NH_3 及含碳元素的物质（二氧化碳），设计合成尿素 $CO(NH_2)_2$。

【教师】邀请学生分享合成想法，并简单讲解根瘤菌固氮及其仿生技术。

（设计意图：通过新型氮肥尿素的合成，检验学生是否掌握物质转化的基本思路）

任务四：简述自然界中氮元素的循环

【学生】经过独立思考与小组讨论，认为大气中的氮元素经过不同的固氮方式（雷电固氮、人工固氮及生物固氮）进入生物体内，然后动物排泄物及动植物遗体中的氮元素在某些微生物的作用下又回到大气中去，如此循环反复。

【教师】点评并检验学生对本节课的学习掌握情况。归纳整理自然界中氮的循环，如图 6 所示。

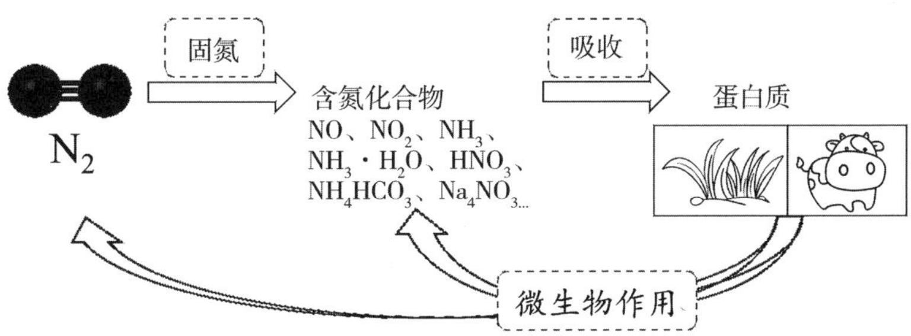

图 6　自然界中氮的循环

四、教学反思

（一）教学反馈更即时

利用云班课，及时准确观看实验视频，给予学生更多发言评价的机会，学生能够主动加入思考，教师能够及时了解学生学习情况，并根据学情，及时调整教学进度，有利于准确把握学情及对教学结果的评估。

（二）学生参与更主动

根据美国佛罗里达大学的约翰·M·凯勒（John M. Keller）教授提出的ARCS动机模型，基于云班课的JiTT实验教学模式能在以下几个方面激发学生学习动机（如表2）：

表2 根据ARCS动机模型分析基于云班课的JiTT元素化学教学模式

ARCS动机模型	激发学习动机的具体表现
A 注意 （Attention）	云班课可上传多种类型的学习资源，如图片、课件、视频、音频等，吸引学生注意力，激发好奇心
R 相关性 （Relevance）	通过数据即时反馈，准确把握学情，及时调整教学策略，设计基于学生学情的教与学活动
C 信心 （Confidence）	通过多种学习活动，如“头脑风暴”“讨论答疑”“测试活动”“作业/小组任务”及“点赞”功能等，加强互动交流学习反馈，体验学习的成功，维护学生的自信
S 满意 （Satisfaction）	平台记录学生参与学习的每一个“轨迹”，并以“经验值”的形式体现，让学生的努力可积累，维持对成就的积极情绪

（三）过程评价更科学

每个资源学习进度及学习时长、每个活动参与及交互练习完成情况都能全程记录并以经验值的形式呈现出来，一目了然。让高中较难操作的实验可视化，让元素性质教学的“过程性评价”不再凭“经验”“感觉”或“印象”等没有数据支持的方式呈现，做到过程性评价与终结性评价有机结合。

（四）基于云班课的高中化学元素性质教学策略模型

根据云班课的平台特点、JiTT教学模式理论，结合高中化学元素性质教学实践经验，提出基于云班课的高中化学元素性质教学策略模型（如图7）。

该教学策略模型虽在实践中取得初步成效，但教学效果评测还没有形成具体数据支持，且能否推广形成一种普适性的教学模式，还有待进一步实践研究。

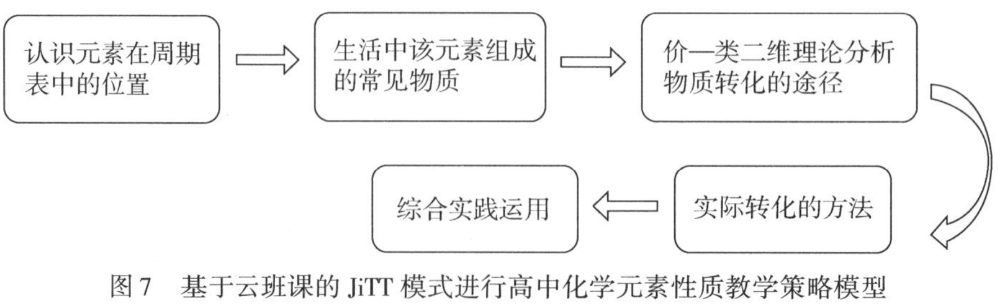

图7 基于云班课的JiTT模式进行高中化学元素性质教学策略模型

案例 2 “电化学腐蚀原理及其应用”线上线下混合式教学设计[①]

一、教材分析

“金属的腐蚀与防护”为《化学反应原理》（鲁科版）第 1 章第 4 节。本节课通过从宏观、微观多维度探究电化学腐蚀的原理，分析金属腐蚀形成要素，提出金属防护的方法，实现了发现问题、解决问题、应用知识的能力提升。

在初中化学教材中，已初步接触金属的腐蚀与防护；本章第 2、3 节已系统学习了电化学（电解池和原电池）的知识，在此基础上学习本节内容，既巩固本章电化学知识，同时也让学生利用电化学知识解决生产、生活中的实际问题，是提升学生理解知识、应用知识的必修课，具有比较重要的理论意义和现实意义。

二、教学目标

（1）通过学生动手搭设原电池装置实验、手持技术溶解氧含量测定实验，理解金属吸氧腐蚀的电极反应，能够书写其电极反应式和总反应式。

（2）通过“暖宝宝贴发热原理探究”“溶解氧测定实验”，培养学生证据推理与模型认知核心素养。一是能根据滴加 $K_3[Fe(CN)_6]$ 溶液出现蓝色沉淀分析 Fe 电极失电子变成 Fe^{2+} 的事实；二是猜想氧化剂，通过“溶解氧测定实验”，根据手持技术采集图像和数据进行分析，从实验证据得出暖宝宝贴内发生吸氧腐蚀的结论。根据原电池模型，猜测暖宝宝工作原理时，构建模型学习模式。

（3）通过讨论、交流、小组竞赛，增强学生团结、协作的合作意识。

（4）通过了解电化学腐蚀对生产、生活的经济及安全的影响，激发学生学习知识，培养学生的社会责任感和使命感。

三、教学重难点

（1）金属电化学腐蚀原理、电极反应式和总反应式。

（2）金属电化学腐蚀原理的应用。

---

① 本案例为厦门市教育科学研究院江合佩团队福建省同安第一中学沈晓翠老师研究案例。

四、课前准备

云班课资源及活动、课中学生分组实验、手持技术演示实验材料、暖宝宝贴等。

五、流程框架

教学阶段	教学环节	教师活动	学生活动	线上或线下	平台模块支持
课前		1. 发布学习资源： 金属的吸氧腐蚀和析氢腐蚀	学习资源	线上	资源—上传并发布视频
		2. 布置家庭小实验： 观察铁钉在不同条件下的生锈速度 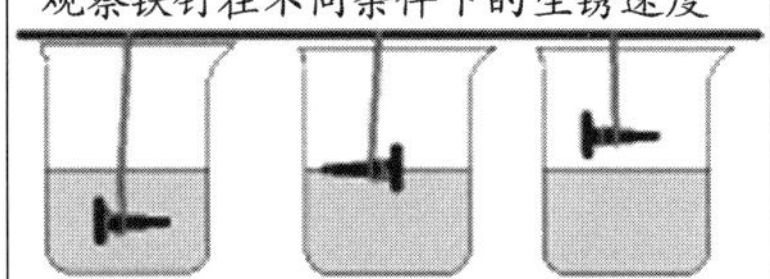 浸泡在相同浓度的盐水中	完成家庭实验	线下	资源—上传并发布文档
		3. 金属电化学腐蚀原理学案	完成课前任务	线上	
课中	聚焦问题	1. 反馈课前测试情况	在线查看其他同学作业	线上	活动—测试
		2. 发布学习资源：收集个别省市因金属腐蚀造成的损失数据	查看资源	线上	资源
		3. 发布任务：数据中体现什么规律？猜测可能的原因及发生腐蚀的原理	思考与分享	线下	活动—头脑风暴
	激活旧知	发布任务：原电池的构成要素、电极反应式的书写	完成学习任务	线下	活动—小组任务
	示证新知	学生分组实验：验证电化学腐蚀微电流存在事实及检验负极反应产物。 教师演示实验：手持技术测定水中溶解氧含量	1. 完成实验记录现象 2. 观察实验现象并分析图像数据	线下	活动—小组任务
	应用新知	发布任务：根据暖宝宝贴的组成成分，思考暖宝宝贴发热原理及各成分作用	思考，讨论	线下	活动—讨论答疑
	融会贯通	发布活动：请用思维导图的形式总结本节课内容并上传	完成任务	线下	活动—头脑风暴
课后		课后作业	完成作业	线上	活动—测试

六、教学过程

【教学环节 1：聚焦问题】

【投影：家庭小实验学生实验结果】

师：大部分同学的家庭小实验现象都很直观，大部分同学的结果也比较相似：中间烧杯中的铁钉腐蚀最严重。这说明什么条件最容易出现金属腐蚀现象啊？

生 1：初中学过金属腐蚀，就是金属被空气中的氧气氧化，所以条件是一定要接触空气（有氧气）。

生 2：从实验可知，需要有一定的水（湿润环境）。

生 3：从 1、2 来看，水不是唯一要求。或者说，只有水反应速率比较慢。烧杯 2 说明在一定潮湿环境和空气存在的情况下，金属腐蚀最快。

【投影：个别省市因金属腐蚀造成的损失数据】

师：大家从表格中数据又得到什么信息？

生 4：大部分沿海城市金属腐蚀现象明显高于新疆、甘肃等内陆城市。

生 5：靠近海边空气湿度大，且空气中带有少量氯化钠，可能是造成金属腐蚀的另一要素。

师：请大家将上述提出的几大要素，绘制出你认为的金属腐蚀的原理。

【教学环节 2：激活旧知】

师：我们一起来看看大家的观点。大部分同学都认可铁做负极材料及负极反应物，铁钉中的其他成分做正极材料，正极反应物为氧气，氯化钠水溶液做电解质溶液。需要补充的提出来。

生 1：铁的电极产物应该是正三价的铁，我们看到铁生锈后是红褐色的氧化铁。

生 2：铁做负极反应物，反应产物一般是亚铁离子。

师：看来大家在理论和事实现象中产生了分歧。化学是一门以实验为基础的学科，用实验事实来说话。如何检验是 Fe^{3+} 还是 Fe^{2+} 呢？采用什么试剂？

生 3：Fe^{3+} 与 SCN^- 会结合生成红色物质，Fe^{2+} 与 $K_3[Fe(CN)_6]$ 反应生成蓝色沉淀。

师：那怎么来设计实验呢？请大家小组合作，根据仪器和实验试剂设计实验思路、实验装置并完成实验。

实验准备：Fe（铁钉）、C（2B 铅笔）、铜导线、食用盐、烧杯、发光二极管（每小组配一套灵敏电流计），KSCN 溶液、$K_3[Fe(CN)_6]$ 溶液。

【教学环节 3：示证新知】

师：请大家来分享你们的实验成果。

生 1：指针发生偏移（发光二极管变亮），确实存在电流，但是很弱，确实是发生了原电池原理的电化学腐蚀。

生 2：取负极附近的反应溶液，滴加 KSCN 溶液，溶液变红，应该是生成 Fe^{3+}。

生 3：不对，取负极附近的反应溶液，滴加 $K_3[Fe(CN)_6]$ 溶液，产生了蓝色沉淀，说明是生成了 Fe^{2+}。

师：还有其他补充的嘛？大家认可哪位同学的观点呢？

生 4：我也滴加了 KSCN 溶液，溶液变红，而且放置一段时间，溶液更红了。我认为应该是开始生成 Fe^{2+}，Fe^{2+} 容易被氧化，继而产生了三价铁。

师：看来很多同学心中已经有了答案。那正极反应物呢？如何证明氧气被消耗了呢？

实验材料：溶氧传感器、数据采集器及配套软件、计算机（已安装朗威数字化实验探究系统 6.0 软件）、铁粉、氯化钠溶液。

教师演示实验：将两钥匙铁粉放入反应器中，倒入饱和食盐水，搅拌，盖紧瓶塞，插入溶氧传感器，检测食盐水中氧气含量的变化。

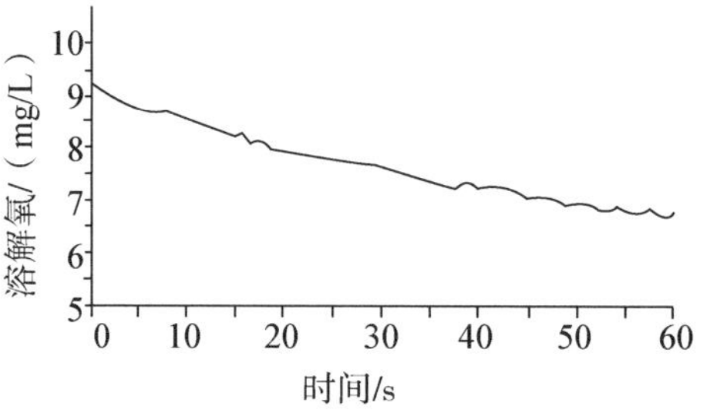

生 5：溶液中的溶解氧逐渐变少。

生 6：负极 Fe^{2+} 往正极移动，结合氢氧根生成氢氧化亚铁。氢氧化亚铁被溶液中剩余的氧气氧化，生成红褐色氢氧化铁。

师：嗯嗯，聪明的小伙伴们已经帮我们把过程分析得很清晰了。请大家完善好刚才的原电池腐蚀模型，将电极反应式和总反应式补充完整，并拍照上传。

【教学环节 4：应用新知】

【投影：播放“暖宝宝贴”的广告视频】

【投影：暖宝宝贴的相关信息】

基本组成成分：铁粉、活性炭、氯化钠、锆石矿物（镁铝化合物）；使用后，生成红色固体。

师：大家对于暖宝宝贴的组成成分是不是似曾相识？能否大胆猜测一下工作原理？

生 1：构成原电池！

师：能否再具体一点？

生 2：与金属腐蚀一样。铁做负极，活性炭做正极，氯化钠做电解质。

生 3：但是固体氯化钠能导电嘛？没有潮湿环境，没有氧气？

生 4：空气中有水蒸气、有氧气。使用的时候才撕开保护衬纸，接触空气才能开始发热。

师：为什么暖宝宝贴能够持久而又稳定地提供热量？

生 5：暖宝宝贴的两侧包装质地不同。外层是不透气的明胶层材质，保温；内层是微孔透气膜材质，可以交换空气和水蒸气，同时传递热量。

生 6：老师，暖宝宝贴里还有锆石矿物（镁铝化合物），可以保温。

师：大家都非常棒，现学现用，把电化学腐蚀的机理理解得非常透彻。从暖宝宝贴的使用我们也能感受到，任何事物都具有两面性，电化学腐蚀原理也能为我们所用！

【教学环节 5：融会贯通】

师：通过今天这节课，大家对金属电化学腐蚀（主要是吸氧腐蚀）的原理和成因应该掌握清晰了吧。如何“变废为宝”，除了利用该原理将反应电能转化为热能制备出暖宝宝贴外，还可以有什么应用呢？除了吸氧腐蚀外，金属电化学腐蚀还可能有其他的情况嘛？请大家课后自行上网查阅资料并交流。

师：请按时完成“课后习题”检测。

七、教学反思

（一）及时反馈

利用云班课将实验过程中的“关键瞬间”固定下来，并及时上传分享，提高了实验教学的有效性。同时，利用云班课将学生的课堂前测和后测的数据实时分析，利于准确把握学情及对教学结果的评估。

（二）科学评价

每个资源学习进度及学习时长、每个活动参与及交互练习完成情况都能全程记录并以经验值的形式呈现出来，一目了然。让实验教学“过程性评价”不再凭“经验”“感觉”或“印象”等没有数据支持的方式呈现，做到过程性评价与终结性评价有机结合。

（三）因材施教

通过资源学习以及课前测试，正确把握学生学情，及时调整上课侧重点；学生通过课前学习，了解学习过程中的难点，课堂上更注重教师的讲解。学生对教学内容的提前认知与教师对学生水平的提前认知，双向认知能有效提高课堂效率。

案例 3 “自制米酒”线上线下混合式教学设计①

一、教学分析

在新教材推行的背景下，微项目是新增设的内容。本项目是高中化学鲁科版必修第二册第 3 章的教学内容。本单元是有关简单有机化合物的教学，在此之前，学生仅在初中化学中接触到有机物，涉及的内容简单，更接近于识记要求。而本单元则从结构上认识有机物，从官能团的角度，更加系统地学习有机物，通过官能团及化学特性反映有机物的性质及其多样性，整体上形成“结构决定性质，性质决定用途”的化学学科特点。在前三节课学习的基础上，本项目则是对化学知识在生产、生活中的应用迁移，理论与实际联系，通过自制米酒，增强学生对化学学科的兴趣，了解传统文化，提升文化自信，同时体会化学对于生产、生活的重要性，体现学科价值。

二、教学目标

（1）回顾我国食品酿造的悠久历史，了解传统文化与科学技术的关系。

（2）认识酿造工艺中的有机化合物及其反应，学会从化学的视角分析、解释生产和生活中的实际问题。

（3）讨论酿造米酒的最佳条件，体会调控反应条件的重要性。

三、教学评一体化流程图

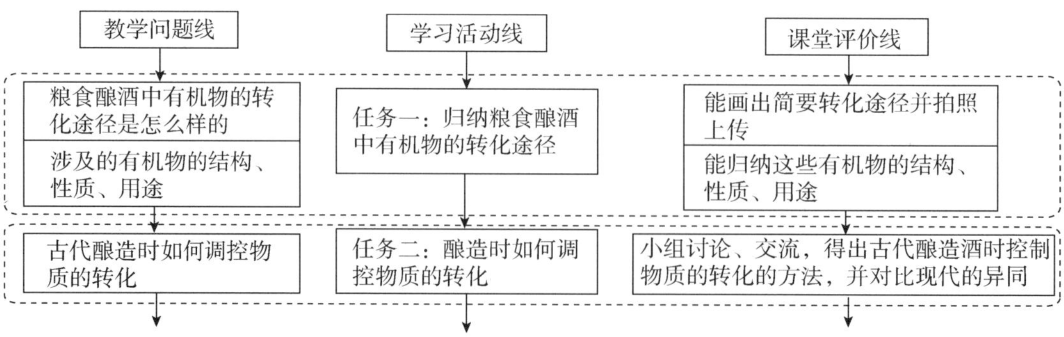

① 本案例为厦门市教育科学研究院江合佩团队福建省同安第一中学柯晓岚老师研究案例。

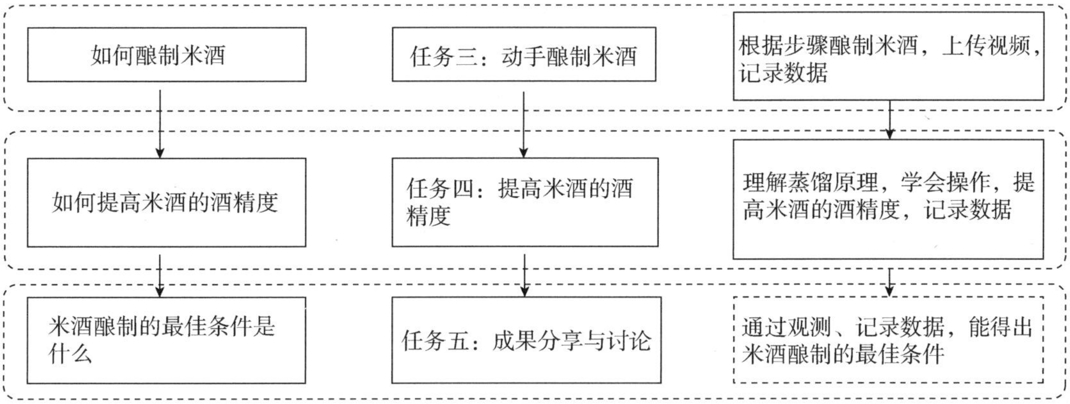

四、教学过程

（一）上传资源并发布任务

课前在云班课的“资源”位置上传与本微项目相关的学习资源并发布学习任务，见表1。

表1 学习资源情况分析表

序号	资源名称	资源开发途径	学习要求	预计完成时长
1	《齐民要术》与我国传统酿造工艺	网络	必看	5 min
2	酿制米酒的一般步骤（视频）	网络		1 min
3	不同酒精度的酒的制作方法（视频）	网络		1.5 min

教师通过平台显示的数据，查看学生学习资源的整体情况，同时还可以查看学生的具体学习情况，并通过“提醒未查看”功能，实时推送消息至指定学生，做到课前学情的精准把握。

（二）完成课前“自学测试”

教师课前针对学习资源，创建测试题并发布，学生根据学习任务，先观看学习资源再完成测试题。

课前自测主要从对酿制米酒的步骤、提高酒精度的方法、原理等方面考查学生的自学情况。

（三）课堂重难点突破

任务一：归纳粮食酿酒中有机物的转化途径

【学生】小组讨论、交流与分享，得出粮食酿酒中有机物的转化途径。将转化途径以简要流程的形式画出来，通过拍照上传至小组任务活动中。

【教师】通过查看云班课对应“小组任务”中各小组上传的照片，挑选一个小组让小组成员进行简要汇报。提问学生其中涉及的有机物结构、性质、用途等，巩固复习所学内容。

【学生】对涉及的有机物结构、性质、用途进行总结，拍照上传。

【教师】挑选一名学生进行简要汇报。

（设计意图：通过每一名学生拍照上传自己的思考结果，可实时观测学生对知识的掌握情况，方便在课堂中做出及时的反馈和讲解，必要时进行知识的强调和纠正）

任务二：酿造时如何调控物质的转化

【学生】小组讨论、交流，古代酿造酒时如何控制物质的转化。

【教师】上传新资料，提供现代酿制过程中控制物质转化的方法。

【学生】查看资料，阅读后对比古代与现代的异同。

（设计意图：通过对比古代与现代的酿制过程中控制物质转化的不同方法，感受科学技术的先进带来的便利和好处）

任务三：动手酿制米酒

【学生】根据酿造米酒的步骤制订方案，随后进行酿制，步骤如表 2 所示。将酿制过程拍摄视频上传。

表 2　酿制米酒的一般步骤

步骤	内容
步骤 1	用清水冲洗糯米，浸泡一段时间
步骤 2	将泡软的糯米沥干水分，蒸熟
步骤 3	将蒸熟的糯米摊开晾凉
步骤 4	将粉末状甜酒曲和糯米充分拌匀，装入干净的玻璃容器
步骤 5	将容器盖严，置于恒温环境中发酵
步骤 6	每隔 24 小时测定米酒的酒精度和 pH，连续 10 天

【教师】步骤 1 已提前准备好。

【学生】酿制完成后，用酒精计测量米酒酒精度及 pH，记录在观察表中。将容器盖严，一并拍照上传成果，整理实验桌面。

（设计意图：学生通过自主动手酿制米酒，体验传统酿造工艺的魅力，培养动手操作能力）

任务四：提高米酒的酒精度

【教师】市面上的酒产品有各种不同的酒精度，如何实现的呢？原理是什么？

【学生】根据预习的材料，得知蒸馏的方法。将实验桌面上的低浓度酒精进行纯化。小组拍摄实验过程上传，并测量蒸馏前后酒的酒精度大小，填入实验表中拍照上传。

【教师】评价蒸馏操作中出现的错误操作，纠正实验细节等。

（设计意图：由理论转到实践当中，通过蒸馏的方法能将酒精度提高，通过实验加深理解，印象更加深刻）

任务五：成果分享与讨论

【学生】将酿制的美酒装瓶并密封好带回家，连续 10 天测量其酒精度及 pH，绘制成图表。将图表上传至云班课小组任务中。

【教师】在讨论群中对比学生的结果，分析制作的细节差异导致的口感差异。

【学生】讨论、分析，反思总结得出酿制米酒的最佳条件。

（设计意图：通过云班课软件能够对学习成果进行长期的观测，进行数据的对比等，学习具有可持续性，对于学生的成果评价更加多元化和开放）

五、教学反思

（一）教学评一体化课堂的实时反馈

通过云班课将实验过程记录，并及时上传分享，教师通过查看视频，可对其中存在的典型错误或是操作不规范的地方及时指出和纠正；对学生的思考过程也是可视化的，每一个学生都真正有思考、有反馈，有利于准确把握学情，调整教学的难度及内容。

（二）有效增强学生主体性

学生将自己的解答过程、实验过程、实验报告等上传至云班课中，并进行汇报，实现了课堂的主导，真正参与到课堂中；也可通过观看其他学习小组上传的素材，与自身对比，在生生互动中摩擦出思维的火花，反思并获得经验，完善自我。

（三）便于学习反刍

云班课平台将会记录课程的活动过程，包括对本微项目的米酒酿制成果的后续追踪，学习得到了延续。学生将 10 天内的观察记录与数据上传分享，讨论、交流造成不同结果的原因，能够清晰地回溯整个实验的过程，找出其中的差异，分析并得出最终的结论。这实现的是学习的反刍与持续性，并且与生活实际联系紧密，必会给学生留下深刻的印象。

参考文献

[1] 中华人民共和国教育部．普通高中化学课程标准（2017 年版）［M］．北京：人民教育出版社，2018.

[2] 中华人民共和国教育部．义务教育化学课程标准（2011 年版）［M］．北京：北京师范大学出版社，2012.

[3] 黄爱民．关于证据推理与模型认知的一些思考［J］．教学月刊·中学版（教学参考），2019（4）：3－8.

[4] 崔允漷．学科核心素养呼唤大单元教学设计［J］．上海教育科研，2019（4）：1.

[5] 熊梅，李洪修．发展学科核心素养：单元学习的价值、特征和策略［J］．课程·教材·教法，2018，38（12）：88－94.

[6] 张优幼．指向认知结构生长的大单元教学［J］．教学与管理，2019（26）：31－33.

[7] 胡久华，张银屏．促进学生认识发展的单元整体教学：以化学教学为例［J］．教育科学研究，2014（8）：63－68，76.

[8] 张华．论学科核心素养：兼论信息时代的学科教育［J］．华东师范大学学报（教育科学版），2019，37（1）：55－65，166－167.

[9] 丁兰．单元结构教学法在高中化学教学中的应用研究［D］．贵阳：贵州师范大学，2014.

[10] 李刚，吕立杰．大概念课程设计：指向学科核心素养落实的课程架构［J］．教育发展研究，2018，38（Z2）：35－42.

[11] 孙佳林，郑长龙．发展学生化学学科核心素养离不开化学实验［J］．化学教育（中英文），2019，40（5）：59－63.

[12] 赵亚楠，方杰，吕纯志．基于变化观念与平衡思想的“元素”教学：以必修 1 金属的化学性质教学为例［J］．中国现代教育装备，2019（8）：57－59.

[13] 周业虹．实施项目式学习 发展学科核心素养［J］．中小学教师培训，2018（8）：33－37.

[14] 侯肖，胡久华．在常规课堂教学中实施项目式学习：以化学教学为例［J］．教育学报，2016，12（4）：39－44.

[15] 崔超．大概念视角下英语单元教学的重构［J］．教学与管理，2020（4）：42－45.
[16] 吕立杰，韩继伟，张晓娟．学科核心素养培养：课程实施的价值诉求［J］．课程·教材·教法，2017，37（9）：18－23.
[17] 李刚．科学大概念的课程转化研究［D］．吉林：东北师范大学，2019.
[18] 郑长龙．2017 年版普通高中化学课程标准的重大变化及解析［J］．化学教育（中英文），2018，39（9）：41－47.
[19] 李刚，吕立杰．课程改革中的课程转化向度及分析［J］．教育科学研究，2017（11）：12－18.
[20] 胡善义．以大概念的理念建构科学概念的教学研究：以《溶解》单元为例［J］．教育导刊，2018（3）：72－76.
[21] 邵朝友，崔允漷．指向核心素养的教学方案设计：大概念的视角［J］．全球教育展望，2017，46（6）：11－19.
[22] 顿继安，何彩霞．大概念统摄下的单元教学设计［J］．基础教育课程，2019（18）：6－11.
[23] 江合佩．基于真实情境的项目式化学教学［M］．济南：山东科学技术出版社，2019.
[24] 李润．铜与浓、稀硝酸反应的改进实验［J］．化学教育（中英文），2018，39（7）：63－65.
[25] 林崇德．21 世纪学生发展核心素养研究［M］．北京：北京师范大学出版社，2016.
[26] 何彩霞．化学学科核心素养导向的大概念单元教学探讨［J］．化学教学，2019（11）：44－48.
[27] 江敏．有意思的化学 有意义的教学［M］．西安：陕西师范大学出版社，2016.
[28] 徐小健．基于内容重组与融合的“氨与铵盐”的创新教学设计［J］．化学教育（中英文），2018，39（17）：36－39
[29] 吴星．对高中化学核心素养的认识［J］．化学教学，2017（5）：3－7.
[30] 王后雄．基于“素养为本”的高中化学学业水平考试命题研究［J］．中国考试，2018（1）：27－38.
[31] 王磊，魏锐．学科核心素养发展导向的高中化学课程内容和学业要求：《普通高中化学课程标准（2017 年版2020 年修订）》解读［J］．化学教育（中英文），2018，39（9）：48－53.
[32] 赵欣宇．高中生“宏观辨识与微观探析”维度核心素养的培养［D］．哈尔滨：哈尔滨师范大学，2018.
[33] 顾建辛．关于化学核心素养培育的微观思考：“宏观辨识与微观探析”素养培育中的目标与行为分析［J］．化学教学，2019（1）：3－7，37.
[34] 施琦．高中生“变化观念与平衡思想”维度核心素养的培养［D］．哈尔滨：哈尔滨

师范大学，2018.
[35] 陆军. 化学教学中引领学生模型认知的思考与探索 [J]. 化学教学，2017 (9)：19 - 23.
[36] 陆军. 从逻辑关系看高中学科核心素养的构成 [J]. 中小学教师培训，2017 (2)：1 - 4.
[37] 林燕. 基于智慧教室环境下科学探究能力培养的教学设计：以初中化学“气体的实验室制取”复习课为例 [J]. 化学教与学，2019 (3)：52 - 54.
[38] 李凤花. 在化学实验教学中培养学生创新能力 [J]. 中学化学教学参考，2016 (18)：7 - 8.
[39] 蒋群锋. 基于核心素养的化学实验复习课问题设计 [J]. 中学教学参考，2019 (20)：73 - 74.
[40] 沈文晶. 借助虚拟试验培养学生科学探究与创新意识 [J]. 文理导航（中旬），2019 (7)：60 - 61.
[41] 王磊. 基于学生核心素养的化学学科能力研究 [M]. 北京：北京师范大学出版社，2018.
[42] 李俊. 普通高中化学课程标准的变化 [J]. 课程·教材·教法，2018，38 (6)：71 - 77.
[43] 王祖浩. 我国 21 世纪两版高中化学课程标准比较研究 [J]. 化学教学，2018 (9)：3 - 11.
[44] 朱鹏飞，徐惠. 普通高中化学课程结构的调整和优化：从理想到务实 [J]. 化学教学，2018 (12)：3 - 8.
[45] 陈进前. 关于学业质量标准的研究：基于 2017 年版普通高中化学课程标准 [J]. 化学教学，2018 (12)：8 - 12.
[46] 房海旭. 指导宏观辨识和微观探析，培养化学核心素养 [J]. 当代家庭教育，2019 (12)：111.
[47] 吴桂英. 宏观辨识与微观探析核心素养的培养策略：以氮及其化合物复习课为例 [J]. 文理导航（中旬），2019 (5)：55 - 56.
[48] 莫蕙伊. 基于“宏观辨识与微观探析”的高中化学教学实践 [J]. 课程教育研究，2019 (7)：144 - 145.
[49] 俞桂飞. 基于“宏观辨识与微观探析”观念的教学设计：以“构成物质的基本微粒”为例 [J]. 化学教与学，2018 (8)：76 - 79，56.
[50] 姜洪阔. 基于宏观辨识与微观探析的高三有机化学复习：以“从官能团的角度研究有机物性质”为例 [J]. 中国现代教育装备，2018 (10)：38 - 40.
[51] 李珊，陈龙朱，王振. 二氧化碳制取和性质实验的一体化设计 [J]. 实验教学与仪器，2020，37 (3)：37 - 39.
[52] 徐林，唐亚文. 实验室制取二氧化碳的条件探索 [J]. 化学教与学，2019 (11)：

91－92.

［53］李淼，孙成林，许晓辉．基于认识化学正向价值的教学实践：以“二氧化碳”为例［J］．化学教育（中英文），2021，42（5）：20－25.

［54］朱如琴．“证据推理与模型认知”素养下的主题式复习与反思：以“二氧化碳的主题式复习”为例［J］．化学教育（中英文），2021，42（11）：34－40.

［55］崔允漷．如何开展指向学科核心素养的大单元设计［J］．北京教育（普教版），2019（2）：11－15.

［56］詹仁娟．初中化学实验教学中学生证据推理能力的培养［J］．新课程导学，2019（21）：48.

［57］徐燕子．基于核心素养学生推理能力的培养初探：以初中化学实验教学为例［J］．文理导航（中旬），2017（6）：42.

［58］马慧．基于核心素养的初中化学的实验教学探究：以物质燃烧的条件为例［J］．求知导刊，2020（40）：56－57.

［59］丁玲杰，王永臻，栾德前．基于“证据推理与模型认知”的实验探究教学：以初中化学“Fe 与 Fe_3O_4 的存在”为例［J］．化学教与学，2020（5）：91－93，86.

［60］胡巢生．基于“证据推理与模型认知”的实验活动设计：以“定量研究石灰石中碳酸钙的含量”为例［J］．教育与装备研究，2019，35（8）：36－40.

［61］邵朝友，韩文杰，张雨强．试论以大观念为中心的单元设计：基于两种单元设计思路的考察［J］．全球教育展望，2019，48（6）：74－83.

［62］单旭峰．基于高考评价体系的化学科考试内容改革实施路径［J］．中国考试，2019（12）：45－52.

［63］江合佩，刘炯明．基于逆向理解的项目式教学设计：以“工业合成氨发展历程”为例［J］．福建基础教育研究，2021（7）：127－131，144.

［64］王献红．二氧化碳捕集和利用［M］．北京：化学工业出版社，2016.

［65］陈巧玲，唐建华，王明召．能源物质甲醇的绿色合成：以二氧化碳为碳源［J］．化学教育，2014，35（23）：1－4.

［66］谢召军，张欣，周震．金属二氧化碳电池［J］．电源技术，2017，41（5）：813－816.

［67］余文森．论学科核心素养形成的机制［J］．课程·教材·教法，2018，38（1）：4－11.

［68］王磊，支瑶．化学学科能力及其表现研究［J］．教育学报，2016，12（4）：46－56.

［69］武衍杰，江合佩，杨伏勇．基于化学教学内容“结构化”的项目式教学：以“人工固氮”为例［J］．化学教学，2021（3）：44－50.

［70］武衍杰，梁弘文，宫琦，等．例谈高考化学试题在课堂教学中的开发和运用［J］．化学教学，2019（6）：88－92.

［71］张华．论核心素养的内涵［J］．全球教育展望，2016，45（4）：10－24

［72］杨玉琴，倪娟．学科核心素养视域下的教学目标：科学研制与准确表达［J］．化学

教学，2019（3）：3－7.
[73] 商建波，杨玉琴．基于真实情境的深度学习：以人教版九年级化学“溶液的形成”为例［J］．化学教学，2020（12）：35－40.
[74] 曾璐，邹映波．人工合成肉桂酸：基于项目式学习的有机复习［J］．化学教学，2019（6）：57－60.
[75] 韩晓，江合佩，王朝晖．基于真实情境的项目式教学：以“粗硅的提纯及其原理”为例［J］．化学教学，2020（4）：46－50.
[76] 柯晓岚．基于项目式学习的单元复习教学设计：以“自然界的水”为例［J］．化学教学，2021（5）：46－51.
[77] 张芳．科学精神与社会责任培养模式的探究［J］．新课程（中学），2019（3）：268.
[78] 鲁云龙．基于“科学探究与创新意识”的实验教学探究：利用“反常”现象培养探究能力和创新意识［J］．中学化学教学参考，2019（4）：50－52.
[79] 王建菲，王继库．基于化学史教学培养学生科学探究和创新意识：以“氧气的性质”为例［J］．山东化工，2019，48（9）：188－189.
[80] 苏芹，佘晓敏．基于核心素养发展的项目教学：以“CO_2 资源化利用”为例［J］．福建基础教育研究，2021（5）：121－125.
[81] Grant S. G. &Gradwell J. M. The Road to ambitious Teaching：Creating Big Ideas Units in History Classes［J］. Journal of Inquiry & Action in Education，2009，2（1）：1－26.
[82] Harlen. W.（Ed.）. Principles and big ideas of science education.［M］. Hatfield，UK：Association of Science Teachers，2010.
[83] Jong O D，Talanquer V. Why is it Relevant to Learn the Big Ideas in Chemistry at school?［M］. Relevant Chemistry Education. Sense Publishers，2015.
[84] Subhalakshmi Nagarajan，Tina Overton. Promoting Systems Thinking Using Project－and Problem－Based Learning［J］. Journal of Chemical Education，2019，96（12）：2901－2909.